रचना के सरोकार

रचना के सरोकार

विश्वनाथ प्रसाद तिवारी

वाणी प्रकाशन

वाणी प्रकाशन

4695, 21-ए, दरियागंज, नयी दिल्ली 110 002

शाखा

अशोक राजपथ, पटना 800 004

फ़ोन : +91 11 23273167 फ़ैक्स : +91 11 23275710

www.vaniprakashan.in
vaniprakashan@gmail.com
editorial@vaniprakashan.in
sales@vaniprakashan.in

RACHNA KE SAROKAR
by Vishwanath Prasad Tiwari

ISBN : 81-7055-105-6 (10 Digit)
ISBN : 978-81-7055-105-8 (13 Digit)
Criticism

प्रथम संस्करण 1987, 1996

आवृत्ति 2015

मूल्य : ₹495

एशियन ऑफ़सेट प्रिंटर्स, दिल्ली-110 093 में मुद्रित

वाणी प्रकाशन का लोगो मक़बूल फ़िदा हुसेन की कूची से

सृजन की उस पीड़ा को
जिसे झेलकर
एक स्त्री
माँ बनती है
और एक मनीषा
रचनाकार

अपनी ओर से

प्रस्तुत पुस्तक में नये साहित्य से सम्बन्धित अनेक समस्याओं और प्रश्नों पर विचार किया गया है। इनमें से कई रचना और साहित्य के बुनियादी प्रश्न हैं, जो हर युग में नये शब्दों के चोले में अपना नया रूप लेकर प्रकट होते हैं। उनका नये रूप में उपस्थित होना ही रचना और साहित्य के विकास का सूचक है। पिछले तीस-पैंतीस वर्षों में हिन्दी पत्र-पत्रिकाओं और गोष्ठियों में रचना और साहित्य सम्बन्धी जो वैचारिक बहसें हुई हैं, उनको समेटने का प्रयास इस पुस्तक के निबन्धों में किया गया है। पुस्तक के अधिकांश निबन्ध नये साहित्य की मान्यताओं, उसके सन्दर्भ में उठाए गए प्रश्नों और उसके समर्थक या विरोधी तर्कों पर आधारित हैं। इस अर्थ में यह पुस्तक नये साहित्य का तर्क-शास्त्र है।

ये निबन्ध अलग-अलग अवसरों पर लिखे गए हैं। अतः एक निबन्ध की कुछ स्थापनाएँ कभी दूसरे में दुहरा भी दी गई हैं। पर ऐसा उस निबन्ध को पूर्णता देने के ख्याल से ही किया गया है। दरअसल साहित्य की समस्याएँ एक-दूसरे में इस कदर गुंथी हुई हैं कि एक पर विचार करते हुए दूसरी भी सामने आ जाती है।

ये निबन्ध मुख्य रूप से सैद्धान्तिक हैं पर रूढ़ अर्थ में शास्त्रीय नहीं। यद्यपि इन निबन्धों में अपने विचार बहुत स्पष्ट ढंग से प्रस्तुत किए गए हैं पर उनके प्रति लेखक का कोई संकीर्ण आग्रह नहीं है; न ही ये निबन्ध साहित्य के प्रश्नों को अन्तिम रूप से सुलझा देने के लिए लिखे गए हैं। विचारों की दुनिया में आग्रह खतरनाक होते हैं। इसीलिए लेखक ने परस्पर विरोधी और सामानांतर चलने वाली विचारधाराओं के तर्कों को सुलझाकर आमने-सामने प्रस्तुत करने का प्रयास किया है, ताकि उनमें विचारों की गतिशीलता बनी रहे।

प्रस्तुत कृति के कुछ निबन्धों का जन्म संशय की मनःस्थिति में हुआ है। कुछ दिनों के लिए एक समय ऐसा आया था जब रचना से मेरा विश्वास डिगने लगा था। लेखन कर्म पर मेरा मन तरह-तरह के प्रश्नचिह्न लगाने लगा था। कुछ निबन्ध इसी मनःस्थिति की उपज हैं। ये रचना की सार्थकता की

खोज हैं। रचना के बुनियादी सरोकारों की। मुझे खुशी है कि इन निबन्धों को लिखकर मैंने खुद अपने ही मन की उलझनों को सुलझाया है तथा रचना में मेरा विश्वास पुनः लौट आया है, अधिक दृढ़ और अर्थवान होकर। इन निबन्धों में व्यक्त विचार कितने आग्रहमुक्त या पूर्णत या सही-गलत हैं, इसके बारे में तो लेखक कुछ नहीं कह सकता पर इतना वह जरूर कह सकता है कि लेखन कर्म के बारे में संदेह करने वालों या रचना के बुनियादी अर्थ और मूल्य की जिज्ञासा रखने वालों के लिए ये निबन्ध सार्थक प्रमाणित होंगे। क्योंकि लेखन एक ऐसा कर्म है जिसकी उपयोगिता बहुत सूक्ष्म रूप में ही दिखाई पड़ती है; अतः इसकी उपयोगिता के बारे में जो लोग प्रश्न खड़े करते हैं उनके लिए इसका अर्थ प्रमाणित करना पड़ता है। हो सकता है ये निबन्ध ऐसे पाठकों के संशयों और प्रश्नों को न भी सुलझा सकें या हो सकता है उनकी तीव्रता कुछ कम कर दें या कौन जाने कुछ और नये प्रश्न ही पैदा करें। हर हालत में लेखक अपने श्रम को सार्थक समझेगा।

1975 में मैकमिलन प्रकाशन से मेरी एक पुस्तक प्रकाशित हुई थी—'नये साहित्य का तर्कशास्त्र।' उस पुस्तक का संस्करण समाप्त हो गया और मैक-मिलन ने अपना हिन्दी प्रकाशन भी बन्द कर दिया। उपर्युक्त पुस्तक के दूसरे संस्करण को मुझे नये सिरे से संशोधित-परिवर्धित करने की जरूरत महसूस हुई। उसके कुछ निबन्धों में परिवर्तन करना पड़ा। कुछ को नये सिरे से लिखना पड़ा और पुस्तक के अन्त में लगभग सत्तर पृष्ठों की नई सामग्री जोड़नी पड़ी। इस प्रकार उपर्युक्त पुस्तक का सम्पूर्ण कलेवर इस तरह बदल गया कि उसे नये नाम से एक स्वतन्त्र पुस्तक के रूप में छपाना ही उचित लगा। अपने नये रूप में, नये नाम से प्रस्तुत है यह पुस्तक—'रचना के सरोकार'।

प्रस्तुत पुस्तक के निबन्ध 1968 से 1984 के बीच अर्थात् लगभग 16 वर्षों में लिखे गए निबन्ध हैं। इन निबन्धों को पुनः पढ़ते हुए आवश्यक लगा कि इनके अन्त में इनका लेखन वर्ष दे दिया जाए। यद्यपि मेरे विचार ज्यादा नहीं बदले हैं फिर भी कुछ सन्दर्भ जरूर बदल गए हैं और किन्हीं अर्थों में साहित्यिक परिदृश्य भी। पुस्तक के कुछ लेख अलग-अलग समय में कई बार में लिखे गए थे अतः उनका लेखन-काल कई वर्षों तक फैला हुआ है। इसका संकेत कर दिया गया है। मुझे विश्वास है अपने नये संशोधित-परिवर्धित रूप में यह पुस्तक रचना के सरोकारों में दिलचस्पी रखने वाले पाठकों के लिए उपयोगी साबित होगी।

—विश्वनाथप्रसाद तिवारी

क्रम

रचना : अर्थ और मूल्य

रचना प्रक्रिया के बारे में भारत में और पश्चिम में भी बहुत पहले से विचार होता रहा है और एक बहुस्तरीय जटिल मस्तिष्क की क्रिया होने के कारण सृजन प्रक्रिया को रहस्यमय और विलक्षण माना जाता रहा है। आज सृजन प्रक्रिया का शरीर विज्ञान के आधार पर अध्ययन करने वाले विद्वान उसका लगभग यान्त्रिक विश्लेषण करते हैं। मनोवैज्ञानिकों ने सृजन प्रक्रिया पर अलग से विचार किए हैं, दार्शनिकों ने अलग से, काव्यशास्त्रियों ने अलग से, रचनाकारों ने अलग से।

छठीं शताब्दी के भारतीय आचार्य भामह ने काव्य हेतु पर विचार करते हुए प्रतिभा को काव्य-रचना का हेतु कहा है। आगे के प्रायः सभी भारतीय आचार्यों ने काव्य हेतुओं में 'प्रतिभा' को प्रधान माना है। प्रतिभा वह विशिष्ट अन्तःशक्ति है जिसमें उद्भावना और रचना की विरल क्षमता होती है। अभिनव गुप्त के अनुसार "प्रतिभा वस्तु के अपूर्व निर्माण में समर्थ प्रज्ञा का नाम है।"[1] भट्टतौत ने 'नव-नव उन्मेष करने वाली प्रज्ञा को प्रतिभा कहा है।'[2] अभिनव गुप्त 'प्रतिभा' को शिव की परम शक्ति मानते हैं। वे लिखते हैं, "जिसके उन्मीलन से सृष्टि का प्रकाशन होता है, जो आत्म में निवास करती है, शिव की उस परमशक्ति प्रतिभा को नमस्कार करता हूँ।"[3] अभिनव गुप्त के अनुसार प्रतिभा और सृजनशक्ति अलौकिक है। हर मनुष्य इसे पैदा नहीं कर सकता। भारत में कवि की तुलना प्रजापति से की गई है। आनन्दवर्धन कहते हैं—

अपारे काव्यसंसारे कविरेव प्रजापतिः।
यथास्मै रोचते विश्वं तथेदं परिवर्त्तते॥

—ध्वन्यालोक

सृजन प्रक्रिया पर पश्चिम में भी काफी विचार हुआ है। प्रसिद्ध विचारक प्लेटो ने भी कवि में दैवी शक्ति का होना स्वीकार किया है। इस प्रकार के विचार प्रतिभा को ही लेकर उठे हैं। प्रतिभा का उद्गम स्रोत क्या है? भारतीय आचार्य दण्डी के अनुसार प्रतिभा "पूर्वजन्म के संस्कारों द्वारा"[4] प्राप्त होती है। वामन "जन्म जन्मान्तर के संस्कार विशेष"[5] को प्रतिभा कहते हैं। अभिनव

गुप्त के अनुसार, 'अनादिकाल से प्राप्त संस्कार'[6] की अभिव्यक्ति प्रतिभा में होती है। स्पष्ट है कि इन आचार्यों के अनुसार प्रतिभा का सम्बन्ध पूर्वजन्म से है और वह अर्जित शक्ति नहीं है। लेकिन यहाँ ध्यान रखना होगा कि भारतीय आचार्य प्रतिभा या शक्ति के साथ निपुणता या व्युत्पत्ति और अभ्यास को भी आवश्यक काव्य हेतु के रूप में स्वीकार करते हैं। कवि के लिए केवल प्रतिभा पर्याप्त नहीं है। व्युत्पत्ति और अभ्यास के बिना प्रतिभा निष्क्रिय हो जाती है। प्रतिभा के स्फुरण के लिए व्युत्पत्ति और अभ्यास का सहयोग जरूरी है। कुछ विद्वानों ने प्रतिभा की तुलना चकमक पत्थर के स्फुल्लिग से की है जो बिना किसी संघर्ष के जल नहीं सकता। प्रतिभा अनिवार्य है रचना के लिए इसमें कोई सन्देह नहीं, लेकिन रचना भीतरी या बाहरी संघर्ष के बिना पैदा नहीं हो सकती। तो फिर रचना कहाँ है ? प्रतिभा में या उस विक्षोभ में ? यानी ताप कहाँ है ? स्फुल्लिग में या उसमें जो जलता है ? मैं दार्शनिक नहीं हूँ लेकिन विचार के क्रम में जब भी जीवन के बुनियादी प्रश्नों से टकराता हूँ, मुझे लगता है कि सत्य एक नहीं बल्कि वह दो के मिलने से ही बनता है। सृजन प्रक्रिया के सन्दर्भ में भी मुझे यही लगता है कि कवि जिसमें रचने की शक्ति होती है अपनी इस शक्ति या प्रतिभा के कारण ही अन्य लोगों से विशिष्ट होता है लेकिन उसकी प्रतिभा एक सचेत ज्ञान एवं व्यापक जीवनानुभव से परिष्कृत, समृद्ध तथा प्रौढ़ होती है। सृजन प्रक्रिया के सम्बन्ध में भाववादी और वस्तुवादी दोनों धाराएँ समानान्तर मिलती हैं। एक ओर यदि प्रतिभा को दैवी माना गया है तो दूसरी ओर उनका मनोवैज्ञानिक और सामाजिक आधार ढूंढ़ने की भी कोशिश की गई है। मार्क्स और एंगेल्स के सामाजिक यथार्थवादी चिन्तन से आज प्रायः सभी वाकिफ हैं। वस्तुतः सृजन प्रक्रिया एक जटिल और संश्लिष्ट प्रक्रिया है जिसमें चेतन-अवचेतन दोनों का योग होता है। दोनों का परस्पर सहयोग रचना को अर्थ और मूल्य देता है। रचना का यदि कोई प्रयोजन स्वीकार करना है तो फिर रचना को रहस्यमय और दैवी मानने का आधार समाप्त हो जाता है। रचना यदि एक सचेत कर्म है तो अवचेतन की रहस्यमयता को भी अस्वीकार करना पड़ेगा। लेकिन इसके बावजूद अगर हर व्यक्ति रचनाकार नहीं हो सकता तो जाहिर है रचनाकार में 'कुछ' ऐसा 'विशिष्ट' होता है जो उसे सर्जक बनाता है। अस्तु, इस 'कुछ ऐसे विशिष्ट' को ध्यान में रखकर ही मैंने आरम्भ में ही यह स्वीकार किया है कि रचना प्रक्रिया के बारे में कोई सरलीकृत निष्कर्ष देना मुश्किल और जोखिम भरा काम है।

रचना में रचनाकार अपनी और दुनिया—दोनों की सार्थकता पर प्रश्नचिह्न लगाता है। दोनों के अर्थ और मूल्य की खोज करता है। यह खोज ही रचना का गहरा आन्तरिक कारण है। सार्थकता की खोज अर्थात् अर्थ की खोज।

अर्थ यानी जीने का अर्थ। चीजों का अर्थ। इस अर्थ की तलाश ही रचना का कारण है। अवश्य ही यह तलाश रचनाकार करता है। पर क्या मात्र अपनी निजी सार्थकता की ? क्या उसकी सार्थकता शेष संसार के साथ अनिवार्य रूप से जुड़ी नहीं है ? क्या रचना रचनाकार के हाथों से निकलकर पाठक की नहीं हो जाती ? और क्या वह पाठक को भी अपना अर्थ तलाशने के लिए प्रेरित नहीं करती ? कहा जा सकता है कि रचना का जन्म जिस अर्थ की खोज में होता है, वह सम्पूर्ण अन्तर्बाह्य संसार की सार्थकता की खोज है। कुछ मनोवैज्ञानिकों की यह मान्यता कि साहित्य 'अमरत्व की आकांक्षा है' पूरी तरह सच नहीं है। अमरत्व की आकांक्षा रचनाकार में होती है पर जिस समय वह रचना की मन:स्थिति में होता है, उसमें ऐसी कोई आकांक्षा नहीं होती। उस समय यदि उसकी कोई आकांक्षा होती है तो यही कि जो कुछ वह रच रहा है, वह अधिक वास्तविक और अर्थवान हो। ऐसे क्षणों में बाह्य संसार से और पाठक से उसका अनिवार्य रिश्ता कायम हो जाता है। जन्म लेने के बाद रचना रचनाकार को अमर कर सकती है पर रचना के जन्म के पूर्व रचनाकार उसमें कुछ कहना चाहता है, कुछ ढूंढ़ना चाहता है। वह जो कुछ कहना या ढूंढ़ना चाहता है, वही उसका अर्थ है और उसी में वह अपने को सार्थक महसूस करता है।

इस अर्थ की खोज में रचनाकार की इच्छा भी निहित है क्योंकि इच्छा नहीं होती तो वह कुछ कहना या खोजना नहीं चाहता। पशुओं के विपरीत मनुष्य के कर्म उसकी इच्छा, रुचि और चुनाव से सम्पन्न होते हैं। सर्जनात्मकता की ये मूल विशेषताएँ हैं। रचना के संदर्भ में इस 'इच्छा' शब्द के स्थान पर 'विवशता' शब्द का इस्तेमाल करूँ तो ज्यादा उपयुक्त होगा। ध्यान देने की बात है कि 'विवशता' शब्द में एक पीड़ा का भाव भी मिश्रित है। यह 'पीड़ा,' 'विवशता' और 'इच्छा' ही शायद मिलकर रचना को जन्म देती हैं और जन्म लेने के बाद रचना रचनाकार को उसकी पीड़ा, विवशता और इच्छा से मुक्त कर देती है। हर रचना रचनाकार को मुक्त और हलका करती है। यदि यह साधन उसके पास न हो तो उसका अन्त शायद पागलपन, आत्महत्या या विरक्ति या फिर हथियार उठा लेने में हो। तो क्या रचना पागलपन या आत्महत्या या विरक्ति के विरुद्ध खड़े होने और जीने की प्रेरणा देती है ? और क्या वह हथियार का विकल्प है ? सार्त्र के अनुसार : 'यदि हम लेखक को राजनीतिक व्यक्ति के समकक्ष रखें, जिसने स्वतन्त्रता की प्राप्ति का उद्देश्य अपनाया है, तो देखेंगे कि उसके पास अपने लक्ष्य को पाने का हिंसा के सिवा कोई विकल्प नहीं है।···इसके विपरीत लेखक अपने को ऐसी स्थिति में पाता है, जहाँ राजनेता की भाँति स्वतन्त्रता के निमित्त, राजनेता की तरह मनुष्य के अधिराज्य को

पाना चाहते हुए उसे हिंसा करने की कोई जरूरत नहीं रहती ।[7]

रचना के सन्दर्भ में जिस 'विवशता' की चर्चा मैं कर रहा हूँ वह क्या है ? क्यों है ? क्या कोई दबाव देकर रचनाकार से कुछ लिखा सकता है ? हाँ, दबाव देकर भी रचनाकार से लिखाया जाता है । कभी प्रकाशक दबाव देता है, कभी सम्पादक और कभी अपनी आर्थिक आवश्यकताओं के कारण भी लिखना होता है । मगर यह सब रचना नहीं होता । रचनाकार भी इसे जानता है और पाठक भी पहचान लेता है । रचना का जन्म बाह्य दबाव में नहीं, आन्तरिक विवशता में होता है । आप कहेंगे, आन्तरिक विवशता भी तो आखिर बाह्य दबाव का ही परिणाम है । मगर दोनों में फर्क है । बाह्य दबाव जहाँ आन्तरिक विवशता बन जाता है, वहीं रचना का जन्म होता है । जब तक आन्तरिक विवशता बनकर वह रचनाकार को आकुल नहीं करता तब तक रचना असम्भव है । रचना से धन प्राप्त कर महल कइयों ने खड़े किए हैं, पर धन प्राप्त करने और महल बनाने की आवश्यकता ने कहीं रचना को जन्म दिया हो, ऐसा मैं नहीं मान सकता । कहा जाता है कि अकबर महान ने एक बार भक्त कवि सूरदास से अपनी प्रशंसा में एक पद सुनाने का आग्रह किया था । यह भी कहा जाता है कि भक्त कवि ने शाहंशाह के आग्रह पर निम्नलिखित पद सुनाया था :

> नाहिन रह्यो मन मह ठौर ।
> नंद नंदन अछत उर यह, आनिये क्यों और ।।
> चलत, चितवत, दिवस, जागत, सपन सोवत राति ।
> हृदय ते वह स्याम मूरति, छन न इत-उत जाति ।।
> कहत कथा अनेक ऊधो, लोक लाभ दिखाय ।
> कहा करौं तन प्रेम-पूरन, घट न सिन्धु समाय ।।
> स्याम गात सरोज आनन, ललित अति मृदु हास ।
> सूर ऐसे रूप कारन, मरत लोचन प्यास ।।

मैं नहीं कह सकता, ये पंक्तियां सूर ने किस प्रसंग में लिखी होंगी, पर इन पंक्तियों में मुझे एक विचित्र प्रकार की पीड़ा और विवशता मिलती है । यह विवशता है किसी से न छूट पाने की विवशता । जो जागते, सोते, दिन-रात हृदय में भरा रहे और जिसके रहते किसी दूसरे की गुंजाइश ही न हो चाहे उसमें कितना ही बड़ा लौकिक आकर्षण क्यों न हो । सूर उस विवशता से मुक्त नहीं हो सकते थे अतः उनके लिए उनकी 'स्याम मूरति' के सामने शाहंशाह का आग्रह भी कुछ नहीं था । हिन्दी साहित्य के आदिकाल और रीतिकाल के बहुत से दरबारी कवियों की रचनाओं का गौर से विश्लेषण किया जाय तो आसानी से जाना जा सकता है कि उनमें कितनी उनकी आन्तरिक विवशता है और

कितना धन का लोभ या वाहवाही की आकांक्षा। उन रचनाओं की भाषा उनका सारा भेद खोलकर रख देगी। जहाँ धन का लोभ या वाहवाही की आकांक्षा है, वहाँ भाषा उछलती कूदती है, चमत्कार प्रदर्शित करती है, बाहर को भागती दिखाई पड़ती है, और चालू मुहावरों को पकड़ने की कोशिश करती है। जहाँ उसमें आन्तरिक विवशता है, वहाँ उसमें थिराव है, वह अन्दर की ओर जाती, कहीं बहुत गहराई से मर्म को छूती, नये मुहावरों को खोजती प्रतीत होती है। धन का लोभ जिस प्रकार रचना को जन्म नहीं दे सकता, उसी प्रकार यश की आकांक्षा भी रचना को जन्म नहीं दे सकती। रचना से यश की प्राप्ति होती है, पर इसका यह मतलब नहीं कि यश की आकांक्षा रखने वाला हर व्यक्ति रचनाकार हो जाता है। सृजन की मनोभूमि में रचनाकार यही चाहता है कि जो कुछ वह रचे वह अधिक सच्चा, अधिक प्रामाणिक और अधिक अर्थवान हो कि वह चीजों को अर्थ दे सके। आप फर्ज करें कि लेखक यदि पाठक से पूछे कि 'आप क्यों पढ़ते हैं' तो वह क्या उत्तर देगा ? अवश्य ही कुछ पाठक ऐसे होंगे जो कहेंगे, 'मनोरंजन के लिए'। कुछ ऐसे होंगे जो कहेंगे, 'शिक्षा प्राप्त करने के लिए'। मगर कुछ ऐसे भी होंगे जो कहेंगे, 'यों ही जिज्ञासावश'। यह पाठकों का तीसरा वर्ग जीवन के किसी नये अर्थ के लिए—चीजों को नये कोण से देखने की इच्छा से—कृति को पढ़ता है। रचनाकार के भीतर एक बालकोचित जिज्ञासा का भाव भी होता है, वह चीजों को ताजा और मानो पहली निगाह से देखता है। ऐसी निगाह उसे नई भाषा और कल्पना की तीव्र गति देती है। हमारे चारों ओर का संसार जितना समझ में आता है उसके अतिरिक्त भी बहुत कुछ है, अतः उसके प्रति हममें एक विस्मय—एक जिज्ञासा का भाव होता है। लेखक पाठक को उस दुनिया का साक्षात्कार कराता है जो उसके चारों ओर है पर उसकी दृष्टि से ओझल है। अक्सर ऐसा होता है कि प्रत्यक्ष रूप में जो घटनाएँ पाठक को प्रभावित नहीं कर पातीं रचना में उजागर होकर वे ही उसे अभिभूत कर देती हैं, सोचने के लिए विवश कर देती हैं।

हर रचनाकार की मनोभूमि एक नहीं होती है। अतः अर्थ की खोज हर रचनाकार अपने-अपने ढंग से करता है। क्योंकि मनुष्य की शक्तियाँ सीमित हैं, इसलिए उसका अनुभव और ज्ञान भी सीमित होता है। वह जिस मस्तिष्क से अनुभव और ज्ञान प्राप्त करता है, उसका निर्माण संस्कार और वातावरण की सीमाओं में उनके अनुकूल या प्रतिकूल ही होता है। संस्कार और वातावरण से मस्तिष्क जो शक्ति और विस्तार पाता है, उसके अन्तर्गत ही वह सोचने-समझने के लिए विवश है। स्वाभाविक है कि मस्तिष्क के सीमित और अपूर्ण होने के कारण ही उसके द्वारा प्राप्त ज्ञान और अनुभव भी सीमित तथा अपूर्ण होता है। किसी रचनाकार का यह समझना कि वह किसी शाश्वत सत्य की उपलब्धि कर

चुका है या किसी आलोचक का यह समझना कि वह कोई शाश्वत निर्णय दे रहा है, एक बहुत बड़े भ्रम के अतिरिक्त और कुछ नहीं है। रचना का क्षेत्र दर्शन या विज्ञान का क्षेत्र नहीं है। उसमें विज्ञान या गणित के फार्मूले की सचाई नहीं होती और न दर्शन की तार्किक सचाई। रचनाकार इस तथ्य को जानता है। नहीं तो वह एक ही रचना लिखकर चुप बैठ जाता। वह क्यों बार-बार लिखता है ? इसीलिए कि हमेशा उसे कुछ अधूरा महसूस होता है जिसे वह बार-बार पूरा करने का प्रयास करता है। उसे लगता है कुछ छूट रहा है, जिसे भाषा देना जरूरी है। हर रचना में कई बार (और कभी-कभी तो प्रकाशन के बाद भी) उसे शब्दों को इधर-उधर करना पड़ता है। उन्हें हटाना और उपयुक्त शब्दों को रखना पड़ता है। यह भाषा और अनुभव का द्वन्द्व है, रचनाकार की अभिव्यक्ति का संकट। यह संकट हर सही रचनाकार को झेलना पड़ता है। जार्ज लूकाच के अनुसार कला का अर्थ ही है आवश्यक को चुनना और अनावश्यक को छोड़ देना।[8]

रचनाकार अपनी रचना से उतना ही प्रेम करता है, और उससे उतना ही बंधा होता है, जितना अपनी सन्तान से। रचना भी उसकी सन्तान ही है। पुत्र के मन में माता-पिता के प्रति चाहे लगाव न हो पर माता-पिता के मन में पुत्र के प्रति सहज स्वाभाविक लगाव होगा ही क्योंकि वह उनका सृजन है। रचना के प्रति भी रचनाकार के मन में ऐसा ही लगाव होता है। रचना एक कठिन कर्म है, बहुत ही कठिन। रातों को नींद नहीं आती। कह सकता हूँ कि रचना एक युद्ध है। एक पीड़ा। सृजन की पीड़ा। बच्चे को जन्म देती हुई माँ जिस पीड़ा का अनुभव करती है, उसी पीड़ा का अनुभव रचना को जन्म देता हुआ रचनाकार भी करता है। इस समय मुझे यशपाल की एक कहानी 'चित्र का शीर्षक' याद आ रही है। कहानी का नायक चित्रकार जयराज अपने मित्र की पत्नी नीता को—उसकी विरूप आकृति और रोग से शिथिल शरीर को देखकर इतना आतंकित होता है कि उससे छुटकारा पाने के लिए निकल भागता है। वह कश्मीर की बर्फानी चोटियों, फूलों से घिरी नीली डलझील के समीप पहुँचता है। पुरी और केरल के समुद्र तट पर चाँदनी रात में ज्वार-भाटे का दृश्य देखता है। नगरों की भीड़ में खो जाना चाहता है। पर नीतू की वह विरूप आकृति उसका पीछा नहीं छोड़ती। फिर इस अत्याचार का बदला लेने के लिए जयराज रंग और कूची लेकर कैनवेस के सामने जा खड़ा होता है। वह एक चित्र बनाता है पलंग पर लेटी हुई नीता का। उसका पेट फूला हुआ है, चेहरे पर रोग का पीलापन, पीड़ा से फैली हुई आँखें, कराहट में खुलकर मुड़े हुए होंठ, हाथ-पाँव ऐंठे हुए से।'''इस चित्र का शीर्षक है 'सृजन की पीड़ा'। यह चित्र ही जयराज को उसकी पीड़ा से, बेचैनी से मुक्त करता है। यही है रचनापूर्व की

बेचैनी और रचना के बाद की मुक्ति। संभव है अरस्तू ने कैथार्सिस या रेचन से इसी प्रकार का कुछ अर्थ लिया हो। क्योंकि रचना किसी-न-किसी रूप में लेखक और पाठक दोनों को भावों के दबाव से मुक्त करती है। रचनाकार की विवशता और कुछ नहीं, कुछ कहने की विवशता है, कुछ खोजने की विवशता—अभिव्यक्ति की आकुलता और अर्थ की खोज। लेकिन यह खोज किसी बने बनाये संसार की खोज नहीं है। रचनाकार स्वयं एक नये संसार को बनाता और उसे समृद्ध करता है। भारतीय आचार्य कुन्तक ने रचना में इस नवीनता को बहुत महत्त्व दिया है।

जीने के लिए कोई न कोई अर्थ होता है। बिना अर्थ के कोई जीता नहीं। अन्यथा आत्महत्या के अनन्त दरवाजे खुले हैं। रचनाकार के लिए उसकी रचना ही जीने का अर्थ है और उसी में वह अपने को सार्थक महसूस करता है। सृजन का क्षण कुछ जन्म देने, कुछ पैदा करने का क्षण होता है। उस क्षण में रचनाकार का समूचा अस्तित्व एकाग्र और सचेत होता है। नैयायिक महिम भट्ट ने कहा है कि कवि जब अपनी प्रमुख सर्जनात्मक मनःस्थिति के अनुकूल शब्द और अर्थ की चिन्ता करता हुआ ध्यानावस्थित होता है तो सहसा उसमें एक ऐसी अन्तर्दृष्टि का आविर्भाव होता है जो वस्तुओं के साररूप को छू लेती है। इसी को महिम भट्ट ने प्रतिभा कहा है। उस क्षण में चीजें जितनी साफ और सच्ची दीखती हैं, उतनी सामान्य क्षणों में नहीं। सचमुच उस क्षण का वह स्रष्टा होता है, क्योंकि वह स्वतन्त्र और मुक्त होता है। यह स्वातंत्र्य और मुक्ति रचनाकार की तात्विक विशेषताएँ हैं। स्वतन्त्र और मुक्त होकर ही वह रचता है और चीजों को अर्थ देता है—अर्थ की तलाश करता है।

भारतीय आचार्यों ने काव्य या साहित्य को सोद्देश्य माना है इसीलिए काव्यशास्त्र के आदि आचार्य भरत से लेकर कविराज विश्वनाथ तक सबने काव्य के प्रयोजन पर विचार किया है। भारत में जीवन के चार पुरुषार्थ माने गये हैं—धर्म, अर्थ, काम और मोक्ष। भरत मुनि के अनुसार नाटक धर्म, यश एवं आयु का साधक, कल्याणकारक, बुद्धिवर्द्धक एवं लोकोपदेशक होता है। इसके द्वारा लोक का मनोरंजन होता है और शोकपीड़ित एवं परिश्रांत जन विश्रांति प्राप्त करते हैं। भामह के अनुसार काव्य-रचना के द्वारा पुरुषार्थ चतुष्टय के अतिरिक्त समस्त कलाओं में निपुणता एवं कीर्ति तथा प्रीति (आनन्द) की प्राप्ति होती है। वामन, रुद्रट, कुन्तक आदि सबने काव्य के प्रयोजनों की चर्चा की है। मम्मट ने काव्य-रचना के छः प्रयोजनों का उल्लेख किया है—यश की प्राप्ति, सम्पत्ति लाभ, व्यावहारिक ज्ञान की प्राप्ति, अमंगल नाश, शीघ्र ही आनन्दोपलब्धि तथा कान्तासम्मति उपदेश। कहना न होगा कि आज हम काव्य के जिन प्रयोजनों की चर्चा करते हैं उनमें से अधिकांश उल्लेख हमारे काव्या-

चार्यों ने बहुत पहले कर दिया है। कुछ लोग कहते हैं, 'कला कला के लिए है'। कुछ लोग कहते हैं, 'कला जीवन के लिए है'। कुछ लोग कला का काम अनुरंजन मानते हैं और कुछ लोग शिक्षा, उपदेश या प्रचार। कुछ लोग जिस रचना में ये दोनों प्रयोजन सिद्ध हों, उसे श्रेष्ठ मानते हैं। कुछ लोग रचना को आत्माभिव्यक्ति मानते हैं और कुछ उसे एक रहस्यमय प्रेरणा। कुछ के अनुसार लेखक अपने अस्तित्व को अर्थ देने के लिए लिखता है। उसकी रचना मृत्यु के विरुद्ध अमरत्व की आकांक्षा है। प्रसिद्ध मनोवैज्ञानिक फ्रायड के अनुसार मनुष्य का अचेतन सर्वाधिक महत्वपूर्ण होता है। साहित्य-रचना के मूल में भी यही अचेतन है। मनुष्य की जो इच्छाएं दमित होती हैं वे उसके अचेतन में जगह पाती हैं और उन्हें वह स्वप्नों या मनोविकृतियों या साहित्य-रचना के माध्यम से तृप्त करता है। कुछ लोग रचना या लेखन को सक्रिय कर्म से पलायन मानते हैं। कुछ लोग इसके उलटा रचना या साहित्य की इन्वाल्वमेंट मानते हैं और उसे सामाजिक परिवर्तन के लिए हथियार के रूप में इस्तेमाल करने का दावा करते हैं। मगर यहाँ एक सवाल उठता है कि इन सारे प्रयोजनों की सिद्धि के लिए लेखक रचना को ही क्यों चुनता है? इससे भी गहरे जाकर यह भी सवाल किया जा सकता है कि वह चुनता ही क्यों है? वह कौन है चुनने वाला? इन बहुत सारे प्रश्नों और विरोधी मान्यताओं के बीच ही कहीं रचना का अर्थ और मूल्य निहित है।

जितना भी ज्ञान और अनुभव है वह इसी सृष्टि का है, और मनुष्य के ही माध्यम से व्यक्त हुआ है। यदि मनुष्य न होता तो इस सृष्टि का जो अर्थ होता वह बहुत थोड़ा होता। मनुष्य ही है जो सृष्टि में तमाम सारी निरर्थक लगने वाली चीजों को भी अर्थ देता है। इसमें सन्देह नहीं कि मनुष्य के माध्यम से ही सृष्टि की सार्थकता को पहचाना जा सकता है। रचना के मूल में बहुत गहरे कहीं रचनाकार की यह स्वीकृति छिपी होती है कि वह बाह्य संसार को जानने पहचानने और उसे व्यक्त करने का माध्यम है। वह 'है' तभी जब 'स्वतन्त्र है' और 'स्वतन्त्र' है इसलिए कुछ कहना भी चाहता है। वह स्वतन्त्र होकर जो कहना चाहता है, वही उसकी 'रचना' है। अस्तित्ववादी विचारकों के अनुसार मनुष्य अपनी अर्थहीन सीमाओं में घिरा हुआ है, इसलिए वह अपने स्वायत्त और मुक्त सृजन के द्वारा अर्थ की खोज करता है। साहित्य-रचना के मूल में उसकी स्वीकृति निहित है कि वह मुक्त है और अपने को प्रक्षेपित करना चाहता है। सार्त्र ने स्वतन्त्रता को जीवन का चरम मूल्य माना है। उसके अनुसार साहित्यकार अपने सृजन में स्वतन्त्र होता है, और अपनी रचना के द्वारा स्वातन्त्र्य को ही चरितार्थ करता है। उसके विचार से स्वतन्त्रता के पक्ष में ही वह श्रेष्ठ साहित्य प्रस्तुत कर सकता है। दमन, अन्याय या पराधीनता के पक्ष में नहीं भी

श्रेष्ठ साहित्य का सृजन नहीं सम्भव हुआ है।

ऊपर रचना के प्रयोजन के बारे में जिन विरोधी मान्यताओं का उल्लेख हुआ है, अपने अलग-अलग रूपों में वे सभी संकीर्ण और एकपक्षीय हैं। इसमें तो कोई विवाद नहीं कि रचना अनुभव का संप्रेषण है पर वह अनुभव कुछ ऐसा नहीं है जिसकी एक निश्चित सीमा-रेखा खींच दी जाय। लिखना एक संश्लिष्ट और जटिल प्रक्रिया है। उसमें बहुत सारी चीजें घुल-मिल जाती हैं। लिखते वक्त लेखक के मन में कई प्रयोजन हो सकते हैं—अनुरंजन या उपयोगिता या आत्माभिव्यक्ति या और कोई कारण हो सकता है। दरअसल रचना की प्रकृति के अनुसार उसका विश्लेषण होना चाहिए। मगर इतना तो स्वीकार करने में हिचक नहीं होनी चाहिए कि रचना निरुद्देश्य नहीं होती। उसका एक अपना अर्थ और मूल्य होता है।

'साहित्य क्यों' जैसा प्रश्न एक सचेत रचनाकार के सम्मुख सदा से उपस्थित रहा है और भिन्न-भिन्न समयों में रचनाकारों ने इसके अर्थ भी ढूंढ़ने के प्रयास किए हैं। आज के भौतिक-वैज्ञानिक युग में इस प्रश्न का बार-बार उठना बड़ा ही सार्थक है क्योंकि आज के मनुष्य के सम्मुख इतनी सारी चुनौतियाँ हैं कि उसके लिए साधनों के चुनाव और विकल्प का संकट भी उपस्थित हो गया है। यदि साहित्य स्वांतःसुखाय है तो फिर प्रकाशन के बिना भी वह सुख दे सकता है और प्रकाशन के बाद भी उसे स्वांतःसुखाय कहने का अर्थ इसलिए नहीं रह जाता कि वह अनिवार्य रूप से पाठक समूह तक पहुँचता ही है। आज के 'भयानक खबरों' के युग में साहित्य का लक्ष्य मनोरंजन भी नहीं हो सकता, यदि कोई माने भी तो यह सरकस कम्पनी या सिनेमा की तुलना में निश्चय ही एक निकृष्ट माध्यम होगा।

यदि साहित्य मनुष्य के लिए है तो फिर साहित्य ही क्यों? कोई और माध्यम क्यों नहीं? वह कौन-सी अतिरिक्त सार्थकता है साहित्य की, जिसके लिए रचनाकार दैनिक जीवन के बहुत से आवश्यक कर्मों की भी उपेक्षा कर जाता है? क्या पैसे और यश के लिए? क्या पैसा और यश कमाने के और बेहतर साधन उसके पास नहीं हैं? सच्चा लेखन सदा सचेत लेखन होता है और सचेत लेखन मात्र अचेतन परिचालित नहीं होता। कलाकार का रचनाशील मन अवचेतन से प्राप्त सामग्री का सचेत उपयोग करता है इसीलिए उसे रचनाकार की दृष्टि या 'विजन' कहा जाता है। आज समूचे विश्व का जो साहित्य हमारे सामने है, उसे देखते हुए क्या नहीं कहा जा सकता कि वह सचेत लेखन है? साहित्य या रचना की बात करते हुए मेरा मतलब इसी प्रकार की रचना या साहित्य से है। जो साहित्य अचेतन परिचालित होता है, वह एक हद तक संकीर्ण और असमर्थ होता है। उसमें तात्कालिक जिन्दगी की सचाई, तेजी और गरमाहट

नहीं होती। जो अनुभूत नहीं वह साहित्य भी नहीं है। रचना रचनाकार की भट्टी में पिघलकर निकलती है इसीलिए उसमें अनुभूति की चमक होती है और इसीलिए वह नई भी होती है। जो कुछ अनुभूति का विषय नहीं बन सका वह साहित्य की सीमा के अन्तर्गत नहीं आता क्योंकि अनुभूति में ही यह शक्ति निहित है कि वह मनुष्य के मर्म का स्पर्श करे और उसकी संवेदना का विस्तार करे जो साहित्य का स्वीकृत धर्म है। साहित्य की सार्थकता यह है कि वह अनास्था, घुटन, संत्रास, ऊब और उदासी के बीच टूटते हुए जीवन को शक्ति दे। जीवन और मनुष्य में दिलचस्पी उत्पन्न कर सके कि हम अधिक ललक के साथ उससे लिपट सकें और अधिक गहराई के साथ उसका अर्थ ढूंढ़ सकें। रचना भी एक हथियार है। संसार के बड़े-बड़े साहित्यकारों ने इस हथियार का इस्तेमाल किया है और निश्चय ही उन्हें कलम की धार से बहुत सारी रूढ़ियों और सत्ता के जंग को खुरचने में सफलता भी मिली है। रचना की लड़ाई बड़ी और महत्वपूर्ण लड़ाई है। सच्चे रचनाकार के भीतर हमेशा एक तीखी बेचैनी होती है, जो सही रूप में बाहर आना चाहती है। रचनाकार के इस भीतरी असन्तोष को वाल्टेयर ने रचनात्मक असन्तोष (Constructive discontent) कहा है। रचनात्मकता के मूल में रचनाकार का यह स्वभाव होता है।

पिछले कुछ वर्षों से यह प्रश्न बार-बार मेरे मन में उठता रहा है कि लेखन की सार्थकता क्या है? कि लेखन और सार्थक कर्म में कौन बेहतर है? क्या लेखन सार्थक कर्म से पलायन है? यह सही है कि आज के वैज्ञानिक राजनीतिक युग में सारे समाज में कोई बहुत बड़ा क्रान्तिकारी बदलाव लाने के लिए केवल साहित्य अपर्याप्त है पर इसके बावजूद लेखन एक बड़ा सार्थक कर्म है। लेखक की सार्थकता उस आविष्कारकर्ता से कम नहीं है, जिसने विद्युत शक्ति को प्रकट किया। एज़रा पाउण्ड ने साहित्य को भी विज्ञान कहा था तो उसने भूल नहीं की थी। ऊपर से देखने पर ऐसा प्रतीत होता है कि रचनाकार जिन्दगी और कर्म से पलायन करता है पर असल में वह पलायन नहीं करता बल्कि अधिक सार्थक ढंग से उसे पकड़ता है। वह मौन जिन्दगी को मुखर कर उसकी नश्वरता को खत्म कर देता है। जो भी मिला है उसे जिन्दगी से वह लौटा देता है। हम फिर एक बार अपनी जिन्दगी में लौट आते हैं और सही-सही पहचान लेते हैं, उन सड़कों और रक्त के धब्बों को जिनसे हमारे पैरों का अविच्छिन्न सम्बन्ध रहा है। साहित्य हमें हमारी जिन्दगी वापस कर देता है और यही कारण है कि वह हमें आकर्षित करता है। साहित्य में हम अपनी जिन्दगी को सच्चे और प्रकृत रूप में देखते-पहचानते हैं। उसके मूल्य और शक्ति का एहसास करते हैं। उसकी गरिमा और सम्भावना के प्रति सचेत होते हैं। साहित्य अन्ततः मानव की अनन्त सम्भावनाओं का ही उद्‌घाटन है। मनुष्य के भीतर छिपी मनुष्यता

को जगाने का एक कारगर माध्यम। 'बाणभट्ट की आत्मकथा' में भट्टिनी बाणभट्ट से कहती है, "तुम इस आर्यावर्त के द्वितीय कालिदास हो, तुम्हारे मुख से निर्मल वाग्धारा झरती रहती है···तुम्हारे मुख में सरस्वती का निवास है। तुम इस मलेच्छ कही जाने वाली निर्दय जाति के चित्त में समवेदना का संचार कर सकते हो, उन्हें स्त्रियों का सम्मान करना सिखा सकते हो, बालकों को प्यार करना सिखा सकते हो।···"

रचना का क्षण अनुभव और अभिव्यक्ति का क्षण होता है और वही सार्थक क्षण होता है। मानव का सारा अनुभव और चिन्तन साहित्य में ही तो सुरक्षित है। अन्यथा क्या साधन है लाखों करोड़ों वर्षों के मानवीय संघर्षों को जानने का, उसकी संस्कृति, उसके सही हालात को पहचानने का। अमेरिकी कवि-समीक्षक केनेथ रेक्सराथ ने सही कहा है कि संसार के विनाश के खिलाफ रचनात्मक कर्म ही एकमात्र बचाव है। क्योंकि शरीर मरणधर्मा है अतः रचनाकार अपनी भाषा-चेतना से ही काल का अतिक्रमण करना चाहता है। बहुत सारी भौतिक मजबूरियों और दमघोंटू परिस्थितियों के बीच उसकी भाषा ही उसे जीवनी शक्ति देती है। यह जवाब उन लोगों के लिए है, जो मानते हैं कि विज्ञान युग में साहित्य नष्ट हो जाएगा। जो यह कहते सुने जाते हैं कि विज्ञान और तकनीकी युग में, जब आदमी सृष्टि के बड़े-बड़े रहस्यों को खोलता जा रहा है, कला का क्या काम रह गया है। दरअसल कला का काम कभी खत्म नहीं होता। जब तक मनुष्यता जीवित है, कला भी जीवित रहेगी। जब तक दुनिया को आदमी की जरूरत है तब तक आदमी को साहित्य की भी। कला का सम्बन्ध जिस मनुष्य से है, उसकी प्रकृति है आगे बढ़ना, अपनी सीमाओं को तोड़ते जाना, अमरत्व की दिशा में प्रयत्न करना, सचाई और वास्तविकता तक पहुँचना क्योंकि वह अपूर्ण है, मरणधर्मा है, अल्पपरिचित है। जब तक मनुष्य की यह प्रकृति है, तब तक कला भी है। 'कविता क्या है' नामक अपने प्रसिद्ध निबन्ध में आचार्य शुक्ल ने कहा है कि ज्यों ज्यों हमारी वृत्तियों पर सभ्यता के नये-नये आवरण चढ़ते जायेंगे त्यों-त्यों एक ओर तो कविता की आवश्यकता बढ़ती जाएगी, दूसरी ओर कवि-कर्म कठिन होता जाएगा। शुक्ल जी कविता को मनुष्य के लिए अत्यन्त प्रयोजनीय वस्तु मानते हैं। उनके अनुसार मनुष्य अपने ही व्यापारों का ऐसा सघन और जटिल मण्डल बाँधता चला आ रहा है जिसके भीतर बँधा-बँधा वह शेष सृष्टि के साथ अपने हृदय का सम्बन्ध भूला-सा रहता है। इस परिस्थिति में मनुष्य को अपनी मनुष्यता खोने का डर बराबर रहता है। इसी से अन्तः-प्रकृति में मनुष्यता को समय-समय पर जगाते रहने के लिए कविता मनुष्य जाति के साथ चली आ रही है और चली चलेगी।[9]

अर्न्स्ट फिशर ने यह सवाल खड़ा किया है कि क्यों असंख्य लोग पुस्तकें

पढ़ते हैं, संगीत सुनते हैं और प्रेक्षालयों में जाते हैं ? क्या अपना तनाव कम करने और मनोरंजन के लिए ? क्यों किसी दूसरे की जिन्दगी और समस्याओं में शरीक होने से मनोरंजन होता है या सुकून मिलता है ? फिशर खुद इसका उत्तर देते हुए लिखता है कि 'आदमी' 'स्वयं' से कुछ अधिक होना चाहता है। वह अपने व्यक्ति की अपूर्णता को पूर्णता देना चाहता है। अपने व्यक्तित्व को सामाजिक बनाना चाहता है। कला उसकी इकाई को पूर्णता देने का माध्यम है।[10]

उर्दू कवि फिराक के शब्दों में : 'क्या वजह है हम शायरों-अदीबों की इज्जत करते हैं ? कोई मुसीबत किसी गजल के लिखने से दूर नहीं होती। जो कारबारी जिन्दगी की जरूरत पूरी करता है, वह बहुत बड़ी कमी पूरी करता है। हम रह तो नहीं सकते बेरोटी के। लेकिन हम अपनी जिन्दगी का शऊर हासिल करना चाहते हैं। कवि हमें यह शऊर देता है। इससे हमारा परिचय कराता है।...वजूद में हर समय बासी होने का डर रहता है। शायरी उसे बासी नहीं होने देती।...शायरी हमारी इन्सानियत वापस कर देती है जिससे हम जमीन को अपना सकें, उससे लिपट सकें। इसी कमी की पूर्ति का नाम है 'कविता रचना' (27 नवम्बर 1970 को भारतीय ज्ञानपीठ द्वारा पुरस्कार प्राप्त करने के अवसर पर दिए गए भाषण से, 'दिनमान' 6 दिसम्बर 70)।

रचना में न केवल हम अपने को देखते पहचानते हैं, वरन उससे पुनः रचना की प्रेरणा भी लेते हैं। जो रचना पुनः रचना की प्रेरणा नहीं देती उसकी रचनात्मकता अधूरी रह जाती है। साहित्य हमें जिन्दगी में शरीक करता है, उसे जीने और भोगने की प्रेरणा देता है। हमें जगाता है, झकझोरता है, तैयार करता है कि हम उस जमीन पर खड़े हो सकें जहाँ कई बार ढह चुके हैं। मुझे वह साहित्य बड़ा ठण्डा और अधूरा लगता है जो पाठक का मनोरंजन करके रह जाता है। रचना में कुछ ऐसा अवश्य होना चाहिए जो पाठक को बेचैन करे, उसमें एक दर्द भरे। यही तो रचना की सबसे बड़ी सार्थकता और सर्जनात्मकता है कि वह पुनः रचना की प्रेरणा दे, हमें कल की लड़ाई के लिए तैयार करे।

[1970]

सन्दर्भ

1. प्रतिभा अपूर्व वस्तु निर्माण क्षमा प्रज्ञा —ध्वन्यालोक-लोचन
2. प्रज्ञा नवनवोन्मेषशालिनी प्रतिभामता —काव्यानुशासन

3. यदुन्मीलन शक्त्यैव विश्वमुन्मीलित क्षणात्
स्वात्मायतन्विश्रांतां तां वन्दे प्रतिभां शिवाम् ॥ ध्वन्यालोक
4. पूर्ववासनागुणानुबन्धि प्रतिभानमद्भुतम् । —दण्डी
5. जन्मान्तरगतसंस्कारविशेषः कश्चित् —वामन
6. अनादिप्राक्तनसंस्कारप्रतिभानस्य —अभिनवगुप्त
7. नवलकिशोर 'मानववाद और साहित्य', पृ० 108
8. 'Art is the selection of the essential and substraction of the in essential'—The Meaning of Contemporary Realism, p. 53.
9. चिन्तामणि (पहला भाग) : पं० रामचन्द्र शुक्ल
10. Art is the indispensable means for this merging of the individual with the whole. It reflects his infinite capacity for association, for sharing experiences and ideas.
—The Necessity of Art, p. 7 8

लेखक का रचना दायित्व और सामाजिक दायित्व

लेखक का 'रचना दायित्व' और 'जनसंघर्ष में उसकी सक्रिय भूमिका'—ये दोनों दो विरोधी चीजें हैं क्या ? या ये दोनों एक-दूसरे की पूरक और एक ही चीज हैं ? लेखक के 'रचना दायित्व' और 'जनसंघर्ष में उसकी सक्रिय भूमिका' से क्या तात्पर्य है ?

पिछले कुछ वर्षों में रचना और रचनाकार के बारे में जो बहुत से महत्त्वपूर्ण सवाल उठाए गए हैं उनमें एक सवाल तो ऐसा है जो रचना की बुनियाद पर ही शंका खड़ा करने वाला है। वह सवाल है 'साहित्य क्यों' या 'रचना क्यों'। यह सवाल थोड़े भिन्न सन्दर्भ में बहुत पहले आचार्यों द्वारा भी उठाया गया था जब उन्होंने काव्य के प्रयोजन पर विचार किया था। नये सन्दर्भ में इस सवाल की ध्वनि दूसरी है। इसमें एक प्रकार की आक्रामकता है। पूछने वाला रचना की बुनियाद पर ही चोट करता है। 'साहित्य क्यों' जैसा प्रश्न खड़ा करके वह कहना चाहता है कि साहित्य निरर्थक है—एक असमर्थ माध्यम !

आज के युग में उपर्युक्त प्रश्न के खड़ा होने के ठोस कारण हैं। आज का युग विज्ञान, औद्योगिक प्रगति और राजनीति का युग है। यह एक व्यस्त और सक्रिय युग है। समय इतना तेज कभी नहीं रहा। आदमी की दृष्टि इतनी उपयोगितावादी कभी नहीं रही। आदमी अपने प्रति इतना अधिक जागरूक कभी नहीं रहा। आदमी-आदमी के बीच इतनी तीखी प्रतिद्वन्दिता कभी नहीं रही। धर्म और ईश्वर ने पुराने आदमी को अपने अंकुश में स्थिर रखा था। उस पर एक तीसरी दुनिया का आवरण डालकर, कुछ निश्चित मान्यताओं के भीतर सत्य को पा लेने का मन्त्र सुझाया था। आज न कोई धर्म है, न ईश्वर और न कोई परम सत्य। विज्ञान के जागरूक समय में आज का आदमी यथार्थवादी है। वह कुछ ठोस में विश्वास करता है। वह कर्मों का तात्कालिक-प्रतिफल देखना चाहता है। लम्बे रास्तों में न उलझ कर शार्टकट्स में विश्वास करता है। किसी रचना को पढ़कर किसी भूखे व्यक्ति की भूख तो नहीं मिट सकती। किसी बुखार में पीड़ित व्यक्ति का बुखार तो दूर नहीं हो सकता। आदमी की दैनिक जरूरतों को पूरा कर पाना रचना के वश की बात नहीं है। रचना का समाज पर असर जरूर होता है पर उससे कोई तात्कालिक परिवर्तन कभी-कभी

ही हो पाता है। उसका असर निश्चय ही बड़ा गहरा होता है पर सीधे नहीं धीरे धीरे होता है। मगर दैनिक जरूरतों में उलझा हुआ आदमी बहुत देर तक प्रतीक्षा नहीं कर सकता। वह रह तो नहीं सकता रोटी-दाल के बिना। यह हमारे देश का विशेष रूप से दुर्भाग्य है कि हमारे यहाँ का 90 प्रतिशत आदमी अपनी दैनिक जरूरतों—रोटी और कपड़े की दुनिया में संघर्षरत है। वह रोज कुंआ खोदता है रोज पानी पीता है। उसकी बँधी हुई दृष्टि सुबह से शाम तक ही देख पाती है। कल उसके लिए दूर है—बहुत दूर। ऐसे समाज में 'साहित्य क्यों' या 'रचना क्यों' जैसा सवाल नहीं खड़ा होगा तो फिर कहाँ खड़ा होगा ?

हमारे देश में साहित्य का यह भी दुर्भाग्य रहा है कि उसे भावुकता और कल्पनाशीलता का पर्याय मान लिया गया है। साहित्य लिखने और पढ़ने वाले मुट्ठी-भर लोगों को छोड़कर शेष 80 फीसदी पढ़े-लिखे लोगों तक में यह भ्रम जम गया है कि साहित्य कल्पना-जगत की चीज है और उसका यथार्थ वास्तविकताओं में कोई सम्बन्ध नहीं। ऐसे लोग साहित्यकार को कल्पनालोक में रहने वाले पलायनवादी प्राणी के रूप में देखते हैं। पिछले युग में निश्चय ही साहित्यकारों ने अपनी भावुक कल्पनाशील रचनाओं के द्वारा यह भ्रम खड़ा करने में सहयोग दिया। उन्होंने भाषा को जीवन से दूर खींचकर रचना और समाज दोनों का अहित किया। ऐसी स्थिति में पढ़े-लिखे लोगों द्वारा 'साहित्य क्यों' या 'रचना क्यों' जैसा सवाल खड़ा करना बहुत अस्वाभाविक नहीं है। मगर यह सवाल रचना के सन्दर्भ में ही—उसके बुनियादी अस्तित्व को स्वीकार करते हुए ही, उठाया जाना चाहिए। इस सन्दर्भ में जब यह सवाल उठाया जाता है तो उसका अर्थ होता है—रचना और रचनाकार से एक दायित्व की माँग। पर यही सवाल जब रचना के अस्तित्व को ही इंकार करके उठाया जाता है तो इस सवाल का कोई अर्थ नहीं रह जाता क्योंकि तब इससे यह ध्वनि निकलती है कि रचना कर्म ही निरर्थक है।

रचना और सक्रिय सामाजिक कर्म या नागरिक कर्म के बीच का यह द्वन्द्व कभी-कभी रचनाकार के भीतर भी उठता है। वह सोचने लगता है कि क्या उसका कर्म सक्रिय सामाजिक कर्म से पलायन तो नहीं है ! वह अपनी जिम्मेदारियों से—ठोस और कटु वास्तविकताओं से भाग तो नहीं रहा है ! मगर इस द्वन्द्व का हद से अधिक उठना लेखक को साहित्य का क्षेत्र छोड़कर बाहर जाने के लिए विवश कर देता है। ज्याक रिविएर ने अपने एक सम्पादकीय में इस प्रश्न पर विचार करते हुए लिखा था : 'जब किसी के दिमाग में यह सवाल उठे कि हम क्यों जीते हैं तो समझना चाहिए कि इसका अन्त या तो आत्महत्या में होगा या फिर धार्मिक आस्था में। उसी प्रकार जब किसी लेखक के मन में यह सवाल उठता है कि वह क्यों लिखे तो उसके लिए लेखन छोड़ देने का खतरा

पैदा हो जाता है।'[1]

आपने सुना होगा और पढ़ा होगा—साहित्यकर्मी भी इस बात को स्वीकार करने लगे हैं कि आज के युग में मनुष्य की नियति जिन शक्तियों द्वारा नियंत्रित हो रही है, साहित्य उन शक्तियों में नहीं है। विज्ञान और राजनीति ही उन शक्तियों में प्रमुख है। यह बात काफी हद तक सही भी है। भारतीय परिस्थितियों में ही हम देखें तो स्वतन्त्रता और समानता के लिए, जाति-धर्म की रूढ़ियों को तोड़ने के लिए, आर्थिक गैर बराबरी मिटाने के लिए कितने दिनों से साहित्यकार लिखता आ रहा है पर क्या अब तक उसे सफलता मिल सकी ? जिस मामूली आदमी और उसके संघर्षों की कहानी प्रेमचन्द के जमाने से लिखी जा रही है क्या उसके बुनियादी हालात में कोई बहुत बड़ा परिवर्तन संभव हो सका ? शायद नहीं। तो क्या समाज में साहित्य की कोई प्रभावी भूमिका नहीं है ? निश्चय ही है। साहित्य विज्ञान और राजनीति की शक्तियों से किसी माने में कम महत्वपूर्ण नहीं—भले उसका असर तात्कालिक न हो। सोल्जेनित्सीन ने तो यहाँ तक कहा है कि किसी देश में एक बड़े लेखक की उपस्थिति उस देश के भीतर एक दूसरी समानान्तर सरकार के समान है। यदि कोई रचना समाज को सोचने की दिशा देती है, उसकी संवेदना का विकास करती है, उसके बहुत से संभ्रमों को तोड़ती हुई उसके मन का परिष्कार करती है तो क्या यह समाज को बदलना नहीं है ? यह सम्भव है कि लेखक जिन चीजों को बदलने के लिए या चरितार्थ करने के लिए लिखता है वे चीजें न बदलें या चरितार्थ न हों पर इससे यह तो निष्कर्ष नहीं निकलता कि वह लेखन को निरर्थक मान ले। जीवन में हमारे बहुत से कर्मों का फल हमको नहीं मिलता फिर भी हम उन्हें करते हैं। हम जानते हैं कि मृत्यु को जीत नहीं सकते, हम जानते हैं कि जीवित रहना एक कठिन संघर्ष है, हम जानते हैं कि बहुत से सवाल हमारे समाधान के परे हैं फिर भी हम जीते हैं, भोगते हैं और प्रश्नों के समाधान ढूंढ़ने की कोशिशें करते हैं। हमारी सार्थकता हमारे संघर्ष में ही है। साहित्य की सार्थकता भी उसी में है। 'साहित्य द्वारा दुनिया बदल ही जाएगी' यह भ्रम साहित्यकार में न हो तो भी वह लिखेगा—क्योंकि साहित्य उसे अपने आपको और दुनिया को समझने के लिए जरूरी लगता है। सार्त्र कहता है : 'एक लम्बे काल तक मैंने अपनी कलम को तलवार समझा। अब मैं महसूस करता हूँ कि हम कितने असहाय हैं। इससे कोई फर्क नहीं पड़ता। मैं लिख रहा हूँ, मैं पुस्तकें लिखूंगा, उनकी जरूरत है, उनका फिर भी उपयोग है। साहित्य मनुष्य की रचना है। वह इसके जरिए स्वयं को प्रक्षेपित करता है और इसमें अपने आपको पहचानता है, मात्र यह आलोचनात्मक दर्पण उसे अपना रूप दिखाता है।'[2] अभी हाल में एक पश्चिमी लेखक ने अपना विचार प्रकट करते हुए कहा है कि

50 वर्षों बाद साहित्य का महत्व खत्म हो जाएगा क्योंकि फिल्म और टेलिविजन के माध्यम ज्यादा सशक्त प्रमाणित होंगे। पर इसका अर्थ यह नहीं लेना चाहिए कि लिखित शब्दों का महत्त्व खत्म हो जाएगा। दिक् और काल के बीच लिखित शब्द अपेक्षाकृत अधिक स्थायी होते हैं। किताब का मतलब केवल कागज का पन्ना नहीं है। वह एक इतिहास है, एक आन्दोलन है, समाज का उत्थान और पतन है। लिखित शब्दों के सहारे ही हम अनुभवों की दुनिया में थोड़ी देर रुककर सोचने को विवश होते हैं। वे शब्द हमें वस्तु जगत में आहिस्ते-आहिस्ते प्रवेश कराते हैं। सोल्जेनित्सीन के शब्दों में, वे किसी देश की जीवित यादगार होते हैं जो उस देश की आत्मा को सुरक्षित रखते हैं : "(लिटरेचर) कैन कन्वे द लाइफ एक्सपीरियंस ऑफ वन होल नेशन टू, एनअदर···"एण्ड लिटरेचर कन्वेड इर्रिप्यूटेबुल कंडेंस्ड एक्सपीरियंस फ्राम जेनरेशन टू जेनरेशन, दस इट बिकम्स द लिविंग मेमोरी ऑफ द नेशन। दस इट प्रिजर्व्स एण्ड काइंडिल्स विद इन इट सेल्फ द फ्लेम ऑफ हर स्पेंट हिस्ट्री इन ए फार्म ह्विच इज सेफ़ फ्राम डिफॉर्मेशन एण्ड स्लेंडर। इन दिस वे लिटरेचर टूगेदर विद लैंग्वेज, प्रोटेक्ट्स द सोल ऑफ द नेशन।"[3]

रचना का समाज पर एक खास असर होता है। वह समाज को बदलती है। मगर उसका हथियार दूसरा है। वह गोली के द्वारा एक बर्बर दुनिया को बदल कर एक हिंसात्मक संसार का विकल्प नहीं प्रस्तुत करती बल्कि एक सार्थक भाषा के द्वारा एक सौन्दर्यप्रिय सुखद संसार का उदाहरण पेश करती है। सोल्जेनित्सीन के ही शब्दों में : "हू इफ नॉट राइटर्स आर टू पास जजमेंट, नॉट ओनली ऑन देयर अनसक्ससफुल गवर्नमेंट···बट ऑलसो ऑन द पीपुल देमसेल्व्ज ? वी शैल बी टोल्ड : ह्वाट कैन लिटरेचर पासिब्ली डू एगेंस्ट द रूथलेस ऑनस्लॉट ऑफ ओपेन ह्वायलेंस ? बट ह्वायलेंस फाइंड्स इट्स ओनली रिफ्यूज इन फाल्सहुड, फाल्सहुड इट्स ओनली सपोर्ट इन ह्वायलेंस···राइटर्स एण्ड आर्टिस्ट्स कैन कांकर्स फाल्सहुड। इन द स्ट्रगल विद फाल्सहुड, आर्ट ऑलवेज डिड विन। वन वर्ड ऑफ ट्रुथ शैल आउटवे द होल वर्ल्ड।[4]" रचना का क्षेत्र भाषा का क्षेत्र है। भाषा का सार्थक समर्थ प्रयोग या सही समर्थ भाषा की तलाश ही रचनाकार का रचना दायित्व है और यही जनसंघर्ष में उसकी सक्रिय भूमिका भी। इसलिए मैंने आरम्भ में ही कहा कि रचनाकार का 'रचना दायित्व' और 'जनसंघर्ष में उसकी सक्रिय भूमिका' ये दोनों क्या दो विरोधी चीजें हैं या एक ही हैं।

लेखक न केवल एक रचनाकार बल्कि एक नागरिक भी है। वह चुनाव लड़ सकता है, चुनाव में किसी का विरोध या समर्थन कर सकता है, भाषण दे सकता है, जुलूस निकाल सकता है, नारा लगा सकता है, धरना दे सकता है और गोली

भी चला सकता है। लेखक यदि आवश्यकता पड़ने पर राजनीति या जीवन के अन्य क्षेत्रों में भी सक्रिय होता है तो इसके लिए उसकी प्रशंसा की जानी चाहिए। दुनिया में ऐसे लेखकों के उदाहरण कम नहीं हैं जिन्होंने साहित्य के बाहर सीधा कर्म का रास्ता भी चुना है। मगर उनका वह कर्म भाषा और साहित्य के बाहर का कर्म है। इससे उनके नागरिक धर्म का पता लगता है रचना धर्म का नहीं। रचना धर्म का प्रमाण तो लेखक की रचना ही देगी। इस बात को स्वीकार करते हुए सार्त्र लिखता है : 'हम एक कवि की इस कारण भर्त्सना नहीं कर सकते कि उसने कवि के रूप में उन दायित्वों को अस्वीकार कर दिया है जिनको मनुष्य के रूप में स्वीकार करना उसके लिए आवश्यक था। हम चाहे इसलिए उसकी भर्त्सना करें कि वह कवि के अतिरिक्त और कुछ नहीं है—मनुष्य के रूप में उसे अपने दायित्वों का बोध नहीं है, लेकिन सामाजिक संघर्ष या रचनात्मक आन्दोलन में कवि के रूप में सम्मिलित न होने के लिए हम उसकी निन्दा नहीं कर सकते।'[5] इसी बात को रघुवीर सहाय इस प्रकार कहते हैं : 'सबसे मुश्किल और सही रास्ता एक ही है कि मैं सब सेनाओं में लड़ूं…मगर अपने को अन्त में मरने के लिए सिर्फ अपने मोर्चे पर दूं—अपनी भाषा के, शिल्प के और उस दोतरफा जिम्मेदारी के मोर्चे पर जिसे साहित्य कहते हैं।'[6] तात्पर्य यह कि रचना भी एक सामाजिक कर्म है क्योंकि वह अन्ततः जीवन को पहचानने और उसे बदलने के लिए ही है—एक बेहतर जिन्दगी और एक बेहतर दुनिया के निर्माण के लिए एक सचेत सर्जनात्मक कर्म। इस अर्थ में रचना कर्म और नागरिक कर्म में कोई फर्क नहीं। रचना जीने के कर्म की परिभाषा है। 8 अप्रैल, 73 को लखनऊ में जश्न-ए-मुल्ला नामक समारोह के अवसर पर पं० आनन्दनारायण मुल्ला की एक पुस्तक 'स्याही की एक बूंद' का विमोचन हुआ। पुस्तक के मुख पृष्ठ पर निम्नलिखित शेर छपा था :

> खूने शहीद से भी है कीमत में कुछ सिवा/फनकार की कलम की स्याही की एक बूंद।

इस शेर को लेकर 18 अप्रैल, 73 को लखनऊ विधानसभा में भारी हो-हल्ला हुआ और विपक्ष के क्षुब्ध सदस्य घंटे भर नारेबाजी करते रहे।[7] सदस्यों का कहना था कि मुल्ला ने अमर शहीदों के खून से भी अपनी स्याही की एक बूंद को महान घोषित किया है। मुझे इस घटना पर कोई टिप्पणी नहीं करनी है क्योंकि मैं रचनाकार का दर्द समझ सकता हूँ। मुल्ला ने यह शेर शहीदों का अपमान करने के लिए नहीं अपने रचना कर्म को प्रमाणित करने के लिए लिखा होगा क्योंकि रचनाकार के लिए रचना ही जीने के कर्म का पर्याय है। और यह वह कर्म है जिसमें कोई दूसरा साझा नहीं कर सकता। विज्ञान की खोज कई लोग मिलकर कर सकते हैं। एक की अधूरी खोज को दूसरा पूरा भी कर

सकता है पर साहित्य में ऐसा संभव नहीं है। एक की रचना को दूसरा पूरा नहीं कर सकता। यह एक निहायत निजी कर्म है। निजी और अर्थवान।

मगर रचना कर्म और नागरिक कर्म को बहुत मिलाकर देखने का आग्रह कहीं रचनाकार को कर्म से या रचना का प्रयोजन से काटने का आग्रह तो नहीं है? आदमी का भीतरी संसार एक बाहरी संसार से प्रतिक्षण प्रभावित होता रहता है। इन दोनों संसारों को साथ रखकर ही सच्चाई को स्वीकार किया जा सकता है। रचना में आन्तरिक संसार पर या रचना दायित्व पर ही बहुत अधिक जोर देना एक प्रकार के कलावाद को जन्म देना है जो एक प्रकार की आग्रह-पूर्ण संकीर्ण दृष्टि है। 'रचना एक सक्रिय कर्म है' यह मान लेने के बाद भी तो यह जानना शेष रह जाता है कि वह किस प्रकार का कर्म है? हत्या करना भी एक कर्म है और हत्यारे से जूझना भी। दोनों में फर्क है। इसी तरह रचना और रचना में फर्क होता है। तभी तो रचनाकार के सामाजिक दायित्व या जनसंघर्ष में उसकी सक्रिय भूमिका के बारे में चर्चाएँ की जाती हैं! आप पूछ सकते हैं कि यह सवाल लेखक के साथ ही क्यों उठाया जाता है? वैसे तो कर्म करने वाले बहुत हैं— किसान हैं, मजदूर हैं। उनके सामाजिक दायित्व की बात क्यों नहीं की जाती? क्यों बड़े-बड़े राजनेता अपने भाषणों में दोषारोपण करते हैं कि बुद्धिजीवी अपने दायित्व का निर्वाह नहीं कर रहे हैं? शायद इसलिए कि साहित्यकार एक ऐसी स्थिति में होता है जिसमें आम आदमी या कहें कि शारीरिक श्रम करने वाला आदमी नहीं होता। साहित्यकार क्योंकि लिखता है अतः उसका एक सामाजिक दर्जा होता है। वह चाहे तो अपने लेखन का दुरुपयोग भी कर सकता है और इस प्रकार एक बड़े या छोटे पाठक वर्ग को उससे प्रभावित कर सकता है। संभवतः इसीलिए उसके दायित्व का सवाल बार-बार उठाया जाता है। यह मानना कि लेखक का कोई दायित्व नहीं होता तर्कसंगत नहीं है। क्या कोई भी व्यक्ति कह सकता है कि वह दायित्व-मुक्त है? आदमी होने के लिए और समाज में रहने के लिए दायित्व को स्वीकार करना जरूरी है। यदि कोई कहता है कि वह दूसरे के प्रति दायित्व से मुक्त है तो वह इस दुनिया के बाहर होकर ही ऐसा कह सकता है और उसके लिए ऐसा संयोग मरने के बाद ही घटित हो सकता है। वह किसी का पैदा किया हुआ अन्न खाता है, किसी का तैयार किया कपड़ा पहनता है, बीमार होने पर किसी की दवा करता है और मरने के बाद भी आशा करता है कि कोई उसका अन्तिम संस्कार करेगा—भले वह विद्युत शवदाह गृह में ही करे। यदि उसका किसी के प्रति कोई दायित्व नहीं तो खुद किसी से कोई आशा क्यों करता है? दर-असल दायित्वहीन आदमी की कल्पना ही असंभव है—फिर साहित्यकार तो एक विवेकसंपन्न जागरूक प्राणी है।

तो फिर लेखक का दायित्व क्या है ? या यों कहें कि उसकी रचना का प्रयोजन क्या है ? यह एक पुराना सवाल है पर हर युग में बार-बार उठाया जाता है । इस प्रश्न के उत्तर में लेखकों के दो विरोधी विचार रहे हैं और आज भी हैं । एक वर्ग के लेखकों के अनुसार लेखन एक प्रकार की कलाकृति है जिसका कोई पृथक प्रयोजन नहीं । उसका एक अपना स्वतन्त्र अस्तित्व है और उसका उपयोग चाहे जिस रूप में कर लिया जा सकता है । दूसरे वर्ग के लेखकों का कहना है कि लेखन एक कलात्मक सृजन तो है पर वह दुनिया को एक बेहतर जिन्दगी के लिए बदलने के संकल्प से उत्पन्न है । अत: उसका एक मानवीय अर्थ है और स्पष्ट प्रयोजन । यूजीन आयोनेस्को कृति का कोई प्रयोजन न मानते हुए लिखते हैं : 'क्योंकि मैं जीवन के प्रयोजन से अनभिज्ञ हूँ इसलिए लेखन के प्रयोजन को भी ठीक से जानने का दर्प नहीं कर सकता ।...उपदेशक कृतिकारों को अपनी यात्रा की दिशाएँ पहले से ही ज्ञात होती हैं, उन्हें कुछ ढूंढ़ना नहीं होता । उनके लिए सब यात्राएँ अनावश्यक हैं क्योंकि वे दूसरों की सम्पूर्ण की हुई यात्राएँ फिर-फिर चलते हैं । वे, जो कुछ पहले से जाना हुआ है, जो कुछ पहले से गढ़ागढ़ाया है उसी से जुड़े हैं । ऐसे कृतिकार साहित्य को कुछ नहीं देते, वे संख्या बढ़ाने वाले होते हैं; वे अनुभूति को सम्प्रेषित नहीं कर पाते क्योंकि उनके पास कोई अनुभूति नहीं होती । सामान्यतया यह होता है कि पहले प्रश्न उठते हैं और बाद में उनके उत्तर ढूंढ़े जाते हैं, किन्तु उपदेशक या कि राजनैतिक कृतिकार प्रश्न के पूर्व ही उसके उत्तर आरोपित कर देते हैं ।...कृति का नियमन लेखक की सामर्थ्य के बाहर होता है, वह जो कुछ आकृति देना चाहता है वह उससे भिन्न आकृति ले लेती है । कृति नियम मुक्त अन्विति है। उसमें लेखक के मनोरथों, मंतव्यों को देखना कर्त्तव्य च्युति है ।...एक वीरान गिरजाघर, जहाँ अब प्राथनाएँ नहीं होतीं, अस्पताल भी हो सकता है और पुलिस चौकी भी । हो सकता है कि वह वीरान ही पड़ा रहे लेकिन वह एक भवन, एक वास्तुकला का नमूना तो रहता ही है चाहे चर्च रहे या न रहे। वस्तुत: वह चर्च कभी नहीं था, चर्च की तरह उपयोग में लाया जाता रहा है, जैसे कि एक काव्य अथवा नाट्यकृति जिसे प्रचार, शिक्षा अथवा राजनैतिक मतवाद के लिए काम में ले लिया जाता ।'[8]

यूजीन आयोनेस्को के उपर्युक्त विचार अतिवादी विचार हैं । यदि रचना का उपयोग चाहे जिस रूप में कर लिया जाए तो इसका अर्थ यह है कि वह सचेत लेखन नहीं है । मगर किसी रचना को विचारशून्य मानना या यह स्वीकार करना कि उसका अपना कुछ भी निजी अर्थ नहीं, तर्कसंगत नहीं लगता । कोई भी रचना अपने काल के विचारों से अछूती नहीं होती । वह प्रभावित या किसी विचारधारा से बंधी न होने पर भी विचारशून्य तो नहीं ही होती है । सार्त्र के

अनुसार : 'किसी लेखक के शब्द प्रयोग की क्षमता को उसकी समग्र दृष्टि से अलग करके नहीं देखा जा सकता।' रचना का कोई प्रयोजन न मानना अमनोवैज्ञानिक है। भाषा का सम्पूर्ण व्यापार एक सामाजिक व्यापार है अतः रचना निरपेक्ष नहीं हो सकती। सार्त्र के अनुसार भाषा आत्मप्रकाशन का माध्यम है। वह विचारों को वहन करती है। साहित्यकार चूंकि लिखता है अतः उससे पूछा जा सकता है कि क्यों लिखता है? बल्कि सार्त्र तो चुप होने को भी बोलने की तरह ही सार्थक मानता है क्योंकि चुप होना बोलने से इंकार करना है। आखिर लेखक किसी खास मसले पर ही चुप क्यों है?····'बीइंग साइलेंट इज़ नॉट बीइंग डंब; इट इज़ टू रिफ्यूज़ टू स्पीक, एण्ड देयरफोर टू कीप ऑन स्पीकिंग।'[9]

तात्पर्य यह है कि रचना का कोई न कोई प्रयोजन स्वीकार करना ही होगा। तो वह प्रयोजन क्या है? मनोरंजन, उपदेश या वास्तविकता का चित्रण? यदि रचनाकार कुछ बदलना चाहता है तो क्या बदलना चाहता है? इसका उत्तर बहुत साफ है भले ही वह साफ-साफ न कहा जाता हो। किसी भी दल या विचारधारा से बंधा न होने पर भी लेखक अपने चारों ओर के विशाल जनसमूह से जुड़ा होता है और इस अर्थ में उसकी रचना का एक गहरा मानवीय अर्थ होता है। नोबुल पुरस्कार स्वीकार करते हुए कामू ने कहा था कि एक वर्ग ऐसा है जो इतिहास बनाता है और दूसरा वर्ग ऐसा है जो इतिहास को भोगता है। सच्चा लेखक सदा सताए हुए लोगों का पक्षधर होगा। वह उनकी मुक्ति और स्वतन्त्रता के लिए—एक न्यायपूर्ण समाज-व्यवस्था के लिए संघर्षशील होगा। मानवीय अस्तित्व को मिटाने वाली शक्तियों का विरोध करेगा। मगर हर लेखक सदा ऐसा करता ही है यह स्वीकार करना लेखन कर्म को अनावश्यक गौरव देना है। ऐसे भी लेखकों के उदाहरण हैं जिन्होंने मनुष्य विरोधी हरकतें की हैं। एज़रा पाउण्ड जैसे कवि ने कभी रोम रेडियो से यहूदियों के विरुद्ध प्रचार किया था। ऐसे लेखक आज भी हैं जो हिटलर के कार्यों का समर्थन करते हैं। पाठक को कल्पनालोक में भटकाते हैं। अतीत के रूमानी संसार और भविष्य की यूटोपिया में फँसाते हैं। सेक्स का नशा पिलाते हैं। मगर ऐसे लेखक अपने लेखकीय और मानवीय दायित्व को स्वीकार नहीं करते।

अपने समय की वास्तविकताओं का भोक्ता और साक्षी होने के कारण लेखक की रचना अपने समय का महत्वपूर्ण सत्य होती है। जो रचना अपने समय के लिए सच नहीं होती वह किसी समय के लिए सच नहीं होती। लेखक जब लिखता है तो यह समझकर लिखता है कि जिस समय वह उसे लिख रहा है उस समय का सबसे महत्त्वपूर्ण सच लिख रहा है। यदि वह ऐसा न समझे तो

फिर लिखेगा क्यों ? मगर रचना की सार्थकता अपने युग का दर्पण या प्रतिबिम्ब मात्र होने में नहीं है। वह अपने युग को आगे भी ले जाती है, उसे बदलने की कोशिश भी करती है।[10] इसी अर्थ में रचना एक सक्रिय सचेतन प्रक्रिया है—निष्क्रिय दस्तावेज नहीं। लेखन का इतिहासग्रस्त होना भी उतना ही खतरनाक है जितना इतिहास से पलायन करना। इतिहासग्रस्तता भी एक प्रकार का पलायन ही है क्योंकि वह मानवीय संकल्प की अवहेलना करना है। मनुष्य केवल परिस्थितियों का दास मात्र नहीं है वह परिस्थितियों को बदल भी सकता है। मनुष्य केवल इतिहास को भोगता नहीं अपने संकल्प से इतिहास को मोड़ता और बदलता भी है। मनुष्य इसीलिए तो मनुष्य है कि उसमें भावना है, विवेक है, संकल्प है, साहस है और दायित्व चेतना है। यह सब कुछ उसे कुछ बनाने के लिए, कुछ निर्मित करने के लिए प्रेरित करता है। इसीलिए मनुष्य परिस्थितियों को झेलता हुआ भी उनका निर्माता होता है। वह रहस्य का उद्घाटन करता है, समस्याओं को सुलझाता है। वह कर्ता होता है।

लेखक का रचना दायित्व और उसका सामाजिक दायित्व दोनों एक-दूसरे में घुले-मिले होते हैं। वह अपनी रचना के प्रति जितना प्रतिबद्ध होता है उतना ही अपने चारों ओर की जिन्दगी के प्रति भी। अन्दर और बाहर के दोनों ही संसार उसके भीतर एक हो जाते हैं। अन्दर की उपेक्षा यदि लेखक को एक प्रकार के सस्ते प्रचार की ओर ले जाती है तो बाहर की उपेक्षा उसे एक प्रकार के कलावाद की ओर। ये दोनों ही साहित्यिक छद्म हैं। लेखन छद्म नहीं होता। वह एक विवेक का नाम है। विवेक जन्म से प्राप्त नहीं होता। वह दृश्य जगत के बीच चीजों को देखते हुए, उनके आपसी सम्बन्धों की छानबीन करते हुए, उनकी तुलनात्मक पहचान करते हुए विकसित हुआ करता है। यह निर्भ्रान्त विवेक ही लेखक की ईमानदारी है। समकालीन वास्तविकताओं के प्रति जागरूक ईमानदारी ही लेखक का दायित्व है और यही जनसंघर्ष में उसकी सक्रिय भूमिका भी।

[1973]

सन्दर्भ

1. नामवर सिंह; 'कविता के नये प्रतिमान', पृ॰ 213
2. नवलकिशोर, 'मानववाद और साहित्य', पृ॰ 125
3. From Solzhenitsyn's Noble prize acceptance speech—Illustrated Weekly, November 18, 1973, p. 29

4. वही, पृ० 29
5. नवलकिशोर, 'मानववाद और साहित्य', पृ० 145
6. रघुवीर सहाय, 'आत्महत्या के विरुद्ध', भूमिका
7. 'आज' (दैनिक), 21 अप्रैल, 73
8. संप्रेषण (2) आयोनेस्को का अनूदित लेख, पृ० 19, 26, 14
9. Sartre : 'What is Literature', p. 15
10. A work of art is regarded, not as an ephemeral event, but as an action with far, reaching consequences. Born of reality, it acts back upon reality.—Ernst Fischer. The Mecessecity of Art, p. 207

रचना और रचनाकार की ईमानदारी

आधुनिक साहित्य के मूल्यांकन के सम्बन्ध में जितने विचार सामने आए हैं सब में किसी न किसी रूप में ईमानदारी का प्रतिमान स्वीकार किया गया है। नाम चाहे भले अलग-अलग दिया गया हो, जैसे 'ईमानदारी', 'अनुभूति की प्रामाणिकता', 'वास्तविकता', 'सचाई', 'आत्मान्वेषण', स्वानुभूति' आदि। इन प्रतिमानों को आलोचकों ने ही नहीं, कवियों ने भी स्वीकार किया है और लगभग सभी आधुनिक कवियों ने अपने वक्तव्यों में इनका उल्लेख भी किया है—छायावादी, प्रगतिवादी, प्रयोगवादी, और आज के नये कवियों तक ने। किन्तु 'ईमानदारी' विषयक इनकी स्वीकृति और उसके विवेचन-विश्लेषण में कहीं न कहीं कोई कड़ी जरूर छूट जाती है जिससे एक पीढ़ी के कवियों की ईमानदारी को आगे आने वाली दूसरी पीढ़ी झूठी कहती है। छायावादियों की ईमानदारी पर आचार्य शुक्ल ने सन्देह किया और प्रगतिवादियों ने उसे झूठा कहा। प्रगतिवादियों की ईमानदारी को प्रयोगवादियों ने झूठा कहा और प्रयोगवादियों की ईमानदारी को नये कवियों ने झूठा कहा। आज तो स्थिति यह है कि पाँच वर्ष पहले वाले कवि की अनुभूति और ईमानदारी को पाँच वर्ष बाद वाला कवि झूठा कहता है। ऐसी स्थिति में यह सहज प्रश्न होता है कि ईमानदारी आखिर है क्या? वह वस्तुपरक है या आत्मपरक। काव्यगत है या व्यक्तिगत। उसका सम्बन्ध 'रचना' तक ही सीमित है या 'रचनाकार' तक भी। और उस ईमानदारी के लक्षण क्या हैं? इस सन्दर्भ में प्रायः दो परस्पर विरोधी विचार सामने आते हैं, जिनके अपने समानान्तर तर्क हैं। कुछ लोग ऐसा मानते हैं कि रचनाकार की व्यक्तिगत जिन्दगी से उसकी रचना का कोई ताल्लुक नहीं होता। व्यक्ति के रूप में वह एक स्वतन्त्र इकाई है और कृति के रूप में उसकी रचना एक बिलकुल स्वतन्त्र इकाई। दूसरी विचारधारा के लोग इसके विपरीत यह स्वीकार करते हैं कि लेखक जिन मूल्यों की वकालत अपनी रचना में करता है उन्हें उसकी व्यक्तिगत जिन्दगी में भी चरितार्थ होना चाहिए। काव्य में जीवन के जो मूल्य प्रकट होते हैं उनका सामंजस्य आचरण से भी स्थापित होना चाहिए। रचनाकार यदि अपनी रचना के प्रति उत्तरदायी है तो उसे अपने विश्वासों के प्रति भी उत्तरदायी होना होगा।

यहाँ एक बुनियादी तथ्य को स्वीकार करके ही आगे बढ़ना उचित होगा।

वह तथ्य है एक कलाकृति के रूप में रचना की स्वीकृति। रचना की अपनी कुछ सीमाएँ होती हैं और वे सीमाएँ उसे एक मकान या मेज या सड़क या जहाज या आदमी की आकृति से भिन्न एक अलग रूप देती हैं। उसका वह रूप एक विशिष्ट रूप होता है। अतः उसके मूल्यांकन के औजार भी कुछ भिन्न होते हैं। यह सही है कि रचनाकार की व्यक्तिगत जिन्दगी और उसकी रचना में बहुत से अन्तरवर्ती सम्बन्ध सूत्र हैं और अन्ततः वह रचना उस रचनाकार की ही उपज है पर इसके बावजूद, जन्म ले लेने के बाद या रचनाकार से अलग हो जाने के बाद वह एक कलाकृति हो जाती है और इस प्रकार, एक स्वतन्त्र इकाई भी। और जब हम कला-मूल्यों या रचना-मूल्यों की बात करेंगे तो रचना को ही प्रमाण मानेंगे, रचनाकार की व्यक्तिगत जिन्दगी को नहीं। जो रचना में नहीं है उससे आलोचक को कोई वास्ता नहीं। रचनाकार का छद्म उसकी रचना में ही मिल जाता है और ढूंढ़ना ही है तो इस छद्म को रचना में ही ढूंढ़ना भी होगा। भाषा का मार्मिक विश्लेषण करते हुए उसके प्रयोक्ता के निजी जीवन तक पहुँचा जा सकता है। कहा जाता है कि फ्रायड ने लियोनार्दो द विंची के चित्रों के आधार पर उसकी जीवनी को उद्घाटित करने की कोशिश की थी। दरअसल रचना धर्म और नागरिक धर्म दोनों दो अलग चीजें हैं। कलाकार के दैनिक कर्मों से उसके नागरिक धर्म का पता लगता है, रचना धर्म का नहीं। जैसा कि अज्ञेय ने कहा है : 'एक रास्ता तो सीधा है। यह कर्म का—ऐक्शन का—रास्ता है। लेकिन यह जरूरत से ज्यादा सीधा है। कर्म के द्वारा अस्मिता की उपलब्धि, कर्म में से अस्ति की पहचान रास्ता तो है, पर यह साहित्य-कर्म से अलग ले जाने वाला रास्ता है···'[1] यदि कोई बहुत ईमानदार आदमी है तो इसका अर्थ यह तो नहीं कि वह बहुत अच्छा कवि या कहानीकार भी है। इसके विपरीत यदि कोई बहुत अच्छे आचरण का नहीं भी है तो वह अच्छा रचनाकार हो सकता है। फ्रांस के बहुत से साहित्यकार अपनी व्यक्तिगत जिन्दगी में एक दुराचारी, विक्षिप्त और वेश्यागामी माने जाएँगे यदि उनके लेखन को उनकी व्यक्तिगत जिन्दगी से निकाल दिया जाए। पर यह हकीकत है कि वे अपनी रचनाओं के आधार पर विश्व के श्रेष्ठ साहित्यकारों में गिने जाते हैं। निराला को या मुक्तिबोध को इसलिए श्रेष्ठ कवि नहीं माना जाता है कि उन्होंने अपनी जिन्दगी में बहुत संघर्ष झेले हैं बल्कि इसलिए माना जाता है कि वे श्रेष्ठ कवि भी हैं। निराला से अधिक तीखा संघर्ष गाँवों के किसान झेलते हैं पर उन्हें हम कवि तो नहीं मानते।

आज का युवा लेखक साहित्यकार को क्रान्ति करने की सलाह देता है पर लेखन की कसौटी क्रान्ति नहीं हो सकती। चन्द्रशेखर आजाद और भगतसिंह इस शताब्दी के सबसे बड़े क्रान्तिकारी हैं पर किसी साहित्य के इतिहास में

लेखक के रूप में उनकी कोई शिनाख्त नहीं है। कुछ लोग कई आवश्यक परिस्थितियों में रचनाकार को चुप देखकर उस पर शंकाएँ करने लगते हैं और उसे पलायनवादी या समझौतावादी मान लेते हैं पर दरअसल वास्तविकता यह नहीं है। रचनाकार अनेक कारणों से खामोश होकर भी अपनी रचना के स्तर पर मुखर होता है। वह अपनी व्यक्तिगत जिन्दगी की बहुत सारी चीजों को पचाकर अपनी रचना में आग भरने की कोशिश करता है और यदि वह ऐसा करता है तो उस पर सन्देह नहीं किया जा सकता। विश्व प्रसिद्ध कवि डब्ल्यू० एच० आडेन ने अपनी वसीयत (1974) में अनुरोध किया है कि उनके सभी मित्र उनके द्वारा लिखे गए पत्रों को जला दें। इसका कारण शायद यही है कि आडेन अपनी जीवनी लिखा जाना पसन्द नहीं करते। वे लेखक की महत्त्वपूर्ण चीज उसकी कृतियों को मानते हैं, उसकी व्यक्तिगत जिन्दगी को नहीं।

लेखक अपनी कृति में अपनी व्यक्तिगत जिन्दगी नहीं प्रस्तुत करता। आत्मकथा को छोड़कर उसकी अन्य रचनाएँ कल्पना के ताने-बाने में प्रस्तुत होती हैं। लेखक की व्यक्तिगत जिन्दगी और उसकी कृति का रिश्ता कारण-कार्य का सीधा रिश्ता नहीं होता। यह बहुत हास्यास्पद बात होगी यदि किसी उपन्यास, कहानी या नाटक के मुख्य चरित्र या किसी अन्य चरित्र को उसके लेखक के व्यक्तिगत चरित्र का पर्याय मानकर स्वीकार कर लिया जाए। यह कोई जरूरी नहीं कि दुखी या पीड़ित लेखक ही ट्रैजेडी लिखे और सुखी या समृद्ध लेखक कामेडी। कला में आत्माभिव्यक्ति होती है पर वह इस रूप में नहीं होती कि कलाकार अपनी व्यक्तिगत जिन्दगी के वास्तविक अनुभवों को ही प्रस्तुत करने लगे। 'कला जीवन की अनुकृति है' या 'वह जीवन का प्रतिबिम्ब है' पर इसका यह अर्थ नहीं कि वह किसी व्यक्ति विशेष के जीवन को ही आधार बनाकर लिखी गई जीवनी है। कृतिकार अपने अनुभवों का परिष्कार करता है—उन्हें शोधता है और अपने अतिरिक्त उन्हें दूसरों का भी बनाकर प्रस्तुत करता है। टी० एस० इलिएट ने जहाँ यह कहा है कि 'भोगने वाले मन और रचने वाली मनीषा में एक अन्तर होता है' वहाँ उसने कला के इसी वस्तुपरक सत्य को रेखांकित किया है। कृति यदि सचमुच कलाकृति है तो उसमें यह वस्तुपरकता अनिवार्य रूप से होती है। यहाँ तक कि जो जीवनीपरक कृतिया हैं उनमें भी यह विशेषता मिलती है। अज्ञेय कृत 'शेखर : एक जीवनी' अन्ततः एक कलाकृति है और शेखर की जीवनी रचनाकार अज्ञेय की जीवनी से मिलते हुए भी शेखर की ही जीवनी है अज्ञेय की नहीं। कुछ लोग लेखक के जीवन और व्यक्तित्व के प्रकाश में उसके कृतित्व का अध्ययन करना चाहते हैं। कुछ लोग लेखक की कृतियों के साक्ष्य से उसकी जीवनी प्रस्तुत करना चाहते हैं। ये दोनों ही प्रकार के अध्ययन प्रामाणिक हो सकते हैं पर ये हमेशा अनिवार्य रूप से विश्वसनीय और प्रामाणिक

होंगे ही, इसकी कोई गारण्टी नहीं है। दरअसल इस प्रकार का अध्ययन बड़ा ही कठिन कार्य है और काफी हद तक खतरनाक भी। समसामयिक लेखकों जिनकी व्यक्तिगत जिन्दगी और जिनके व्यक्तिगत विश्वासों के बारे में हमारी पक्की जानकारी है उनकी कृतियों का अध्ययन तो मान लीजिए हम इस पद्धति से कर भी लें पर सैकड़ों-हजारों वर्ष पूर्व के लेखकों की जिन्दगी के बारे में हमें प्रामाणिक तथ्य कैसे सुलभ होंगे ? हमारे पास उनकी रचनाओं के अतिरिक्त और कोई साक्ष्य नहीं है। तात्पर्य यह कि जिसे हम प्रामाणिक अनुभूति या ईमानदारी कहते हैं उसकी कसौटी के रूप में रचनाकार की व्यक्तिगत जिन्दगी और उसके दैनिक कर्मों को स्वीकार नहीं कर सकते। तो फिर 'ईमानदारी' क्या है ? वस्तुतः सभी प्रकार के आग्रहों एवं व्यक्तिगत रुचि-अरुचि से मुक्त होकर सत्य को स्वीकार करना ईमानदारी है जो एक ओर अनुभव के स्तर पर लक्षित होती है और दूसरी ओर अभिव्यक्ति के। अभिव्यक्ति के स्तर पर ईमानदारी का अर्थ है भावुकता से मुक्ति। तार्किक और तटस्थ दृष्टि ही अभिव्यक्ति को अनुशासित तथा यथार्थ बनाती है जो ईमानदारी की एक महत्त्वपूर्ण शर्त है। भावुक या किशोर कविता में इस प्रकार की बौद्धिक तटस्थता नहीं होती इसीलिए उस कविता में ईमानदारी भी नहीं होती। रचना में जिस अनुभूति की प्रामाणिकता और ईमानदारी की चर्चा की गई है उसका यह अर्थ नहीं है कि रचनाकार जो अनुभव करे उसे उसी रूप में प्रस्तुत कर दे। यह प्रामाणिक अनुभूति और ईमानदारी का सरलीकृत अर्थ है। जीवन की वास्तविकताएँ इतनी सरल नहीं होतीं। उन पर समग्रता में गहराई से विचार करना एक कठिन कर्म है। उनके जटिल और गतिशील रूप को सही-सही समझना एक श्रमसाध्य व्यापार है जो निरन्तर छानबीन की अपेक्षा रखता है। इसके लिए रचनाकार को अपनी व्यक्तिगत अनुभूति को बहुत तराशना पड़ता है। उसे अपनी निजी अनुभूति को वस्तुपरक बनाना पड़ता है। व्यक्तिगत अनुभूति और वस्तुपरक वास्तविकता के बीच समन्वय करना पड़ता है। व्यक्तिगत अनुभूति सब्जेक्टिव हो सकती है पर सत्य केवल सब्जेक्टिव नहीं होता। उसका एक आब्जेक्टिव पक्ष भी होता है। रचनाकार से यह अपेक्षा की जाती है कि वह अपनी रचना में दोनों का समन्वय करे। मुक्तिबोध के शब्दों में : 'व्यक्तिगत ईमानदारी वहाँ लक्षित होगी जहाँ वस्तु का वस्तुमूलक आकलन करते हुए लेखक उस आकलन के आधार पर वस्तुतत्व के प्रति सही-सही मानसिक प्रतिक्रिया करे।...भावना का ज्ञानात्मक आधार जब तक वस्तुतः शुद्ध है तभी तक वह भावना फ्राड नहीं है। किन्तु ज्ञान का भी निरन्तर प्रसार और विकास होता है। चूँकि ज्ञान के क्षेत्र में ही भावना विचरण करती है इसलिए ज्ञान को अधिकाधिक मार्मिक, यथार्थमूलक और विकसित करने का जो संघर्ष है वह वस्तुतः कलाकार का सच्चा संघर्ष है।

यदि कवि या कलाकार वह संघर्ष त्याग देता है तो वह सचमुच ईमानदार नहीं है।'[2]

ऊपर कहा जा चुका है कि अनुभूति की प्रामाणिकता या ईमानदारी की कसौटी के रूप में रचनाकार की व्यक्तिगत जिन्दगी को नहीं स्वीकार किया जा सकता। यह बात अपने आप में सही है पर इसके साथ यह भी सही है कि ईमानदारी वस्तुगत और साहित्यिक के साथ ही आत्मगत और व्यक्तिगत भी होती है। रचना क्योंकि रचनाकार की ही उपज है अतः उसका सम्बन्ध रचना के अतिरिक्त रचनाकार से भी जुड़ता है। रचना में जो कुछ भी आता है रचनाकार से होकर आता है। वास्तविकता का साक्षात्कार रचनाकार ही करता है। उसी के माध्यम से वह व्यक्त भी होती है। अतः रचना से रचनाकार को एकदम पृथक नहीं किया जा सकता। जिस प्रकार एक स्वतन्त्र कलाकृति के रूप में रचना की स्वीकृति एक बुनियादी तथ्य है उसी प्रकार यह भी एक बुनियादी तथ्य है कि व्यक्तिगत ईमानदारी के बिना साहित्यिक ईमानदारी सम्भव नहीं है। इस सन्दर्भ में ग्रेगरी कोर्सो के विचार उल्लेखनीय हैं। वे लिखते हैं: कविता और कवि अविच्छिन्न रूप से एक हैं। कवि के सम्बन्ध में सोचे बिना मैं कविता के बारे में कुछ नहीं लिख सकता।...कवि जितना कुछ आनन्द हमें देना चाहता है, वह उसके कवि से प्राप्त होता है उसकी कविता से नहीं। उजाला हमें कवि से मिलता है, कविता से नहीं। यानी यह उजाला पहले कवि अपनी रचना को देता है, फिर उसकी रचना के जरिए हम उसे पाते हैं।...मैं अपनी कविता का एक जरूरी हिस्सा हूँ। आप अगर मेरी कविता पसन्द करते हैं, तो आप मुझे पसन्द करते हैं, यदि आप मुझे अस्वीकार करते हैं तो आप मेरी कविता को नकारते हैं। मैं जो कुछ लिखता हूँ, वह मैं हूँ। यही मेरी कविता है जिसे मैं जीता हूँ, आनन्द या कि दुख की तरह भोगता हूँ, और सोचता हूँ कि उसमें अगर कुछ भी अद्भुत और महान है तो वह मेरा अपना है और आप सबका है। आज तक जितना कुछ मैंने लिखा है वह अपने भौतिक जीवन में भिन्न होकर नहीं लिखा। मेरी बौद्धिक क्षमता जितनी भी है और मैंने लोगों, पुस्तकों और निजी चिन्तन से जितना कुछ सीखा है वह सब मेरी कविता है।'[3]

अनुभव के स्तर पर ईमानदारी के लिए वास्तविकता की बौद्धिक या मानसिक स्वीकृति मात्र पर्याप्त नहीं है वरन उसके लिए गहरा आन्तरिक बोध अपेक्षित है जहाँ पहुँचकर बौद्धिक स्वीकृति कवि के जीवन से तादात्म्य स्थापित करती है। रचनाकार वास्तविकता को जितनी ही गहराई के साथ आत्मसात करता है उसकी ईमानदारी भी पूर्णता की ओर बढ़ती है और अन्ततः वह पूर्ण तब होती है जब रचनाकार के जीवन में प्रतिबिम्बित होती है। मुक्तिबोध के शब्दों में: 'काव्य सत्य भावना प्रसूत है, किन्तु उस काव्य सत्य का नैतिक उत्तर-

दायित्व है। हम उसे केवल काव्य सत्य कहकर नहीं टाल सकते। वह सत्य हमारे व्यक्तित्व से कुछ माँग करता है।'[4] इस प्रकार ईमानदारी एक बौद्धिक प्रदर्शन मात्र नहीं है, वरन ऐसी स्वीकृति है जिसे रचनाकार अपने सम्पूर्ण अस्तित्व के साथ स्वीकार करता है, जिसमें उसका सम्पूर्ण व्यक्तित्व घुल जाता है। तभी वह रचनाकार की अनुभूति का अंग बनता है। जो साहित्यकार की अनुभूति नहीं है उसको साहित्य की संज्ञा देना निरर्थक है। अनुभूति के अभाव में साहित्य एक विवरण या चमत्कार या नारे से अधिक कुछ नहीं। कवि की ईमानदारी इसमें है कि उसका रचा हुआ संसार कितना वास्तविक और कितना अनुभूत है। यह तभी सम्भव है जब रचनाकार उस संसार का सीधा साक्षात्कार करे, उसे सीधे झेले और महसूस करे। अनुकरण कभी ईमानदारी या प्रामाणिक अनुभूति नहीं बन सकता। यह सही है कि रचनाकार बौद्धिक धरातल पर सब कुछ अनुभव करने की क्षमता रखता है। वह विभिन्न पात्रों और जीवन-स्थितियों में अपने को डालकर अनुभव प्राप्त करता है। किन्तु इन सबके अतिरिक्त उसके वास्तविक जीवन का भी एक धरातल होता है। इस धरातल पर जीने वाले रचनाकार व्यक्ति को जीवन की वास्तविकताओं और संघर्षों का अधिक तीव्र और सच्चा अनुभव होता है। ये वास्तविकताएँ ही उसकी संवेदना का विस्तार करती हैं तथा उसकी अनुभूति और अभिव्यक्ति को प्रामाणिक बनाती हैं।

जीवन तो सब जीते हैं पर सबको उसका बोध नहीं होता। कवि उस जीवन का भोक्ता और साक्षी दोनों होता है। वह रचता भी है और जीता भी है। यही उसकी ईमानदारी की पूर्णता है जो रचना और रचनाकार की दूरी समाप्त करती है तथा उसके रचे हुए संसार को वास्तविक बनाती है। यह ईमानदारी जहाँ जितनी ही पूर्ण है वहाँ कविता उतनी ही समर्थ और सृजनशील साबित हुई है। इस सन्दर्भ में तुलसी के 'रामचरितमानस' और केशव की 'रामचंद्रिका' का तुलनात्मक अध्ययन रोचक साबित होगा। उपर्युक्त दोनों रचनाओं में सबसे बड़ा अन्तर यह है कि 'रामचरितमानस' केवल तुलसी जैसा आस्तिक और आस्थावान कवि ही लिख सकता था जबकि 'रामचन्द्रिका' कोई भी विद्वान व्यक्ति लिख सकता है। 'रामचन्द्रिका' एक चली आती परम्परा का अनुकरण मात्र है जबकि 'मानस' एक कवि की आस्था और अनन्यता का दस्तावेज। इन दोनों रचनाओं के आधार पर दोनों कवियों का व्यक्तित्व निर्मित किया जा सकता है।

कविता में कृत्रिमता तभी दिखाई पड़ती है या ईमानदारी की कमी तभी जाहिर होती है जब बाह्य वास्तविकता को कवि का आन्तरिक संसार आत्मसात नहीं कर पाता। ऐसा होता है कि रचनाकार कहना तो कुछ चाहता है पर उसकी रचना कुछ और ही कहने लगती है। अर्थात् उसकी भाषा उसके मंतव्य को व्यक्त

करने में असमर्थ हो जाती है। ऐसा इसलिए होता है कि रचनाकार अपनी प्रकृति और अपने वास्तविक विचारों के विरुद्ध कुछ दूसरा कहने का प्रयास करता है। उसकी वास्तविक जिन्दगी से कथ्य का जहाँ विरोध होता है वहाँ भाषा कथ्य को नहीं बल्कि जिन्दगी को व्यक्त करने लगती है। भाषा हमेशा जिन्दगी की ओर खींचती है। वह रचनाकार की जिन्दगी की उपज होती है। अतः उसके अनुरूप ही होती है। रचनाकार की निजी जिन्दगी और उसकी रचना का यह द्वन्द्व भाषा द्वारा व्यक्त हो जाता है। यहाँ यह ध्यान देने की बात है कि रचनाकार 'जो चाहता है' प्रभाव उसका नहीं पड़ता। प्रभाव उसका पड़ता है जो रचना 'वास्तव में होती है' और रचना प्रायः वह होती है जो रचनाकार स्वयं होता है। रचना की अपनी निजी विशेषताएँ रचनाकार की ही निजी विशेषताएँ हैं।

कहा जा चुका है कि ईमानदारी जितनी ही पूर्ण होती है, रचना उतनी ही समर्थ और प्रभावकारी। सम्भवतः इसीलिए आधुनिकों में प्रेमचन्द, निराला, मुक्तिबोध और राजकमल ने लोगों को अधिक आकर्षित किया है। इन साहित्यकारों ने साहित्य सृजन किया और साहित्य को जिया भी। आधुनिक काल में गांधी और लोहिया की राजनीति ने अगर लोगों को आकर्षित किया तो इसीलिए कि इन नेताओं ने राजनीति तो की ही राजनीति को जिया भी। इनमें ईमानदारी बहुत कुछ पूर्ण थी। भगवान शंकर ने अद्वैत के प्रवक्ता शंकर की जो तथाकथित परीक्षा ली थी उसकी कसौटी यही ईमानदारी की पूर्णता थी। जो जीवन में दो की सत्ता स्वीकार करता है वह चिन्तन में अद्वैत का प्रतिपादन कैसे कर सकता है ? समसामयिक राजनीति भी अपने को गांधीवादी कहती है किन्तु उसकी छीछालेदर स्पष्ट है : लोग खद्दर के कुरते और टोपी तक से घृणा करते हैं। यही हालत आज के अधिकांश साहित्य की भी है। आज के अधिकांश साहित्यकारों ने 'ईमानदारी', 'समकालीन वास्तविकता', 'यथार्थ', 'परिवेश', 'विद्रोह', 'नवीन मूल्यों की स्थापना', 'युगबोध', 'आधुनिकता' आदि के नारे तो बहुत लगाए हैं किन्तु इन नारों में आत्मविज्ञापन, चमत्कार और अनुकरण ही बहुत है, ईमानदारी कम। ईमानदारी के अभाव में ही यह सारा साहित्य कृत्रिम, प्रभावहीन और व्यर्थ होकर रह गया है। व्यक्ति और समाज के वास्तविक चिन्तन और वास्तविक व्यवहार पर उसका कोई व्यापक प्रभाव भी पड़े, ऐसा नहीं लगता। आज की अधिकांश रचनाओं को पढ़कर ही उनकी ईमानदारी पर सन्देह हो जाता है और यदि किसी तरह उन पर विश्वास कर भी लिया जाए तो उन रचनाओं के सहज अस्तित्व पर निश्चय ही एक प्रश्नचिह्न लग जाता है। इन रचनाओं में रचनाकारों का बड़बोलापन इतना हावी है कि अविश्वास के अतिरिक्त अन्य कोई चारा नहीं रह जाता। आज के जीवन में अपने चारों ओर

हम चिन्तन और व्यवहार का जो अन्तर्विरोध बुरी तरह महसूस कर रहे हैं और अपने चारों ओर हवाई नेताओं की जिस पीढ़ी का दबाव सहन कर रहे हैं वही सब-कुछ हमें साहित्य-जगत में भी दिखाई पड़ रहा है। यहाँ भी पत्रिकाओं में क्रान्ति होती है, गोष्ठियों में बहसें होती हैं, लेखों में मूल्यों की स्थापनाएं होती हैं और यथार्थ, विद्रोह तथा आधुनिकता के कोरे नारे लगाए जाते हैं। जो जीवन में सिगरेट और माचिस तक के लिए समझौते करते हैं वही विद्रोह और क्रान्ति का सबसे अधिक हल्ला करते हैं। जिन्हें जीवन में काउच और पंखे के बिना नींद नहीं आती वही समाजवाद का सबसे जोरदार नारा लगाते हैं तथा वियतनाम पर लम्बी-लम्बी कविताएँ लिखते हैं। जो साहित्यिक गुटबन्दियाँ करते हैं, पत्रिकाओं की महन्ती संभालते हैं वही सर्वहारा क्रान्ति की गुहार लगाते हैं। फिर इनकी रचनाओं में ईमानदारी ढूँढ़ना कहाँ की ईमानदारी है ? वास्तव में इनकी ईमानदारी एक उथली बौद्धिक स्वीकृति या अनुकरण या प्रदर्शन मात्र है। इस सन्दर्भ में स्वयं पिछले दशक के बहुचर्चित रचनाकार मुक्तिबोध के ही शब्दों में : 'आज के साहित्यकार का आयुष्क्रम क्या है। विद्यार्जन, डिग्री और इसी बीच साहित्यिक प्रयास, विवाह, घर, सोफासेट, एरिस्टोक्रेटिक लिविंग, महानों से व्यक्तिगत सम्पर्क, श्रेष्ठ प्रकाशकों द्वारा अपनी पुस्तकों का प्रकाशन, सरकारी पुरस्कार, अथवा ऐसी ही कोई विशेष उपलब्धि; और चालीसवें के आसपास अमेरिका या रूस जाने की तैयारी; किसी व्यक्ति या संस्था की सहायता से अपनी कृतियों का अंग्रेजी या रूसी में अनुवाद; किसी बड़े भारी सेठ के यहाँ या सरकार के यहाँ ऊँचे किस्म की नौकरी। अब मुझे बताइए कि यह वर्ग क्या तो यथार्थवाद प्रस्तुत करेगा और क्या आदर्शवाद ?'[5]

ईमानदारी जब तक व्यक्ति और परिवार के स्तर पर लागू नहीं होती, साहित्य के स्तर पर उसकी तलाश व्यर्थ है क्योंकि सारी गैर-ईमानदारी तो व्यक्ति और परिवार के ही स्तर पर है जिसको लेकर आज का सारा झगड़ा खड़ा हुआ है। जब जीवन के धरातल पर गैरईमानदारी है तो फिर साहित्य या कला के धरातल पर वह ईमानदारी हो तो भी कृत्रिम होगी। जीवन को छोड़कर कला और साहित्य सब निरर्थक है। रचनाकार की लड़ाई दुहरी होती है। वह जीवन और साहित्य दोनों ही मोरचों पर एक ही साथ और एक ही निष्ठा से लड़ता है। रचनाकार अपने चारों ओर व्याप्त विचार और व्यवहार की जिस खाई पर व्यंग करता है, जिस राजनीतिक लम्पटता और पाखण्ड की पोल खोलता है यदि स्वयं उसी का शिकार है तो फिर उसकी ईमानदारी पूर्ण कहाँ है ? रचनाकार सर्वतन्त्र स्वतन्त्र नहीं होता। वह भी उसी जीवन का एक अंग है जिसमें चारों ओर अवमूल्यन का अन्धकार व्याप्त है। रचनाकार जिस लक्ष्य के लिए लिखता है, जिन रूढ़ियों और मृत परम्पराओं का विरोध करता है, जिन

सामाजिक स्थितियों के विरुद्ध विद्रोह करता है तथा जिन यथास्थितियों को तोड़ना चाहता है यदि स्वयं उनमें आकंठ डूबा हुआ है तो उसका लेखन अपने-आप एक पाखण्ड बन जाता है।

प्राचीन भारतीय चिन्तन की मूल विशेषता यही रही है कि उसमें सिद्धान्त और व्यवहार में फर्क नहीं किया गया। दोनों के सन्तुलन को ही ईमानदारी की कसौटी स्वीकार किया गया। यदि ईमानदारी के इस दुहरे रूप को स्वीकार नहीं किया जाता तो रचना और आलोचना अविश्वसनीय हो जाएँगे। मन्त्र का उच्चारण पिंजरे में बन्द तोता भी करता है और एक आस्तिक सन्त भी। क्या दोनों में कोई फर्क नहीं है ? बिना व्यक्तिगत ईमानदारी के रचना में वह साहस नहीं आ सकता जो उसे प्राणवान बनाता है तथा जो ईमानदारी का सबसे प्रमुख लक्षण है।

मुक्तिबोध ने इस बात को कुछ विस्तार से और बहुत जोर देकर कहा है कि हमारे यहाँ के नये बुद्धिजीवियों और सामाजिक कार्यकर्ताओं ने अन्यायपूर्ण व्यवस्था को घर में नहीं बाहर ही चुनौती दी। राजनैतिक प्लेटफार्म से ही समाज बदलने की बात की गई। लेकिन जहाँ खासतौर पर परिवार में मूल्यों की स्थापना की बात आई वहाँ बड़े विचारक कन्नी काट गए। मुक्तिबोध के ही शब्दों में : 'जीवन-मूल्य और कलात्मक साहित्यिक मूल्य में आवयविक सम्बन्ध है, यह न भूलना चाहिए।···जो परिवार के मूल्य होंगे, वे जीवन में होंगे ही और वे 'साहित्य' में भी उतरेंगे। हाँ, यह सही है कि साहित्य में आकर उनकी रूपरेखा बदल जाएगी, किन्तु उनके तत्त्व कैसे बदलेंगे ? जिन्दगी के जो रुख हैं, जो रवैये हैं, जो ऐटीट्यूड्ज हैं, वे साहित्य में अवश्य प्रकट होंगे।···यदि आप लोग केवल काव्य-सत्य को महत्त्व देते हों तो अपने अनजाने ही एक भयानक भूल कर बैठते हो। वह यह कि एक व्यक्ति साहित्य में जिन मूल्यों की स्थापना करता है वे मूल्य उसके आचरण की मूल प्रेरणा हों, यह आप अपने लिए अनावश्यक इर्रेलेवेंट मानते हैं। इसका बहुत बुरा परिणाम होता है।···साहित्य में प्रगतिवादी किन्तु जीवन प्रतिक्रिया से घनिष्ठ सहचरत्व की पोषक, साहित्य में मानवतावादी किन्तु जीवन में शोषकों की अभिन्न मित्र—इस प्रकार की विद्रूप भयानक आकार वाली विसंगतियाँ आलोचक न देख पाए, साहित्यिकगण सौजन्य-वश चुप रहें; लेकिन साहित्य से प्रेम रखने वाली जनता उन्हें अपनी करोड़ों आँखों से देखती है। और चूँकि आलोचक और सम्पादक तथा साहित्य के अन्य नेता इसे नहीं देख पाते इसलिए वह उन्हें धिक्कारती भी है। यही सही है। यदि यह सच है कि साहित्य में प्रकट या संस्थापित जीवन मूल्य उस साहित्य के साहित्यिक गुणों की कसौटी नहीं है तो यह भी सच है कि वे जीवन मूल्य उसके स्रष्टा में संगति की अपेक्षा रखते हैं।'[6]

अनुभव और रचना की प्रकृति का गहराई से विश्लेषण करने पर रचना और रचनाकार का अन्तर बहुत कुछ मिटता प्रतीत होता है। जो अच्छा है वह हर तरह से अच्छा है। यदि रचना अच्छी है तो रचनाकार भी है और यदि रचनाकार समर्थ नहीं है तो रचना भी नहीं है। अनुभव और सृजन की प्रक्रिया बहुत मिली-जुली होती है। रचनाकार केवल रचना के क्षणों में ही सजग नहीं होता बल्कि उन क्षणों में भी होता है जिनके परिणामस्वरूप रचना संभव होती है। इसीलिए रचना कर्म कहीं न कहीं नागरिक कर्म से भी जुड़ता है। मुक्तिबोध के ही शब्दों में : 'काव्य-रचना एक परिणाम है किसी पूर्वगत प्रदीर्घ मनः-प्रक्रिया का जो अलग-अलग समयों में बनती गई और अपने तत्त्व एकत्र करती गई है।'[7] रचना क्योंकि रचनाकार की ही उपज होती है अतः उसकी जड़ें रचनाकार की जिन्दगी में बहुत गहरी होती हैं। हम यह तो मानेंगे कि रचना रचनाकार के अनुभवों की अभिव्यक्ति है। वे अनुभव संसार के होते हैं जिसके वीच रचनाकार उठता-बैठता, खाता-पीता, सोचता-समझता और साँस लेता है। उस अनुभव संसार की एक भाषा भी होती है। यहाँ यह चीज स्वीकार कर लेने की है कि एक आदमी के रूप में—एक नागरिक के रूप में रचनाकार जिस जिन्दगी से सम्बद्ध होता है उसकी भाषा अवश्य ही उससे प्रभावित होती है। लेखक जिस प्रकार की जिन्दगी में इन्वाल्व होता है उसी प्रकार की शब्दावली उसके लेखन में होती है इसी बात को थोड़ा और आगे बढ़ाकर हरबर्ट मारकूज जैसे विचारक यह स्वीकार करते हैं कि कला अपने वस्तु और रूप दोनों में लेखक की वर्गीय स्थिति के द्वारा निर्धारित होती है। इस दृष्टि से किसी भी कवि के शब्दप्रयोगों का सूक्ष्म विश्लेषण किया जा सकता है। अन्ततः भाषा व्यक्तित्व का एक अविभाज्य अंग है। जिन्दगी से पलायन करने वाले व्यक्ति की भाषा जिन्दगी से लड़ते हुए व्यक्ति की भाषा से अवश्य ही भिन्न होगी। लेखक जब जीवित अनुभवों के बीच में होता है तो उसकी भाषा एक जीवित समर्थ भाषा होती है। जब वह वास्तविकताओं से पलायन करता है—आत्म-निर्वासित और बेगाना होकर किसी अन्तर्लोक में रमने लगता है तो वह यथार्थ संसार से बाहर होता है और अपनी जमा-पूंजी को ही दुहराने लगता है। सार्त्र की निश्चित धारणा है कि लेखक की भाषा और उसकी कला उसके जीवन और विचारों से प्रभावित होती है।'[8] वे एक स्थल पर लिखते हैं : 'मैंने अनुदिन लेख और पुस्तकें इसलिए नहीं लिखी हैं, मैंने सर्वनिष्ठ संघर्षों में इसलिए भाग नहीं लिया है कि मैं दुनिया को ग्रीक प्रतिभाओं और श्रेष्ठ कृतियों से पाटना चाहता हूँ···अपने शुरू के लेखों से आखिरी किताब तक मैंने काफी और शायद ज्यादा भी, इसीलिए लिखा है कि मैं रोजमर्रा की जिन्दगी की तरफ, उन लोगों की तरफ, जो चाहे जो भी हों, तिरस्कृत और लांछित हों, खिचने से अपने को

रोक नहीं सकता ।'[9]

यहाँ ईमानदारी को मैंने किसी धार्मिक प्रत्यय के रूप में स्वीकार नहीं किया है और न मेरा यही मतलब है कि रचनाकार का भक्त होना या उसका रोज डेढ़ घण्टे पूजा करना आवश्यक है। ईमानदारी से मेरा मतलब केवल इतना ही है कि उसकी बौद्धिक या मानसिक स्वीकृति मात्र पर्याप्त नहीं है वरन उसके लिए गहरा आन्तरिक बोध अपेक्षित है जो रचना से आगे जाकर रचनाकार के व्यक्तित्व को स्पर्श करता है। रचना के लिए यह ईमानदारी आवश्यक है। जितनी ही पूर्ण है यह ईमानदारी उतनी ही समर्थ, प्राणवान और प्रभावकारी है रचना।

[1968-74]

सन्दर्भ

1. कथ, जून-जुलाई 1968
2. एक साहित्यिक की डायरी, पृ० 120, 126
3. आलोचना, जनवरी-मार्च 1971, पृ० 64, 67
4. एक साहित्यिक की डायरी, पृ० 64
5. वही, पृ० 37
6. वही, पृ० 77, 78, 111, 113
7. वही, पृ० 130
8. 'A black smith can be affected by fascism in his life as a man, but not necessarily in his craft, a writer will be affected in both, and even more in his craft than in his life.' What is literature. p.41.
9. 'मानववाद और साहित्य' से उद्धृत, पृ० 112-113

रचना संसार बनाम असली संसार

आज साहित्य पर साहित्येतर शक्तियों का दबाव जितना बढ़ गया है, उतना शायद कभी नहीं रहा है। यह साहित्य के लिए खतरनाक ही नहीं उसके अस्तित्व को ही मिटा देने वाला है। उग्रपंथी राजनीति के साहित्य पर बहुत हावी होने का यह परिणाम है। आए दिन गोष्ठियों-पत्रिकाओं आदि में इस प्रकार की आवाजें सुनाई पड़ती हैं कि 'बहस बेकार है, सीधी कारवाई होनी चाहिए'। अभी कुछ दिनों पूर्व एक साहित्य समारोह हो रहा था। एक प्रबुद्ध व्यक्ति खड़े हुए और कहने लगे 'शहर में बाढ़ आई है और हम साहित्यकार यहाँ गोष्ठी में विचार-विमर्श कर रहे हैं?' उनका तात्पर्य यह था कि ऐसे मौके पर इस प्रकार का साहित्यिक विचार-विनिमय अप्रासंगिक है। मैं सोचता हूँ सारी दुनिया में और हमारे देश में भी अनेकानेक सामाजिक-आर्थिक समस्याएँ जटिलतम रूप में उपस्थित हैं तो क्या अब गोष्ठियों आदि में होने वाली वैचारिक बहसें बन्द हो जानी चाहिए? और क्या कोई ऐसा भी समय आएगा जब कोई कठिन समस्या नहीं होगी और हम शान्ति से बैठकर विचार-विनिमय कर सकेंगे? तब क्या हम वैचारिक बहसें भी कर सकेंगे? और फिर उनका अर्थ क्या होगा? दरअसल इस प्रकार की बातें वे ही लोग करते हैं जो रचना कर्म को अन्य कर्मों की तुलना में हेय मानते हैं और जिनका रचना और भाषा की शक्ति में कतई विश्वास नहीं है। किन्तु सच यह है कि रचना को ठोस पदार्थ नहीं बनाया जा सकता। वह कुर्सी या मेज या रोटी नहीं हो सकती। रचना संसार और असली संसार में फर्क होता है। जिसे इस फर्क में विश्वास नहीं उसे रचना में भी कैसे विश्वास हो सकता है।

सबसे पहले 'रचना' शब्द को लें। 'लेखन' (राइटिंग) के लिए 'रचना' या 'सृजन' (क्रिएशन) जैसे शब्दों का इस्तेमाल क्यों किया जाता है? क्योंकि रचना एक निर्मिति एक सृष्टि होती है। सी०एस०लीविस के अनुसार साहित्यिक कृतियाँ कौशलपूर्वक बनाई गई संश्लिष्ट वस्तुएं हैं। रचना में भाषा का इस्तेमाल 'निर्माण' के लिए होता है। भाषा का यह विशिष्ट इस्तेमाल है जो प्रायः अन्य क्षेत्रों में नहीं होता। रचना या सृजन तो ब्रह्म करता है (यदि कोई ब्रह्म है)। दुनिया के लगभग सभी धर्मों या दर्शनों में 'रचना' या 'सृजन' शब्द का प्रयोग ईश्वर या सर्वोच्च

शक्ति के साथ ही जुड़ा हुआ है। भारतीय चिंतकों ने इसीलिए कवि को भी ब्रह्म कहा है क्योंकि वह भी ईश्वर के समान ही सृष्टि करता है। 'सृजन' या 'रचना' शब्द का प्रयोग हम तभी करते हैं जब कोई नई और भिन्न चीज जन्म लेती दिखाई देती हो। कारखाने में यदि कोई मशीन एक प्रकार की घड़ियों या साबुनों या ऐसी ही अन्य प्रकार की चीजें बना रही हो जिनके स्वरूप गुण आदि में कोई अन्तर न हो तो हम उन्हें 'रचना' नहीं कहेंगे। रचना टेक्निकल नहीं होती।[1] रचना मूर्ति या चित्र से भिन्न होती है। किसी साहित्य-रचना को हम पूरी तरह नष्ट नहीं कर सकते। वह मौखिक भी हो सकती है या किसी व्यक्ति की स्मृति में सुरक्षित रह सकती है। 'वह ऐसा अनोखा प्रमेय है, जिसका अपना अलग अस्तित्व होता है। यह न तो वास्तविक (किसी मूर्ति की तरह भौतिक) होती है, न ही मानसिक (प्रकाश या वेदना की अनुभूति की तरह मनोवैज्ञानिक) और नहीं प्रत्ययात्मक (किसी त्रिभुज की भाँति)।'[2] रचना के लिए 'नया' और 'भिन्न' होना शायद अनिवार्य शर्त है। जो लोग रचनाकार की मनःस्थिति से अवगत हैं, उन्हें मालूम है कि रचनाकार अपनी रचना को बहुत देर तक संशय की मनःस्थिति में घूरता है। कभी कोई शब्द बदलता है, कभी कोई पंक्ति। और अन्ततः वह उसे पूर्ण तब मानता है, जब अपनी ही रचना पर रीझ कर महसूस करने लगता है कि उसने इसे रचा है। अर्थात् यह उसी की चीज है किसी अन्य की नहीं। कवि जब कुछ नया रचता है, तभी उसकी सर्जनात्मकता उजागर होती है। यह नयापन कथ्य और भाषा दोनों में एक साथ लक्षित होता है। बहुत बार दुहराए गए शब्द, वाक्य या मुहावरे प्रत्यक्षानुभूति नहीं कराते। पिटीपिटाई भाषा के प्रति हमारी प्रतिक्रिया नहीं होती या बहुत टेढ़ी होती है। पर वही भाषा अपने नये रूप में हमें तत्काल आकर्षित करती है। रूपवादी आलोचक इस नवीनता और विलक्षणता को रचना के लिए जरूरी मानते हैं।

कोई भी साहित्यिक कृति एक असली प्राकृतिक सृष्टि के भीतर ही होती है। इसीलिए तो रचना के स्वायत्त संसार की बात की जाती है। क्या है यह असली संसार और रचना संसार और क्या दोनों का कोई रिश्ता है? असली संसार का अर्थ उस संसार से है जो प्रकृति या मनुष्य द्वारा रचित ठोस या सूक्ष्म संसार है, जिसमें हम हँसते-बोलते, खाते-पीते और जीते-मरते हैं। रचना संसार का मतलब उस संसार से है जिसे रचनाकार असली संसार के बीच उसी के समानान्तर भाषा में रचता है। अपनी उद्भावना शक्ति, कल्पना शक्ति, अपनी दृष्टि और अपने कौशल द्वारा। स्थूल दृष्टि से देखें तो इन दोनों संसारों में कोई अन्तर नहीं है। भाषा में जब हम 'आकाश' या 'फूल' या 'नदी' या 'पर्वत' कहते हैं, तो उसका अर्थ उसी आकाश, फूल, नदी और पर्वत से होता

है, जो असली संसार में है। फिर भी रचना संसार और असली में एक अन्तर है। प्रसिद्ध यूनानी विचारक प्लेटो ने रचना को समझने में यहीं भूल की थी, उसने काव्य को प्रकृति की अनुकृति माना था और इसलिए उसे मिथ्या या सत्य से दूर कहा था। पर काव्य या रचना प्रकृति की अनुकृति नहीं होती, कृति होती है। प्रतिछवि नहीं, छवि होती है। प्रतिबिम्ब नहीं, बिम्ब होती है। यह मुहावरा कि 'साहित्य समाज का दर्पण है' या 'साहित्य जीवन का प्रतिबिम्ब है' एक अधूरा और गलत मुहावरा है। दर्पण में तो चीजें जैसी हैं, हू-बहू वैसी ही दिखाई पड़ेंगी। प्रतिबिम्ब भी हू-बहू वैसा ही होगा जैसा बिम्ब। पर रचनाकार यदि हू-बहू कोई अनुकृति पेश करता है तो वह 'रचना' या 'सृजन' या 'कृति' किस अर्थ में है? साहित्य 'समाज का दर्पण' या 'जीवन का प्रतिबिम्ब' न होकर अपने आप में एक समाज होगा, एक जीवन होगा और वह निश्चय ही असली समाज और असली जीवन से थोड़ा हटकर होगा—उसी के समानान्तर, स्वतन्त्र और स्वायत्त। रचना में जो गुलाब है अगर वही है जो हमारे आँगन में है तो फिर उसके होने का क्या अर्थ? कोई भी अस्तित्व या तो सार्थक होगा या निरर्थक। यदि वह गुलाब वही है जो हमारे आँगन में है तो मेरे लिए निरर्थक है। और यदि वह मेरे लिए सार्थक है तो फिर ठीक वही नहीं जो मेरे आँगन में है। 'पुनर्नवा' का चन्द्रमौलि कहता है: 'सीमा मनुष्य को विधाता का दिया हुआ अनुपम साधन है। मैं अगर एक फूल बनाऊँ, चाहे वह चित्र हो, लकड़ी का बना हो, पत्थर का हो, सीमा के चौखटे में बँधा हुआ होगा। पर उसकी शोभा इसीलिए दीर्घजीवी हो जाएगी। विधाता के बनाए फूल क्षण-क्षण परिवर्तित होंगे, मुरझाएँगे, झड़ेंगे, फिर नये फल बनने में निमित्त बनेंगे, पर मेरा बनाया फूल अपेक्षाकृत स्थायी होगा। होगा न आर्य? यह सीमा की महिमा है'।[3] मतलब यह कि 'रचना संसार' यदि 'रचना' भी है तो असली संसार से थोड़ा भिन्न होगा। रचना का गुलाब रचनाकार से होकर आएगा और उस पर रचनाकार के स्पर्श की निशानी होगी। वह निशानी ही तो रचना है। जितनी ही अमिट होगी वह निशानी उतनी ही समर्थ, स्वायत्त और प्रभावकारी होगी वह रचना। रचना रचनाकार की भट्ठी से ढलकर निकलती है इसीलिए उस पर उस भट्ठी की मुहर होती है। अगर यह मुहर न हो तो फिर वह वही कच्चा माल है, जो भट्ठी में जाने के पूर्व था और भट्ठी से निकलकर भी कच्चा माल ही रह गया—रचना न बन सका। यहाँ पहुँचकर मैं शायद कह सकता हूँ कि असली संसार रचना का कच्चा माल है। रचना शायद उस कच्चे माल का रूपान्तर है जो रचनाकार की भट्ठी में होता है। असली संसार का यह रूपान्तर ही हमें प्रभावित करता है। असली संसार को हम रोज देखते हैं। रोज देखते हैं रिक्शे वाले को कड़ी धूप और भयानक ठण्ड में रिक्शा खींचते। एक मरते पशु को भयानक पीड़ा में

छटपटाते। इस असली संसार को रचनाकार कुछ और तराशता है—कुछ छांटता है, कुछ जोड़ता है। अपने उद्देश्यों की पूर्ति के लिए चीजों को एक क्रम में और सन्दर्भ देता है। उन्हें एक ऐसा स्वतन्त्र रूप देता है जिसे उसका रचना-संसार कहा जा सकता है। एक रूसी लेखक ने अपनी नोटबुक में लिखा है 'ए मैन डज़ नाट नो हिमसेल्फ, ही मस्ट बी डिस्कवर्ड बाई द राइटर' तात्पर्य यह है कि लेखक आदमी के अन्तर्जगत की खोज करता है। रचनाकार की सबसे बड़ी विशेषता उसकी ग्रहणशीलता होती है। वह जीवन की छोटी-से-छोटी या पुरानी-से-पुरानी चीजों को अपने सामर्थ्य से नई, विलक्षण, वास्तविक, जीवन्त, प्रासंगिक और महत्त्वपूर्ण बना देता है। संस्कृत काव्यशास्त्र में इस रचना संसार या काव्य-संसार को आचार्यों ने स्वीकृति दी है और उसे अलौकिक भी कहा है।

फिर रचना में 'यथार्थ' शब्द का क्या अर्थ हो सकता है ? 'यथार्थ' शब्द का प्रयोग रचना को असली संसार से जोड़ने के लिए किया जाता है। 'यथार्थ' का सामान्य अर्थ लिया जाता है—असली संसार जैसा है ठीक वैसा ही। मगर जैसा कि कहा जा चुका है, असली संसार में जैसा है ठीक वैसा ही वस्तु को चित्रित करना रचना नहीं है। फिर 'यथार्थ' क्या है ? मेरे विचार से 'यथार्थ' का अर्थ है असली संसार को एक ऐसी दृष्टि से देखना जो अधिक सच्ची और स्वाभाविक हो। अन्ततः असली संसार अपनी स्वतन्त्र सत्ता के बावजूद देखने वाले के मन का प्रत्यय भी है। उस प्रत्यय को रचनाकार अधिक स्वाभाविक और सच्चे प्रत्यय से पुष्ट (रिप्लेस) करता है। असली संसार को एक नई दृष्टि से या एक नये कोण से देखने की कोशिश जो उसकी पहचान को अधिक प्रासंगिक और गहरा करे, 'यथार्थ' की शायद परिभाषा हो सके। अतः यथार्थ का अर्थ असली संसार को ज्यों का त्यों प्रस्तुत करना नहीं बल्कि उसे परम्परागत धारणा से अलग अधिक सच्चे और स्वाभाविक रूप में प्रस्तुत करना है। मतलब यह कि यथार्थवादी रचना प्रायः क्रान्तिकारी रचना होती है। वह एक वस्तु-परक दृष्टि नहीं, बल्कि नई दृष्टि देती है। उसकी यह नई दृष्टि ही उसकी रचनात्मकता या सर्जनात्मकता है। इसीलिए कहा गया है कि श्रेष्ठकला हमेशा परती जमीन तोड़ती है। मैं यूजिन आयोनेस्को की बहुत सारी साहित्यिक मान्यताओं से सहमत तो नहीं पर उसकी इस बात को स्वीकार करता हूँ कि 'नवीनता कृतिकार के बोध के लिए आवश्यक है।' उसके अनुसार 'हर कृति विलक्षण होती है और उसका मूल्य उसकी नवीनता है। कोई भी कृति अनेक पूर्ववर्ती कृतियों की परम्परा में जन्म लेती है। उसकी एक वंश परम्परा होती है। वह अपने पूर्वजों की संतान होती है लेकिन वह पूर्वज नहीं होती।' तात्पर्य यह कि कृति विशिष्ट और सामान्य दोनों होती है। वह विशिष्ट होती

है इसीलिए हम उस विशिष्ट कृति को पढ़ते हैं। अन्यथा हम 'कामायनी' को ही क्यों पढ़ते ? 'लोकायतन' से ही 'कामायनी' का काम नहीं चल जाता ? मगर जब हम उसे 'कृति' की संज्ञा देते हैं तो उसकी सामान्य विशेषताओं के ही आधार पर और उन्हीं के आधार पर उसे मेज या कुर्सी या लैम्प से अलग करते हैं। इतना ही नहीं उसे इतिहास, मनोविज्ञान, दर्शन आदि ग्रन्थों से पृथक करके एक 'साहित्यिक कृति' के रूप में स्वीकार करते हैं। जब हम साहित्यिक कृति की बात करते हैं तो हमारा मतलब ललित साहित्य या रचनात्मक साहित्य से ही होता है। इसमें भाषा का उपयोग कुछ विशिष्ट रूप में होता है। एक साहित्यिक कलाकृति की भाषा विशुद्ध अभिधात्मक भाषा नहीं होती। यह व्यंजना प्रधान होती है। यह रोजमर्रा की भाषा का एक संगठित शक्तिसंपन्न रूप होती है। भाषाशास्त्रियों ने इस बात को स्वीकार किया है कि भाषा का उपयोग कई ढंग से और कई स्तरों से होता है। सामान्य भाषा और वैज्ञानिक भाषा से साहित्य की भाषा अलग होती है। भाषा के सामान्य उपयोग द्वारा रचना संभव नहीं है। रचना में हमेशा भाषा का विशिष्ट उपयोग होता है। सामान्य भाषा और वैज्ञानिक भाषा में दुनिया का जो रूप दिखाई देता है, और साहित्यिक भाषा में जो रूप दीखता है उनमें स्तर भेद है।

रचना या सर्जना मूलतः वस्तुपरक नहीं, व्यक्तिपरक होती है। व्यक्तिपरक का यह अर्थ नहीं कि वह व्यक्तिवादी होती है और व्यक्तिवाद की हिमायत करती है बल्कि उसका अर्थ इतना ही है कि उस पर रचनाकार के व्यक्तित्व की छाप अधिक गहरी होती है न कि वस्तु की। हम कह सकते हैं कि रचनाकार का व्यक्तित्व परिस्थितियों से अधिक प्रभावित होता है अतः रचना परिस्थितियों से अधिक प्रभावित होगी। मगर किसी भी रूप में यह तो स्वीकार करना होगा कि वह रचनाकार के व्यक्तित्व से अधिक प्रभावित होगी। जब रचनाकार पूरी हो चुकने के बाद रचना को देखता है तो वह वस्तुपरक नहीं लगती। वह उसी की लगती है। वह उसके रेशे-रेशे से परिचित होता है—उन सभी प्रक्रियाओं का भोक्ता होता है जिनकी वह उपज है। एक दर्जी अपने सिले हुए कपड़े को यदि वह उसके नाप का है, पहन सकता है, ठीक वैसे ही जैसे कोई दूसरा पहन सकता है। एक बढ़ई अपनी बनाई हुई कुर्सी पर बैठ सकता है जैसे कोई भी दूसरा बैठता है। पर एक रचनाकार अपनी रचना को ठीक वैसे ही नहीं पढ़ सकता जैसे कोई दूसरा पाठक। किसी रचना को पढ़ते हुए पाठक में उत्कंठा होती है, वह आगे की कथा का अन्दाज लगाता है, वह कुछ जोड़ता-घटाता है, कुछ आशा करता है, कुछ कल्पना करता है, कुछ जानने की इच्छा करता है आदि। पर रचनाकार अपनी रचना को पढ़ते हुए यह सब कुछ नहीं करता। वह अपने को ही दुहराता है क्योंकि वह उसकी व्यक्तिगत खोज है।

यह एक विचित्र सत्य है कि रचनाकार जब लिखने बैठता है तो उसकी रचना असली संसार के अधिकाधिक निकट भागती है—उससे एकाकार होना चाहती है और रचनाकार उसे अधिक से अधिक अपने निकट खींचना चाहता है। रचना असली संसार के जितने निकट पहुँच जाती है, उतनी ही वह यथार्थ होती है और रचनाकार के जितने निकट आ जाती है उतनी ही नई। अतः एक नई और यथार्थ रचना के लिए इन दोनों का तालमेल आवश्यक है। यह समझना कि कला अनिवार्यतः तभी अच्छी होगी जब वह अधिक से अधिक वास्तविकता के निकट हो, शत-प्रतिशत सही नहीं है। यह देखा जाता है कि कभी तथ्यात्मक कृति सत्य से दूर हो जाती है और अयथार्थ या काल्पनिक प्रतीत होने वाली रचना वास्तविकता का अधिक प्रामाणिक उद्‌घाटन करने में समर्थ साबित होती है। जर्मन नाटककार ब्रेख्ट की शैली अयथार्थवादी है फिर भी उसकी रचना निर्मम सच्चाइयों का बयान करता है। इसी प्रकार हिन्दी कवि मुक्तिबोध फँटेसी की दुनिया में भागते नजर आते हैं पर उनकी फंतासी भयावह वास्तविकताओं की दुनिया में ले जाती है। कलाकार यथार्थ को अपनी कल्पना में अर्जित करता है। किसी चीज को ज्यों का त्यों प्रस्तुत करना यथार्थ नहीं है। रचनाकार को यथार्थ की सृष्टि करनी पड़ती है। आदोल्फ़ो वँज़क्वेज़ के शब्दों में, "कलाकार कला को ज्ञान का साधन बनाता है पर किसी यथार्थ का अनुकरण करके नहीं, एक नये यथार्थ को जन्म देकर। कला तभी तक ज्ञान है जब तक कि वह सृष्टि है।"[4]

प्रेमचन्द की दो अत्यन्त प्रसिद्ध कहानियाँ हैं—'कफ़न' और 'पूस की रात'। दोनों ही कहानियों के चरित्र ऊपर से देखने पर काल्पनिक लगेंगे। ऐसा कोई व्यक्ति समाज में शायद ही मिले जो अपनी पत्नी के मरने के बाद उसके कफन के पैसे की शराब पी जाय। घर में जिसके मरी हुई पत्नी हो और जो बाजार में शराब की दुकान पर पूड़ी उड़ा रहा हो। ऐसा कोई किसान भी शायद ही मिले जो अपनी फसल के नष्ट हो जाने पर खुश हो। लेकिन प्रेमचन्द इन दोनों ही कहानियों में जिस भयानक यथार्थ की सृष्टि करते हैं वह दुर्लभ है। कहा जाता है कि सत्य कल्पना से अधिक विचित्र होता है: 'ट्रुथ इज स्ट्रेंजर दैन फिक्शन।' इसी बात को एक दूसरे अन्दाज से यूजीन आयोनेस्को ने ऐसे कहा है कि सत्य की जड़ें कल्पना में होती हैं। रचना के सत्य और विज्ञान के सत्य में फर्क होता है। विज्ञान का सत्य निश्चित और हर स्थिति में अपरिवर्तित होता है। वह नंगा और निर्गुण होता है। रचना सत्य की सगुण अभिव्यक्ति है। वह सत्य की संवेदनात्मक अभिव्यक्ति है। रचना के लिए संबद्धता (इन्वाल्वमेंट) और अलगाव (अन-इन्वाल्वमेंट) दोनों जरूरी हैं। रचनाकार बाह्य जगत को भी, अपने अनुभव को भी थोड़ा दूर रहकर देखता है। यह सही है कि सच्चा

साहित्य वास्तविकता का साहित्य होता है पर साहित्य की यह वास्तविकता अन्ततः होती है काल्पनिक ही। रचना की सीमा में आते ही उस पर कल्पना का आवरण चढ़ जाता है। वर्ण्य विषय रचनाकार के मानस में आते ही अपनी सत्ता बहुत कुछ खो देता है। सर्जन के दौरान उस पर नया रंग चढ़ जाता है। वास्तविकता की विविध छायाएँ (शेड्स) होती हैं। किसी 'सच्ची घटना', उस घटना की 'रिपोर्टिंग' और उस पर लिखी गई 'रचना' तीनों की वास्तविकताओं में अन्तर है। रोटी के समर्थन में कविता लिखी जा सकती है पर वह रोटी नहीं हो सकती। जब हम कहते हैं कि 'साहित्य को यथार्थ और वास्तविक होना चाहिए' तब हमारा यह वाक्य खुद एक आदर्श का विधान करता है। रचनाकार किसी सत्य की स्थापना नहीं करता। वह सत्य को स्वीकार करता है, उसे व्यक्त करता है और दिखाता है पर ऐसा करने के लिए वह असत्य का आयोजन करता है। काव्य के मूल में कवि-कल्पना है जिसे संस्कृत के आलंकारिकों ने 'कवि व्यापार' 'कवि कर्म' या 'कवि कौशल' कहा है। भीतर या बाहर की किसी वस्तु को एक विशेष भावदृष्टि की सहायता से नवीन रूप में प्रस्तुत करने का कवि-कौशल ही कल्पना है। पाश्चात्य काव्य-चिन्तन में 'कल्पना' की प्रतिष्ठा काव्य की सृजन शक्ति के रूप में की गई है। कोलरिज ने और बाद में आई० ए० रिचर्ड्स ने इस पर बहुत विस्तार से विचार किया है। इस कल्पना के द्वारा ही कवि सत्य का सन्धान करता है। कवि का यह सत्य विज्ञान या इतिहास का तथ्य नहीं होता। वह वास्तव (रीयल) और तथ्य की दुनिया की पुनर्सृष्टि करता है। अपनी काव्यशक्ति के द्वारा वह जगत के प्रत्यक्ष गोचर रूप को एक नया संस्कार देता है। वह 'वास्तव' का विरोधी नहीं बल्कि उसे अधिक वास्तव (मोर रीयल) बनाने के लिए अपनी कल्पनाशक्ति के द्वारा उसका भेदन करता है। कीट्स ने तो यहाँ तक कह दिया है कि—What the imcagination seizes as Beauty must be truth, whether it existed before or not—अर्थात् कल्पना जिसे सुन्दर समझती है, वह सत्य होने को बाध्य है—चाहे उसकी सत्ता पहले रही हो या नहीं। यहाँ कीट्स ने वास्तव-अवास्तव के द्वन्द्व को ही अस्वीकार कर दिया है।

यह स्वीकृत तथ्य है कि रचना का परिवेश से बड़ा गहरा रिश्ता होता है। परिवेश एक व्यापक शब्द है। इसमें वह सब कुछ आ जाता है जो लेखक को चारों ओर से घेरे हुए है। प्रकृति-जगत, समाज, मानव और मानवेतर, चर-अचर सम्पूर्ण जगत। लेखक का रिश्ता इन सबसे होता है। उसका अनुभव-संसार इन सबको मिलाकर बनता है। अपने लेखन में वह इन सबका उपयोग करता है। मनुष्य और प्रकृति सदा से लेखक की चिन्ता का विषय रही है। मार्क्सवादी समीक्षक रचना और परिवेश के अनिवार्य सम्बन्ध पर विशेष बल देते हैं। इसमें

कोई सन्देह नहीं कि रचना का एक परिवेश होता है और परिवेश से उसका घनिष्ठ रिश्ता भी; लेकिन यह रिश्ता एक मिले-जुले, घनिष्ठ, जटिल रूप में हमारे सामने आता है, सीधे सरल रूप में नहीं। रचना परिवेश से प्रभावित ही होगी, ऐसा नहीं कहा जा सकता। वह उसके विरुद्ध प्रतिक्रिया व्यक्त कर सकती है। वह परिवेश को अस्वीकार भी कर सकती है। सूरदास का काव्य इसी प्रकार का है। सूर ने अपने बाहरी देश-काल को इग्नोर किया पर उनकी कविता में मिलन का जो उल्लास और विरह की जो तड़प है वह शाश्वत है।

रचना क्योंकि एक कृति है, अतः उसका परिवेश रचनाकार क्रीएट करता है। वह अपने वास्तविक परिवेश को अपनी कल्पना और दृष्टि के अनुसार बदल देता है। रचनाकार यदि ऐसा न करे तो उसकी रचना परिवेश का चित्रण मात्र—एक यथातथ्य बयान मात्र होकर रह जाएगी। ऐसी हालत में वह रचना ही नहीं होगी। रचनाकार 'वास्तव' का हू-बहू चित्र नहीं पेश करता है बल्कि 'वास्तव' को एक नये कोण से देखने की दृष्टि देता है। उसे देखने की अधिक सूक्ष्म और गहरी दृष्टि। वह वस्तुजगत को कला में बदलता है। वास्तविक संसार की रचना में। अपने चारों ओर के संसार को जब वह शब्द देने लगता है तो एक पुनर्रचना करता है। रचना मात्र तात्कालिक प्रतिक्रिया नहीं होती, क्रिया होती है। बकौल सार्त्र एक आदमी पीड़ा में चीखता है और दूसरा पीड़ा में गाता है। यह जो पीड़ा में गाता है, वही रचनाकार है। इसीलिए रचना एक सृजन है—कोई अदालती बयान या अखबारी विवरण नहीं।

लेखक और परिवेश जैसे विषय पर विचार करते हुए यह समझ लेना होगा कि रचना के सन्दर्भ में लेखक और परिवेश दोनों अपनी-अपनी जगह समान रूप से सच हैं और महत्त्वपूर्ण। परिवेश का अनुभव ही रचना बनता है लेकिन वह अनुभव होता तो लेखक के ही माध्यम से है। साहित्य परिवेश का उस प्रकार का उपज नहीं होता जैसे गन्ने से चीनी बन जाती है। इसमें लेखक की सर्जनात्मक भूमिका माध्यम बनती है। रचना में परिवेश का जो भी अनुभव आता है, रचनाकार से होकर आता है अतः रचना में रचनाकार के मनोजगत की बुनावट, उसके संस्कार, उसकी कल्पनाशक्ति और उसकी दृष्टि का बहुत योग होता है। अगर ऐसा नहीं होता तो एक परिवेश में रहने वाले लेखकों की रचनाएं भी एक जैसी होतीं। लेकिन हम पाते हैं कि एक ही समय में और एक ही शहर में रहने वाले लेखकों की रचनाओं में न केवल अन्तर होता है बल्कि प्रायः विरोध भी होता है। प्रेमचन्द और जयशंकर प्रसाद की तुलना इस प्रसंग में की जा सकती है। लेखक अपने संस्कार और मनोजगत के अनुकूल परिवेश में से अपनी प्रवृत्ति की चीजें पकड़ लेता है। इसलिए परिवेश से कम महत्त्वपूर्ण लेखक या निजी मनःलोक नहीं होता। जो लोग यह मानते हैं कि साहित्य परिवेश की उपज

होता है उनका यह मानना आधा ही सच है, पूरा सच नहीं। 'देखना', 'भोगना', 'अनुभव करना' और 'रचना'—अलग-अलग स्थितियाँ हैं। जो देखता, भोगता और अनुभव करता है, जरूरी नहीं कि रचना भी करे। रचना और यथार्थ के सन्दर्भ में यह ध्यान रखना होगा कि यथार्थ एक दृष्टि है जो लेखक में होती है। इसलिए रचना का यथार्थ वह है जो लेखक उसे देता है। रचनाकार वाह्य यथार्थ और परिवेश को अपनी सृजन प्रक्रिया में स्वायत्त करके व्यक्त करता है। वह अपने निजी अनुभव को सार्वजनिक बनाता है—अपने सीमित अनुभव को व्यापक बनाता है। यदि लेखक में अपने परिवेश की सही समझ है और साथ ही परिवेश को अपने भीतर जज्ब करने की संवेदनशीलता है—सहृदयता है—और रचने का कौशल भी है, तभी वह श्रेष्ठ रचना को जन्म दे पाता है। इसीलिए कोई भी रचनाकार लिखता है तो यह उसकी विवशता होती है, किसी की माँग पर वह नहीं लिखता। ऐसे रचनाकार की रचना में ही उसकी प्रतिबद्धता झलकती है। जितना ही स्थायी असर डालने में समर्थ है रचना, उतना ही आलोड़ित हुआ है रचनाकार का मानस। एक रचनाकार जब अन्तर्मुखी होता है, आत्मालोचन करता है, अपने आक्रोश और गुस्से के उबाल से मुक्त होकर भाषा का अर्थपूर्ण उपयोग करता है तभी वह एक समर्थ रचना को जन्म देता है।

रचना रचनाकार के भीतर से जन्म लेती है। एक व्यक्ति के भीतर से जो अकेला होता है अपने अनुभवों के साथ। फिर वह कौन-सी चीज है जो रचना को सार्वभौम बना देती है ? वह वही है जिसे हम 'स्मृति' और 'कल्पना' कहते हैं। जो अकेले रचनाकार को समूह के साथ और 'यथार्थ' तथा 'परिवेश' के साथ जोड़ती है। वह बरसात की एक खूबसूरत रात थी—बौछार-सी एक रात—मेरी खुली हुई खिड़की से बेझिझक घुसती और मेरे भीतर एक सिहरन पैदा करती। उस रात मैंने एक कहानी लिखी थी। कहानी में एक रात है शुरू से अखीर तक गरजती-बरसती। दूसरे दिन भी बरसात की वही खूबसूरत रात थी। हू-बहू वैसी ही। उस दिन मैंने एक कविता लिखी थी। कविता में कहीं न बादल है, न रात। एक सूखा रेगिस्तान है आग के दरिया की तरह। सोचता हूँ यह अन्तर क्यों है ? मैं वही हूँ, परिवेश वही है, लेकिन रचना ? रचना शायद कुछ अलग है मुझसे और परिवेश से—मेरे और परिवेश की उपज होते हुए भी। वह मेरा अनुभव है लेकिन मात्र अनुभव नहीं। 'अनुभव' शब्द से तात्कालिकता का बोध होता है लेकिन रचना अनुभवखण्डों की स्मृति और कल्पना का लोक है। स्मृति और कल्पना जो अतीत और भविष्य में एक साथ यात्रा करती है। निर्मल वर्मा के शब्दों में, "महत्त्वपूर्ण मेरे लिए अनुभव नहीं, स्मृति का वह झरोखा है जिसमें से गुजरकर वे कहानियाँ बनते हैं। हर रचना एक तरह से सिंहावलोकन

है। हवा में उड़ते, आसपास मंडराते, अनुभवखण्डों में किसको पकड़ पाता हूँ, किसको जानबूझ कर छोड़ देता हूँ, किसको सहज गुजर जाने देता हूँ, यह महज संयोग पर निर्भर नहीं करता, नहीं यह मेरी कलात्मक दक्षता या चालाक पकड़ पर निर्भर करता है, बल्कि जब तक उन अनुभवखण्डों को मेरे भीतर का जादू-मन्त्र, शून्य पर गड़े स्मृति-संकेत अपने पास नहीं बुलाते, मैं उनका कोई फायदा नहीं उठा सकता। उनकी कभी कोई कहानी नहीं बनती। जरूरी नहीं कि अगर कोई अनुभव स्मृति के इस घेरे में आ जाता है, तो वह सचमुच सार्थक, अच्छी या सफल कहानी में परिणत हो सकेगा (यहाँ, और सिर्फ यहाँ उस दक्षता, उस चालाकी, उस 'कनिंग' की जरूरत है, जिसका उल्लेख जायस ने किया था), किन्तु हर कहानी की शुरुआत या उसे शुरू करने की लिप्सा इसी बुलावे के आग्रह—स्मृति द्वारा अनुभव को आमन्त्रित करने और अनुभव द्वारा स्मृति का दरवाजा खटखटाने की प्रार्थना से शुरू होती है।"[5]

मगर इस प्रसंग में एक बात स्पष्ट रहनी चाहिए कि जब भी हम किसी कृति के यथार्थ की परख करते हैं तो जो भी कसौटी हमारे मन में होती है, वह इस प्रत्यक्ष संसार की ही होती है—हमारे चारों ओर के जीवित ठोस संसार की, क्योंकि वही तो एकमात्र ऐसी सचाई है, जिसे हम प्रत्यक्ष जानते और महसूस करते हैं। रचना का संसार बाह्य जीवन का संसार होता है मगर उसमें रचनाकार का आन्तरिक संसार भी निहित होता है। रचनाकार की संवेदना, कल्पना और उसके बोध आदि का जब बाह्य संसार से साक्षात्कार होता है, तभी रचना जन्म लेती है। रचना में बाह्य संसार का आन्तरिकीकरण होता है। रचनाकार अपनी आन्तरिक प्रवृत्तियों के अनुसार बाह्य संसार की पुनः सृष्टि करता है। पर जब हम उसके रचना-संसार की जाँच-पड़ताल और उसका विश्लेषण करते हैं तो हम उस ठोस संसार की वास्तविकताओं तक भी पहुंचते हैं जो उसके रचना-संसार की आधार हैं। तभी तो हम कह सकने में समर्थ होते हैं कि यह अनुभव वास्तविक है और इसी जीवन-जगत का है या हमारा ही अनुभव है। और तभी तो वह रचना हमें प्रभावित भी करती है क्योंकि उसमें हम अपनी और अपने चारों ओर की दुनिया की सच्ची तस्वीर देखते हैं। इस प्रकार रचना-संसार की स्वायत्तता अन्त में पहुँचकर एक सीमित स्वायत्तता होती है। मुक्तिबोध के शब्दों में : 'कला का अपना स्वायत्त स्वतन्त्र राज्य है किन्तु उसकी यह स्वायत्तता और स्वतन्त्रता सापेक्ष है। वह अपने अस्तित्व के ही लिए, अपने जीवन तत्वों के लिए, प्राण-वैभव के लिए, कला बाह्य यह जो अपार विस्तृत जीवन है, उस पर निर्भर है।'[6] काव्य संसार की चर्चा के प्रसंग में हमें यह सदा याद रखना होगा कि हम जिस संसार में रहते हैं, वह काव्य संसार नहीं, असली संसार होता है। नामवर सिंह के शब्दों में : 'निस्सन्देह किसी कविता का सिरजा

हुआ संसार ही उसका मूल्य है किन्तु उस मूल्य की प्रासंगिकता इस बात पर निर्भर है कि वह सिरजा हुआ संसार कितना वास्तविक है अथवा वास्तविकता के बारे में हमारी समझ को कितना गहरा और कितना समृद्ध करता है। हमारे आसपास के संसार को अर्थ प्रदान करने में ही किसी कविता के अपने संसार की सार्थकता है।'[7]

सन्दर्भ

1. To create something means to make it non-technically but yet consciously and voluntarily.

   —R. G. Collingwood, The Principles of Art.
2. रेनेवेलेक तथा आस्टिन वारेन : 'साहित्य-सिद्धान्त', ('थियरी आफ लिटरेचर' का अनुवाद) पृ० 204
3. हजारीप्रसाद द्विवेदी, 'पुनर्नवा' : पृ० 136-37
4. आर्ट ऐण्ड सोसाएटी, पृ० 32
5. शब्द और स्मृति : निर्मल वर्मा, पृ० 16-17
6. मुक्तिबोध : 'नयी कविता का आत्मसंघर्ष तथा अन्य निबन्ध', पृ० 151
7. नामवर सिंह : 'कविता के नये प्रतिमान', पृ० 231

पाठक, जनता और साहित्य

'रचना किसके लिए' जैसे सवाल पर विचार करते हुए रचना के प्रयोजन का सवाल भी परोक्ष रूप से खड़ा हो जाता है। रचना का प्रयोजन एक ऐसा मुद्दा है जिस पर एक लम्बे समय से काफी बहसें हुई हैं। कुछ लोग रचना का प्रयोजन मनोरंजन मानते हैं तो कुछ लोग शिक्षा या नसीहत। कुछ लोगों का विचार है कि रचनाकार अपने अस्तित्व को प्रमाणित करने के लिए या अमरत्व की आकांक्षा से लिखता है। कुछ का विश्वास है कि रचना हीन-भावना की क्षति-पूर्ति का प्रयास है। तात्पर्य यह कि रचना के उद्देश्य, प्रयोजन और उसकी प्रेरणा के सम्बन्ध में लेखकों, विचारकों और मनोवैज्ञानिकों ने बहुत विचार किया है और अपने अलग-अलग निष्कर्ष प्रस्तुत किए हैं। दरअसल इस सम्बन्ध में कोई अन्तिम और सर्वमान्य निष्कर्ष नहीं प्रस्तुत किया जा सकता। लेखन के मूल में अहं, प्रभुत्व की कामना, मुक्ति की इच्छा, अमरत्व की आकांक्षा, आत्माभि-व्यक्ति की इच्छा, घृणा, प्यार, घुटन, आक्रोश, आश्चर्य आदि बहुत-सी चीजें होती हैं और अलग-अलग रचना के सन्दर्भ में उनका विश्लेषण थोड़ा ठहर कर ही किया जा सकता है। इस बहस में विचारकों का एक वर्ग यदि रचना को स्वायत्त मानकर रचनाकार को अपने मन के अनुकूल कुछ भी लिखने के लिए स्वतन्त्र मानता है तो दूसरा वर्ग उसकी रचना को एक वर्ग विशेष का हित-साधन मानता है। रचना का प्रयोजन स्वीकार कर लेने के साथ ही एक प्रकार से उसकी स्वायत्तता समाप्त हो जाती है। फिर भी जो लोग रचना का कोई प्रयोजन नहीं मानते वे भी और जो लोग रचना की प्रयोजनीयता को स्वीकार करते हैं वे भी उसकी कलात्मक उत्कृष्टता की माँग करते हैं तथा पाठक को अस्वीकार नहीं करते। यूजीन इयोनेस्को रचना में कोई भी प्रयोजन ढूंढ़ना बेमानी मानते हैं, फिर भी वह पाठक को भूलने का साहस नहीं कर पाते। उनके अनुसार, : 'रचना अपने आप में कुछ नहीं होती। वह, वह होती है जो लोग समझते हैं।'[1] भाषा एक सामाजिक सम्पत्ति है। वह केवल व्यक्तिगत नहीं होती। बोलना शुरू करते ही हम उसके विस्तार को स्वीकार कर लेते हैं। वह केवल बोलने वाले के लिए नहीं हो सकती। अतः लिखने या बोलने में ही लेखक के साथ पाठक की या वक्ता के साथ श्रोता की स्थिति का स्वीकार

भी छिपा हुआ है। लिखने का अर्थ ही है पाठक के लिए लिखना अन्यथा लिखने और उसे प्रकाशित कराने की जरूरत ही क्या है। व्यक्तिगत सन्तोष के लिए तो अनुभव कर लेना ही काफी है। लेखन यदि 'आत्माभिव्यक्ति' है या 'अनुभव का सम्प्रेषण' है तो किसके लिए है? 'सम्प्रेषण' या 'अभिव्यक्ति' के साथ ही 'पाठक' उपस्थित हो जाता है। तात्पर्य यह कि लेखक चाहे जिस भी उद्देश्य या प्रयोजन या प्रेरणा से लिखे पर वह लिखता है तो केवल अपने लिए नहीं। वह अपनी जाति, वर्ग तथा अपने समय के लोगों को सम्बोधित करता है। उन लोगों को जो उन्हीं घटनाओं, प्रश्नों और जटिलताओं के बीच जीवित हैं जिनके बीच लेखक खुद जी रहा होता है। लेखक और पाठक का रिश्ता बहुत घनिष्ठ होता है। लेखक जिस संसार को रचना का विषय बनाता है वह उसके पाठक का ही संसार होता है। अतः रचना-संसार में पाठक का संसार भी निहित होता है। वह एक विशिष्ट और मूर्त संसार होता है न कि शाश्वत और अमूर्त। जिस प्रकार एक शाश्वत और अमूर्त आदमी कुछ नहीं होता उसी प्रकार एक शाश्वत और अमूर्त मूल्य या विचार भी कुछ नहीं होता। रचना सामान्यीकरण नहीं करती। वह एक संसार को विशिष्ट और मूर्त बनाती है।

इस सन्दर्भ में एक प्रश्न पर और विचार कर लेना उपयुक्त प्रतीत होता है। रचना पाठक के लिए तो लिखी जाती है, पर इसका क्या यह अर्थ है कि वह वैसी ही लिखी जाती है जैसा पाठक चाहता है? दूसरे शब्दों में यों कहें कि रचना और साहित्य की लोकप्रियता के आधार पर या उसके पाठकों की संख्या के आधार पर क्या उसका मूल्यांकन करना उचित होगा? मेरे ख्याल से हर प्रबुद्ध व्यक्ति इसका नकारात्मक उत्तर देगा। पाठक तो गुलशन नन्दा के अधिक हैं तो क्या निराला, अज्ञेय अथवा मुक्तिबोध के साहित्य से गुलशन नन्दा का साहित्य श्रेष्ठ है? दरअसल लोकरुचि या पाठकों की रुचि के अनुसार लिखा जाने वाला साहित्य सस्ती रुचि का साहित्य होता है। वह उन्हीं पिटी-पिटाई बातों को, उन्हीं पुराने मूल्यमानों को दुहराता है जिनको समझने-बूझने और करने की आदत जनता में होती है। श्रेष्ठ साहित्य ऐसा नहीं करता। जो लेखक जीविका या पैसा कमाने के लिए लिखता है वही जनता की रुचि को और अपनी बिक्री को ध्यान में रखकर लिखता है। पर जेनुइन लेखक ऐसा नहीं करता। लेखक के लिए जीविका तो कमाई जा सकती है पर जीविका चलाने के लिए लेखन को धन्धा नहीं बनाया जा सकता ठीक वैसे ही जैसे जीने के लिए खाया तो जाता ही है पर खाने के लिए जिया नहीं जा सकता—कम से कम अपने जीवन के प्रति सीरियस रुख रखने वाला व्यक्ति तो ऐसा नहीं करेगा। यही बात उस लेखक के लिए भी लागू होती है जो अपने लेखन के प्रति एक सीरियस भाव रखता है। रचना पाठक के लिए होती है पर वह ठीक वैसी ही

नहीं होती जैसा पाठक चाहता है। बल्कि वह बहुत कुछ वैसी होती है जैसा लेखक का विशिष्ट अनुभव-ज्ञान और उसका विवेक चाहता है। इसीलिए रचना पाठक से अधिक स्वयं लेखक के निकट होती है। और एक समर्थ रचना भी वह तभी होती है जब पाठक की रुचि का परिष्कार करती है और उसे आगे ले जाती है···जहां वह है उसके आगे। वह पाठक के अनुभव को समृद्ध करती है—उसकी सम्वेदना का विकास करती है और उसे वास्तविकताओं के निकट ले जाकर उनसे साक्षात्कार की दृष्टि देती है। पाठक अपने को, अपने चारों ओर की दुनिया को, अधिक गहराई से जानने-पहचानने का सामर्थ्य प्राप्त करता है।

पिछले दिनों 'साहित्य और पाठक' के स्थान पर 'साहित्य और जनता' जैसी शब्दावली का प्रयोग बहुत बार हुआ है। 'पाठक' के स्थान पर 'जनता' शब्द का प्रयोग एक विशेष मांग का द्योतक है। साहित्य का यह इतिहास रहा है कि वह कुल मिलाकर एक विशिष्ट और सीमित पाठक वर्ग तक ही पहुँच पाता है। आज के पूंजीवादी यान्त्रिक युग में कला और कलाकार का महत्त्व बहुत कम हो गया है। परिणामस्वरूप कलाकार ने अपनी कला को एक विशिष्ट सर्जनात्मक रूप देना शुरू किया है। उसमें प्रयोगशीलता का आग्रह बढ़ता जा रहा ताकि इस औद्योगिक-वैज्ञानिक युग में उसका और उसकी कला का महत्त्व बना रह सके। दूसरी ओर साहित्य की ताकत में बहुत भरोसा रखने वाले लोग और दुनिया को रचना के द्वारा बदल देने की आशा रखने वाले लोग साहित्य को सामान्य जनता तक पहुँचाकर उसके बुनियादी हालात में तबदीली लाने की बात सोचते हैं। किन्तु यह 'जनता' शब्द बड़ा भ्रामक है। 'जनता' किसे कहें ? इस शब्द से [illegible] अमूमन उस जनसमूह का अर्थ लिया जाता है जो प्रायः निरक्षर है और गांवों या कस्बों या महानगरों में रोजी-रोटी के लिए संघर्षशील है। जो सरकारी अफसरों, राजनीतिक नेताओं या पढ़े-लिखे लोगों का हित-साधन करते हुए भी उनके द्वारा निरन्तर उपेक्षित होता है। कुल मिलाकर इस अर्थ में 'जनता' शब्द 'भीड़' का अर्थ देता है जो अशिक्षित, रूढ़िग्रस्त, परम्परावादी, संकोची, स्वार्थी, भीरु और अपनी दैनिक समस्याओं में आकंठ डूबी हुई है। प्रश्न उठता है क्या इस 'जनता' का साहित्य से कोई सम्बन्ध है। सही उत्तर दिया जाए तो इस जनता का साहित्य से कोई सम्बन्ध नहीं है। न तो इस जनता के पढ़ने के लिए साहित्य लिखा जाता है और न इस जनता के पास इतनी फुरसत या समझ या सहृदयता है कि वह साहित्य पढ़े और समझे। भारत में साहित्य के पाठक बहुत कम हैं—जो लेखक हैं प्रायः वही पाठक भी। साहित्य के इन पाठकों को 'जनता' नहीं कहा जा सकता। ये विशिष्ट प्रबुद्ध पाठक हैं। यह एक बड़ी अन्तर्विरोध की स्थिति है कि हर

साहित्यकार यह दावा करता है कि वह जनता के लिए लिख रहा है पर उसकी कृति निन्यानवे प्रतिशत की पहुँच के बाहर होती है। लेखक और पाठक की समस्या पर विचार करते हुए सार्त्र भी इस निष्कर्ष पर पहुँचते हैं कि साहित्य बुर्जुआ पाठक को ही अपील कर सकता है क्योंकि जिस सर्वहारा के लिए वह लिखा जाता है उस तक पहुँच नहीं सकता। उसकी शिक्षा और दीक्षा ऐसी नहीं कि उस साहित्य को समझ सके। इसीलिए सार्त्र ने दो तरह की पुस्तकें लिखने की बात कही है—एक तो वे जो विशिष्ट पाठक वर्ग के लिए हों और दूसरी वे जो सबके लिए लिखी जाएँ। सार्त्र के ही शब्दों में : 'एक अफ्रीकी बुद्धिजीवी के लिए यूरोप में साहित्यिक जीवन-यापन द्रोहपूर्ण आचरण हो सकता है क्योंकि अपने देश में वह शिक्षक हो सकता था।' उनके अनुसार जो लेखक, 'सभी के बोलने और सभी के पढ़े जाने के लिए नहीं लिखता वह सविशेषाधिकार वर्ग की सेवा में है और उस वर्ग की भाँति शोषक है।' सार्त्र की यह मान्यता स्वीकार की जा सकती है। लेखक शिक्षण के लिए साहित्य लिख सकता है पर उसे अपने सर्जनात्मक साहित्य-लेखन को हेय समझने की आवश्यकता नहीं। न उसे अपनी उस प्रतिभा को शिक्षण में ही खपा देने की जरूरत है। यदि सारे साहित्यकार किसी देश के मामूली आदमी के शिक्षण कर्म में ही लग जाएँ तो शिक्षित हो जाने के बाद उस देश के आदमी को क्या पढ़ने को मिलेगा? क्या वह प्रारम्भिक और सामान्य ज्ञान की पुस्तकें पढ़कर अपने अनुभव और ज्ञान के स्तर को परिष्कृत कर सकेगा ? अतः लेखक का कर्म अपनी सर्जनात्मक क्षमता का उपयोग श्रेष्ठ लेखन में करने की आवश्यकता है। हाँ, वह सामान्य आदमी के संस्कार और शिक्षा को ध्यान में रख कर यदि कुछ लिखता है तो उसका भी अपना महत्त्व है, पर इसका यह अर्थ नहीं कि प्रारम्भिक शिक्षा देने वाले ग्रन्थ श्रेष्ठ हैं और उच्च शिक्षा देने वाले ग्रन्थ मूल्यहीन हैं।

एक अविकसित अशिक्षित देश में जनता को शिक्षित करने और उसका स्तर ऊँचा उठाने की समस्या एक बड़ी समस्या है। भारत में यह समस्या अपने चरम रूप में देखी जा सकती है। यहाँ गम्भीर साहित्य के पाठक बहुत कम हैं। यहाँ का सामान्य जन 'किस्सा तोता मैना', 'ननद भौजाई', 'मेला घुमनी' और 'बिदेसिया' पढ़ता है। उसके अनुभव और ज्ञान का स्तर यही है। इस स्तर को ऊँचा उठाना भी आज के साहित्यकार का एक कर्म है और ऐसे साहित्य का महत्त्व भी है। पर प्रगतिशीलता या जनवाद के झोंक में यदि कोई व्यक्ति इसी को साहित्य मानकर स्तरीय साहित्य की अवहेलना करता है तो इसे उपयुक्त नहीं कहा जा सकता। हर समाज के साहित्य में एक स्तर भेद बना रहेगा, इससे इनकार नहीं किया जा सकता। शिष्ट साहित्य और लोकसाहित्य को एक में गड्डमड्ड नहीं किया जा सकता। स्टैंडर्ड भाषा को छोड़कर केवल बोली में

लिखने के लिए कोई फरमान जारी नहीं किया जा सकता। गम्भीर साहित्य का अपना मूल्य होता है। क्या दुनिया के क्लासिक साहित्य को महत्त्वहीन माना जा सकता है ? दुनिया के हर साहित्य में बड़े-बड़े लेखकों ने ऐसे गम्भीर साहित्य का सृजन किया है जिसके पाठकों की संख्या कम है पर इससे उस साहित्य का महत्त्व कम नहीं हो जाता, क्योंकि वह सामान्य जन के संकल्प को दृढ़ करने के लिए, उसे मुक्ति की ओर अग्रसर करने के लिए बहुत जरूरी है। क्या ऐसे वैज्ञानिक प्रयोग जिससे मानव भविष्य मंगलमय हुआ है, इसीलिए निरर्थक है कि उनका फार्मूला सामान्य मनुष्य की समझ के बाहर है ? क्या मार्क्स और लेनिन, टालस्टाय और गोर्की, दास्ताएव्स्की और सार्त्र के ग्रन्थ यदि मामूली आदमी की समझ के परे हैं तो उनका मूल्य कम हो जाता है ? भारत के ही संदर्भ में हम देखें तो कालिदास, भवभूति, भारवि आदि का साहित्य सामान्य जनता के शिक्षण के लिए नहीं लिखा गया था। तुलसी, सूर और कबीर का साहित्य अपेक्षाकृत बोधगम्य होते हुए भी पर्याप्त गम्भीर साहित्य है। वस्तुत: रचना में भाषा की केवल अभिधा शक्ति का प्रयोग नहीं होता। उसमें लक्षणा और व्यंजना शक्तियाँ भी काम करती हैं और भारतीय काव्य-शास्त्र में ही नहीं अन्यत्र भी ध्वनि को विशेष महत्त्व दिया गया है। कृति अपने सम्पूर्ण रूप में बहु आयामी होती है। उसका पूरी तरह सम्प्रेषण प्राय: एक-बारगी नहीं होता। थोड़ा ठहरकर विचार करने पर नये आयाम खुलते हैं। समाज में वर्गों के आधार पर जैसे शिष्ट और सामान्य जन हैं वैसे ही लेखकों में भी प्रतिभा, अनुभव और कला के आधार पर स्तर भेद हैं। हर कलाकार की कृति जैसे एक-सी नहीं होगी वैसे ही हर पाठक की समझ भी। साहित्य अपने पाठक से कुछ अपेक्षा भी रखता है और वह अपेक्षा है—उसके शिक्षा और संस्कार की। मुक्तिबोध ने अपने एक निबन्ध में इस बात को बहुत स्पष्ट कहा है कि 'जनता का साहित्य' का अर्थ जनता को तुरन्त ही समझ में आने वाले साहित्य से हरगिज नहीं।···जनता के साहित्य का अर्थ है, ऐसा साहित्य जो जनता के जीवनमूल्यों को, जनता के जीवनादर्शों को प्रतिष्ठापित करता हो, उसे अपने मुक्तिपथ पर अग्रसर करता हो।'[2]

साहित्य और जनता के बीच की दूरी कुछ तो साहित्य की प्रकृति और रचना के अनिवार्य कारणों से है जिसका उपाय नहीं, कुछ जनता के मानसिक पिछड़ेपन और अशिक्षा के कारण है जिसके मूल कारण देश की सामाजिक, आर्थिक, राजनीतिक परिस्थितियों में है और जिसका भी कोई उपाय रचनाकार के पास नहीं। पर जनता और साहित्य के फासले के कुछ कारण अवश्य ही रचनाकार के रचना कौशल में हैं जिन पर उसका अधिकार है।

कलात्मक अनुभूति प्राय: जटिल होती है और वह इतनी सघन तथा संबद्ध

होती है कि कभी-कभी उसे दूसरे रूप में व्यक्त करना कठिन हो जाता है। साहित्य की प्रवृत्ति भी है कि उसमें संकेतों का विशेष महत्त्व होता है और उसका सरलीकरण साहित्य के लिए बड़ा खतरनाक और घातक भी हो सकता है। साहित्य और पैंफ्लेट या साहित्य और भाषण या साहित्य और उपदेश में निश्चय ही एक अन्तर होगा अन्यथा साहित्य का अपेक्षित प्रभाव जाता रहेगा। साहित्य में अनुभवशुद्ध होकर एक खास लहजे में व्यक्त होता है। साहित्यकार सीधे उपदेश या आदेश नहीं देता—यह उसका अधिकार नहीं है। वह जीवनानुभूति के विशिष्ट क्षणों को व्यक्त करता है और चीजों को इस रूप में प्रस्तुत करता है कि वे पाठक में भी वह अनुभूति पैदा करें। साहित्य की यह सीमा उसे अवश्य ही सामान्य जनता से दूर करती है। साहित्य समाज के सम्पूर्ण ढाँचे को बदलने के लिए जन-मानस की बहुत-सी रूढ़ियों को तोड़ने के लिए या एक वाक्य में कहें तो सामाजिक जिन्दगी में एक व्यापक बदलाव के लिए हथियार के रूप में इस्तेमाल किया जा सकता है पर वह अपनी सीमाओं में ही यह सब कर सकता है। रचनाकार के पास जो सबसे बड़ा साधन या हथियार है वह भाषा है। उसे रचना के स्तर पर जो भी लड़ाई लड़नी है, इसी हथियार के सहारे। रचनाकार हालात का बयान कर सकता है, उसके विरुद्ध प्रोटेस्ट कर सकता है, पर अपनी सीमाओं के कारण आज के युग में वह सारे समाज में कोई बहुत बड़ा बदलाव नहीं ला सकता। इसके लिए वह जरूरी यदि समझता है तो साहित्येतर हथियारों का, साधनों का, इस्तेमाल कर सकता है—उसे पूरी छूट है, पर साहित्य को पैंफ्लेट का रूप देना या उसकी अस्मिता को नष्ट करना उपयुक्त नहीं है, न रचनाकार को इसका हक ही हासिल है। रचना सबसे पहले बुनियादी रूप में रचना ही है अतः उसका कोई प्रयोजन रचना की बुनियादी सीमाओं में ही प्रगट होगा। रचना की इन बुनियादी सीमाओं को ही दूसरे शब्दों में हम 'कलात्मक उत्कृष्टता' कह सकते हैं। मगर यहाँ यह भी सवाल होता है कि 'कलात्मक उत्कृष्टता' की सीमाएँ क्या होंगी? क्या हर युग में कला की प्रविधि एक ही होगी या उसमें कुछ परिवर्तन रूपांतरण भी संभव होगा? परिवर्तन और रूपांतरण निश्चय ही संभव होगा। हम जिस युग में जी रहे हैं वह एक तेजी से बल्कि आश्चर्यजनक रूप से परिवर्तित होने वाला युग है। अतः इस युग में रचना की प्रविधि युगानुरूप तेजी से बदलती हुई नजर आएगी। इस बदलते हुए युग में 'कलात्मक उत्कृष्टता' की कसौटियों पर भी पुनर्विचार उपयुक्त होगा।

साहित्य और जनता में दूरी का दूसरा कारण जनता की अशिक्षा और उसका मानसिक पिछड़ापन है। जहाँ भोजन और वस्त्र जैसी जीवन की बुनियादी जरूरतों का अभाव है वहाँ जनता के साहित्यिक संस्कार या काव्य रुचि का सवाल ही नहीं उठता। जनता की अशिक्षा और मानसिक पिछड़ेपन के कारण

देश की सामाजिक, आर्थिक, राजनीतिक परिस्थितियों में है और उनके लिए रचनाकार कुछ नहीं कर सकता या बहुत थोड़ा ही कर सकता है। हाँ, रचनाकार यह कार्य कर सकता है कि वह अपनी रचना को जान-बूझकर जटिल और दुर्बोध न बनाए। प्रेषणीयता रचना की बुनियादी जरूरत है और इसे रचनाकार को स्वीकारना ही चाहिए। जैसा कि कहा जा चुका है रचना के साथ ही पाठक का अस्तित्व भी जुड़ा हुआ है। जब रचना और रचनाकार के बीच से पाठक विस्मृत हो जाता है तो रचना या तो निरी आत्माभिव्यक्ति मात्र या फिर दुर्बोध हो जाती है। प्रेषणीयता की समस्या पाठक को लेकर ही उठती है। रचनाकार इस सम्बन्ध में अवश्य ही सचेत हो सकता है। कुछ रचनाएँ तो अपनी प्रकृति में जटिल हो ही जाती हैं पर जान-बूझकर कृत्रिम ढंग से जटिल बनाई गई रचना अन्ततः महत्त्वहीन हो जाती है। दुर्बोधता कलाकृति की उत्कृष्टता का मापदण्ड नहीं है। 'राम की शक्तिपूजा' दुरूह होते हुए भी व्याख्या के बाद ग्राह्य हो जाती है पर यदि कोई रचना अभिजात पाठक के लिए भी अनुभूत और साधारणीकृत नहीं हो पाती तो उसे क्या कहा जाएगा ? वस्तुतः रचना के लिए यह जरूरी है कि उसे एक बड़े समूह के सोच-विचार या अनुभव की भाषा में लिखा जाय। यह कोई नियम नहीं कि सरल शब्दों में गम्भीर अभिव्यक्ति नहीं की जा सकती। ब्रेख्ट सामान्य भाषा तथा मामूली शब्दावली में जटिलतम वास्तविकताओं को व्यक्त करने में समर्थ हो जाता है। इधर हिन्दी में भी ऐसी कविताएँ लिखी जाने लगी हैं जिनमें बिम्बों का मोह टूट गया है। ये कवि सच्चाई को सीधे व्यक्त करना अधिक उपयुक्त समझते हैं। जिस प्रकार समय की माँग ने नये कवि को संघर्ष, विद्रोह और अस्वीकार के लिए तैयार किया है उसी प्रकार उसकी बदली हुई कविता की माँग ने उसे स्पष्ट कथन के लिए मजबूर किया है—एक सरल, स्पष्ट और नंगी भाषा के प्रयोग के लिए। सपाटता कविता को गद्यात्मक अभिव्यक्ति की ओर ले जाती है जिसके समर्थ कवि मुक्तिबोध हैं। बिम्बों और प्रतीकों के अतिरिक्त आज की कविता तुकों का मोह भी तोड़ती है। भाषा के सरलीकरण का अर्थ हमेशा अनुभूति का सरलीकरण नहीं होता। इस प्रसंग में यह बात भी ध्यान रखने की है कि केवल भाषा के सरल कर देने से ही कोई रचना जन सामान्य तक पहुँचने की क्षमता से पूर्ण नहीं हो जाती। क्या लोकगीतों में सांकेतिकता, लाक्षणिकता और कलात्मक सूक्ष्मता कम है ? पर वे मामूली आदमी में रच-बस गए हैं। तत्सम शब्दावली अवश्य ही सामान्य जन के लिए कठिन होती है पर रचना के सामान्य जन तक पहुँचने में कठिनाई केवल तत्सम शब्दावली की ही नहीं है। वस्तुतः यदि रचनाकार और उसका अनुभव सामान्य जन से जुड़ा है तो उसकी रचना को सामान्य जन तक पहुँचने में कोई कठिनाई नहीं होती। साहित्य का विषय

यह जीवनानुभव ही है कोई दर्शन, रहस्य या चमत्कार नहीं। जिस साहित्य में पाठक को अपनी तस्वीर नहीं मिलती, जिस साहित्य में पाठक अपनी जीवनानुभूतियों को पुनः प्राप्त नहीं करता उस साहित्य को आसानी से पहचानने में वह अपने को असमर्थ पाता है।

[1971]

संदर्भ

1. ज्ञानोदय, फरवरी, 1965, पृ० 37
2. मुक्तिबोध, 'नये साहित्य का सौन्दर्यशास्त्र', पृ० 78-79

अभिव्यक्ति का संकट और रचनाकार का वाह्य संघर्ष

साहित्य समाज की सबसे अधिक वैयक्तिक और व्यक्ति की सबसे अधिक सामाजिक क्रिया है ।[1] क्योंकि अभिव्यक्ति व्यक्ति के माध्यम से ही संभव होती है अतः उसमें व्यक्ति के अन्तर्जगत के सारे संस्पर्श मौजूद होते हैं । इसी अर्थ में रचना एक वैयक्तिक क्रिया है । मगर क्योंकि रचना संसार वाह्य संसार के सूत्रों से ही निर्मित होता है इसलिए रचना एक सामाजिक क्रिया भी है । रचना में अन्तर और वाह्य दोनों संसार घुलमिल जाते हैं । रचनाकार को दोनों ही स्तरों पर संघर्ष करना पड़ता है—उसे निरन्तर आत्म संशोधन भी करते रहना पड़ता है और व्यवस्था पर प्रहार भी । अपने आन्तरिक और वाह्य दोनों दबावों से जूझते हुए अपनी वैयक्तिकता और सामाजिकता को भाषा में ढालते जाना ही रचनाकार का रचना संघर्ष कहा जाता है । रचनाकार की जीवन-बाती दोनों सिरों पर जलती है : '···माई कैंडिल बर्न्स एट बोथ एंड्स ।' एक सिरे पर उसकी रूढ़िग्रस्तता होती है, भावुकता और वैचारिक दरिद्रता होती है अर्थात वह अपने को अधिकाधिक रूढ़िमुक्त, निष्पक्ष और वैचारिक दृष्टि से पूर्ण बनाने की कोशिशें करती है । दूसरे सिरे पर शासनतन्त्र और पूंजीवादी व्यवस्था होती है जिनके विरुद्ध वह मानवीय हितों के लिए लड़ती है । पहले प्रकार के संघर्ष अर्थात आन्तरिक संघर्ष के बारे में इस पुस्तक के कई निबन्धों में काफी कुछ कहा गया है अतः यहाँ अलग से इस बारे में कुछ नहीं कहना चाहता । आन्तरिक संघर्ष हर रचनाकार का अपना अलग होता है । हर रचनाकार की मानसिक बनावट, उसकी दृष्टि और उसकी वैचारिक पूर्णता या दरिद्रता उसकी अपनी है । रचना के लिए इसका बुनियादी महत्त्व है मगर इस मोर्चे पर हर रचनाकार को अकेले ही लड़ना पड़ता है । जैसे हर आदमी को स्वर्ग का अनुभव खुद मर कर करना होता है । पर दूसरे प्रकार का संघर्ष अर्थात वाह्य संघर्ष ऐसा है जिसे हर लेखक को लगभग समान रूप में या एक खास देश और काल में एक ही स्तर पर झेलना पड़ता है । कोई भी शक्ति किसी लेखक को लिखने से नहीं रोक सकती । वह भला-बुरा जैसा भी संभव है लिखने के लिए स्वतन्त्र है । पर समस्या तब खड़ी होती है जब कोई लेखक अपने लेखन को अपने से अलग करके पाठक के बीच लाना चाहता है । यहीं से लेखक का वाह्य संघर्ष शुरू होता है ।

अलग-अलग देशों और कालों में लेखक की सामाजिक हैसियत भी अलग-अलग होती है अतः समकालीन भारतीय लेखक की सामाजिक हैसियत के बारे में जानने के पहले 'समकालीन भारतीय समाज' को जानना बहुत जरूरी होगा। समकालीन भारतीय समाज एक माँगता-खाता समाज है। विचारों की दुनिया से अलग, रोटी-दाल की दुनिया में आत्मसंघर्ष करता हुआ। आप चाहें तो आसानी से इस समाज को तीन मोटे वर्गों में रख सकते हैं। एक तो उँगलियों पर गिने जाने वाले चुनिन्दा लोगों का वर्ग है जिसमें बड़े पूंजीपति, बड़े अफसर और बड़े नेता आते हैं। उनके यहाँ लेखक से या कहें आदमी से अधिक महत्व उनके कुत्तों का है। वे अपनी पूंजी बढ़ाने, नये-नये कारखानों का लाइसेंस लेने, पदोन्नति प्राप्त करने, ऊँची कुर्सी या मंत्रिमंडल आदि के लिए संघर्षशील हैं। यह सुविधाजीवी, यथास्थितिवादी और व्यवस्थावादी वर्ग है। जहाँ उसकी सिद्धि होगी वहाँ जाएगा और जब तक होती रहेगी, रहेगा। यह वर्ग सिर्फ अपने स्वार्थों के जोड़-तोड़ में, अपनी स्थिति को सुरक्षित रखने के चक्कर में रहता है। यह विचारों का उपयोग भी सदा अपनी सुविधा-सुरक्षा के लिए करता आया है। धर्म और ईश्वर जैसे महत्त्वपूर्ण मुहावरों का इस्तेमाल भी बखूबी अपने लिए कर लेता है। सुपर टैक्स बचाने के लिए लेखकों को पुरस्कृत करता है या फिर मन्दिर बनवा देता है। क्या इस वर्ग की ऊँची हवस-पूर्ति में लेखक सहायक हो सकता है जो वह उसे कोई महत्त्व दे ?

दूसरा वर्ग वह है जिसे आप बहुत दिनों से साहित्य में मध्यवर्ग के नाम से पुकारते और जिसके लिए अपने-अपने ढंग से रचना की लड़ाई लड़ते रहे हैं। यह वर्ग सफेदपोश वर्ग है—कुंठित, असहज और हीनताग्रस्त। इसमें छोटे अफसर, वकील, डाक्टर, अध्यापक आदि बुद्धिजीवी भी हैं। कृत्रिम आभिजात्य और आत्मछल इस वर्ग की प्रमुख विशेषता है। यह वर्ग अपने 'बास' के आगे गिड़गिड़ाता और चपरासी पर गुर्राता है। हजार वर्ष की गुलामी का सबसे घातक प्रभाव यदि कहीं देखा जा सकता है, तो इसी वर्ग पर। यह वर्ग लेखक के सहज, मुक्त और स्वतन्त्र विचार या व्यक्तित्व को स्वीकार कर ही नहीं सकता।

समाज का तीसरा वर्ग उस मामूली आदमी का है, जिसकी न केवल उच्च और मध्यवर्ग ने बल्कि साहित्यकारों ने भी उपेक्षा की है। यह वह वर्ग है, जिसे सतत उपेक्षा का दर्द सहना पड़ता है। पटवारी जिसे नोचता है, पुलिस का अदना सिपाही जिसे अपमानित करता है, सफेदपोश पढ़ा-लिखा आदमी जिसे देखकर मुँह बिचकाता है। यह वह वर्ग है जो कोल्हू के बैल की तरह निरन्तर घूमता रहता है एक वृत्त में। रोज कुंआ खोदता है, रोज पानी पीता है। रोटी-दाल को छोड़कर उसे कुछ सोचने का अवसर ही नहीं मिलता। उसमें कभी कोई बड़ी इच्छा या महत्त्वाकांक्षा पैदा ही नहीं होती। गरीबी, अशिक्षा और

अनेकानेक धार्मिक-सामाजिक रूढ़ियों ने उसके मन को परती बनाकर छोड़ दिया है। बाह्य संसार से बिल्कुल बेखबर, सुबह से शाम तक ही देख पाने वाली उसकी दृष्टि में पटवारी, थानेदार और महाजन से महत्त्वपूर्ण व्यक्ति और हो ही नहीं सकता। 'लेखक' नामधारी व्यक्ति इस समाज के लिए बिल्कुल अपरिचित है। अब आप ही बतावें, ऐसे भारतीय समाज में लेखक को कौन-सी उपलब्धि हो सकती है ? और किसके द्वारा ? लेखक न किसी को लाइसेंस-परमिट दे सकता है, न किसी को ऊँची कुर्सी, न किसी को रोटी-दाल और न ही किसी का कुछ बिगाड़ ही सकता है। फिर इस समाज में उसके अपने अस्तित्व का कोई प्रश्न भी नहीं उठता। वह केवल विचार दे सकता है और अनुभव जिसे उसी समाज में मान्यता मिल सकती है जो स्वतन्त्र, मुक्त और सहज हो। हीनताग्रस्त समाज भय से अनुशासित होता है और उसी को मान्यता देता है।

कहा जा चुका है कि समकालीन भारतीय समाज में लेखक की कोई हैसियत नहीं है। इसका सीधा अर्थ है पाठक समूह के बीच उसकी किसी हैसियत का न होना। यह सचमुच बड़ी दुखद स्थिति है। जन-समर्थन के बिना जिस प्रकार बड़े-बड़े आन्दोलन, बड़ी-बड़ी क्रान्तियाँ विफल हो जाती हैं उसी प्रकार पाठक की उपेक्षा के कारण जेनुइन लेखन भी व्यर्थ हो जाता है। यह तो कोई नहीं स्वीकार करेगा कि पाठकों की संख्या के आधार पर लेखन को श्रेष्ठ-अश्रेष्ठ माना जाय पर इतना तो स्वीकार करना होगा कि हर जेनुइन लेखन की सार्थकता जेनुइन पाठक से रिश्ता कायम करना है। इसमें कोई सन्देह नहीं कि इस रिश्ते को कायम रखने के लिए लेखक खुद जिम्मेदार है पर समकालीन भारतीय समाज के साहित्य की दुनिया से अलग-थलग पड़ जाने के बहुत से आर्थिक और समाजशास्त्रीय कारण भी हैं। आज का वैज्ञानिक औद्योगिक युग प्रचार का युग है। प्रचार के लिए बड़े-बड़े साधनों का प्रयोग किया जा रहा है। ये साधन या तो सरकार के हाथों में हैं या पूंजीपतियों की मुट्ठियों में। एक तरफ रेडियो और टेलीविजन जैसे माध्यम हैं जो अपने ढंग की चीजें पेश करते हैं। दूसरी तरफ बड़ी-बड़ी व्यावसायिक पत्रिकाएँ हैं जिन पर बड़े-बड़े पूंजीपतियों के कब्जे हैं। वे अपने मन मुताबिक चीजें खरीदती हैं और उनका अपने ढंग से इस्तेमाल करती हैं। ये व्यावसायिक पत्रिकाएँ किसी ऐसी चीज का प्रकाशन नहीं कर सकतीं जो उनके हितों के विरुद्ध हो या जिससे उनके वजूद को खतरा हो। ये हल्की-फुल्की सेक्स की चीजें छापकर पाठकों की रुचि विकृत कर रही हैं और उसे संघर्ष की मुख्य धारा से विमुख कर रही हैं। इनके पास पूंजी है—तरह-तरह के आकर्षण हैं। ये लेखकों को भी तरह-तरह के प्रलोभनों में फँसाने में समर्थ हैं। इनके मुकाबले में छोटी पत्रिकाएँ निकलती हैं और एक दो अंक बाद बन्द हो जाती हैं। भीड़ उधर ही भागती है जिधर प्रचार उसे ले जाता है। हर

पाठक में इतना विवेक नहीं होता कि वह सही-गलत की परीक्षा कर सके। प्रचार-साधनों की हालत यह है कि उनकी कृपा से सही लेखन पाण्डुलिपियों के रूप में सुरक्षित है और अत्यन्त रद्दी लेखन सुर्खियों में चमक रहा है। प्रचार-साधनों के युग में जबकि उन साधनों पर सत्ता या पूंजीपतियों का कब्जा है, एक जेनुइन लेखक के सामने समस्या है कि वह किस प्रकार अपने सही सर्जनात्मक साहित्य को आगे लाए और उसे पाठक तक पहुँचाए।

अभिव्यक्ति की स्वतन्त्रता लेखक की बुनियादी शर्त है। सही लेखन के मूल में वह स्वतन्त्रता ही मुख्य होती है जो दूसरे सिरे पर अपने पाठक को भी मुक्त करती है। इस स्वतन्त्रता के भी कई स्तर हैं। परम्परागत नैतिकता से स्वतन्त्रता, भावुकता से स्वतन्त्रता, रचना की रूढ़ियों से स्वतन्त्रता और अन्ततः शासन-व्यवस्था से स्वतन्त्रता। पर आज लेखक की यह स्वतन्त्रता खतरे में है। उस पर शासनतन्त्र का दबाव बढ़ता जा रहा है। दैनिक जीवन की कठिन वास्तविकताएँ, रोजी और रोटी का संघर्ष, राजनीतिक भ्रष्टाचार, पूंजीवादी शोषण आदि ऐसी चीजें हैं जिनके बीच लेखक की स्वतन्त्रता छिन गई है। क्या आजादी के बाद हमारी सरकार ने ऐसा कोई भी प्रबन्ध किया जिसमें केवल लिखकर—लेखन को एक स्वतन्त्र व्यवसाय बनाकर जिन्दा रह सके ? पुरस्कार, सम्मान और फेलोशिप किस प्रकार के लेखकों को मिलते हैं और वह भी कब तथा कैसे ? प्रकाशक क्या गम्भीर साहित्य को छापने के लिए तैयार है ? उसे पाठ्यक्रम में लगने वाली या स्टालों पर बिकने वाली सस्ती बाजारू पुस्तकों को छापने से फुरसत कहाँ है ? और यदि वह सही लेखक की कोई गम्भीर पुस्तक कृपा करके छाप भी देता है तो क्या उसकी उचित रायल्टी लेखक को मिल पाती है ? आज कागज का अभूतपूर्व संकट है। इस संकट को दूर करने के लिए सरकार क्या कर रही है ? यह संकट क्या हमारी अभिव्यक्ति को बाधित नहीं कर रहा है ? साहित्य, संगीत और ललित कला की अकादमियों, ग्रन्थ अकादमियों, हिन्दी समितियों, विश्वविद्यालयों, नेशनल बुक ट्रस्ट, नागरी प्रचारिणी सभा, हिन्दुस्तानी अकादमी आदि के द्वारा सरकार ने लेखकीय हितों की क्या दरअसल रक्षा की है ? इतना ही नहीं क्या सरकार ने कुछ लेखकों पर मुकदमे चलाकर या उन्हें भारतीय रक्षा कानून के अन्तर्गत बन्द करके लेखक के अभिव्यक्ति स्वातन्त्र्य पर कुठारघात नहीं किया है ?

इस स्थिति का मुकाबला लेखक कैसे करे ? क्या वह संघबद्ध होकर सत्ता, पूंजीवादी व्यवस्था और अमानवीय शक्तियों के विरुद्ध संघर्ष करे ? पर व्यवहार में लेखक ऐसा कर नहीं पाता। सबसे पहली बात तो यह कि लेखकों का संगठन बना पाना ही एक कठिन काम है, जैसे मेढ़कों को तौल पाना। यदि

ऐसा संगठन बन भी जाता है तो संगठन पर अधिक जोर देने वाले लेखक रचना को छोड़ संगठन में ही रुचि लेने लगते हैं। फिर गुटबन्दियाँ शुरू होती हैं और एक गुट के लोग दूसरे गुट को नीचा दिखाने में अपनी रचनात्मक शक्ति का क्षय करने लगते हैं। इस प्रचार और नारेबाजी के बीच सही लेखन दबने लगता है। इस प्रकार यह सीधी कार्रवाई का रास्ता खुद लेखन को ही मारता है। चाहे जो भी हो आज के लेखक के सामने यह समस्या तो है ही कि वह अभिव्यक्ति पर पड़ रहे दबावों के बीच अपना लेखकीय दायित्व किस प्रकार पूरा करे? शासनतन्त्र, पूंजीवादी व्यवस्था, व्यावसायिक पत्रकारिता, सरकारी अर्द्ध-सरकारी प्रतिष्ठान तथा प्रकाशक आदि से जो लेखक के अभिव्यक्ति-स्वातंत्र्य को प्रभावित करने वाली शक्तियाँ हैं, कैसे और किन मूल्यों पर सम्बन्ध कायम रखे? वह अपने लेखन कर्म के चारों ओर घिरने वाले अन्तर्विरोधों को सही-सही पहचान कर उनसे अपने को उबारने के लिए, अपनी अभिव्यक्ति को अधिकाधिक स्वतन्त्र, पूर्ण और समर्थ बनाने के लिए क्या करे?

आधुनिकता बोध : नया बनाम पुराना, परम्परा बनाम प्रयोग

पिछले कुछ दशकों से हिन्दी में 'आधुनिकता' की चर्चा विशेष रूप से हुई है। अनेक पत्रिकाओं ने 'आधुनिकता' पर बहसें आयोजित की हैं और अनेक नये-पुराने लेखकों ने उसकी व्याख्याएँ भी की हैं। मैं यहाँ उन व्याख्याओं और बहसों के विस्तार में नहीं जाना चाहता (जा भी नहीं सकता क्योंकि यह एक स्वतन्त्र ग्रन्थ का विषय होगा)—हाँ 'आधुनिकता' को अपने ढंग से समझने की कोशिश करना चाहता हूँ।

'आधुनिकता' एक कालवाची शब्द है। काल का कोई ठोस आकार नहीं होता अत: उसके स्वतन्त्र रूप का साक्षात्कार भी कठिन है। परिवेश के साथ रखकर उसकी अवधारणा स्पष्ट हो सकती है। परस्पर आकर्षण-विकर्षण और संघात से जीवन और प्रकृति में जो बदलाव होते हैं उनका नैरंतर्य ही 'काल' का बोध कराता है। इस अर्थ में 'काल' अनुभव के साथ एकाकार हो जाता है। हमारे अनुभव में ही 'काल' की भी सत्ता है। आधुनिकता का सम्बन्ध किसी न किसी रूप में 'वर्तमान' के साथ जोड़ा गया है। वर्तमान अर्थात् वर्तमान अनुभव से। यहाँ 'वर्तमान' शब्द का संकीर्ण शाब्दिक अर्थ लेने वाले 'वर्तमान' को तात्कालिकता से जोड़ सकते हैं। पर आधुनिकता के सन्दर्भ में 'वर्तमान' शब्द का बड़ा व्यापक अर्थ लेना होगा और इसका काल विस्तार काफी लम्बा खींचना पड़ेगा। वस्तुत: आधुनिकता का सम्बन्ध हमारे उन अनुभवों से है जिन्हें हम वैज्ञानिक-औद्योगिक सभ्यता के अनुभव कह सकते हैं। इस वैज्ञानिक-औद्योगिक सभ्यता का जन्म पश्चिम में बहुत पहले हो चुका था पर बीसवीं शताब्दी से तो यह सम्पूर्ण विश्व पर छा गई। विज्ञान ने पहली बार रूढ़ियों और रहस्यमय चमत्कारों से अलग होकर जीवन और जगत को एक यथार्थ और वैज्ञानिक दृष्टि से देखा। सृष्टि के अनेक रहस्यों का, जिन्हें मनुष्य दैवी चमत्कार समझता था, विज्ञान ने उद्घाटन किया। उसने मनुष्य को एक तार्किक, सन्तुलित और स्वतन्त्र दृष्टि प्रदान की। विज्ञान के आविष्कारों ने औद्योगिक सभ्यता को जन्म दिया। गाँवों के स्थान पर नगरों का विकास हुआ। संयुक्त परिवार टूटने लगे और रागात्मक सम्बन्धों में काफी बदलाव हुए। डार्विन ने बहुत पहले 'थियरी आफ इवोल्यूशन' द्वारा मनुष्य की धार्मिक भावनाओं को झकझोर दिया

था। मार्क्स और फ्रायड जैसे विचारकों ने उसे और पुष्ट तथा गतिशील किया। ईश्वर, रहस्य तथा धर्म की रूढ़ियों से अलग मानवीय सामर्थ्य में विश्वास आधुनिकता का एक लक्षण है।

मार्क्स के द्वन्द्वात्मक भौतिकवाद ने यदि मानवीय इतिहास की भौतिकवादी व्याख्या की तो फ्रायड के मनोविश्लेषण ने मनुष्य को उसके मनोजगत के अनेकानेक रहस्यों से परिचित कराया। इन सभी महत्त्वपूर्ण प्रभावों ने मनुष्य के सम्पूर्ण अस्तित्व को झकझोर दिया। दैवी चमत्कार, रहस्य और अन्धश्रद्धा का युग समाप्त हुआ। मनुष्य की भावुकता कम हुई और एक नये प्रकार की बौद्धिक जागरूकता का विकास हुआ। इस नवीन बौद्धिक जागरूकता ने परम्परागत रूढ़ियों के स्थान पर यथार्थ को महत्त्व दिया। नैतिकता के परम्परागत मानदण्ड टूटने लगे। श्लील-अश्लील को नई दृष्टि से देखा जाने लगा। सेक्स जो मनुष्य के लिए गोपन था और जिसे अपराधों की सीमा में गिना जाता था, अब मन की एक सहज प्रक्रिया के रूप में सामने आया। ये सारे परिवर्तन आधुनिक भाव बोध की नींव तैयार करते हैं।

द्वितीय विश्वयुद्ध के बाद मनुष्य को विज्ञान के विनाशक रूप का तीखा अहसास हुआ। विज्ञान के आविष्कारों ने कुछ भयानक समस्याएं मनुष्य के सम्मुख उपस्थित कर दीं। सामूहिक हत्याकाण्डों और विनाशलीलाओं को देखने के बाद वह अपनी सम्पूर्ण सभ्यता और संस्कृति को असुरक्षित महसूस करने लगा। एक भय, शंका और अनास्था का वातावरण उपस्थित हुआ। यन्त्रों के अधिकाधिक सम्पर्क के कारण प्रकृति से मनुष्य का रिश्ता खत्म हो गया। उसकी उन्मुक्तता, खुशी, निरन्तर कम होती गई। यन्त्रों के साथ उसका जीवन भी यान्त्रिक होता गया—उसमें एक प्रकार की ऊब, उदासी और थकावट आई। आत्मनिष्ठता बढ़ी और मन अन्तर्मुखी होता गया जिसकी परिणति निस्संगता और अजनबीपन में हुई। पुराने मूल्यों के प्रति नये आदमी का मोह भंग हुआ। ये सारे परिवर्तन आधुनिकता बोध के जरूरी उपकरण हैं।

एक कला आन्दोलन के रूप में 'मार्डनिज्म' का उद्भव फ्रांस में हुआ था। वहाँ से स्पेन, इंग्लैंड और अमेरिका होते हुए यह पूरे विश्व में छा गया। यह सही है कि वैज्ञानिक-औद्योगिक प्रगति के अनुभवों को जिस रूप में यूरोप ने भोगा है उस रूप में भारत ने नहीं भोगा। पर इससे बहुत अधिक फर्क नहीं पड़ता। वैज्ञानिक आविष्कारों ने आज की दुनिया को बहुत निकट ला दिया है। देश की दूरियाँ समाप्त हो गई हैं। आज विश्व के किसी एक कोने में घटी घटना से सारा विश्व एक साथ प्रभावित हो जाता है। भारत में उपर्युक्त प्रभाव कुछ देर से पड़ा, पर भारत के लिए वैज्ञानिक-औद्योगिक सभ्यता के अतिरिक्त अपनी आर्थिक समस्याएँ भी हैं। बढ़ती हुई जनसंख्या का दबाव, बेरोजगारी,

प्राकृतिक सम्पदा का समुचित उपयोग न हो पाना, नौकरशाही की लापरवाही तथा हीनता बोध ये कुछ ऐसी समस्याएँ हैं जो क्षोभ, उत्तेजना और आक्रोश को जन्म देने वाली हैं। भारतीय साहित्य में यह अनुभव विशेष रूप से मिलेगा। यदि हम यूरोप की आधुनिकता और भारतीय साहित्य की आधुनिकता पर विचार करें तो हमें स्पष्ट पता चलेगा कि भारतीय साहित्य में जो क्षोभ, उत्तेजना, आक्रोश और विद्रोह है, वह यूरोपीय साहित्य में नहीं है। इसके स्थान पर वहाँ पश्चात्ताप और आत्मसाक्षात्कार की कोशिश है। वहाँ बाहर भागने से अधिक भीतर जाने की प्रवृत्ति है। कारण स्पष्ट है। यूरोप में भौतिक सम्पन्नता है तो भारत में विपन्नता और दरिद्रता। यूरोप ने महायुद्धों की पीड़ा झेली और उसने अपने मानवीय मूल्यों की पराजय देखी। हमारे सामने ये परिस्थितियाँ नहीं आईं। हमने एक हीनताग्रस्त शासनतन्त्र और भ्रष्ट नौकरशाही को अपने चारों ओर पाया। परिणामतः उनका मोहभंग यदि उन्हें आत्मचिन्तन और पश्चात्ताप की ओर ले गया तो हमारा मोहभंग हमें क्षोभ और आक्रोश की ओर।

ऊपर मैंने उस पृष्ठभूमि का जिक्र किया है जिन पर आधुनिक मानस और और आधुनिक साहित्य निर्मित हुआ है। तात्पर्य यह कि आधुनिक वैज्ञानिक-औद्योगिक जीवन की संवेदना को अभिव्यक्ति देने वाला साहित्य 'आधुनिक' कहा जा सकता है और इस अर्थ में 'आधुनिकता' शब्द एक विशेष काल की महत्त्वपूर्ण प्रवृत्तियों और विशेषताओं का बोधक है। किन्तु 'आधुनिकता' शब्द का केवल इतना ही अर्थ लेना पर्याप्त और संगत नहीं है। आधुनिकता बोध को किसी एक काल विशेष की सीमा में रखकर देखना उसे एकांगी दृष्टि से देखना है। 'आधुनिकता' एक ओर तो वर्तमान वैज्ञानिक-औद्योगिक अनुभवों का बोधक है और दूसरी ओर एक विशेष जीवन दृष्टि का—एक गुणात्मक पहलू का—जो किसी भी काल में सम्भव है। संस्कृत का 'मृच्छकटिक' (जिस पर रूस के लोग लट्टू हैं) क्या कम आधुनिक है ? मध्यकालीन कवि कबीर की आधुनिकता में क्या किसी को कोई सन्देह है ? दूसरी ओर समकालीन कवियों में भी कइयों की आधुनिकता संदिग्ध है। मैथिलीशरण गुप्त से निराला अधिक आधुनिक हैं। इस अर्थ में 'आधुनिकता' एक जीवन दृष्टि का पर्याय हो जाती है जो मनुष्य को उसके सम्पूर्ण परिवेश के बीच ठीक-ठीक पहचानती और व्यक्त करती है। कबीर ने मध्यकालीन मनुष्य को उसके सम्पूर्ण परिवेश के साथ एक सच्ची आलोचनात्मक दृष्टि से देखा था इसीलिए वे आधुनिक हैं जबकि मैथिलीशरण गुप्त आधुनिक मानव और उसकी नियति का सीधा साक्षात्कार न कर सके। तात्पर्य यह कि आधुनिकता समय की चुनौतियों को स्वीकार करने और सत्य को ग्रहण करने की एक यथार्थवादी दृष्टि है। सच्चा साहित्यकार

युग की धड़कनों का सीधा साक्षात्कार करते हुए, बदलते हुए सन्दर्भों को ग्रहण करते हुए रचना करता है। वह युग मनःस्थिति का भोक्ता और साक्षी होता है। केवल 'वर्तमान' में जीना ही 'आधुनिक' होना नहीं है। 'आधुनिकता बोध' के लिए वर्तमान के प्रति पूर्ण सचेत होना—वर्तमान को गहराई से महसूस करना—जरूरी है।[2] मैथ्यू अर्नाल्ड युग के प्रतिनिधित्व को ही आधुनिकता का मूल लक्षण मानता है। आधुनिक साहित्यकार वर्तमान स्थितियों को उनके नये रूप और नये मुहावरों में व्यक्त करता है।

'आधुनिकता' के साथ ही 'समकालीनता' और 'सामयिकता' जैसे शब्दों का प्रयोग भी होता है। ये दोनों शब्द मात्र कालवाची हैं और 'वर्तमान' से सम्बद्ध हैं। 'आधुनिकता' शब्द अपने कालवाची अर्थ में 'वर्तमान' से सम्बद्ध होते हुए भी मूल्यबोधक है—एक जीवन दृष्टि का पर्याय है। 'वर्तमान' के छोटे-छोटे संघर्षों का चित्रण करने वाला साहित्य यदि 'सामयिकता' की संज्ञा पाता है, तो आधुनिक जीवन को उसके सम्पूर्ण रूप में चित्रित करने वाली दृष्टि 'आधुनिकता' कही जा सकती है। वैसे सच कहा जाय तो रचनाकार की दृष्टि ही साहित्य को 'सामयिक' या 'आधुनिक' बनाती है। 'सामयिक' और 'शाश्वत' साहित्य की चर्चा तो बार-बार उठाई जाती है, पर इसे उठाने वाले प्रश्न की तह में जाने की आवश्यकता प्रायः नहीं समझते। एक ओर तो ये लोग साहित्य से नवीनता की माँग करते हैं, साहित्य को जीवन की अभिव्यक्ति मानते हैं, साहित्यकार की अनुभूतियों की ईमानदारी की परीक्षा करते हैं और दूसरी ओर इस प्रकार के साहित्य पर 'सामयिकता' और 'तात्कालिकता' का आरोप लगाते हैं। ऐसा साहित्य जो नया भी हो, जीवन की सच्ची अभिव्यक्ति भी हो, अपने युग समाज का दर्पण भी हो और सामयिक भी न हो—कल्पना में ही ढूंढ़ा जा सकता है। एक अर्थ में देखा जाय तो सारा साहित्य ही सामयिक होता है। किसी भी साहित्यकार के लिए अपनी रचना में अपने युग की बिल्कुल उपेक्षा कर जाना संभव नहीं। यह तो उसकी ईमानदारी और जिम्मेदारी है कि वह अपनी युगीन समस्याओं का सीधा साक्षात्कार करे और उन्हें अपने साहित्य में पूर्ण बौद्धिक सन्तुलन के साथ अभिव्यक्त करे। किन्तु रूढ़िवादी आलोचक कुछ विषयों को शाश्वत और कुछ को सामयिक मानकर चलते हैं। जैसे कुछ लोग साहित्य और राजनीति के सम्बन्धों को सामयिक मान लेते हैं। मेरे विचार से कोई भी खास विषय शाश्वत नहीं होता। साहित्यकार की दृष्टि ही किसी रचना को शाश्वत या सामयिक बनाती है। यदि साहित्यकार की दृष्टि व्यापक है, उसकी अनुभूति गहरी और सच्ची है, उसकी अभिव्यक्ति तार्किक और ईमानदार है तो उसका साहित्य शाश्वत महत्त्व का होगा। यदि साहित्यकार की दृष्टि संकीर्ण है, उसकी अनुभूति छिछली है और उसकी अभिव्यक्ति भावुक तथा कृत्रिम है

तो उसका साहित्य भी तात्कालिक महत्त्व का होगा। साहित्यकार की संकीर्ण, पूर्वाग्रहयुक्त और भावुक दृष्टि ही उसके साहित्य को तात्कालिक बनाती है। विषय के आधार पर किसी रचना को सामयिक कहना उचित नहीं। आज की कविता यदि आज की राजनीति का साक्षात्कार कर रही है तो वह जीवन के एक अपरिहार्य अंग का साक्षात्कार कर रही है, केवल इसीलिए उसे सामयिक नहीं कहा जा सकता।

'आधुनिकता बोध' के ही संदर्भ में 'नया' और 'पुराना' तथा 'परम्परा' और 'प्रयोग' की भी चर्चा होती है। हिन्दी में यह चर्चा बहुत हुई है। 'नव-लेखन', 'नई-कविता', 'नई कहानी', 'नई आलोचना' जैसे शीर्षक नये-पुराने के संघर्ष को व्यक्त करते हैं। यह संघर्ष सन साठ के लगभग अधिक तीव्र हुआ है। आज हिन्दी में तीन पीढ़ियाँ समानांतर साहित्य सृजन कर रही हैं—एक छाया-वादी-प्रगतिवादियों की पीढ़ी, दूसरी अज्ञेय और नई कवितावादियों की पीढ़ी और तीसरी साठोत्तर पीढ़ी। अनेक वक्तव्यों में इन तीनों ने एक-दूसरे को चुनौती दी है। पुरानों ने नयों को नारेबाज, चमत्कारवादी, सस्ती लोकप्रियता का लोलुप कहा है और उनके रचनात्मक सामर्थ्य पर अविश्वास किया है। नयों ने पुरानों को परम्परावादी, पलायनवादी और खोखला बताया है। वास्तव में दोनों ओर की वक्तव्यबाजी वैयक्तिक दुराग्रहों पर टिकी हुई है। साहित्य के धरातल पर दंभ के साथ कोई लक्ष्मण रेखा खींचना खतरे से खाली नहीं होता। इतिहास की उभरती हुई रेखाएँ और उनके बीच में विकासशील मान-वीय संभावनाएँ साहित्य के सभी नारों और मुखौटों को निरर्थक साबित कर देती हैं। अतः पुरानी पीढ़ी अपनी धारणाओं को न तो नई पीढ़ी पर लाद सकती है और न नई पीढ़ी पुरानी पीढ़ी की उपलब्धियों को बिल्कुल इनकार कर सकती है। दोनों को एक सीमा तक परस्पर एक दूसरे को स्वीकार करना होगा।

परम्परा और प्रयोग दोनों में घनिष्ठ सम्बन्ध होता है। प्रत्येक प्रयोग कालां-तर में परम्परा बनता है और प्रत्येक परम्परा नये प्रयोगों को जन्म देती है। जो परम्परा निर्जीव और असामयिक हो जाती है उसमें विकासशील प्रवृत्तियाँ नष्ट हो जाती हैं। वस्तुतः कोई भी सत्य निरपेक्ष नहीं होता। वह व्यक्ति, समाज, देश, काल और वातावरण सापेक्ष होता है। कोई भी सत्य, जिसे पिछले युग ने स्वीकार किया है, उसे आज का युग भी हू-ब-हू स्वीकार करेगा, यह नहीं कहा जा सकता। अतः प्रयोग युग की माँग है। प्रत्येक प्रतिभासंपन्न कलाकार प्रयोग करता है क्योंकि प्रयोग में ही नई सम्भावनाएँ विकसित होती हैं। रचना के लिए उसका नया होना जरूरी है क्योंकि तभी वह अपनी विशिष्टता या कहें कि रचनात्मकता प्रमाणित करती है अन्यथा वह पुनरावृत्ति होकर रह

जाती है। अतः प्रयोग जागरूक चेतना का धर्म है। मात्र परम्परा का अनुकरण करने वाला कृती कोई दृष्टि नहीं दे सकता। किन्तु यह भी सत्य है कि परम्परा को झुठला कर कोई प्रगति नहीं हो सकती। अपने को परम्परा की जंजीर में अगली कड़ी के रूप में स्वीकार करने से ही प्रगति संभव है। कोरे चमत्कार प्रदर्शन अथवा मात्र मौलिकता के कृत्रिम आग्रह में किए गए सस्ते प्रयोग किसी भी साहित्य के लिए वांछनीय नहीं होते। परम्परा में जो कुछ भी निष्प्राण, असमयोचित और संभावनाहीन है उसे तो त्यागना आवश्यक है किन्तु प्रयोग के आग्रह में शाश्वत, जीवंत और प्रगतिशील तत्त्वों की उपेक्षा करना निश्चय ही खतरनाक है। जापान, इंग्लैंड, फ्रांस, जर्मनी आदि देश जो आधुनिक तकनीकी विकास में काफी प्रगति कर चुके हैं अपनी परम्पराओं से जुड़े हुए देश हैं। कुछ समाजशास्त्री यह मानते हैं कि परम्परा में ही आधुनिकता के बीज होते हैं। मैक्स वेबर का मत ऐसा ही है। हमारे देश का दुर्भाग्य है कि यह एक गुलाम देश रहा है और इसकी संस्कृति को विदेशियों द्वारा असभ्य तथा पिछड़ी संस्कृति के रूप में देखा गया है। यही हीनता-बोध या गुलाम मनोवृत्ति आज भी हमारे भीतर काम कर रही है और हम अपने अतीत को अपनी परम्परा को, खुले दिमाग से नहीं, बल्कि दुराग्रहपूर्ण दृष्टि से देखते हैं।

'परम्परा' और 'नवीनता' जैसे शब्दों को उनके सही अर्थों में ग्रहण करना जरूरी है। 'परम्परा' का अर्थ 'रूढ़ि' नहीं है और न 'नवीनता' का अर्थ 'चमत्कार' है। नया लेखक परम्परा को रूढ़ि मान लेता है अतः वह 'परम्परा' शब्द से ही चिढ़ जाता है। पुराना लेखक 'नया' को द्रोही और ऊलजलूल मानकर 'नया' शब्द से ही चौंक उठता है। ये दोनों ही धारणाएँ पूर्वाग्रहयुक्त हैं। 'रूढ़ि' की कोई तार्किक संगति नहीं होती न उसका वर्तमान में कोई अर्थ होता है। किन्तु 'परम्परा' एक विकासशील प्रक्रिया है जिसकी सार्थक व्याख्या की जा सकती है।[3] वह हमारे संचित अनुभवों का ही नाम है। उसे झुठलाने का अर्थ अपने युग के संघर्ष को अपने कृतित्व में कहाँ तक प्रस्तुत कर सका है। कि वह अपने संचित अनुभवों को झुठलाना है—अपने चिन्तन को खंडित और खोखला बनाना है। हम जिस भाषा संसार में जीते हैं उसकी जड़ें बहुत गहरी होती हैं। हम जिस मन से अनुभव करते हैं उसमें संस्कारों और अचेतन का एक जटिल संसार होता है। हम इन सबसे कहीं न कहीं जुड़े होते हैं। 'नवीनता भाषा-शैली का चमत्कार मात्र नहीं है न परम्परागत मान्यताओं का आग्रहवश जानबूझकर किया गया विरोध है। नकली चमक-दमक या कोई अभूतपूर्व उद्‌भावना भी 'नवीनता' नहीं है। वास्तविक नवीनता परिवेश के नवीन दबावों से उत्पन्न नई अनुभूतियों में है। ऐसी नवीनता में नये अनुभवों की चमक होती है देश-काल की बदलती हुई परिस्थितियों की पकड़ होती है। यह नवीनता रचना के लिए

जरूरी और महत्त्वपूर्ण है। वास्तव में सवाल 'नये' और 'पुराने' का नहीं बल्कि जागरूकता और ईमानदारी का है कि रचनाकार अनेक अछूते स्तरों को, अपने युग के संघर्ष को अपने कृतित्व में कहाँ तक प्रस्तुत कर सका है कि वह अपने चारों ओर की जिन्दगी के जटिल यथार्थ और गहरे अन्तर्विरोध को कहाँ तक उद्घाटित कर सका है। कि वह अपनी सजगता और रचनात्मक ईमानदारी को कहाँ तक निभा सका है। यही रचना की नवीनता है।

यह सही है कि हमारी परम्परा आज अनेकानेक रूढ़ियों से ग्रस्त हो चुकी है लेकिन इस बात से भी इनकार नहीं किया जा सकता कि उसमें अनेक जीवंत और प्रगतिशील तत्त्व हैं जिनकी मानवीयता समय-समय पर पश्चिम को भी और सारी दुनिया को प्रभावित करती रही है और अनेक विदेशी महापुरुषों ने कृतज्ञतापूर्वक भारतीय चिन्तन का ऋण स्वीकार किया है। हमारी परम्परा द्वारा स्थापित और स्वीकृत जीवन मूल्यों ने एक स्थायी और सुदृढ़ सामाजिक व्यवस्था के लिए अपने को बहुत उपयोगी साबित किया था। नये साहित्य ने उन मूल्यों को तोड़ा है लेकिन अफसोस यह है कि उनका कोई विकल्प नहीं प्रस्तुत कर सका। नवलेखन के अग्रणी मुक्तिबोध के ही शब्दों में : 'जो पुराना है, अब वह लौट कर नहीं आ सकता। लेकिन नये ने पुराने का स्थान नहीं लिया। धर्म भावना गई, लेकिन वैज्ञानिक बुद्धि नहीं आई। धर्म ने हमारे जीवन के प्रत्येक पक्ष को अनुशासित किया था। वैज्ञानिक मानवीय दर्शन ने, वैज्ञानिक दृष्टि ने धर्म का स्थान नहीं लिया। इसलिए केवल हम अपनी अन्तःप्रवृत्तियों के यंत्र से चालित हो उठे। उस व्यापक उच्चतर सर्वतोमुखी 'मानवीय अनुशासन की हार्दिक सिद्धि के बिना हम 'नया'-'नया' चिल्ला तो उठे, लेकिन वह 'नया' क्या है—हम नहीं जान सके। क्यों ? नया जीवन, नये मान-मूल्य, नया इनसान परिभाषाहीन और निराकार हो गए। वे दृढ़ और व्यापक मानसिक सत्ता के अनुशासन का रूप धारण न कर सके। वे धारण न कर सके। वे धर्म और दर्शन का स्थान न ले सके।'[4] आज का भारतीय बुद्धिजीवी दोहरी जिन्दगी जी रहा है। एक ओर तो वह पश्चिमी चिन्तन से प्रभावित है और दूसरी ओर अपने संस्कारों और रूढ़ियों से अपने को जकड़े हुए है। दरअसल आधुनिकता का जिस रूप में अपने यहाँ हल्ला हुआ, उस रूप में वह परिपक्व आधुनिकता नहीं थी। पश्चिम में वह स्थितियों की स्वाभाविक और अनिवार्य उपज थी। उसके लिए पुष्ट बौद्धिक और वैचारिक भूमि मौजूद थी, मगर अपने यहाँ न तो वैज्ञानिक-औद्योगिक परिस्थितियाँ ही उतनी तीव्र थीं और न कोई पुष्ट वैचारिक और बौद्धिक जमीन ही तैयार थी। यूरोप के साहित्य में जो आधुनिकता दिखाई पड़ती है, वह वहाँ के दार्शनिक चिन्तन में भी मिलती है, पर अपने यहाँ आधुनिकता की झलक केवल सर्जनात्मक साहित्य में ही दिखाई पड़ती है। इसक

समानान्तर दार्शनिक चिन्तन की कोई धारा नहीं प्रवाहित होती। हमारे यहाँ की आधुनिकता एक सीमित विशिष्ट वर्ग की चीज है अतः वह चौंकाती अधिक है। सहज विकास न होने के कारण वह सहज बोध नहीं बन पाई है। इसीलिए एक व्यापक भारतीय जन-समूह से उसका रिश्ता टूट गया है। भारत का औसत आदमी और उसका मन इस आधुनिकता से बहुत दूर है। यह स्वीकार कर लेने पर भी कि आज की दुनिया बहुत निकट आ गई है और पश्चिम के साथ हमारी दूरियाँ खत्म हो गई हैं, कुछ ऐसा रह जाता है जो हमें पश्चिम से अलग करता है—एक भारतीय के रूप में रहने देता है। इस अपने रूप को—अपनी अस्मिता को हमें प्राप्त करना है। उसका साक्षात्कार करना है। उसे अपनी सर्जन प्रक्रिया का अंग बनाना है। आज आवश्यकता एक वैज्ञानिक मानवीय दृष्टि को जीवनानुभव बनाने की है। तभी वैज्ञानिक-औद्योगिक परिवर्तनों को रचनात्मक स्तर पर अनुभूति का अंग बनाया जा सकेगा। जब तक वे परिवर्तन हमारे मन में एक चौंकाने वाली प्रतिक्रिया पैदा करते रहेंगे तब तक हमारी रचना सच्चे अर्थों में आधुनिक नहीं होगी और हम एक छद्म आधुनिकता से ग्रस्त रहेंगे।

वस्तुतः 'आधुनिकता' का अर्थ परम्परा विरोध नहीं है क्योंकि यह एक नकारात्मक पहलू है। किसी लेखक की आधुनिकता का निर्धारण इस आधार पर किया जाना चाहिए कि 'वह क्या लिखता है', इस आधार पर नहीं कि वह 'क्या नहीं लिखता है'। सच्ची 'आधुनिकता' परम्परा विरोध में नहीं बल्कि परम्परा को 'वर्तमान' की कसौटी पर जाँचने-परखने में है। समय के साथ बहुत-सी चीजें निरर्थक हो जाती हैं—अपना अर्थ खो देती हैं। उनमें समयानुरूप अर्थ भरना ही आधुनिकता है। बिना वर्तमान संवेदना के हम न तो परम्परा को समझ सकते हैं और न उससे अपने को जोड़ सकते हैं। जो 'वर्तमान' से विच्छिन्न और असंबद्ध है वह मरा हुआ 'भूत' है। इसी प्रकार जिस 'वर्तमान' में तात्कालिक संवेदना होती है और जो इतिहास से सम्बद्ध नहीं होता वह सच्चा वर्तमान नहीं होता। भूत और वर्तमान का यह परस्पर आमना-सामना आधुनिकता का एक महत्त्वपूर्ण लक्षण है।[5] कहा जा चुका है कि वैज्ञानिक-औद्योगिक प्रगति ने आज के जीवन और चिन्तन के क्षेत्र में एक व्यापक उथल-पुथल पैदा की है। धर्म और ईश्वर से अलग कर मनुष्य के स्वतन्त्र व्यक्तित्व की प्रतिष्ठा की है। उसके पुराने मूल्य विघटित हो गए हैं। भय, शंका और अनास्था का वातावरण उपस्थित हुआ है। यंत्रों के साथ एक अनिवार्य रिश्ता कायम हुआ है। सुख-सुविधाओं की उपलब्धियों के साथ ही मनुष्य के सामने नये संकट उपस्थित हो गए हैं। अतीत और वर्तमान में एक गजब का तनाव महसूस होने लगा है। हमारा आधुनिक साहित्य इसी तनाव के बीच लिखा गया साहित्य है। 'आधु-

निकता' को हमें इसी वैज्ञानिक-औद्योगिक संस्कृति के ऐतिहासिक संदर्भ में पहचानना होगा। यह केवल काल का अन्तर नहीं है भाव बोध का अन्तर भी है और इसीलिए 'आधुनिकता' केवल काल से सम्बद्ध चेतना नहीं बल्कि एक गुणात्मक मूल्य हो जाती है। आज के साहित्य में जो एक प्रकार की आत्म-लिप्तता, अतिरंजना, प्रदर्शन, चमत्कार और कुंठा है उसकी बात मैं नहीं करता क्योंकि एक संक्रमणकालीन साहित्य में उसका आ जाना अस्वाभाविक नहीं है। पर उसके बावजूद आज के साहित्य में एक यथार्थवादी रुझान है—कल्पना-शीलता और आदर्शवादिता के स्थान पर असलियत की ओर झुकाव है। पुरानी भाषा, छन्द, पुराने प्रतीकों के स्थान पर बोलचाल की शब्दावली, अनुभव की भाषा तलाशने की कोशिश है। रोमांटिक भावुकता के स्थान पर ऐंटीरोमांटिक निस्संगता, बौद्धिकता, वस्तुपरकता, तथा संकीर्णता के स्थान पर पूर्वाग्रहों से मुक्ति है। मनुष्य और प्रकृति के आडम्बरपूर्ण ऐश्वर्य को छोड़कर सामान्य मनुष्य को—गुणों और दुर्गुणों से युक्त नये मनुष्य को—उसके बदलते हुए नये सम्बन्धों को जाँचने-परखने की कोशिश है। अनेकानेक रूढ़ियों और अन्धविश्वासों को तोड़कर, जाति, सम्प्रदाय, रंग-भेद, साम्राज्य उपनिवेश और शोषण से हीन एक नये समर्थ आदमी की संभावनाओं की ओर संकेत है। यही आधुनिकता का स्वीकारात्मक पक्ष कहा जा सकता है। आवश्यकता है आज की वैज्ञानिक मानवीय दृष्टि को, आज के संशय, विघटन, संकट और त्वरा को, आज के सम्पूर्ण परिवेशगत असलियत को अपनी अनुभूति का अंग बनाने और उसे अपनी रचना में उतारने की। तभी यह सारा बोध अनुभूति के स्तर पर प्रामाणिक और सच्चा होगा—सार्थक और पाठक को प्रभावित करने में समर्थ।

'आधुनिकता' शब्द पर नाक-भौंह सिकोड़ने और इसका विरोध करने वालों का कहना है कि आधुनिकतावाद यूरोपीय निराशा, ग्लानि, कुंठा, संत्रास अर्थात यूरोपीय चिन्तन और जीवन दृष्टि को अभिव्यक्त करने का ही दूसरा नाम है। यह समस्त आधुनिकता बोध का साहित्य यूरोप के नकल में लिखा गया साहित्य है। मेरे विचार से आधुनिक भाव बोध को किसी भी देश या जाति विशेष के साथ बाँधकर नहीं देखा जा सकता। भाव और विचार किसी देश की पूँजी नहीं होते। राष्ट्रीयता या भारतीयता के नाम पर जिस संकीर्णता का कुछ लोग समर्थन करते हैं वह आज के आदमी के लिए आत्मघाती सिद्ध होगा। आज की दुनिया बहुत निकट आ गई है। जिस वैज्ञानिक-औद्योगिक दौर से यूरोपीय जीवन गुजर रहा है उसका अहसास हमें भी हो रहा है। यान्त्रिक संकट कुछ देर से ही सही पर आज भारत में भी उपस्थित है और निरन्तर तीव्र होता जा रहा है। वैज्ञानिक विकास और औद्योगिक सभ्यता के दौर में हम जिस बिन्दु पर पहुँच गए हैं वहाँ से पीछे लौटना अब असंभव है। जिन मानवीय सम्बन्धों

के सूत्र टूट गए हैं उन्हें फिर से जोड़ा नहीं जा सकता। जो भाषा हमसे खो गई है उसे पुनः उन्हीं अर्थों में प्राप्त नहीं किया जा सकता। हमारी सभ्यता या संस्कृति में कितना हमारा है और कितना मिलावट, इसका विश्लेषण भी आज हमारे लिए संभव नहीं। कितनी संस्कृतियों, सभ्यताओं से भारतीय जीवन की टकराहट हुई है और दोनों कितनी बार घिस-घिस कर एकाकार हो गई हैं। कितनी भाषाएँ हमारी भाषा में घुल-मिल गई हैं और उन भाषाओं के साथ एक नया अनुभव संसार हमारे बोध में जुड़ गया है। आज हम फारसी और अंग्रेजी शब्दों को या मुसलमानी और अंग्रेजी वेशभूषा को छोड़ना चाहें तो भी छोड़ नहीं सकते। अरस्तू, प्लेटो, मार्क्स, फ्रायड, सार्त्र, कामू, काफ्का, लारेंस, ब्रेख्ट, इलिएट आदि का चिन्तन जो हमारे साथ जुड़ गया है उसे सायास घटाया नहीं जा सकता। इसी प्रकार हमारा जो बाह्य परिवेश बदल चुका है—वैज्ञानिक उपकरणों से हमारा जो रिश्ता जुड़ चुका है उसे तोड़ा नहीं जा सकता। फिर हमारा भाव बोध इन्हीं पर तो आधृत है और ऐसी स्थिति में आधुनिकता बोध हमारे लिए पश्चिम की चीज कहाँ रह जाता है? वह तो हमारा अपना अनुभव हो जाता है। यह हमारी हीनता ग्रन्थि है जो हम इस प्रकार अपनी शुद्धता का दुराग्रह दिखाते हैं। भारतीय उपनिषदों ने पाश्चात्य साहित्य की जड़ों को प्रभावित किया है। कितने भारतीय विचारकों और आधुनिक काल में गांधी के व्यक्तित्व ने पाश्चात्य बुद्धिजीवियों को प्रभावित किया है। इस पर वे नाक-भौंह नहीं सिकोड़ते। बहरहाल हमारे निर्माण में कितना किसका योग है, इसका विश्लेषण तो हम कर सकते हैं किन्तु इस पर पश्चात्ताप करने का हमारे पास कोई कारण नहीं। यहाँ यह स्वीकार करना होगा कि 'आधुनिकता' का अर्थ 'अनुकरण' नहीं है। आजकल बहुत से साहित्यकार पश्चिम के एवं उनकी शब्दावली के अनुकरण को ही आधुनिकता समझ बैठते हैं। यह भारतीय साहित्यकार की बौद्धिक नासमझी या हीनता ग्रन्थि है जो वह पश्चिम को आधुनिकता का ठेकेदार समझ बैठता है। अनुकरण न तो प्रयोग है और न आधुनिकता। वह रचना भी नहीं है—मात्र अनुकरण है। अनुकरण बुरा नहीं है—साहित्यकार बाहर से प्रभाव ग्रहण करेगा ही। वह जड़ नहीं, एक अत्यन्त संवेदनशील प्राणी है। पर उसे सारे प्रभावों को आत्मसात करना होता है। रचनाकार वह भट्ठी है जिसमें बहुत सारी चीजें पिघलकर एक नये साँचे में ढलती हैं जिसे हम 'रचना' कहते हैं। रचनाकार में वह ताप होना चाहिए जो चीजों को गला सके और वह साँचा होना चाहिए जो उन्हें एक नई शक्ल दे सके। जब बाहरी प्रभाव किसी साहित्य में पैबन्द की तरह जोड़ा हुआ लगता है तो वह अनुकरण होता है। आवश्यकता उस प्रभाव को अपनी मिट्टी और मौसम के अनुकूल बनाने की है। दूसरे का बोध ओढ़ लेना 'आधुनिकता' तो नहीं ही है—काफी खतरनाक

भी है। 'आधुनिकता' फैशन से बड़ी चीज है—वह सोचने और जीने का एक तरीका है जो चीजों को उनके सही रूप में देखते और आत्मरूप की खोज करते हुए हासिल होता है। इस आधुनिकता का आधार आदर्शवाद के स्थान पर यथार्थवाद है—एक मोहमुक्त यथार्थवाद। पर जरूरत इसको आत्मसात करने की है—अपनी जड़ों में पैठकर और साथ ही विश्व की हलचलों के प्रति सचेत रहकर।

सन्दर्भ

1. नेमिचन्द्र जैन : बदलते परिप्रेक्ष्य, पृ० 51
2. 'It must be clearly understood that the mere fact of living in the present does not make a man modern, for in that case everyone at present alive would be so. He alone is Modern who is fully conscious of the present'---C. G. Jung : Modern Man in Search of Soul, p. 227
3. 'There is obviously no value in adhering to lifeless conventions. But a healthy tradition is capable of continual modifications.'—Cleanth Brooks : Modern Poetry and the Tradition, p. 69
4. मुक्तिबोध : एक साहित्यिक की डायरी, पृ० 72
5. The confrontation of the past with present seems to me therefore the fundamental aim of Modernism.

   Stephen Spender : The Struggle of the Modern. p. 80

नया साहित्य : मूल्यांकन की समस्या

जितना भी ज्ञान या अनुभव है, वह इसी सृष्टि का है और मनुष्य के ही माध्यम से संभव हुआ है किन्तु क्योंकि मनुष्य की शक्तियाँ सीमित हैं, इसीलिए उसका अनुभव और ज्ञान भी सीमित होता है। वह उतना ही जान सकता है जितनी उसकी सीमाएँ स्वीकार करती हैं। व्यक्ति जिस मस्तिष्क से अनुभव और ज्ञान प्राप्त करता है, उसका निर्माण संस्कार और वातावरण की सीमाओं में उनके अनुकूल या प्रतिकूल ही होता है। संस्कार और वातावरण से मस्तिष्क जो शक्ति और विस्तार पाता है, उसके अन्तर्गत ही वह सोचने-समझने के लिए विवश है। स्वाभाविक है कि मस्तिष्क के सीमित और अपूर्ण होने के कारण ही उसके द्वारा प्राप्त ज्ञान और अनुभव भी सीमित तथा अपूर्ण होता है। अपूर्ण ज्ञाता से पूर्ण ज्ञान संभव नहीं है। इसलिए किसी भी प्रश्न पर अन्तिम निर्णय देना कोरे दम्भ के अतिरिक्त और कुछ नहीं कहा जा सकता। साहित्य सम्बन्धी प्रश्नों के सम्बन्ध में भी यही कहा जा सकता है। किसी रचनाकार का यह समझना कि वह किसी शाश्वत सत्य की उपलब्धि कर चुका है या किसी आलोचक का यह समझना कि वह कोई शाश्वत निर्णय दे रहा है, एक बहुत बड़े भ्रम के अतिरिक्त और कुछ नहीं है। साहित्य के सन्दर्भ में कोई भी रचना या उसका मूल्यांकन इसी रूप में ग्रहण किया जाना चाहिए।

मानव मस्तिष्क सृजन और चिन्तन की दिशा में अग्रसर होने पर पैना और विस्तृत होता है। इस दिशा में वह जितना ही आगे बढ़ता है, उतना ही प्रौढ़ और व्यापक होता है। उतना ही पूर्ण होता है। किसी भी रचनाकार के लिए व्यापक अनुभव और गहन अध्ययन-चिन्तन आवश्यक है। अनुभव, अध्ययन और चिन्तन के बिना रचनाकार को दृष्टि नहीं मिलती और जब तक उसे दृष्टि नहीं मिलती तब तक उसकी रचना का कोई मूल्य नहीं होता। रचनाकार का अनुभव जितना व्यापक होगा, उसका साहित्य उतना ही सच्चा होगा। उसका अध्ययन और चिन्तन जितना ही गहरा होगा, उसकी दृष्टि उतनी ही पूर्ण और साफ होगी। इसके लिए सम्पूर्ण मानव-विकास प्रक्रिया और उसकी प्रकृति का अध्ययन तथा जीवन का निकट से परिचय अपेक्षित है। इसके अतिरिक्त उसके द्वारा सभी मानवशास्त्रों का अध्ययन भी आवश्यक होता है। विज्ञान, दर्शन, शरीर-

शास्त्र, इतिहास, भूगोल, राजनीति, समाजशास्त्र, धर्म, मनोविज्ञान आदि का अधिकाधिक अध्ययन रचनाकार की दृष्टि को व्यापक और स्पष्ट बनाता है। यह साहित्य का सबसे बड़ा दुर्भाग्य है कि आज उसे संकीर्ण अर्थ में ग्रहण किया जाता है। साहित्य का सम्बन्ध मानव जीवन से होता है, अतः उसका मूल्यांकन भी मानव जाति और सम्पूर्ण मानव चिन्तन के व्यापक सन्दर्भ में ही हो सकता है। जीवन और सम्पूर्ण मानवशास्त्र से अलग करके विशुद्ध साहित्य जैसी किसी चीज की तलाश कठिन है। साहित्य की विविध समस्याओं के सम्बन्ध में कोई विचार प्रस्तुत करने के लिए अधिक से अधिक अनुभव, अध्ययन और चिन्तन आवश्यक होता है। इसके अभाव में जो भी मान्यताएँ स्थापित की जाएँगी वे अधकचरी होंगी। साहित्य साहित्यकार की नितान्त वैयक्तिक आशा-आकांक्षाओं की अभिव्यक्ति मात्र नहीं है। वह ऐसी व्यक्ति-चेतना की अभिव्यक्ति है, जिसमें समूह चेतना जल में जल की तरह एकाकार हो गई है। तात्पर्य यह है कि रचना की अधिकाधिक पूर्णता और अनुभूति की प्रामाणिकता के लिए रचनाकार का अपने 'स्व' से ऊपर उठना आवश्यक है। जितना ही वह अपने से अलग होगा उसकी दृष्टि उतनी ही व्यापक होगी। जब तक साहित्य में व्यक्त 'मानव' वास्तविक मानव नहीं बनता या साहित्य का व्यक्ति-सत्य मानव-सत्य नहीं बनता तब तक उस साहित्य का कोई विशेष मूल्य भी नहीं होता। मतलब यह कि रचना की पूर्णता और प्रामाणिकता के लिए रचनाकार का अपनी आत्मपरक भावुकता से ऊपर उठना आवश्यक है। इसी प्रकार मूल्यांकन की पूर्णता और प्रामाणिकता के लिए भी आलोचक का पूर्वाग्रह और भावुकता से मुक्त होना आवश्यक है। पूर्वाग्रह और भावुकता से मुक्त एक तार्किक और तटस्थ दृष्टि ही मूल्यांकन को अधिकाधिक पूर्ण, निष्पक्ष और प्रामाणिक बनाती है। इस प्रकार की दृष्टि के अभाव में रचना और मूल्यांकन दोनों ही संकीर्ण, अपूर्ण और अप्रामाणिक होते हैं।

आज तक का मानव विकास-प्रक्रिया और प्रकृति के थोड़े बहुत अध्ययन के आधार पर कहा जा सकता है कि सन्तुलन और समन्वय जीवन की एक दृष्टि रही है और है। वास्तव में यह सम्पूर्ण सृष्टि अनेक विरोधी तत्वों का संघात है। इस सृष्टि में जो जीवन तत्व है वह स्वयं अनेक विरोधी तत्वों से निर्मित है। इन सम्पूर्ण विरोधी तत्वों के बीच एक सृष्टि सन्तुलन के आधार पर ही खड़ी है। इस सृष्टि में जो जीवन तत्व है, वह भी सन्तुलन के ही कारण क्रियाशील है। सन्तुलन में ही जड़ और चेतन दोनों की संभावनाएँ उजागर हो सकी हैं। अतियाँ सदा अराजकता की ओर ले जाती हैं। सन्तुलन और समन्वय की यह दृष्टि रचना और मूल्यांकन की भी एक दृष्टि बन सकती है। एक सन्तुलित और

समन्वित दृष्टि रचना और मूल्यांकन दोनों की अधिकाधिक पूर्णता और प्रामाणिकता के लिए आवश्यक है ।

मानव का सारा चिन्तन, उसकी सभी उपलब्धियाँ और उसके सारे मूल्य इसी जीवन के हैं। परिवेश को छोड़कर मानवीय चिन्तन और मानव मूल्यों को नहीं समझा जा सकता। अतः रचना को जीवन के सन्दर्भ में ही रखकर देखना उचित होगा। जीवन से अलग कर साहित्य का मूल्यांकन संभव नहीं है। कोई भी ऐसा मूल्य जो जीवन का मूल्य नहीं हो सकता, वह साहित्य का मूल्य हो सकेगा, इसमें मुझे सन्देह है। जीवन के मूल्य ही साहित्य के मूल्य हो सकते हैं। लेकिन व्यक्ति की अपूर्णता और देश-काल की सीमाओं के कारण ये सारे मूल्य अपूर्ण होते हैं। इसीलिए विचार-वैविध्य और मत-मतान्तर की गुंजाइश भी होती है। मनुष्य जीवन और साहित्य में जो भी मूल्य या मान स्थापित करता है वह पूर्ण और शाश्वत नहीं होता। उदाहरण के लिए भारत में जो सौन्दर्य का मानदण्ड है, ठीक वही अफ्रीका में नहीं है। इसी प्रकार नेपाल में जो श्लीलता का मानदण्ड है, ठीक वही अमेरिका में नहीं है। इसका तात्पर्य यह है कि परिवेश और वातावरण के अनुरूप मान या मूल्य परिवर्तित होते रहते हैं। इससे हम इस निष्कर्ष पर पहुँचते हैं कि साहित्य में नये की सत्ता को इनकार नहीं किया जा सकता। युग परिवर्तन के साथ ही साहित्यिक अभिरुचि परिवर्तित होती रहती है। उदाहरण के लिए अब 'चन्द्रकान्ता सन्तति' पढ़ने वाले पाठक नहीं रह गए। छायावादी कविताओं के पाठक भी विरल हो गए हैं। नये और पुराने का प्रश्न यहीं खड़ा होता है। वास्तव में 'नया और पुराना' कोई चौंकाने वाली स्थिति नहीं है। कल जो नया था, आज वह पुराना हो सकता है और आज जो नया है, कल वह पुराना हो सकता है। परम्परा और आधुनिकता या परम्परा और प्रयोग या पुराना और नया के सम्बन्ध में ऐसी ही धारणा उपयुक्त प्रतीत होती है। प्रत्येक परम्परा नये प्रयोगों को जन्म देती है और प्रत्येक प्रयोग कालान्तर में परम्परा बनता है। जब परम्परा निर्जीव और असामयिक हो जाती है, तो उसमें विकासशील प्रवृत्तियाँ नष्ट हो जाती हैं। अतः प्रयोग युग की माँग है। समय के साथ मूल्यों और मानों में परिवर्तन होता है, कुछ नया आता है। जब जीवन-स्थितियाँ बदलती हैं तो भाव और विचार बदलते हैं। लेखक को नई जमीन तोड़नी पड़ती है। नई भाषा ईजाद करनी पड़ती है। नवीनता रचना का एक बुनियादी मूल्य है, जिसके बिना रचना एक अनुकरण या आवृत्ति मात्र रह जाती है। रचना तभी उल्लेखनीय और विशिष्ट होती है जब उसमें कुछ नया होता है। लेकिन नया के नाम पर जो कुछ आता है, वह आकस्मिक और निरुद्देश्य नहीं होता। वह एक स्वाभाविक परिणति, एक आवश्यकता के रूप में आता है। उसके पीछे परिवेश और वातावरण के ठोस कारण होते हैं। वह बहुत

कुछ परम्परा के ही गर्भ से फूटता है। और इस प्रकार जो कुछ नया आता है वह जीवन के साथ घुल-मिलकर आता है, जीवन में आत्मसात हो जाता है। साहित्य में जो कुछ नया आता है, उसे रचनाकार के जीवनानुभव का अनिवार्य हिस्सा बनकर आना चाहिए। उसे लेखक के अन्तर व्यक्तित्व का अंग बन जाना चाहिए। वह मान या मूल्य जो नये के नाम पर जीवन और साहित्य में बिना किसी ठोस कारण के आता है, जीवन के साथ तादात्म्य नहीं कर पाता और इसलिए वह कड़ा होता है। अनुकरण, चमत्कार प्रदर्शन और आत्म-विज्ञापन से प्रेरित होकर जीवन और साहित्य में ऐसा कूड़ा बहुत इकट्ठा हो जाता है। इन सबको नया समझना दृष्टि-दोष ही है। हिन्दी के नये साहित्य का मूल्यांकन करते समय यह जान लेना आवश्यक होगा कि वे कौन से नये परिवर्तन हैं, जिनसे जीवन और साहित्य में नये प्रतिमान विकसित हुए हैं ? क्या उनके पीछे परिवेश और वातावरण के ठोस कारण हैं ? वे जीवन के साथ कहाँ तक घुल-मिल सके हैं ? क्या उन्हें सचमुच जीवन और साहित्य के सार्थक मूल्य के रूप में स्वीकार किया जा सकता है ? समसामयिक हिन्दी साहित्य में 'नई कविता', 'नई कहानी', नई ग्रहणशीलता', 'नया भावबोध', आदि का जो नारा सुनाई पड़ता है, उसके नयेपन का मूल्यांकन तभी संभव है, जब उस परिवेश और वातावरण का अध्ययन किया जाय जिसके बीच यह नया साहित्य रचा जा रहा है। तभी यह मालूम हो सकेगा कि समसामयिक साहित्य में नये के नाम पर कितने बदलते हुए जीवन की वास्तविकता है और कितना कूड़ा, कितना यथार्थ और कितना अनुकरण, कितनी अनुभूति है और कितना आत्मविज्ञापन, कितनी सर्जनात्मकता है और कितना प्रचार। इस दृष्टि से यदि हम नये साहित्य को देखें तो पता चलेगा कि आधुनिक वैज्ञानिक-औद्योगिक सभ्यता ने उसे बहुत गहराई से प्रभावित किया है। उसकी सारी मान्यताएँ बदल गई हैं। उसकी जीवन-दृष्टि बदल गई है। उसने ईश्वर से अलग होकर मानव को और उसके विवेक को स्वतन्त्र महत्त्व दिया है। संयुक्त परिवारों के विघटन से पारिवारिक रिश्ते टूट गए हैं। पिछले महायुद्ध के प्रभावस्वरूप मानवीय स्वाधीनता और उसके भविष्य पर प्रश्नचिह्न लग गया है, वह तनाव और संघर्ष के संसार में फेंक दिया गया है। उसकी मनःस्थिति संशय, अनास्था और प्रश्नाकुल मनःस्थिति है। उसका जीवन बोध बदल गया है। उसके आपसी सम्बन्ध बदल गए हैं। उसकी दृष्टि में एक प्रकार की निर्ममता और निस्संगता है। वह अजनबी हो गया है। उसका एप्रोच सहज स्वीकृति का नहीं बल्कि अस्वीकृति का है। सामाजिक-राजनीतिक जीवन में व्याप्त भ्रष्टाचार और मूल्यों के ह्रास को देखकर उसका मोहभंग हो गया है। इसलिए साहित्य में भी वस्तु और रूप दोनों ही क्षेत्रों में बहुत-सी चीजें टूट रही हैं और नई चीजें सामने आ रही हैं। नया

लेखक चारों ओर के विक्षोभ और बेचैनी को अपने साहित्य में प्रकट कर रहा है। नये साहित्य में बहुत कुछ ऐसा है जो आज का जीवनानुभव है और जिसे स्वीकार करना ही होगा। हमारा युग एक जटिल युग है। इसीलिए आज का रचनात्मक यथार्थ भी उलझा हुआ है।

जैसा कि प्रारम्भ में ही कहा जा चुका है, आलोचक का लक्ष्य किसी शाश्वत और सार्वभौम सिद्धान्त की स्थापना करना नहीं है। उसका कार्य जीवन-मूल्यों के प्रकाश में साहित्य के मूल्यों की खोज है, तथा साहित्य के नाम पर एकत्रित कूड़ा-कचरा, फैशन, चमत्कार, अनुकरण और प्रचार के बीच से विशुद्ध रचनात्मक साहित्य को आगे लाना है। प्रश्न यह है कि वह कौन-सा मौलिक आधार है जिसे आलोचक अपनी कसौटी के रूप में इस्तेमाल कर सकता है ? इसमें तो कोई सन्देह नहीं कि वह आधार जीवन ही है और उसी के इर्द-गिर्द मूल्यांकन के सभी मान चक्कर लगाते हैं किन्तु यह प्रश्न आलोचक से कुछ अधिक गहराई की माँग करता है क्योंकि मूल्यांकन के मौलिक आधार का प्रश्न साहित्य के कुछ मौलिक प्रश्नों के साथ जुड़ा हुआ है। साहित्य क्या है ? उसकी मूल प्रेरणा क्या है ? उसकी प्रकृति क्या है ? उसका स्वरूप क्या है ? उसका उद्देश्य क्या है ? ये ऐसे मौलिक प्रश्न हैं, जिनको ध्यान में रखे बिना किसी भी साहित्य का मूल्यांकन संभव नहीं हो पाता।

'साहित्य क्या है' जैसे प्रश्न पर सभी देशों और सभी भाषाओं में प्राचीन काल से विचार होता आया है और आगे भी होता जाएगा। यहाँ इस सन्दर्भ में इतना ही कहा जा सकता है कि साहित्य सत्य का साक्षात्कार है, अनुभव का शोध है और मानवीय संभावनाओं का उद्‌घाटन है। साहित्य को सत्य का साक्षात्कार कहने का मतलब उस यथार्थ, वास्तविकता, परिवेश और युग को रेखांकित करना है, जिसके बिना साहित्य एक कोरी गप्प मात्र रह जाता है। साहित्य का युगीन यथार्थ के साथ क्या सम्बन्ध है, साहित्य के सत्य और इतिहास के सत्य में क्या अन्तर है, व्यक्ति-सत्य और मानव-सत्य में कितनी दूरी है आदि प्रश्नों पर अनेक बार अनेक प्रकार से विचार हुए हैं, लेकिन इस बात पर लगभग सभी एकमत हैं कि साहित्य सत्य का ही साक्षात्कार है। यह साहित्य के मूल्यांकन की एक मौलिक कसौटी है कि उसमें सत्य का साक्षात्कार कितना है। अर्थात उसमें जीवन की सही पकड़ कितनी है। वह कहाँ तक जीवन की सच्ची प्रतीति कराने में समर्थ है। 'साहित्य में कल्पना' या 'साहित्य में आदर्श' जैसे प्रश्न इसी मान्यता के इर्द-गिर्द घूमते हैं। साहित्य को 'अनुभव का शोध' कहने का अर्थ उस अनुभूति तत्व को रेखांकित करना है, जिसके अभाव में साहित्य का अस्तित्व संभव ही नहीं है। जो कुछ अनुभूति का विषय नहीं बन सका वह साहित्य की भी सीमा के अन्तर्गत नहीं आता क्योंकि अनुभूति में ही यह शक्ति

निहित है कि वह मनुष्य के मर्म को स्पर्श करे और उसकी संवेदना का विस्तार करे जो साहित्य का स्वीकृत धर्म है। इस अनुभूति के अभाव में अभिव्यक्ति नारा या विवरण बनकर रह जाती है। 'अनुभव' के साथ 'शोध' शब्द का प्रयोग अनुभूति के परिष्कार और उसकी भावुकता से मुक्ति का सूचक है। अनुभूति प्रामाणिक और वास्तविक तभी बनती है, जब उसका शोध होता है। अनुभूति का सम्बन्ध क्योंकि व्यक्ति से होता है इसलिए साहित्य में व्यक्ति और समूह जैसे प्रश्न भी स्वाभाविक रूप से खड़े होते हैं किन्तु वास्तव में साहित्य में व्यक्ति और समूह का कोई द्वन्द्व नहीं होता क्योंकि वहाँ व्यक्ति-सत्य ही समूह का सत्य होता है और समूह-सत्य ही व्यक्ति का सत्य। रचना में जो कुछ भी आता है, वह रचनाकार की भट्ठी में इस कदर पिघलकर आता है कि वह विशिष्ट होकर भी सार्वभौम हो जाता है। समसामयिक पाठक या आने वाले पाठक के लिए रचना का मूल्य इसीलिए होता है। अतः साहित्य के मूल्यांकन की यह एक मौलिक कसौटी है कि उसमें जीवन के जिस सत्य की अभिव्यक्ति हुई है, वह कितना अनुभूत है और वह अनुभूति व्यक्तिगत अनुभूति से ऊपर उठकर कहाँ तक वास्तविक अनुभूति बन सकी है। साहित्य को 'मानवीय संभावनाओं का उद्घाटन' कहने का तात्पर्य साहित्य के दायित्व की स्वीकृति है। आज के युग में साहित्य की प्रकृति को देखते हुए यह तो किसी भी स्थिति में नहीं स्वीकार किया जा सकता कि साहित्य स्वांतःसुखाय है क्योंकि अगर ऐसा है तो फिर उसके प्रकाशन का कोई अर्थ नहीं रह जाता। और प्रकाशन के बाद भी उसे स्वांतःसुखाय कहने का कोई अर्थ इसलिए नहीं रह जाता कि वह अनिवार्य रूप से पाठक तक पहुँचता ही है। इसीलिए आज के साहित्य का एक सामाजिक दायित्व है। उसका मूल्य तभी है जब वह अनास्था, घुटन, संत्रास, ऊब, उदासी और आज के टूटते हुए जीवन के बीच से भी एक शक्ति दे। मानव की उन संभावनाओं का उद्घाटन करे जो अनन्त हैं। नये साहित्य का मूल्यांकन करते समय यह विचार करना पड़ेगा कि यह साहित्य कहाँ तक सत्य का साक्षात्कार है, कहाँ तक अनुभव का शोध है और कहाँ तक मानवीय संभावनाओं का उद्घाटन है।

किसी भी युग के नये साहित्य का मूल्यांकन सरल नहीं होता क्योंकि उस साहित्य के रचनाकार और आलोचक दोनों समकालीन और आमने-सामने होते हैं। आलोचक पर प्रायः पुराने काव्य-संस्कारों की छाप होती है। वह अपने स्वीकृत मूल्यों के दायरे से जल्दी बाहर नहीं आना चाहता और इसलिए वह नये साहित्य का उतने उन्मुक्त हृदय से स्वागत नहीं कर पाता। दूसरी ओर रचनाकार अपनी हर रचना को एक अभिनव प्रयोग और क्रान्ति मानकर प्रतिष्ठित करना चाहता है और उसे अपने समकालीन आलोचक से बराबर शिकायत बनी

रहती है। वह आलोचक की आलोचना को पण्डिताऊ, प्रोफेसरी, पूर्वाग्रहपूर्ण और एकांगी कहता है। आलोचक से यह शिकायत छायावादियों को भी थी, जिन्हें अपने समय में काफी विरोध सहना पड़ा था, लेकिन नई कविता और नई कहानी के साथ यह द्वन्द्व अपनी चरम सीमा पर है। इसका कारण यह है कि आज का प्रायः हर रचनाकार आलोचक भी है। और उसका आलोचक रूप जितना आज जागरूक है, उतना पहले कभी नहीं रहा। इसमें कोई सन्देह नहीं कि यदि रचनाकार स्वयं नये साहित्य का मूल्यांकन करे तो वह अधिक प्रामाणिक और सही हो सकेगा क्योंकि वह स्वयं उस रचना प्रक्रिया का द्रष्टा है और उसकी समस्याओं से उसका सीधा साक्षात्कार होता है किन्तु व्यवहार में देखा यही जा रहा है कि रचनाकार आलोचक अपनी वैयक्तिक रुचि-अरुचि की संकीर्णताओं में बुरी तरह उलझा हुआ है। व्यवहार में अपनी रचना को ही मूल्यांकन की अन्तिम कसौटी स्वीकार लेता है। परिणामतः आज की हिन्दी आलोचना संकीर्णता के दलदल में इस कदर फँसती जा रही है कि साधारण पाठक के लिए रचना का मूल्यांकन कर पाना असंभव हो गया है। नये साहित्य का मूल्यांकन इसलिए और भी कठिन हो गया है कि आज के नये साहित्य में गुटबन्दी और शिविरबद्धता अपनी चरम सीमा पर है। अपने को प्रतिष्ठित करने के लिए अलग-अलग गुट बन चुके हैं—जैसे राजनीति में कुर्सी के लिए। प्रचार के साधन भी कुछ शक्तियों के हाथों में केन्द्रित हो गए हैं और वे शक्तियाँ अपनी नीति के अनुसार मनचाही रचनाओं को प्रचारित-प्रसारित कर रही हैं। गुटबन्दी वाली पत्रिकाएँ इस प्रचार में एक महत्त्वपूर्ण भूमिका अदा कर रही हैं और इन पत्रिकाओं के माध्यम से बहुत से नकली और दृष्टिहीन लेखक अनावश्यक ख्याति प्राप्त करते जा रहे हैं। परिणामतः आज मौलिक और स्वस्थ लेखन दबता जा रहा है और साहित्य के मूल्य भी विकृत होते जा रहे हैं। जरूरत इस बात की है कि पुराने लेखक या प्रतिष्ठित आलोचक अपने आग्रह छोड़कर नई प्रवृत्तियों को स्वीकारें और नये को सहानुभूति के साथ समझें और समर्थन देने की कोशिश करें। साथ ही जो नये हैं वे भी अपने नयेपन को अपने भीतर आत्मसात करें और उसे अपने जीवनबोध का जरूरी हिस्सा बनाकर प्रकट करें। इसके साथ ही यह भी जरूरी है कि ध्यान रचना पर केन्द्रित रखा जाय, किसी व्यक्ति, गुट या वैचारिक आग्रह पर नहीं। इस प्रकार के आग्रह हमें रचना के वास्तविक सौन्दर्य से, उसकी मौलिक विशेषता से दूर करते हैं और हम रचना की उपेक्षा करके अन्य व्यर्थ की बातों में समय नष्ट कर जाते हैं। नये साहित्य को समझने के लिए जरूरी है कि जो नई रचनाएँ हमारे सामने आ रही हैं, उन्हीं पर, उनके रूप और वस्तु पर अपना ध्यान केन्द्रित रखा जाय। आज के इस मौलिक और स्वस्थ लेखन को आगे लाना नये साहित्य के मूल्यांकन की सबसे बड़ी समस्या है।

[1971]

राष्ट्रीयता, राष्ट्र-संकट और साहित्यकार

राष्ट्रीयता और साहित्य के सम्बन्धों की चर्चा अनेक प्रसंगों में अनेक बार उठाई गई है—सम्पन्न और स्वाधीन देशों के साहित्य में कम तथा पराधीन और पिछड़े देशों के साहित्य में प्रायः अधिक। तो क्या राष्ट्रीयता का कुछ सम्बन्ध स्वाधीनता-पराधीनता या आर्थिक सम्पन्नता-विपन्नता के बोध से भी है ? हाँ, थोड़ा जरूर है। 'राष्ट्र' के जन्म के मूल में सुख-सुविधा और सुरक्षा की भावना किसी न किसी रूप में रही है। स्वाधीन और सम्पन्न देशों में सुरक्षा की चिन्ता और हीन भाव कम होता है। इसके विपरीत पराधीन और पिछड़े हुए देशों में एक ओर सुरक्षा की चिन्ता होती है और दूसरी ओर एक हीनता ग्रन्थि भी जड़ जमा लेती है। यही कारण है कि ऐसे देशों के साहित्य में राष्ट्रीयता की चर्चा या माँग अधिक की जाती है। राष्ट्र संकट के समय यह माँग और भी तेज हो जाती है और तब 'राष्ट्रीयता' शब्द का प्रयोग भी संकीर्ण और गलत अर्थों में होने लगता है। इस शब्द को राष्ट्र की भौगोलिक सीमाओं के साथ जोड़ दिया जाता है। यहाँ स्वाभाविक रूप से यह प्रश्न उठता है कि राष्ट्र क्या है और राष्ट्रीयता का साहित्य से क्या कोई सम्बन्ध है ?

सबसे पहली बात तो यह कि रचना का रचनाकार से अभिन्न सम्बन्ध होता है। रचना रचनाकार का मनोजगत है। रचना में जो कुछ भी आता है रचनाकार से होकर आता है। रचनाकार जिस मस्तिष्क से अनुभव और ज्ञान प्राप्त करता है उसका निर्माण संस्कार और वातावरण की सीमाओं में उनके अनुकूल या प्रतिकूल ही होता है। संस्कार और वातावरण से मस्तिष्क जो शक्ति और विस्तार पाता है उसके अन्तर्गत ही वह सोचने-समझने के लिए विवश है। तात्पर्य यह कि रचना का संस्कार और वातावरण के साथ किसी-न-किसी रूप में अनिवार्य सम्बन्ध होता है। यही कारण है कि रचना में जातीय स्मृति और देशीय परिवेश सुरक्षित रहता है। सभी भाषाओं के साहित्यों में उनकी जातीय यादें किसी-न-किसी रूप में सुरक्षित होती हैं। उनका भौगोलिक परिवेश किसी-न-किसी रूप में चित्रित होता है। भारत का साहित्यकार गंगा का वर्णन करता है तो रूस का साहित्यकार वोल्गा का और इंगलैण्ड का साहित्यकार टेम्स का। हिन्दी साहित्यकार गुलाब का वर्णन करता है तो नेपाली साहित्यकार गुड़ाँच का

और अंग्रेजी साहित्यकार चीड़ वृक्षों का। यह सब भौगोलिक परिवेश है। इसे आप राष्ट्रीय परिवेश भी कह सकते हैं मगर यह राष्ट्रीयता से भिन्न चीज है। साहित्य एक राष्ट्रीय परिवेश से जुड़ा होने पर भी राष्ट्र की भौगोलिक सीमाओं से मुक्त होता है। राष्ट्र क्या है ? एक भौगोलिक और प्रशासन की इकाई। परन्तु भौगोलिक दृष्टि से अलग होते हुए भी मनुष्य मूलत: एक है। उसकी जीवनेच्छा, उसके अनुभव, उसके भाव और विचार प्राय: समान हैं। साहित्य बहुत सारी सीमाओं और संकीर्णताओं से मुक्त होकर मनुष्य को ही अपने अनुभव और अभिव्यक्ति का विषय बनाता है। यह सच है कि प्रत्येक साहित्य अपने देश के चिन्तन से किसी न किसी रूप में जुड़ा होता है परन्तु साहित्य के लिए एक व्यापक अनुभव आवश्यक है। रचनाकार का अनुभव जितना ही व्यापक और गहरा होता है उतना ही पूर्ण और सच्चा होता है। अत: रचनाकार के लिए आवश्यक होता है कि वह सम्पूर्ण मानव-विकास-प्रक्रिया और उसकी प्रकृति का अध्ययन तथा जीवन का निकट परिचय प्राप्त करे। भारतीय लेखक के लिए केवल भारतीय दृष्टि काफी नहीं है, मानवीय दृष्टि आवश्यक है। बहुत से संदर्भों में भारतीय दृष्टि संकीर्ण होकर रह गई है। ऐसे स्थलों पर व्यापक मानवीय दृष्टि जरूरी है। हिन्दी में कभी-कभी कुछ लोग मार्क्स और फ्रायड के चिन्तन को अराष्ट्रीय या पाश्चात्य चिन्तन के रूप में स्वीकार करते हैं। यह उनकी संकीर्ण दृष्टि है। मार्क्सवादी चिन्तन अपनी सीमाओं के बावजूद मानव मुक्ति की दिशा में किया गया महत्वपूर्ण प्रयास है। फ्रायड का चिन्तन भी एक उपलब्धि है। बहुत-सी मानसिक विकृतियों को जिन्हें हम नैतिक अपराध समझते थे, फ्रायड ने पहली बार उन्हें अपराधों की सीमा से बाहर निकालकर 'मानसिक रोग' की संज्ञा दी और सामाजिक सन्दर्भों में रखकर उनका इलाज करना चाहा। मानव मुक्ति की दिशा में किया गया इतना महत्वपूर्ण चिन्तन क्या 'विदेशी चिन्तन' कहकर छोड़ा जा सकता है ? क्या भाव और विचार को किसी राष्ट्र की संकीर्ण भौगोलिक सीमाओं में कैद किया जा सकता है ?

वस्तुत: साहित्य का सम्बन्ध किसी संकीर्ण भौगोलिक-प्रशासनिक इकाई से नहीं बल्कि सम्पूर्ण मानवीय अनुभव और उसके चिन्तन से होता है। श्रेष्ठ रचना उसी को उजागर करती है। साहित्य की यदि कोई कसौटी हो सकती है तो यही कि उसमें प्रामाणिक अनुभवों की कितनी ईमानदार अभिव्यक्ति हुई है। राष्ट्रीयता साहित्य की कोई कसौटी नहीं हो सकती। क्या कारण है कि हिन्दी में राष्ट्रीयता का सवाल भूषण के साथ ही उठाया जाता है, तुलसी, सूर और कबीर के साथ नहीं। तुलसी, सूर और कबीर का साहित्य भूषण के साहित्य से अधिक मानवीय है और इसीलिए श्रेष्ठ भी। भूषण के साहित्य का समर्थन भी इसी आधार पर किया जाता है कि उसमें साम्प्रदायिक संकीर्णता नहीं वरन्

अन्याय के विरुद्ध संघर्ष और युयुत्सा भाव है। भूषण का साहित्य यदि हिन्दू राष्ट्रवाद का समर्थन करता तो निश्चय ही वह एक निम्न कोटि का साहित्य होता—बल्कि साहित्य नहीं, प्रचार होता। अन्धराष्ट्रवाद राष्ट्रीयता का सबसे खतरनाक रूप होता है और इसके रहते स्वतन्त्रता, समानता और भ्रातृत्व जैसे शब्दों का कोई अर्थ सम्भव नहीं। संसार का इतिहास साक्षी है कि जहाँ राष्ट्र ने मनुष्य को विकसित किया और उसे सुख-सम्पन्नता प्रदान की वहीं अन्ध-राष्ट्रीयता ने उसे खण्डित और उत्पीड़ित भी किया। धरती टुकड़े-टुकड़े हो गई। अन्धराष्ट्रीयता के नृशंस उदाहरणों से इतिहास भरा पड़ा है। द्वितीय विश्वयुद्ध के दौरान जर्मन जाति की पवित्रता और श्रेष्ठता के नाम पर हिटलर ने यातना शिविरों में लाखों लोगों को गोलियों से भून दिया। इस अन्धराष्ट्रीयता की अन्तिम परिणति प्रांतीय और जनपदीय संकीर्णता के अतिरिक्त और क्या हो सकती है? आज की सामूहिक हिंसा इसी की परिणति है। एक ओर विश्वयुद्ध का खतरा बराबर बना हुआ है। साहित्य मनुष्य को खण्डित करने वाली दृष्टियों से सदा ऊपर होता है और मुक्त। अनुभवों की अभिव्यक्ति के लिए साहित्य-रचना न करके किसी राष्ट्र या व्यक्ति के समर्थन में रचना करना रचनाकार की मृत्यु है। साहित्य का स्वभाव सीमाओं से मुक्त होना है। वह मुक्ति की दिशा में अग्रसर होता है—रोकने वाली ताकतों से संघर्ष करते हुए। साहित्य के इतिहास में इसके उदाहरण मौजूद हैं। हिटलर की महत्वाकांक्षा और उसके हिंसात्मक कार्यों का विरोध स्वयं जर्मनी के कुछ बुद्धिजीवियों ने किया था। फ्रांस के साहित्यकारों ने अपनी ही सरकार का विरोध करते हुए अल्जीरिया के मुक्ति आन्दोलन का समर्थन किया था तथा वियतनाम में होने वाली अमेरिकी बमबारी का विरोध सार्त्र तथा बर्ट्रेंड रसेल ने किया और स्वयं अमेरिका के लोग भी कर रहे हैं। इसी प्रकार अमेरिका में अनेक साहित्यकारों ने अपनी सरकार के विरुद्ध क्यूबा और बंगला देश का समर्थन किया था। साहित्यकार को अपने देश की सीमाओं से कुछ लेना-देना नहीं होता और न अपनी सरकार के प्रति ही कोई अन्धश्रद्धा या भय की भावना होती है। वह तो अधिक से अधिक सत्य और न्याय का समर्थन करता है। विवेक को सर्वोपरि मानता है। रचनाकार के लिए राष्ट्रीयता का कोई संकीर्ण अर्थ नहीं होता। वस्तुतः राष्ट्रीयता कोई एक भौगोलिक परिवृत्ति नहीं है। वह एक गतिशील प्रवाह है जो उस भौगोलिक परिवृत्ति को अर्थवान बनाता है। वह एक चेतन समूह का कमाया हुआ रस है जो जड़ तत्वों को एक सार्थक व्यक्तित्व देता है। साहित्यकार राष्ट्रीयता को इसी रूप में स्वीकार करता है। युद्ध के दौरान सन् 1943 में अपने एक जर्मन मित्र को लिखे गए एक पत्र में कामू ने लिखा था : 'हम न्याय को अपने देश से भी अधिक महत्त्व देते हैं। हम अपने

देश को न्याय से अलग करके, सत्य और आशा से अलग करके प्यार नहीं कर सकते।'[1]

स्वतन्त्रता प्राप्ति के पश्चात् भारत को प्रत्यक्ष रूप से तीन बड़े हमलों का सामना करना पड़ा है—सन् 1962 में चीनी हमले का और सन् 1965 तथा 1970 में पाकिस्तानी हमले का। इन तीनों ही हमलों के समय स्वाभाविक रूप से काफी तादाद में युद्ध सम्बन्धी कविताएँ लिखी गईं और साथ ही सामयिक पत्रिकाओं और गोष्ठियों में यह प्रश्न भी उठा कि इन कविताओं का साहित्यिक और स्थायी मूल्य क्या है ? इस प्रश्न के पूर्व एक बुनियादी सवाल यह उठता है कि क्या युद्ध को प्रोत्साहन देने वाला काव्य उचित कहा जा सकता है ? क्या उससे साहित्यिक मर्यादा का अतिक्रमण नहीं होता ? क्या उससे मानवता के स्थापित मूल्यों का अहित नहीं होता ?

निस्संदेह युद्ध एक बर्बर कृत्य है। संसार की कोई भी समस्या युद्ध के द्वारा हल नहीं हो सकती। युद्ध के अर्थ होते हैं—असफलता, निराशा, घृणा, दुख, मूल्यों का विघटन और अनेक आर्थिक, राजनीतिक तथा नैतिक समस्याओं का जन्म। इसमें कोई सन्देह नहीं कि युद्ध के मुकाबले शान्ति सदैव वरेण्य है। युद्ध मानवता के लिए अभिशाप है अतः युद्ध को प्रोत्साहन देने वाली कविता भी खतरनाक है। फिर क्या साहित्यकार को कल्पनालोक में पलायन कर जाना चाहिए ? मैं साहित्यकार को मात्र दर्शक या स्वप्नलोक का प्राणी नहीं मानता। लगभग सभी देशों में कवियों ने युद्ध के समय युद्ध की कविताएँ लिखी हैं। कलम को तलवार से बढ़कर कहा गया है। राष्ट्र संकट के समय कलम के मोर्चे पर साहित्यकार ही होता है। किन्तु इस मोर्चे पर वह अनाड़ी सैनिक की तरह नहीं बल्कि अपने सम्पूर्ण मानवीय विवेक के साथ होता है। जो युद्ध नरसंहार के लिए, मनुष्य पर जुल्म करने के लिए, दूसरों की धरती को रौंदने के लिए, अपनी दुर्दम जिजीविषा और महत्वाकांक्षा की प्यास को गर्म करने के लिए लड़ा जा रहा हो, उसका समर्थन कोई भी बुद्धिजीवी नहीं कर सकता। किन्तु जो युद्ध आदर्शों और मूल्यों की रक्षा के लिए, स्वाधीनता के लिए लड़ा जा रहा हो, जो लड़ाई साम्राज्यवाद, अन्याय और अत्याचार के खिलाफ लड़ी जा रही हो उसका समर्थन तो साहित्यकार करेगा ही। क्या वियतनाम में होने वाली अमेरिकी बमबारी का विरोध दुनिया भर के साहित्यकार-बुद्धिजीवियों ने नहीं किया ? क्या बंगलादेश की जनता का समर्थन भारत और यूरोप के भी कुछ बुद्धिजीवियों ने नहीं किया ? ऐसी लड़ाई में तटस्थता साहित्यकार का पलायन कहा जाएगा। साहित्य मानव-मूल्यों का दस्तावेज है। जब मूल्य ही ढह जाएँगे तो साहित्य कूड़ा रह जाएगा। परिवेश की नब्ज पकड़कर उसकी हर धड़कन के साथ अपने स्वर का तादात्म्य रखना साहित्यकार का कर्त्तव्य है। जीवन से कतराकर कोई भी रचना अपने को प्रमाणित नहीं कर सकती। जब

देश जलने लगेगा तो कला की पिटारी भी राख हो जाएगी। जो परिवेश के प्रति सचेत नहीं वह कला की रक्षा क्या कर सकेगा ?

युद्ध के द्वारा कोई समस्या हल नहीं हो सकती फिर भी कहीं-कहीं युद्ध अनिवार्य हो जाता है—सत्य और न्याय के लिए। जब अहंकार सामने खड़ा ललकार रहा हो, अत्याचार अट्टहास कर रहा हो, मानवता कराह रही हो तो चुप रहना कायरता है। आत्मरक्षा भी एक बहुत बड़ा धर्म है। राम और रावण का युद्ध इसका उदाहरण है—राम के सामने युद्ध के अतिरिक्त कोई दूसरा विकल्प नहीं था। महाभारत के कृष्ण और युधिष्ठिर के लिए भी युद्ध एक विकल्पहीन सत्य था। ऐसे युद्ध को गीता में धर्मयुद्ध कहा गया है। साहित्यकार इस धर्मयुद्ध को स्वीकार करता है। किन्तु इसका यह अर्थ नहीं कि वह युद्धोन्माद पैदा करता है। कहा जा चुका है कि युद्ध एक खौफनाक चीज है जिसमें देश बरबाद हो जाते हैं, संस्कृतियाँ और सभ्यताएँ नष्ट हो जाती हैं। युद्धोन्माद मनुष्य से उसका विवेक छीन लेता है। रचना कर्म यह नहीं है। सच्चा साहित्य विवेक-दृष्टि देता है, अनुभव की गहराइयों में प्रवेश करता है। वह भावुकता या आवेश में विध्वंसात्मक उत्तेजना नहीं फैलाता। छिछली भावुकता और कच्ची अभिव्यक्ति कोई रचनात्मक दिशा न देकर अन्ततः मानवीय अनुभव की जड़ों को कमजोर करती है जैसे बम्बइया फिल्में अपने दर्शकों की। कहना न होगा कि भारत पर हुए पिछले हमलों के समय बहुत से साहित्यकारों ने जोश-खरोश में कविसम्मेलनों और मुशायरों में गला फाड़-फाड़कर कुछ बकवासें भी कीं। तात्कालिक वाहवाही लूटने वाली ऐसी कविताओं में सस्ती भावुकता और आत्म-प्रदर्शन ही विशेष रहा और इनसे श्रोताओं का मनोरंजन मात्र हुआ। भारतीय इतिहास में चीन या पाकिस्तान का हमला कोई अकेली घटना नहीं है। हमले भारत पर बहुत बार हुए हैं। हजारों वर्ष पहले से लेकर अब तक का भारतीय इतिहास, यूनानियों, हूणों, मुसलमानों, पुर्तगालियों, फ्रांसीसियों और अंग्रेजों के हमलों से भरा है। ऐसी बात भी नहीं है कि भारत में युद्ध की कविताएँ पहली बार लिखी गई हैं। इसके पहले भी समय-समय पर युद्ध की कविताएँ लिखी गई हैं। गीता को भी हम युद्ध काव्य कह सकते हैं—एक ऐसा युद्धकाव्य जिसने युद्ध से विमुख अर्जुन को गांडीव उठाने के लिए मजबूर कर दिया। किन्तु सम्पूर्ण गीता में कहीं भी उत्तेजना और आवेश की झलक नहीं है। गीताकार ने अनुभव की गहराइयों में जाकर एक ऐसी अनुशासित अभिव्यक्ति प्रस्तुत की है जो न केवल पराङ्‌मुख अर्जुन को कर्म में प्रवृत्त करती है वरन् विश्व के साहित्यिक इतिहास में अपना एक विशिष्ट स्थान भी निर्धारित करती है। [1970]

सन्दर्भ

1. विकल्प, प्रवेशांक, पृ० 206

परम्परागत नैतिकता और लेखक की स्वतन्त्रता

रचना की कुछ बुनियादी समस्याएँ थोड़े हेरफेर के साथ बार-बार उठा करती हैं और यद्यपि उनके सम्बन्ध में काफी विचार हो चुका होता है, फिर भी बदले हुए संदर्भों में उन पर पुनः विचार की आवश्यकता महसूस होती रहती है। मार्च 1955 ई० में 'परिमल' ने प्रयाग में लेखकों-आलोचकों का एक वृहत सम्मेलन आयोजित किया था। सम्मेलन में विचारार्थ जो आलेख प्रस्तुत किया गया था उसका शीर्षक था—'साहित्यकार का वैयक्तिक स्वातंत्र्य और सामाजिक दायित्व'। इस विषय पर अनेक वक्ताओं ने बड़ी गम्भीरता से अपना पक्ष प्रस्तुत किया था और लगभग सभी ने साहित्यकार की स्वतन्त्रता और उसके विवेक को सर्वोपरि और उसे साहित्य के बुनियादी प्रतिमान के रूप में स्वीकार किया था। यह तो ठीक-ठीक बता पाना मुश्किल है कि किस तात्कालिक समस्या ने आयोजकों को इस बहस के लिए प्रेरित किया था पर विचारार्थ विषय के शीर्षक से यह अन्दाज लगाया जा सकता है कि उन्होंने वैयक्तिक स्वातंत्र्य और सामाजिक दायित्व के बीच कोई द्वन्द्व या परस्पर विरोध अवश्य ही महसूस किया था क्योंकि उस गोष्ठी की सारी बहस इसी के इर्द-गिर्द घूमती रही।

पिछले दिनों रचनाकार की स्वतन्त्रता को लेकर बहसें शुरू हुई हैं। गोष्ठियों-पत्रिकाओं में यह सुर्खी एक बार फिर चमकने लगी है। इसके पीछे कई अनिवार्य कारण हैं। पिछले दिनों कुछ लेखकों पर शासन तन्त्र रुष्ट हुआ है। कुछ कृतियाँ प्रतिबंधित हुई हैं। कुछ पर उग्र विचारों का आरोप लगाकर तथा कुछ पर अनैतिकता का तोहमत लगाकर बदनाम किया गया है। ज्ञातव्य है कि राही मासूम रज़ा का 'आधा गाँव' शीर्षक उपन्यास जोधपुर विश्वविद्यालय के हिन्दी पाठ्यक्रम में लगाया गया था जिस पर वहाँ एक खास वर्ग में तीव्र प्रतिक्रिया हुई और उस वर्ग के बढ़ते विरोध को देखते हुए उपन्यास की पढ़ाई स्थगित करने का निर्णय लेना पड़ा। जाहिर है कि यह समस्या कहीं भी, कभी भी, किसी भी कृति के साथ खड़ी हो सकती है और ऐसी हालत में कृतिकार या जागरूक पाठक के सम्मुख कई बुनियादी सवाल खड़े होने लगते हैं— क्या साहित्यकार को नैतिकता की परम्परागत जंजीरों में जकड़ा जा सकता है? क्या चालू रुचियों के अनुरूप लिखते रहने में ही उसकी रचनात्मक सार्थकता है? क्या रूढ़ नैतिक प्रतिमानों को कृति के मूल्यांकन का आधार बनाया

जा सकता है ? लेखकीय स्वातंत्र्य पर किस सीमा तक अंकुश लगाया जा सकता है, और किन प्रतिमानों के आधार पर ?

श्लीलता-अश्लीलता का कोई शाश्वत मानदण्ड नहीं निर्धारित किया जा सकता, न उसकी कोई ऐसी सर्वमान्य परिभाषा दी जा सकती है जो अन्तिम हो और सब जगह तथा सभी स्थितियों में लागू हो। वास्तव में ऐसा कोई शाश्वत और सर्वमान्य मानदण्ड स्थापित कर पाना मनुष्य के लिए कठिन होता है क्योंकि वह अपने संस्कार, वातावरण और परिवेश के संदर्भ में ही कोई मान या मूल्य विकसित करता है। श्लीलता-अश्लीलता के मानदण्ड नीति-अनीति के मानदण्डों पर आधारित होते हैं और नीति-अनीति के ये मानदण्ड शाश्वत और पूर्ण नहीं होते। प्रत्येक देश, जाति और समाज के नीति-अनीति के मान भिन्न होते हैं जो विकास की प्रक्रिया में उसकी प्रकृति के आधार पर विकसित होते हैं अत: श्लीलता-अश्लीलता के मान भी शाश्वत और सार्वभौम नहीं होते बल्कि देश और काल की सीमाओं में परिवर्तित होते रहते हैं। उदाहरण के लिए भारत में श्लीलता-अश्लीलता का जो मानदण्ड है वह इंग्लैंड और अमेरिका में नहीं है। इसी प्रकार जो इग्लैंड और अमेरिका में है, वह अफ्रीका में नहीं है। भारत में तो अभी फिल्मों तक में खुला चुम्बन और आलिंगन नहीं दिखाया जाता जबकि इंग्लैंड में भीड़भरी सड़कों पर चुम्बन और आलिंगन होता है और उसे न अस्वाभाविक माना जाता है, न अश्लील, न अपराध। भारत की कोई स्त्री अपने पिता के सामने पति का आलिंगन या चुम्बन करने का साहस नहीं कर सकती, लेकिन पाश्चात्य नारी ऐसा निस्संकोच करती है और यह इतना सार्वजनिक हो चुका है कि इस पर कोई ध्यान नहीं देता। अमेरिका में नंगे नृत्य होते हैं और पुरुष-स्त्री दोनों ही इसका आनन्द लेते हैं। वहाँ समवयस्क युवक-युवतियों के एकांतवास को अश्लील दृष्टि से नहीं देखा जाता। वस्तुत: भारतीय नारी के लिए जिस यौन-पवित्रता को आवश्यक समझा जाता है, वह पाश्चात्य नारी के लिए बहुत आवश्यक नहीं। स्वयं भारत में निम्न जातियों या जन-जातियों में इसे उतना आवश्यक नहीं समझा जाता। 'कब तक पुकारूँ' नामक उपन्यास में रांगेय राघव ने जरायम पेशा कही जाने वाली खानाबदोश जाति का जीवन चित्रित किया है। उपन्यास की भूमिका में इनकी नैतिकता का परिचय देते हुए वे लिखते हैं : 'इनकी कोई नैतिकता नहीं होती। इनके मर्द औरत को वेश्या बनाकर इसके द्वारा धन कमाते हैं। ज्यादातर ये लोग चोरी आदि करते हैं···इनकी औरतें डोमनियों की तरह नाचती हैं···वहाँ कोई बुराई सेक्स के आधार पर नहीं मानी जाती।···पुराने जमाने में यहाँ के करनटों की हर लड़की जब जवान होती थी तो उसे पहले ठाकुरों के पास रात बितानी पड़ती थी।'[1] भारत की अनेक जन-जातियों में नैतिकता की यही हालत

है। भारत में ही ऊँची जातियों में पति के मर जाने पर पत्नी दूसरा विवाह नहीं करती किन्तु निम्न जातियों (वैश्यों और शूद्रों की उपजातियों) में पति के मर जाने पर स्त्रियाँ दूसरा विवाह कर लेती हैं और उन जातियों में उसे अनैतिक नहीं माना जाता। इसी प्रकार भारत में शराब पीना अनैतिक माना जाता है, किन्तु अमेरिका और यूरोप के देशों में इसका इस्तेमाल लोग पानी की तरह करते हैं और इसे अनैतिक नहीं मानते। डेनमार्क में अश्लीलता विरोधी कानून खत्म कर दिया गया है और इंग्लैंड में समलैंगिकता को भी कानूनी स्वीकृति मिल चुकी है। इस प्रकार कहा जा सकता है कि प्रत्येक देश और समाज के मानदण्ड प्रायः भिन्न होते हैं। देश की ही तरह काल के अनुरूप भी मानदण्ड परिवर्तित होते रहते हैं। उदाहरण के लिए भारत में ही आज से सौ वर्ष पूर्व जिसे अश्लील समझा जाता रहा वह आज अश्लील नहीं माना जाता। इसी प्रकार आज कई हजार वर्ष पूर्व जब मनुष्य असभ्य अथवा अर्द्धसभ्य अवस्था में था, उस समय के मानदण्डों और आज के मानदण्डों में बहुत फर्क है। आज तो कैबरे, डिस्कोथीक, डेटिंग, ब्वायफ्रैंड, गर्लफ्रैंड, मिनी ड्रेस आदि शब्द शहरों में बहुत ही जाने-पहचाने हो गए हैं। ये शब्द जहाँ जितने ही सामान्य हो गए हैं वहाँ इनमें अश्लीलता भी नहीं रह गई है। हाँ, जिस समाज के लिए ये शब्द नये और चौंकाने वाले हैं वहाँ के लिए अवश्य ही अश्लील हैं। प्रश्न यह है कि क्या निरन्तर प्रवहमान समयधारा से इनकार किया जा सकता है? दिन-दिन टूटती हुई मान्यताएँ आज जिस बिन्दु पर पहुँच गई हैं उसको ढकेलकर पीछे कैसे ले जाया जा सकता है? आज भारत में भी दिल्ली जैसे नगरों के कालेजों में किए गए सर्वेक्षणों के अनुसार छात्र-छात्राएँ सेक्स के मामलों में मुक्ति चाहते हैं। अतः श्लीलता-अश्लीलता के सम्बन्ध में बदलते हुए समय के संदर्भ में ही विचार किया जा सकता है।

प्रश्न यह है कि वह कौन-सा मानदण्ड है जिस पर श्लील-अश्लील का निर्णय किया जाय? ऊपर देश-काल के संदर्भों में जिस नीति-अनीति के मानदण्डों की चर्चा की गई है उनका सम्बन्ध ध्येय या लक्ष्य से है। नीति-अनीति के निर्धारण में दृष्टि का विशेष महत्त्व होता है। एक ही दृश्य एक की दृष्टि में अश्लील हो सकता है और दूसरे की दृष्टि में नहीं। खजुराहो की मूर्तियाँ एक ग्रामीण किसान को अत्यन्त भद्दी और अश्लील लग सकती हैं लेकिन एक कला-पारखी को नहीं। इसी प्रकार डी० एच० लारेंस की पुस्तक 'लेडी चटर्लीज लवर' या बुद्धदेव वसु का उपन्यास 'रात भर वर्षा' कुछ लोगों के लिए अश्लील है और कुछ लोगों के लिए बिल्कुल ही नहीं। कहा जा सकता है कि मन से ही पाप किया जाता है, शरीर से नहीं। एक ही शरीर से पत्नी और पुत्री दोनों का आलिंगन किया जाता है किन्तु दोनों की मानसिक अवस्थाएँ भिन्न-भिन्न

होती हैं। इसी प्रकार अश्लीलता-श्लीलता का निर्धारण भी बहुत कुछ ध्येय और देखने वाले की दृष्टि पर निर्भर करता है। किसी भी रचना की जाँच-पड़ताल करते समय यह देखना जरूरी है कि लेखक ने जो चित्रण किया है वह उसकी रचनात्मक ईमानदारी के लिए जरूरी था या उसने यों ही प्रदर्शन, चमत्कार अथवा मजा लेने के लिए कर दिया है। यदि वह रचनात्मक वास्तविकता के लिए जरूरी था तो उसे हम अनैतिक या अश्लील नहीं कह सकते। अश्लील वह तब होगा जब उस प्रकार की नीयत से लिखा गया हो क्योंकि तब वह उसी प्रकार की विकृति मन में पैदा करेगा। उदाहरण के लिए 'कामसूत्र' का लेखक गुप्तांगों और अन्य रतिक्रियाओं का चित्रण करता है। पर वह बिना इनके चित्रण के क्या कामशास्त्र को पाठक तक पहुँचा सकता है ? यदि नहीं तो उसकी कृति अश्लील क्यों है ? किसी जिन्दगी और उसकी सम्पूर्ण मनोवृत्ति को सही-सही चित्रित करने के लिए उसकी बोली-बानी एक अपरिहार्य सामग्री है जिसकी उपेक्षा करने से वह जिन्दगी हाथ से फिसलने लगती है। सच्चा लेखक उस जिन्दगी को अपने हाथ से गिरने नहीं देता क्योंकि लिखते समय उसके सामने न कोई मतवाद होता है न परम्परागत नैतिकता। उसके सामने वह जिन्दगी होती है, उसकी वास्तविकताएँ होती हैं और अपना अनुभव-विवेक होता है तथा उसे पाठक तक पहुँचाने की कामना होती है। आजकल विज्ञापन वाले जिस व्यावसायिक ध्येय से फिल्मी युवतियों के सौंदर्य का विकृत और फूहड़ प्रदर्शन करते हैं उसे अश्लील ही कहा जा सकता है। इसी प्रकार बुक स्टालों पर चालू रुचि की सस्ती पुस्तकों में भी सेक्स का व्यावसायिक प्रदर्शन धड़ल्ले से हो रहा है। पिछले कुछ वर्षों में बंगला की भूखी पीढ़ी और इससे प्रभावित हिन्दी के कुछ कवियों की रचनाओं में जो सेक्स का नंगापन प्राप्त होता है वह बहुत कुछ अश्लील कहा जा सकता है। इन कवियों ने यथार्थ के नाम पर स्तन, नितम्ब, जाँघ, शिश्न, जननेन्द्रिय, संभोग और वीर्यपात आदि का जो वर्णन किया है उससे सेक्स की व्यावसायिकता का ही परिचय मिलता है।

श्लील-अश्लील का निर्णय करने वाली दृष्टि मुख्यतः तीन प्रकार की होती है—एक दृष्टि तो वह है जो चीजों के नाम-रूप की सीमाओं को बेधकर तह तक जाने का प्रयास करती है। ऐसी दृष्टि मुक्त होती है और इसके लिए श्लीलता-अश्लीलता जैसी कोई चीज नहीं होती। दूसरी दृष्टि वह है जो नितान्त संकीर्ण तथा अधूरी है और जो ट्रांजिस्टर बजाने या अपनी बीवी के साथ बातचीत करने तक को अश्लील मानती है। भारतीय गाँवों में यही दृष्टि नीति-अनीति का निर्धारण करती है। अधूरी और संकीर्ण दृष्टि सदा अश्लील होती है चाहे वह कलाकार की हो या पाठक की शासन की। तीसरी दृष्टि इन दोनों के बीच की

दृष्टि है जो एक सामाजिक परिवेश में अपने वैयक्तिक पूर्वाग्रहों से बहुत कुछ मुक्त होकर श्लीलता-अश्लीलता का निर्धारण करती है। व्यक्ति की दृष्टि अपने मानसिक स्तर के अनुसार श्लील-अश्लील का अन्तर करती है और उसका मानसिक स्तर संस्कार और वातावरण की सीमाओं में ही निर्मित तथा गठित होता है। अत: कुछ लोगों के अनुसार किसी विशेष समय में किसी देश या समाज का मानसिक धरातल जिस स्तर से गुजर रहा होता है उसके अनुरूप श्लीलता-अश्लीलता के मानदण्ड स्थिर किए जा सकते हैं। कुछ लोगों के अनुसार देश और काल की सीमाओं में एक स्वस्थ और परिष्कृत सामाजिक दृष्टि ही श्लीलता-अश्लीलता की कसौटी हो सकती है। कुछ और लोगों के अनुसार किसी भी कलाकृति का सामान्य सार्वजनिक जीवन पर कैसा प्रभाव पड़ता है—स्वस्थ या अस्वस्थ—उसी आधार पर उसे श्लील-अश्लील घोषित किया जा सकता है। मगर ये विचार भी कुछ प्रश्न उपस्थित करते हैं। श्लीलता-अश्लीलता का निर्धारण करने वाली स्वस्थ और परिष्कृत सामाजिक दृष्टि क्या होगी? उसका आधार क्या होगा? किसी कलाकृति का सामान्य सार्वजनिक जीवन पर असर पड़ता है तो क्या समूह की चालू रुचि और परम्परागत नैतिकता का समर्थन करना ही कला का धर्म है? फिर ऐसी कला अपनी सार्थकता किस आधार पर प्रमाणित करेगी? कला ही जिन्दगी का अनुकरण नहीं करती बल्कि जिन्दगी भी कला का अनुकरण करती है। यदि कला जिन्दगी को बदलने में, उसे आगे ले जाने और बेहतर बनाने में सहायक न हो तो फिर कला का क्या कोई बड़ा अर्थ रह जाएगा? फिर तो वह कुछ लोगों की चालू रुचियों का मनोरंजन करके रह जाएगी। मगर क्या कला की सार्थकता यही है? कला या रचना नीति-अनीति की गहराइयों में—उनकी जड़ों मे जाकर ही अपना अर्थ चरितार्थ कर सकती है। फिर उसे प्रचलित रुचि के लोग नैतिक कहें या अनैतिक, श्लील कहें या अश्लील—श्रेष्ठ कला वही है। हिन्दी में अज्ञेय के उपन्यासों (शेखर: 'एक जीवनी' और 'नदी के द्वीप') को लेकर श्लीलता-अश्लीलता का सवाल उठाया गया है। इसका उत्तर देते हुए अज्ञेय ने कहा है: 'कला का नैतिकता के प्रचलित रूप से कोई लगाव नहीं है—उसे तो नैतिकता के बुनियादी स्रोतों से मतलब है।'[2] अज्ञेय ने शेखर के जीवन-दर्शन को टूटती हुई नैतिक रूढ़ियों के बीच नीति के मूल स्रोतों की खोज कहा है। उनके अनुसार: 'श्लील और अश्लील का प्रश्न सामाजिक नैतिकता का प्रश्न है। साहित्य का प्रश्न वह नहीं है।'[3] वस्तुत: कला को किसी संकीर्ण बाड़े में कैद नहीं किया जा सकता। कला एक तटस्थ दृष्टि है—एक रचना है जो बहुत सारी संकीर्णताओं से मुक्त होकर मानवीय चेतना के साथ-साथ चलती हुई उसकी सम्भावनाओं और सत्यों को उजागर करती है। उसके लिए कुछ बड़ी कसौटियों की आवश्यकता है, तत्कालीन सामाजिक

नैतिकता के आधार पर या चालू रुचियों के आधार पर कला की जाँच-पड़ताल सम्भव नहीं है। क्योंकि ऐसा करना कला की क्षमता और उसकी संभावनाओं को कुण्ठित करना है। कलाकार पर बहुत अधिक प्रतिबन्ध लगाने से—चाहे वह प्रतिबन्ध कैसा भी हो—कला का ही नहीं देश का बौद्धिक स्तर भी गिरता है और नैतिकता को कला का साध्य स्वीकार कर लेने से कला का स्तर गिर जाता है।

'श्लील' शब्द का अर्थ है 'उत्तम', 'शुभ', 'भद्र', अर्थात् जो भद्दा न हो। इसी प्रकार 'अश्लील' शब्द का अर्थ है 'फूहड़', 'गन्दा', 'लज्जाजनक'। 'अश्लील' शब्द थोड़ा व्यापक है। इसके अन्तर्गत एक ओर मल-मूत्र जैसी गन्दी चीजें और गाली-गलौज जैसी अभद्र चीजें भी आ जाती हैं तो दूसरी ओर स्त्री-पुरुषों के यौन सम्बन्ध जैसी गोपनीय चीजें भी। हमारे प्राचीन आचार्यों—मम्मट, विश्वनाथ, वामन, भामह आदि ने अश्लील को साहित्य का एक दोष मान अर्थ एवं शब्द दोषों के अन्तर्गत उसकी गणना की है। जहाँ किसी लज्जाजनक या अमंगल का भाव होता है, वहाँ यह दोष माना गया है। इस प्रकार 'अश्लील' के अन्तर्गत गोपनीय, अभद्र, गन्दी सभी चीजें आ जाती हैं किन्तु आजकल 'अश्लील' शब्द से केवल स्त्री-पुरुषों के यौन सम्बन्धों का, सेक्स का ही अर्थ विशेष रूप से लिया जाता है। चाहे साहित्य हो या सिनेमा दोनों में ही एक से एक गन्दे दृश्य और गाली-गलौज जैसी अभद्र चीजें प्रस्तुत की जाती हैं किन्तु इन गन्दे और अभद्र दृश्यों पर पाठक या सेंसर को कोई आपत्ति नहीं होती। लेकिन जब फिल्म निर्माता या कृतिकार स्त्री-पुरुषों के यौन-सम्बन्धों का चित्रण करता है तो पाठक और सेंसर दोनों चौंक जाते हैं। अतः स्वाभाविक रूप से यह प्रश्न उठता है कि साहित्य में सेक्स चित्रण को कहाँ तक अश्लील कहा जा सकता है ?

इसमें कोई सन्देह नहीं कि सेक्स मनुष्य की महत्त्वपूर्ण प्रवृत्ति है और उसका अकुण्ठित सहज चित्रण साहित्य को न केवल यथार्थ धरातल वरन् एक रचनात्मक सार्थकता भी प्रदान करता है। जिस प्रकार सेक्स का दमन मनुष्य में नाना प्रकार की विकृतियों और कुण्ठाओं को जन्म देता है उसी प्रकार साहित्य में सेक्स का गोपन चित्रण भी उसे यथार्थ से दूर करता है और उसकी सर्जनात्मक क्षमता को मारता है। सेक्स का अकुण्ठित सहज चित्रण जहाँ किसी प्रकार की अश्लीलता नहीं पैदा करता वहीं उसका गोपन चित्रण एक अश्लील और भद्दा चित्र उपस्थित करता है। खुले सेक्स के साहित्य में कोई अश्लीलता नहीं होती जबकि फ्रस्ट्रेशन का साहित्य कामोत्तेजक और अश्लील होता है। इस सन्दर्भ में बहुत-सी सेक्सपूर्ण और भक्तिप्रधान रचनाओं को समानान्तर रखकर देखा जा सकता है। भक्ति और ईश्वर विषयक रति के नाम पर एक से एक विकृत और अश्लील पद हिन्दी के भक्ति साहित्य में मिल जायेंगे—सूर और विद्यापति में भी। रीति-

काल में तो बाजार ही भरा है। हिन्दी फिल्मों में भी भक्तिभाव वाली फिल्मों में कूटकूट कर सेक्स भरा जाता है। इसके विपरीत वेश्या जीवन को आधार बनाकर बनाई गई फिल्म 'पाकीजा' में कहीं कोई अश्लीलता नहीं दिखाई पड़ती। इस प्रकार की दुहरी जिन्दगी जीने वाले लोगों की संख्या समाज में बहुत अधिक है जो घोर कर्मकाण्डी और घोर कामुक होते हैं। ऐसे लोगों का ढोंग क्या कम अश्लील है ? इस अश्लीलता को भक्ति या अध्यात्म या ईश्वरविषयक रति की आड़ में छिपा जाना क्या तर्कसंगत है ? तात्पर्य यह कि यथार्थ के विरूप चित्रण या जीवन की विरूपताओं का चित्रण करने वाले साहित्य को अश्लील या अनैतिक नहीं कहा जा सकता, क्योंकि वह प्रायः उस साहित्य से अधिक सच और समर्थ होता है जो स्थूल नैतिकता का ढोंग प्रस्तुत करता है। यथार्थ का विरूप चित्रण प्रायः विरूपताओं के प्रति विद्रोह भी हो सकता है, होता है।

श्लील-अश्लील का प्रश्न अधिक गहरे जाकर व्यक्ति और समूह या कहें कि अन्दर और बाहर का प्रश्न बन जाता है। एक व्यक्ति के निजी एकान्त में या एक व्यक्ति के मन की चहारदीवारी में कुछ भी अश्लील नहीं होता। अश्लील का प्रश्न तब खड़ा होता है जब एक के अतिरिक्त दूसरे, तीसरे या चौथे की उपस्थिति स्वीकार की जाती है। यह व्यक्ति की एक जटिल या यातनापूर्ण स्थिति है कि एक ओर बिना समूह या सामाजिक उपस्थिति के उसका अस्तित्व अर्थहीन है और दूसरी ओर समाज या समूह उसके स्वातन्त्र्य को खण्डित और बाधित करता है। वह अपनी स्वतन्त्रता को चरितार्थ करने के लिए जीवन भर संघर्षशील रहता है—मछली की तरह हाँफता है, साँप की तरह फन पटकता है। इस प्रकार गहराई में जाने पर श्लील-अश्लील का प्रश्न मानवीय स्वातन्त्र्य का प्रश्न बन जाता है। प्रश्न यह है कि शासन या समाज-व्यवस्था इस सम्बन्ध में व्यक्ति पर कहाँ तक प्रतिबन्ध लगा सकती है। मनुष्य में विश्वास रखने वाला हर विचारक स्वीकार करेगा कि श्लील-अश्लील या परम्परागत नीति-अनीति के नाम पर मानवीय स्वातन्त्र्य की हत्या नहीं होनी चाहिए। लेखक के लिए स्वतन्त्रता एक बुनियादी मूल्य है। सार्त्र के अनुसार, लेखक के पास स्वतन्त्रता ही एकमात्र विषय है।[4] दरअसल रचना में ही रचनाकार की स्वतन्त्रता निहित है। कोई भी शासन व्यवस्था लेखक के लिखे को छापने या वितरित करने पर प्रतिबन्ध लगा सकती है पर उसके लिखने पर प्रतिबन्ध नहीं लगा सकती। इसीलिए लिखना अपनी बुनियादी स्वतन्त्रता का उपयोग है। लिखने का अर्थ ही है अपनी स्वतन्त्रता का उपयोग करना। लेखक अपनी रचना द्वारा भी स्वतन्त्रता का ही पक्ष लेता है। मानवीय स्वतन्त्रता ही लेखक की चिन्ता का मुख्य विषय होती है। शासनतन्त्र प्रायः लेखक की स्वतन्त्रता का विरोधी होता है क्योंकि वह यथास्थिति को बनाए रखना चाहता है जबकि लेखक की रचनात्मक कल्पना

यथास्थिति को तोड़ना चाहती है। भारत में ही सामन्तशाही के युग में राजा और सामन्त कवियों-कलाकारों से अपनी इच्छानुसार अपनी विरुदावली लिखवाते रहे। पर उस युग में भी सूर-तुलसी जैसे सच्चे कवियों ने राजकीय प्रलोभनों को ठुकराकर अपना रचना स्वातन्त्र्य बनाए रखा। रूस में भी स्तालिन के काल में लेखकों को कड़ी यातनाएँ भोगनी पड़ी थीं। आज भी सोवियत संघ में लेखक की स्वतन्त्रता पर जो अंकुश लगाया जा रहा है और जिसकी खबरें पास्तरनाक या सोल्जेनित्सीन के माध्यम से बाहर फैली हैं वे रचना के स्वतन्त्र अस्तित्व पर कुठाराघात हैं। वस्तुतः रचना पर ऊपर से कोई नियन्त्रण नहीं होना चाहिए चाहे वह शासन का हो या किसी विचारधारा का। स्वतन्त्रता से वंचित कला अंधी और गूँगी होती है। दुनिया में जो कुछ भी सर्जन संभव होता है वह स्वतन्त्रता के ही कारण हो सकता है। इतिहास साक्षी है कि अनन्त काल से आदमी अपनी स्वतन्त्रता के लिए ही जीता-मरता रहा है। लेखकों को समय-समय पर अपनी स्वतन्त्रता की बड़ी कीमतें चुकानी पड़ी हैं। सुधारवादी कट्टर दृष्टिकोण सदा कला और रचना विरोधी होता है। जीवन के प्रति कट्टर दृष्टिकोण रखने वाला व्यक्ति मेरे विचार से कभी लेखक नहीं हो सकता। सुधारवाद चाहे दक्षिणपंथ का हो या वामपंथ का, कलाकार की स्वतन्त्रता में बाधक है। एक यदि लेखक को फासिस्ट बनाता है तो दूसरा उसे यातना-शिविरों में डालकर पागल घोषित कर देता है। दोनों के उदाहरण दुनिया में मौजूद हैं। कलाकार किसी भी विचारधारा या सिद्धान्त को अन्तिम प्रमाण नहीं मानता। कलाकार केवल अपने चारों ओर की जिन्दगी और अपने अनुभवों के प्रति ही प्रतिबद्ध हो सकता है। भुक्तभोगी सोल्जेनित्सीन के शब्दों में : 'स्वीकृत और अस्वीकृत—ऐसा तुम लिख सकते हो और ऐसा नहीं—की श्रेणियों में साहित्य का विकास नहीं हो सकता। साहित्य यदि अपने समकालीन समाज की आत्मा नहीं है, समाज को उसके सुख-दुख नहीं पहुँचाता, आसन्न नैतिक और सामाजिक संकटों के विरुद्ध चेतावनी नहीं देता तो वह साहित्य नाम का अधिकारी नहीं है, वह एक आभार भर है।'[5]

यह हमारा भ्रम है कि हमारे चारों ओर जो कुछ फैला हुआ प्रत्यक्ष है वह हमारा असली जीवन है। दरअसल वह अनेक विधि-निषेधों, ग्रन्थियों, जरूरतों, व्यवस्थाओं और प्रतिबन्धों से युक्त हमारा कृत्रिम जीवन होता है। रचना में हम जीवन की इस कृत्रिमता को—निषेध को—तोड़ते हैं। मुखौटे को उतारकर असली चेहरों में झांकते हैं। यदि कोई लेखक ऐसा नहीं करता तो फिर वह अपनी बुनियादी स्वतन्त्रता का उपयोग नहीं करता। स्वतन्त्रता सृजनात्मकता का पर्याय है। जो स्वतन्त्र नहीं वह सृजन भी नहीं हो सकता। जीवन का कोई एक रूप शाश्वत नहीं होता। वह बदलता रहता है। इसीलिए साहित्य की भी कोई

एक दृष्टि शाश्वत नहीं होती। बदलते हुए जीवन सन्दर्भों के अनुसार साहित्यकार अपने लेखन कर्म में भी तब्दीलियाँ करता रहता है। नई रचनाशीलता से चौंकने की जरूरत नहीं। नई दृष्टि और नये रूप के सिवा दुनिया की तब्दीलियों को कैसे अभिव्यक्त किया जा सकता है ? परम्परा को चुनौती देते हुए नये प्रयोग हर समर्थ कलाकार करता है। कालिदास और भवभूति ने भी ऐसा किया था। तुलसी ने भी भाषा में काव्य-रचना करके संस्कृत पण्डितों को चुनौती दी थी। परम्परा का एक सीमा के आगे पालन करने वाला रचनाकार अनुगामी बनकर रह जाता है। नये प्रयोगों द्वारा ही नया अनुभव सामने आता है। भाषा निरन्तर प्रयोगों से भ्रष्ट हो जाती है तो नई भाषा की जरूरत पड़ती है। रचनाकार नये शब्द तलाशता है। वह हर नये शब्द के साथ नया जन्म लेता है। हम प्राय: जिन कृतियों की अश्लील कहकर उपेक्षा कर जाते हैं वे अधिक यथार्थ, प्रामाणिक और क्रान्तिकारी साबित होती हैं।

लेखक की स्वतन्त्रता का यह अर्थ नहीं कि उसका कोई दायित्व नहीं है। लेखक स्वयं ही मुक्त नहीं होता वरन् वह मानवीय मुक्ति का प्रवक्ता भी होता है। व्यक्ति की मुक्ति का कोई अर्थ नहीं है। वह समूह की होती है, जाति की होती है, और कलाकार उसी की मुक्ति के लिए अपनी स्वतन्त्रता का उपयोग करता है। मानवीय स्वतन्त्रता एक सापेक्षिक स्थिति है। व्यक्ति क्योंकि सामाजिक समष्टि में ही अस्तित्ववान है अत: उसकी स्वतन्त्रता का अर्थ होता है मानव मात्र की स्वतन्त्रता की स्वीकृति। सच्चा कलाकार यह दंभ नहीं करता कि हर पाठक उसके विचार को माने या उससे सहमत हो। उसकी कोशिश तो अपने पाठक को स्वतन्त्र निर्णय लेने में सक्षम बनाने की होती है। वह अपने पाठक में स्वतन्त्रता की लौ जगाता है। स्वतन्त्रता का अर्थ उच्छृंखल व्यक्तिवाद नहीं है। यदि ऐसा न माने तो सारा समाज आदिकालीन बर्बर समाज हो जाय। स्वतन्त्रता का सीधा अर्थ है साहस। वैयक्तिक स्वातन्त्र्य और सामाजिक दायित्व दोनों एक-दूसरे से जुड़े हैं। लेखन जितना ही स्वतन्त्र होगा उतना ही दायित्वपूर्ण भी। अत: जहाँ समाज स्वातन्त्र्य बाधित होता हो वहाँ व्यक्ति स्वातन्त्र्य को प्रतिबन्धित किया जा सकता है।

वस्तुत: यौन प्रवृत्ति मनुष्य की एक स्वाभाविक प्रवृत्ति है। इस प्रवृत्ति के कारण भिन्नलिंगी व्यक्तियों में पारस्परिक आकर्षण प्राप्त होता है। किन्तु सामाजिक सन्दर्भों में व्यक्ति की स्वाभाविक प्रवृत्ति को अनियन्त्रित नहीं छोड़ा जा सकता। व्यक्ति केवल व्यक्ति नहीं बल्कि समाज की एक इकाई है और सामाजिक व्यवस्था बनाए रखने के लिए व्यक्ति की मूल प्रवृत्तियों पर नियन्त्रण आवश्यक है। मनुष्य की मूल प्रवृत्तियों की स्वस्थ अभिव्यक्ति यदि व्यक्ति और समाज दोनों को सुख और आनन्द देती है तो उनकी अस्वस्थ अभिव्यक्ति व्यक्ति

और समाज दोनों के लिए बड़ी ही अहितकर होती है। व्यक्ति की अनियन्त्रित यौन प्रवृत्ति उसके व्यक्तित्व का विघटन करती है तथा सामाजिक जीवन में अनेक भयंकर समस्याएं खड़ी करती है। इस प्रवृत्ति को नियन्त्रित रखने और सामाजिक व्यवस्था बनाए रखने के लिए ही मनुष्य को परिवार और विवाह की आवश्यकता हुई होगी जिनका अस्तित्व लगभग सभी देशों और जातियों में किसी न किसी रूप में प्राप्त होता है। मनुष्य की सभी मूल प्रवृत्तियाँ पशु में भी प्राप्त होती हैं, किन्तु पशु और मनुष्य का अन्तर यही है कि पशु अपनी सहज प्रवृत्तियों से प्रेरित और संचालित होता है, जबकि मानव एक सामाजिक अस्तित्व है और वह अपनी मूल प्रवृत्तियों को सामाजिक व्यवस्था के अनुकूल नियन्त्रित कर सकता है। यह सही है कि परम्पराकर्षण पर समस्त सृष्टि टिकी है पर इस आकर्षण-विकर्षण के तत्त्व को जिस प्रकार हम पदार्थ के क्षेत्र में ज्यों का त्यों स्वीकार कर लेते हैं, उसी प्रकार नर-नारी के क्षेत्र में भी स्वीकार नहीं कर सकते। यदि निर्जीव पदार्थ और चेतन व्यक्ति दोनों में एक मूलभूत अन्तर है तो आकर्षण-विकर्षण को स्वीकार करते समय भी हमें उन सीमाओं पर ध्यान रखना होगा। सृष्टि के अन्य पदार्थों या प्राणियों से मनुष्य की स्थिति भिन्न है। व्यक्ति की सहज प्रवृत्तियों की उन्मुक्त अभिव्यक्ति होनी चाहिए किन्तु यह सब वहीं तक स्वीकार किया जा सकता है जहाँ तक दूसरे का स्वातन्त्र्य बाधित न हो।

श्लीलता-अश्लीलता के सम्बन्ध में अब परम्परागत रूढ़ धारणाओं का त्याग आवश्यक है। दरअसल श्लीलता-अश्लीलता के सवाल को सेक्स और शरीर से जोड़कर देखना उचित नहीं है। यौन प्रवृत्ति मनुष्य की एक स्वाभाविक प्रवृत्ति है और जो स्वाभाविक है वह अश्लील नहीं हो सकती। स्वाभाविक और सहज होना श्लील होना है। कृत्रिमता ही अश्लीलता है। देह से पवित्र कोई चीज नहीं होती। वह पूज्य है। वह चाहे कीमती वस्त्रों में ढंका हो या नंगा हो उसे अश्लीलता मानना मानवीय पवित्रता का असम्मान करना है। हमारे देश के चिन्तन की यह एक बहुत बड़ी खामी रही है कि वह भौतिक-वास्तविक संसार को हेय समझकर उसकी उपेक्षा करता रहा है। हमारे प्राचीन चिन्तन में शरीर से अधिक महत्त्व आध्यात्मिक को दिया गया है। शंकराचार्य के चिन्तन में संसार के प्रति जो नकारात्मक दृष्टि है उससे परवर्ती चिन्तन भी बहुत प्रभावित हुआ है। कहना न होगा कि आधुनिक भौतिक उपलब्धियों की दौड़ में भारत के पिछड़ जाने का सबसे बड़ा रहस्य भारतीय नकारात्मक चिन्तन में ढूँढ़ा जा सकता है। यदि सहज होकर विचार किया जाय तो लौकिक संसार को नकारने का कोई तर्क नहीं है। लौकिक सम्बन्धों के आधार पर ही अलौकिक सम्बन्धों की कल्पना और व्याख्या संभव है। खैर, श्लीलता-अश्लीलता के सवाल को सेक्स

और शरीर से जोड़कर देखा नहीं जा सकता। इसे मानवीय स्वातन्त्र्य के साथ जोड़कर देखना उचित होगा। नीति की सरल परिभाषा हो सकती है—उचित कर्म। यहाँ उचित शब्द 'सत्य' का बोधक है अर्थात 'सत्य कर्म'। किन्तु 'कर्म' वही है जिसमें कर्त्ता उत्तरदायी हो। यदि वह अपने कर्मों का उत्तरदायी नहीं तो फिर उसको उसका कर्म भी नहीं माना जा सकता। व्यक्ति कर्मों का उत्तरदायी तब होता है जब उन्हें अपनी इच्छा से—अपनी स्वतन्त्रता का उपभोग करते हुए—करता है। अतः कर्म का अर्थ ही है स्वतन्त्रतापूर्वक किए गए कर्म, क्योंकि स्वतन्त्रता एक बुनियादी चीज है अतः वह अनिवार्य रूप से नैतिक है। इस अर्थ में नीति का सम्बन्ध सीधे मानवीय स्वातन्त्र्य से जुड़ता है। क्या कारण है कि श्लीलता-अश्लीलता का सवाल प्रायः उन्हीं देशों और उन्हीं साहित्यों में उठाया जाता है जो पराधीनता के दौर से गुजर चुके हैं और हीनता ग्रन्थियों से पीड़ित हैं। हमारे यहाँ संस्कृत कवियों ने क्या शरीर का कुछ कम मुक्त वर्णन किया है ? हमारे लोकगीतों में क्या शरीर और सेक्स की उन्मुक्त अभिव्यक्ति नहीं हुई है ? फिर यह सवाल आज ही के सन्दर्भों में इतने जोर-शोर के साथ क्यों उठाया जा रहा है ? इसका साफ मतलब यह है कि हमारी पराधीनता ने बहुत सारी ग्रन्थियाँ पैदा की हैं और यह सवाल भी उन्हीं ग्रन्थियों की उपज है। अतः इस सवाल को मानवीय स्वातन्त्र्य के साथ जोड़कर देखा जा सकता है। पुरुष द्वारा नारी देह या नारी द्वारा पुरुष देह का व्यावसायिक शोषण ही अश्लीलता है। इस सवाल को लक्ष्य या दृष्टि या सन्दर्भ के साथ जोड़कर देखा जाना चाहिए। अधूरी दृष्टि से देखने पर बहुत कुछ अश्लील-सा लग सकता है पर समूचे सन्दर्भ में देखने पर वह शायद अश्लील न लगे। साहित्य और कला में श्लीलता-अश्लीलता का प्रश्न काफी सूक्ष्म, मुक्त और गहरी दृष्टि की माँग करता है। साहित्य या कला, जीवन को उसकी प्रकृति और नैतिकता को नियन्त्रित करने वाली शक्तियों में एक है। श्लीलता-अश्लीलता का निर्धारण प्रायः परम्परागत और प्रचलित नैतिकता के आधार पर होता है। अतः परम्परागत प्रचलित मानदण्डों से साहित्य या कला को जाँचना न केवल खतरनाक और संकीर्ण है वरन् कला की शक्ति और क्षमता को सीमित करना भी है। केवल उपदेश देने वाला या आदर्श स्थितियों का ही चित्रण करने वाला साहित्य सच्चा नहीं होता क्योंकि वह विकृतियों को छिपा जाता है और इस प्रकार एकांगी मानव का चित्र प्रस्तुत करता है। इन्सान की विशाल जिन्दगी परम्परागत नीति-अनीति से बड़ी होती है और फिर कला के लिए एक कला की बन्दिश भी होती है जो बाहरी-बन्दिशों से अधिक मजबूत होती है। सच्चा साहित्य सम्पूर्ण मानव की अभिव्यक्ति है। कला या साहित्य की जाँच-पड़ताल यथार्थ और ईमानदारी की कसौटी पर होनी चाहिए। जो कलाकृति जितनी ही यथार्थ होगी,

कलाकार की दृष्टि जितनी ही ईमानदार और सम्पूर्ण होगी, वह कला उतनी ही श्लील होगी। साहित्य या कला भोंड़ी तब होती है जब वास्तविकता से दूर, कृत्रिम और एकांगी होती है। अत: कोई साहित्य सेक्स का चित्रण करने मात्र से अश्लील नहीं हो जाता यदि उसके पीछे कोई गहरा अर्थ या सही दृष्टि है, यदि वह मनुष्य के अनुभव में कुछ जोड़ता है, यदि वह सम्पूर्ण मानव का सीधा साक्षात्कार करना चाहता है। हां, जो साहित्य, कला, पत्रकारिता या विज्ञापन नारी-पुरुष देह को साधन बनाकर सेक्स का व्यवसाय करता है वह अवश्य ही अश्लील कहा जाएगा क्योंकि सेक्स का नशा उस नशे से कम भयानक नहीं जिसे मार्क्स ने धर्म का नशा कहा है।

[1970-72]

सन्दर्भ

1. 'कब तक पुकारूं', द्वितीय संस्करण की भूमिका।
2. आत्मनेपद, पृ० 67
3. वही, पृ० 78
4. Whether he is an essayist, a pamphleteer, a satirist, or a novelist, whether he speaks only of individual passions or wheter he attacks the social order, the writer, a free man addressing free men has only one subject—freedom.

   Sartre : 'What is Literature', p. 41.
5. नवलकिशोर : 'मानववाद और साहित्य', पृ० 167

शुद्ध साहित्यिक मूल्य और साहित्येतर प्रतिमान

साहित्य के मूल्यांकन में शुरू से ही और लगभग सभी भाषाओं के विचारकों में दो प्रकार की विचावधाराएँ देखने में आती हैं। एक विचारधारा विशुद्ध सौन्दर्य के मूल्य को स्वीकार करती है और दूसरी नैतिक और समाजशास्त्रीय मूल्यों को। विचारकों का एक वर्ग साहित्य को स्वायत्त मानकर शुद्ध साहित्यिक मूल्यों की बात करता है तो दूसरा वर्ग साहित्य को सम्पूर्ण मानव जीवन के सन्दर्भ में स्वीकार कर साहित्येतर मूल्यों को भी स्वीकृति देता है। यह द्वन्द्व बराबर चला करता है। वास्तविकता यह है कि साहित्य में इन दोनों विचारधाराओं की स्थिति सदा बनी रहेगी और आवश्यकता इन दोनों को स्वीकार करने की है। इनमें से किसी एक को अस्वीकार करना साहित्य को संकीर्ण करना है। हर कृति में इन दोनों की स्थिति इस कदर घुली-मिली होती है कि उसका मूल्यांकन रूपवादी और नैतिक, दोनों मूल्यों को समेटकर सम्पूर्ण रूप में ही संभव हो सकता है।

इस सन्दर्भ में जब हम साहित्य की बात करते हैं तो उसे इतिहास, मनोविज्ञान, दर्शन आदि ग्रन्थों से पृथक करके एक साहित्यिक कृति के रूप में स्वीकार करते हैं। साहित्यिक कृति से हमारा मतलब ललित साहित्य या रचनात्मक साहित्य से ही होता है। इसमें भाषा का प्रयोग कुछ विशिष्ट रूप में होता है। एक साहित्यिक कलाकृति की भाषा विशुद्ध अभिधात्मक भाषा नहीं होती। एक व्यंजनात्मक भाषा होती है। यह रोजमर्रा की भाषा का एक संगठित शक्ति सम्पन्न रूप होती है। भाषाशास्त्रियों ने इस बात को स्वीकार किया है कि भाषा का उपयोग कई ढंग से और कई स्तरों से होता है। सामान्य भाषा और वैज्ञानिक भाषा से साहित्य की भाषा अलग होती है। भाषा के सामान्य उपयोग द्वारा रचना कठिन है। रचना में भाषा का विशिष्ट उपयोग होता है। सामान्य भाषा और वैज्ञानिक भाषा में दुनिया का जो रूप दिखाई देता है और साहित्यिक भाषा में जो रूप दीखता है उनमें स्तर-भेद है।

आज साहित्य-समीक्षा में इस बात पर जोर दिया जाता है कि साहित्येतर प्रतिमानों का प्रयोग नहीं होना चाहिए। साहित्यिक कृति को समझने के लिए किसी भी बाह्य प्रमाण की कोई आवश्यकता नहीं। उसका अपना विशिष्ट

स्वरूप होता है। उसके अपने गुण होते हैं। उसे समझने के लिए इतिहास, मनोविज्ञान या समाजशास्त्र के पास जाने की कोई जरूरत नहीं। उसके लिए उपयोगिता का नियम लागू नहीं होता। यह माँग जायज है। दरअसल कृति का अध्ययन कृति के रूप में करना ही साहित्य समीक्षा की सही दिशा है। रचना का निकट अध्ययन करते हुए उसके शब्द और अर्थ का विश्लेषण होना चाहिए। उसकी समीक्षा रचना के ही मूल्यों से होनी चाहिए। पर हर आलोचक इसे निभा नहीं पाता। इस प्रकार की गड़बड़ी बड़े-से-बड़ा आलोचक भी करता है। इसका मुख्य कारण यह है कि 'शुद्ध साहित्य' की बात करते हुए भी आलोचक शुद्ध साहित्य की स्पष्ट व्याख्या कर सकने में समर्थ नहीं होते। शुद्ध साहित्य के भीतर वे प्रायः नैतिक-मनोवैज्ञानिक मूल्यों को घुसेड़ देते हैं या फिर एक ऐसे रूपवाद की ओर मुड़ जाते हैं जो निश्चय ही साहित्य को संकीर्ण करता है। कहा जा सकता है और कहा भी गया है कि 'शुद्ध साहित्य' का क्षेत्र 'सुन्दर' का क्षेत्र है। सौंदर्य का मूल्य ही साहित्य के लिए प्रासंगिक है। पर वास्तव में विश्लेषण और विभाजन करने की कोशिश की जाय तो सौंदर्य को सत्य और शिव से एकदम अलग नहीं किया जा सकता। सौंदर्य को सम्पूर्ण भाव बोध से बिल्कुल अलग करके देख पाना आलोचक के लिए बहुत ही कठिन है। इसीलिए आलोचक शुद्ध साहित्यिक मूल्य की बात करते हुए भी अपनी आलोचना-विवेचना में इसका उदाहरण नहीं प्रस्तुत कर पाता। वह अपनी ही मान्यताओं के विरुद्ध दुहरे-तिहरे मानदण्डों का प्रयोग करता है।

आज हम जिसे शैली वैज्ञानिक या रीति वैज्ञानिक अध्ययन कहते हैं उसमें अवश्य ही कविता का विश्लेषण भाषा के आधार पर करने की कोशिश होती है और हुई है। पर इस प्रकार का जो भी अध्ययन सामने आया है वह कुल मिलाकर कुछ प्रश्न भी उपस्थित करता है। सबसे बुनियादी प्रश्न तो यही है, क्या कृति का आस्वाद ही समीक्षा का मुख्य कर्म है और समीक्षक को इससे अलग मूल्यांकन का कोई अधिकार नहीं? डा० रवीन्द्रनाथ श्रीवास्तव के अनुसार, कोई वस्तु 'क्या है' और वह 'क्या करती है' इसका विवेचन तो शैली विज्ञान का विषय है किन्तु वह वस्तु 'क्यों है' या कि उसकी सत्ता 'किस उद्देश्य' को लेकर है—ये प्रश्न शैली विज्ञान की सीमा के बाहर हैं।[1] तो क्या रचना को किसी उद्देश्य से या प्रयोजन से या पाठक पर पड़ने वाले प्रभावों से अलग करके समझा जा सकता है? किसी भी रचना का एक खास उद्देश्य होता है। उसे उसके प्रयोजन से अलग नहीं किया जा सकता। किसी भी रचना का पाठक पर भी एक खास प्रभाव पड़ता है। इन दोनों से अलग करके रचना का विश्लेषण संभव तो है पर है निरर्थक। कविता का विश्लेषण आदि शब्द-शब्द बिखराकर किया जाय तो उसका एक दूसरा ही अर्थ ध्वनित होता है। पूरी कविता एक

विशिष्ट प्रयोजन और अर्थ को लेकर लिखी जाती है। उसका एक सम्पूर्ण प्रभाव (टोटल इंप्रेशन) होता है। उसका एक समग्र रूप होता है और उसकी समग्रता ही उसे उसका असली स्वरूप प्रदान करती है। जैसे शरीर का अंग-अंग अलग कर दिया जाय तो बहुत कठिन हो जाएगा एक विशिष्ट शरीर को पहचानना भी और उसकी विशिष्ट शक्तियों का साक्षात्कार करना भी। प्राचीन टीका पद्धति भी ऐसी ही थी। पर जब वह चमत्कार प्रधान होकर रह गई और एक-एक छन्द के सैकड़ों अर्थ ढूंढ़ने में अपनी शक्ति नष्ट करने लगी तो उसके विरुद्ध प्रतिक्रिया हुई। शैली विज्ञान भी आधुनिक समीक्षा के वायवीपन के विरुद्ध प्रतिक्रिया है पर यह है एक आयाम ही—एक अधूरा आयाम।

सब कुछ के बावजूद कविता का क्षेत्र विश्लेषण का क्षेत्र नहीं है। कवि वैज्ञानिक की तरह चीजों को छितराकर उसका विश्लेषण नहीं करता। वह जीवन के समग्र रूप का—उसके संश्लिष्ट सौंदर्य का चित्रण करता है। वह जिस सत्य या सौंदर्य का साक्षात्कार करता है वह अधिक जटिल और सूक्ष्म होता है। इलियट ने इस बात को स्वीकार करते हुए कहा है कि कवि का मस्तिष्क विभिन्न अनुभवों को एक में मिश्रित करता रहता है। यह मिश्रण एक प्रकार से अनेक समान और विरोधी तत्त्वों का मिलन होता है। रचना के अध्ययन और मूल्यांकन में साहित्येतर दृष्टियों को अन्तिम प्रमाण के रूप में स्वीकार नहीं किया जा सकता फिर भी अपने निष्कर्षों की पुष्टि के लिए और अपने अध्ययन को निभ्रांत तथा पूर्ण बनाने के लिए उनका उपयोग अनुचित नहीं है। बल्कि यह अध्ययन को अधिक पुष्ट और समृद्ध ही करता है तथा कभी-कभी तो बहुत सी गूढ़ बातों को खोलने में आश्चर्यजनक रूप से मदद भी करता है। साहित्य जिस जीवन से प्रसूत है वह बहुत जटिल चीज है। अतः साहित्य को किसी एक कसौटी पर परखना पूर्ण नहीं होता। उसे विविध दृष्टियों से देखने की जरूरत महसूस होती है। रामविलास शर्मा ने निराला की जीवनी, मनोविज्ञान और उनके युग को उनके साहित्य के समानान्तर रखकर जो अनूठा अध्ययन प्रस्तुत किया है वह निश्चय ही बहुत प्रामाणिक और पूर्ण हो सका है। उनके द्वारा किए गए निराला की कई कविताओं के विश्लेषण के सामने रवीन्द्रनाथ श्रीवास्तव और विद्यानिवास मिश्र द्वारा की गई कविताओं की शैली-वैज्ञानिक व्याख्याएं अपूर्ण मालूम होती हैं। रचना क्योंकि रचनाकार से होकर आती है अतः रचनाकार की व्यक्तिगत जिन्दगी और उसके व्यक्तित्व के प्रकाश में उसकी रचना का अध्ययन किया जा सकता है। रचना के सूत्र रचनाकार के मन और उसकी व्यक्तिगत जिन्दगी के इतिहास में बिखरे होते हैं। अतः साहित्यकारों की आत्मकथाओं और सामान्य मनोविज्ञान के प्रकाश में भी रचना प्रक्रिया की जानकारी प्राप्त होती है। रचनाकार द्वारा अपनी कृति के सम्बन्ध

में दी गई व्याख्या का भी उपयोग किया जाता है।

टी० एस० इलिएट ने कहा है कि सिर्फ साहित्यिक प्रमाणों से ही साहित्य की महानता की पड़ताल नहीं की जा सकती। वह साहित्य है या नहीं इसकी जाँच सिर्फ साहित्यिक प्रमाणों से ही हो सकती है। तात्पर्य यह है कि साहित्यिक कृति का मूल्यांकन सौंदर्य के मानदण्डों के अतिरिक्त अन्य मानदण्डों पर भी करने की जरूरत है। सौंदर्य के मानदण्ड को रूपवादी मानदण्ड कहा जाता है। रूपवादी मानदण्ड कृति के सौंदर्यपरक ढांचे का अध्ययन करता है। पर कृति के सौंदर्यपरक ढाँचे को उसकी वस्तु से बहुत दूर तक अलग नहीं किया जा सकता। कृति के सौंदर्यपरक ढाँचे में उसकी वस्तु घुलमिल जाती है। वस्तु से अलग करके केवल रूपवादी मानदण्डों पर कृति का सम्यक विश्लेषण कठिन है। रूपवाद अपने आप में कोई प्रयोजन नहीं हो सकता। यदि ऐसा है तो फिर साहित्य और पतंग उड़ाने के कार्य में अन्तर कैसे होगा ? लेखक के भाषा-प्रयोग में ही उसका एक महत् उद्देश्य निहित होता है। दूसरी बात यह है कि कृति स्वयं अपने विश्लेषण-विवेचन के लिए एक विशेष प्रकार के मानदण्ड की माँग करती है। कुछ कृतियाँ जिनका गठन बहुत कसा हुआ और जटिल होता है रूपवादी मानदण्डों की माँग करती हैं जबकि कुछ कृतियाँ जो सरल होती हैं कुछ दूसरे प्रकार के मानदण्डों की माँग करती हैं। टी० एस० इलिएट ने जिसे महानता कहा है उसका मूल्यांकन सौंदर्यपरक मानदण्डों से नहीं हो सकता। किसी कृति की महानता का निर्णय करते समय उसके वस्तुपक्ष पर ध्यान देना होगा। वस्तु-पक्ष का अध्ययन करते हुए आलोचक को मानवीय अनुभवों के प्रारम्भिक स्तर तक पहुँचना होगा। और जब वह अनुभवों की सचाई की परख करेगा तो फिर कृति के बाहर की दुनिया में पहुँच जाएगा। इसमें कोई सन्देह नहीं कि रचना का अपना स्वतन्त्र-स्वायत्त संसार होता है। रचनाकार रचना में बाह्य संसार का पुनः सृजन करता है। पर इसके बावजूद रचना-संसार की स्वायत्तता की जाँच बाह्य संसार या कहें कि असली संसार की ही कसौटी पर हो सकती है। अन्ततः रचना संसार बाह्य जीवन के अनुभवों द्वारा ही निर्मित होता है अतः उसकी जाँच-पड़ताल करते हुए उन जीवनानुभवों और ठोस स्थितियों तक पहुँचना ही पड़ता है। तभी तो हम यह कह सकने में समर्थ होते हैं कि यह अनुभव वास्तविक है—जीवन और जगत का या हमारा अनुभव है ! और तभी तो वह रचना हमें प्रभावित भी करती है क्योंकि उसमें हम अपनी और अपने चारों ओर की दुनिया की सच्ची तस्वीर देखते हैं !

यह सही है कि काव्य का क्षेत्र विज्ञान, मनोविज्ञान, दर्शन या धर्म के क्षेत्र से अलग है। सत्य की खोज ये सभी करते हैं पर इन सबकी अनुभूति का क्षेत्र अलग-अलग है। एक दार्शनिक कवि भी हो सकता है जैसे शंकराचार्य या एक

कवि दार्शनिक भी हो सकता है जैसे तुलसी और कबीर। तुलसी और कबीर की व्याख्या साहित्य-क्षेत्र में की जाती है पर धर्म के क्षेत्र में भी उनकी व्याख्या करने वालों की कमी नहीं है। फिर भी कवि और दार्शनिक का मौलिक अन्तर बना रहता है। दार्शनिक या वैज्ञानिक की अपेक्षा रचनाकार अधिक मुक्त होता है। वह अपनी रचना के द्वारा किसी दर्शन को व्यक्त कर सकता है पर उसके समर्थन के लिए अपने को प्रतिबद्ध नहीं रखता। वह किसी दार्शनिक की तरह कोई व्यवस्थित विचार शृंखला भी प्रस्तुत नहीं करता। वह अपने दर्शन, वाद या विचारों को कविता बनाकर व्यक्त करता है। यह शर्त ही उसे कवि बनाती है और वह दर्शन या विज्ञान या धर्म के क्षेत्र से बाहर हो जाता है। किसी कविता का मूल्यांकन उसके दार्शनिक या धार्मिक मानदण्ड पर नहीं किया जा सकता। कोई रचना इसलिए अच्छी नहीं मानी जा सकती कि वह दार्शनिक है। पर यहाँ यह भी ध्यान रखना होगा कि कोई कृति अपने नैतिक, सामाजिक विचारों के ही कारण उपदेशात्मक नहीं हो जाती। कृति है तो उसमें विचार भी होंगे ही। विचारों के कारण उसे घटिया साहित्य नहीं कहा जा सकता। यह जरूर है कि यदि कृति किसी स्पष्ट घोषित प्रचार के उद्देश्य से लिखी गई है तो अवश्य ही उसे शुद्ध साहित्य मानने में हिचक होनी चाहिए। काव्य का काम उपदेश देना नहीं है न किसी का प्रचार करना। फिर भी काव्य को निरुद्देश्य तो नहीं ही स्वीकार किया जा सकता। यह एक अमनोवैज्ञानिक बात होगी। कुछ लोग ऐसा मानते हैं कि साहित्य-रचना एक अवर्णनीय क्रिया है और बौद्धिक स्तर पर उसके रहस्यों का उद्घाटन संभव नहीं है। न तो रचनाकार ही अपनी रचना की व्याख्या कर सकता है और न आलोचक ही। ऐसे लोग रचना को एक रहस्यमय प्रेरणा के रूप में स्वीकार करते हैं। उनके अनुसार जैसे सृष्टि के रहस्य अवर्णनीय हैं वैसे ही रचना के भी। पर साहित्य-रचना को एक रहस्य या आकस्मिक प्रेरणा अथवा स्वचालित प्रवृत्ति के रूप में स्वीकार करना उचित नहीं प्रतीत होता। साहित्य-रचना एक व्यक्तिगत और आन्तरिक या मानसिक क्रिया है और एक सचेत व्यापार है। अतः उसका प्रयोजन ढूँढ़ना संगत प्रतीत होता है। पर काव्य का उद्देश्य बहुत सूक्ष्म होता है और वह कलाकृति का जरूरी अवयव होकर व्यक्त होता है। साहित्यकार सत्य और शिव को शब्दों का सौंदर्य प्रदान करता है इसीलिए वह आनन्द भी प्रदान करता है। पर केवल आनन्द प्रदान करना ही साहित्य का लक्ष्य नहीं है। साहित्य-रचना के लिए शब्द जरूरी हैं और शब्द क्योंकि अर्थ रखते हैं अतः रचना भी अर्थहीन नहीं हो सकती। यदि किसी रचना में भाषा की अर्थवत्ता नहीं है, यदि वह मानवीय मूल्यांकन सीमा के परे हैं तो वह रचना ही नहीं है। साहित्य-रचना सार्थक भाषा और शब्द का—मानव-मन

का व्यापार है अतः उसे अर्थहीन या अनिर्वचनीय कहना संगत नहीं लगता। उसका अध्ययन और मूल्यांकन किया जा सकता है। यह जरूर है कि कृतिकार के विचार आलोचक के विचारों से मिलते ही हों यह कोई जरूरी नहीं है। इस प्रकार का आग्रह होने पर आलोचक किसी भी कृति का मूल्यांकन नहीं कर सकेगा। पर वह कृति को विचारों से बिल्कुल अलग करके भी आगे नहीं बढ़ सकता।

कलाकृति का रूप परिवेश और वातावरण के तत्त्वों से निर्मित होता है। लेखक एक समाज और एक वातावरण का अंग होता है। उसका अन्तर्जगत बाह्य जगत के अनेक तन्तुओं से बुना गया होता है। बचपन से ही वह जिस संसार में साँस लेता है वह उसके व्यक्तित्व का निर्माता होता है और वही उसके अन्तर्जगत से निकलकर रचना में भी रूपायित होता है। रचना में कवि का जो अन्तर्जगत दिखाई पड़ता है उसमें बाह्य जगत भी घुला-मिला होता है। रचना बाह्य जगत का आन्तरिकीकरण है। रचनकार का अपने ज्ञान और अनुभव की भट्ठी में बाह्य को डालकर उसे पिघलाना और उसे एक पुनर्नवा रूप देने लायक बना लेना ही यह आन्तरिकीकरण है। रचनाकार अभिव्यक्ति के पूर्व अपनी अनुभूति का शोध करता है। अनुभव का अनुभव के द्वारा शोध करता है। तभी उसकी रचना सच्ची और समर्थ बनती है। इसी शोध को आज की समीक्षा-भाषा में ईमानदारी और प्रामाणिक अनुभूति कहते हैं। अतः लेखक जिस समाज में पैदा हुआ है और जिस वातावरण में वह निर्मित हुआ है उसका अध्ययन भी उसके लेखन के अध्ययन में सहायक होता है। आज जिस रचना प्रक्रिया के अध्ययन पर विशेप बल दिया जा रहा है वह एक मनोवैज्ञानिक प्रक्रिया है। विषयवस्तु और कवि-स्वभाव के अनुसार वह बदलती रहती है। उसका अध्ययन भी रचना के अध्ययन में सहायक होता है।

कला अनुभव की आकृति है और उस अनुभव का युग से एक अपरिहार्य रिश्ता होता है। कला के स्वरूप विश्लेषण के लिए उस युग का सर्वांगीण परिचय-अध्ययन जरूरी होता है। कला, साहित्य, दर्शन या धर्म सबकी सृष्टि मनुष्य के ही द्वारा होती है—उस मनुष्य के द्वारा जो एक समय और समाज का अंग होता है। जैसे-जैसे समाज बदलता है वैसे-वैसे मानव सम्बन्ध भी बदलते हैं, मानव-चेतना भी बदलती है और उसी के अनुसार कला, साहित्य, दर्शन और धर्म आदि भी बदलते जाते हैं। उसी के अनुसार हमारी अभिरुचि, हमारी नैतिकता और दृष्टि भी बदल जाती है। हमारे जीवन-मूल्य भी बदल जाते हैं। आज हम धार्मिक स्तर पर बहुत सारी रूढ़ियों और जादू-टोनों की दुनिया से दूर आ चुके हैं। इसी प्रकार हमारी कला भी अलंकृति और शृंगार की दुनिया से बहुत आगे निकल आई है। चेतना और अनुभव व्यक्तिगत होते हैं पर उनका

आधार वस्तुगत वास्तविकताएँ ही होती हैं। अनुभूति शायद बाह्य वस्तुजगत के अभाव में सम्भव ही नहीं है। लेखक का मनोजगत बाह्य जगत के ही बीच बनता है। तात्पर्य यह कि कला या साहित्य का अनुभव कलाकार का तो होता ही है—वह उस समाज का भी होता है जिसके बीच कलाकार साँस लेता है। इसीलिए कला या साहित्य के अन्तःस्वरूप का, उसके अनुभव और सौन्दर्य का सम्पूर्ण और सही विश्लेषण करने के लिए उसका समाजशास्त्रीय विश्लेषण भी जरूरी हो जाता है। लेखक के उद्देश्य तथा उसकी परिस्थिति के बीच रखकर उसके अनुभव की छानबीन करनी होती है। तभी तो आलोचक लेखक की असमर्थता और उसके छद्म को पकड़ सकता है। जो आलोचक युग जीवन की उपेक्षा करता है वह कला और साहित्य की अभिव्यक्तियों का ठीक-ठीक विश्लेषण नहीं कर सकता।

सन्दर्भ

1. 'शैली विज्ञान और आलोचना की नई भूमिका', भूमिका।

प्रतिबद्धता, राजनीति और साहित्य

साहित्य के सन्दर्भ में प्रतिबद्धता को लेकर दो प्रकार के विचार मिलते हैं। समाजवादी कलाकार की दृष्टि में कला वर्गसंघर्ष में हथियार का काम करती है। वह उसे क्रान्ति का साधन मानता है। उसके अनुसार लेखक एक खास किस्म की विचारधारा के साथ प्रतिबद्ध होता है। दूसरे वर्ग का साहित्यकार साहित्य को स्वांतःसुखाय मानता है और उसके लिए 'प्रतिबद्धता' जैसा शब्द निरर्थक है। वस्तुतः साहित्य के सम्बन्ध में ये दोनों विचार अतिवादी विचार हैं और इन दोनों के बीच कहीं साहित्य का सत्य निहित है। दरअसल रचनाकार की प्रतिबद्धता दुहरी होती है। एक स्तर पर वह अपने प्रति प्रतिबद्ध होता है अर्थात् अपने अनुभव, अपने विवेक और अपनी रचना के प्रति। दूसरे स्तर पर वह उस समय, परिवेश या जीवन के प्रति प्रतिबद्ध होता है जिसके बीच साँस ले रहा होता है। अपने रचनात्मक क्षणों में रचनाकार अपने और अपने विषय के सर्वाधिक निकट होता है। लेकिन 'जीवन' या 'समय' या 'मनुष्य' या 'परिवेश' जैसे शब्द बहुत अस्पष्ट हैं। मनुष्य सब होते हैं और जीवन भी वह सब कुछ होता है जो बाहर स्पंदित है। रचनाकार उसमें भी अपने लिए चुनाव करता है। वह कुछ चीजों को नकारता है और कुछ चीजों को चाहता है। यदि वह सही लेखक है तो अमानवीयता के विरुद्ध मानवीयता को चुनता है। दुखी, पीड़ित मनुष्य का पक्ष लेता है। क्रूरता, हिंसा और मानवीय स्वातन्त्र्य को बाधित करने वाली शक्तियों का विरोध करता है। टूटते हुए, पराजित होते हुए, निराश और असहाय महसूस करते हुए आदमी को खड़े होने और संघर्ष करने की शक्ति देता है और इस प्रकार अपने को, अपनी रचना को और जिन्दगी को अर्थवान बनाने की कोशिश करता है। इतिहास और साहित्य में अन्तर होता है। इतिहास बड़े लोगों का, शासकों-विजेताओं-बर्बरों का होता है। साहित्य आदमी का, सामान्य आदमी का होता है। यह हो सकता है कि कोई लेखक वर्ग-संघर्ष का चित्रण न करे। वह आत्मनिवेदन प्रस्तुत करे। वह आदमी के रति भाव का, उसके वियोग-शोक का, उसकी आध्यात्मिक भूख का भी चित्रण करे जैसा कालिदास, सूर, तुलसी आदि कवियों ने किया, लेकिन किसी भी हालत में उसका लेखन मानव-विरोधी नहीं होगा। लेखन अगर

मानवविरोधी है तो उसकी निन्दा की जानी चाहिए। मेरी समझ में यही लेखक की सामाजिक प्रतिबद्धता है। प्रतिबद्धता किसी वाद, पार्टी या सिद्धान्त के प्रति नहीं होती। इस प्रकार की प्रतिबद्धता एक प्रकार की संकीर्णता और लेखकीय जड़ता है। रचना अर्थ की खोज है। यदि कोई खोजा हुआ, बना-बनाया अर्थ पहले ही मिल जाय तो रचना क्यों? फिर लेखक के लिए 'अनुभव' का क्या महत्त्व होगा ?

आज का युग एक जटिल युग है। इस युग में साहित्यकार जिस सत्य की खोज करना चाहता है वह सरल और सीधा नहीं है। ऐसा नहीं है कि साहित्यकार बिना संघर्ष की मनःस्थिति से गुजरे कुछ कह सके। उसे परम्परा से जो दर्शन और चिन्तन मिला है वह आज की स्थितियों में इतना निभ्रांत नहीं कि उसे ज्यों का त्यों व्यक्त कर दे। वह जो कुछ अपने भीतर सोचता है और जिन आदर्शात्मक विधानों की कल्पना करता है वे आज की कटुस्थितियों में साकार होती नहीं दिखाई पड़तीं। ऐसी हालत में बिना तनाव और मानसिक संघर्ष के वह अपने को व्यक्त करने में असमर्थ है। वह सीधे-सीधे अपने निजी सुख-दुख और प्रेम-विरह के गीत नहीं गा सकता। उसे समाज की निरन्तर गतिशील वास्तविकताओं, परिवर्तन के स्वरूप एवं तत्त्वों की परख करते रहना होगा। उसे अपनी निजी इच्छाओं और कल्पनाओं को व्यापक जीवन-समूह के परिप्रेक्ष्य में देखना होगा। समूह में ही वह रस है जो उसके व्यक्तित्व को जीवन और प्रेरणा देता है। इसे छोड़कर उसका व्यक्तित्व बंजर हो जाएगा। गतिशील वास्तविकताओं के साथ उसके व्यक्तित्व का रिश्ता जुड़ना ही होगा। कलाकार के व्यक्तिगत सत्य और सामाजिक सत्य में जब तक तालमेल नहीं बैठेगा, जब तक बाह्य वास्तविकताएँ आन्तरिक अनुभूति नहीं बन जाएँगी तब तक रचनात्मक अनुभूति खोखली और शक्तिहीन साबित होगी। एक समर्थ रचना के लिए अनुभूति और युग के यथार्थ का बोध बहुत जरूरी है। यह सही है कि रचना रचनाकार के निजी अनुभवों की अभिव्यक्ति है लेकिन इस पर ज्यादा जोर देना एक प्रकार की वैचारिक संकीर्णता को जन्म देने लगता है। वस्तुतः हम जिसे निजी अनुभव कहते हैं वह निरपेक्ष नहीं होता। वह वस्तुजगत और रचनाकार के सम्बन्धों से पैदा होता है। बाह्य जगत और रचनाकार के अन्तर्जगत के परस्पर योग से ही रचना जन्म लेती है। अतः जितना यह आग्रह व्यर्थ है कि रचना में लेखक का निजत्व ही सब कुछ है उतना ही यह आग्रह भी कि रचना में बाह्य जगत ही सब कुछ है। रचना में व्यक्ति चेतना और सामाजिक चेतना का अन्तर समाप्त होना चाहिए तभी रचना सर्जनात्मक महानता प्राप्त करती है। निराला की कविता में बहुत दूर तक यह महानता दिखाई पड़ती है जबकि महादेवी के काव्य में व्यक्ति चेतना ही सब कुछ है। व्यक्ति चेतना एक

स्तर पर ठीक है क्योंकि बाह्य वस्तुजगत की वास्तविकता को कलाकार जब तक अपनी निजी चेतना और अनुभूति बनाकर नहीं प्रस्तुत करता है तब तक वह सच्ची कला बनती ही नहीं—एक विवरण मात्र होती है—पर व्यक्ति चेतना भी जहाँ वस्तुगत वास्तविकता से विच्छिन्न हो जाती है वहाँ वह भावोच्छ्वास मात्र होकर रह जाती है। दूसरी बात यह है कि साहित्य वास्तविक मानव या सामान्य मानव को छोड़कर नहीं चलता। वह साधारण और सामान्य जीवन का चित्रण करता है, असाधारण या असामान्य जीवन का नहीं।

जीवन और समाज के प्रति दायित्व तथा उसमें हिस्सेदारी (इन्वाल्वमेंट) का अभाव और पलायन आधुनिक बुद्धिजीवी को अजनबी और पराया बनाता है। जीवन से उखड़ा हुआ लेखक आत्मनिर्वासित होकर अपने ही विच्छिन्न मानस में चीजों का अर्थ ढूँढ़ता रह जाता है और जल्दी ही उसकी रचनात्मक क्षमता नष्ट हो जाती है। उसके ज्ञान और अनुभव का स्रोत कट जाता है। वह अपनी जड़ों से अलग होकर परजीवी हो जाता है। यदि जड़ों से उसका सम्बन्ध जुड़े तो उसका अनुभव पुष्ट हो और उसकी रचना को नई शक्ति तथा ताजगी मिले। यह सही है कि कला को किसी एक निश्चित कठघरे में कैद नहीं किया जा सकता पर उतना ही सच यह भी है कि कला का अनन्त स्रोत वह जीवन ही है जो लेखक के चारों ओर स्पन्दित होता रहता है। सारा ज्ञान और अनुभव तो उस आदमी में ही है जो असंख्य तादाद में उन उपेक्षित स्थानों पर बिखरा है जिनसे आज के लेखक का कोई रिश्ता नहीं रह गया है। उनसे सम्बन्ध विच्छेद हो जाने पर लेखक की कला मरने लगती है। उसमें प्रभाव डालने वाली और जीवन को बदलने वाली क्षमता नहीं रह जाती। उसमें मानवीय अनुभव की तात्कालिक गर्मी नहीं रह जाती। वह अपनी प्रासंगिकता और परिणामतः प्रभाव खो देता है। वह एक सामाजिक सांस्कृतिक क्रिया ही नहीं रह जाता। आज के शहरों में रहने वाला आदमी परजीवी है। उसका आपसी रिश्ता टूट चुका है। पास के बंगले में चीख सुनाई पड़ती है तो दूसरे बंगले वाला जागता हुआ भी लिहाफ में दुबक जाता है। इसी प्रकार के विच्छिन्न लोक में जीने वाला आज का लेखक अपने को ही दुहराता रहता है। नई जीवन स्थितियों से उसका रिश्ता ही टूट गया है अतः उसकी भाषा में रचनात्मक ताकत नहीं रह गई है। भाषा में ताकत आती है, वस्तुजगत के सीधे सम्पर्क से। अपने एक पत्र में लेनिन ने गोर्की को लिखा था : 'मैं सच कहता हूँ, अगर इन बुद्धिजीवियों के घुटन भरे परिवेश से अपने को आजाद नहीं करोगे तो तुम तबाह हो जाओगे···मैं तुम पर कोई नसीहत लादना नहीं चाहता, लेकिन मैं इतना जरूर कहूँगा, अपना परिवेश बदलो, अपने रहन-सहन की स्थिति बदलो···वरना जीवन से तुम्हें सदा के लिए घृणा होने लगेगी।'[1]

यह एक सच्ची स्थिति है कि आज का भारतीय लेखक राजनीति से कट गया है। समाज की अव्यवस्था या विषमता का सही-गलत चित्रण तो वह करता है पर उसके मूल कारणों को प्रभावित कर सकने की क्षमता वह नहीं दिखा पाता। इसका असली कारण शायद यही है कि आज का लेखक सजग होकर उन राजनीतिक शक्तियों और सामाजिक अन्तर्विरोधों को सही-सही पहचान कर उनसे अपने विचारों का रिश्ता नहीं जोड़ पाता। भक्ति और श्रृंगार की ओर भागने वाला पुराना साहित्य जिस प्रकार पलायनवादी था उसी प्रकार यह साहित्य भी है—फर्क इतना है कि यह एक अमूर्त और विच्छिन्न विचारलोक में भागता है। स्वीकार किया जाता है कि आज के मनुष्य की नियति को जो दो शक्तियाँ नियन्त्रित कर रही हैं उनमें राजनीति और विज्ञान प्रमुख हैं। पर हमारा लेखक सबसे अधिक अलग और दूर है तो इन्हीं शक्तियों से। आजादी के बाद बार-बार हमारे बड़े राजनेताओं ने देश के छात्रों और बुद्धिजीवियों को राजनीति से दूर रहने की सलाह दी। इस सलाह का सीधा अर्थ था कि तुम सिर्फ सत्ता के साथ रहो। यह कितनी खतरनाक सलाह है और कितनी षड्यन्त्रकारी। छात्रवर्ग समाज का सबसे क्रान्तिकारी वर्ग होता है। उसके रक्त में एक गर्मी होती है—एक बेचैनी। वह परम्परा से, और अपनी सुरक्षा की भावना से दूर होता है। उसमें एक आशा, कल्पना, उमंग होती है। उसमें कुछ नया कर गुजरने का उत्साह होता है। तात्पर्य यह है कि क्रान्ति की सभी बुनियादी जरूरतें उसमें हैं। बुद्धिजीवी (विशेषत: लेखक) विचारजगत का प्राणी होता है और विचार-शक्ति का पर्याय। लेखक के पास क्योंकि भाषा का हथियार है अत: उसकी एक सशक्त सामाजिक हैसियत है। उसका एक पाठक समूह है। यही कारण है कि इन दोनों वर्गों से, राजनीति से दूर रहने की अपील बार-बार की जाती है। जो लोग इस अपील को स्वीकार कर लेते हैं अर्थात सत्ता के साथ जुड़ जाते हैं उन्हें पुरस्कार दिए जाते हैं, ऊंचे ओहदे दिए जाते हैं और देश-विदेश में भ्रमण की अनेक सुविधाएँ दी जाती हैं। जब लेखक धीरे-धीरे ख्याति पाने लगता है और ख्याति के साथ ही पैसा भी, तो उसमें उच्चवर्गीय जीवन जीने का लोभ पैदा होने लगता है। यदि वह इस लोभ को दबा नहीं पाता तो एरिस्टोक्रेटिक ढंग से जीना शुरू करता है और फिर एक विशेष प्रकार का कलावाद उसकी रचना के चारों ओर घिरने लगता है। वह तटस्थ होकर और एक दार्शनिक गरिमा ओढ़कर एक खास सौन्दर्यलोक में या सपनों के संसार में पलायन करने लगता है। वह अपने मानववादी विचारों को ताक पर रखकर सत्ता का गुणगान करना आरम्भ कर देता है। वह सामाजिक-राजनीतिक स्थितियों से जुड़कर एक वैचारिक ऊर्जा प्राप्त करने की कोशिश नहीं करता। इस बात को चाहे जितना झुठलाने का प्रयत्न किया जाए कि व्यक्तिगत जिन्दगी, रहन-सहन और व्यवहार से रचना

का कोई वास्ता नहीं पर यह बात फिर भी झूठी नहीं हो पाती। वर्ग अपना एक चरित्र बना लेता है और अपने वर्ग चरित्र को छोड़ने का उदाहरण गिने-चुने लेखक ही पेश कर पाते हैं। उदाहरण हमारे सामने बहुत-से लेखकों के हैं जो बड़े पत्रों के संपादक हैं या सरकारी प्रतिष्ठानों, अकादमियों के सदस्य हैं या विश्वविद्यालयों के प्राध्यापक हैं जो कैरियरिस्ट बनकर अपनी पदवी की सुरक्षा में मौन हैं, जो देश और समाज के हालात से खामोश होकर जीवन-चेतना और सामूहिक अनुभवों से विच्छिन्न हो चले हैं। वे लाखों-करोड़ों लोगों को साहित्य की सांस्कृतिक दुनिया में शरीक नहीं करना चाहते। बल्कि उसे स्वप्नों और यूटोपिया की दुनिया में ले जाते हैं।

ऐसे साहित्य पर जो राजनीति का साक्षात्कार करता है, बहुधा सामयिक होने का आरोप लगाया जाता है। सामयिक और शाश्वत साहित्य की चर्चा बार-बार उठाई जाती है किन्तु इसे उठाने वाले प्रश्न की तह में जाने की आवश्यकता नहीं समझते। यदि साहित्य में नवीनता की माँग की जाती है, साहित्य को जीवन की अभिव्यक्ति माना जाता है, साहित्यकार की अनुभूतियों की ईमानदारी की परीक्षा की जाती है तो फिर ऐसे साहित्य पर सामयिकता और तात्कालिकता का आरोप क्यों लगाया जाता है ? प्रत्येक साहित्य एक अर्थ में सामयिक ही होता है। किसी भी साहित्यकार के लिए अपनी रचना में अपने युग की बिल्कुल उपेक्षा कर जाना संभव नहीं होता। बल्कि यह तो उसकी ईमानदारी और जिम्मेदारी है कि वह अपनी युगीन समस्याओं का सीझा साक्षात्कार करे और उसे अपने साहित्य में पूर्ण बौद्धिक सन्तुलन के साथ व्यक्त करे। साहित्य में किसी खास विषय को, चाहे वह भक्ति हो या शृंगार, शाश्वत नहीं माना जा सकता। न ही किसी खास विषय को सामयिक और तात्कालिक माना जा सकता है। साहित्यकार के लिए सभी विषय एक से हैं। उसकी दृष्टि ही किसी रचना को शाश्वत या सामयिक बनाती है। यदि उसकी दृष्टि व्यापक है, उसकी अनुभूति गहरी और सच्ची है और उसकी अभिव्यक्ति तार्किक और ईमानदार है तो उसका साहित्य शाश्वत महत्त्व का होगा। यदि उसकी दृष्टि संकीर्ण है, उसकी अनुभूति छिछली है और उसकी अभिव्यक्ति आवेशपूर्ण तथा कृत्रिम है तो उसका साहित्य भी तात्कालिक महत्त्व का होगा चाहे वह भक्ति का साहित्य हो या शृंगार का। साहित्यकार की संकीर्ण, पूर्वाग्रहयुक्त और आवेशपूर्ण दृष्टि ही उसके साहित्य को तात्कालिक बनाती है। अतः विषय के आधार पर किसी रचना को सामयिक कहना उचित नहीं। आज की रचना यदि राजनीति का साक्षात्कार करे तो केवल इसीलिए उसे तात्कालिक नहीं कहा जाना चाहिए। साहित्य के साथ राजनीति के सम्बन्धों के प्रसंग में यह भी आरोप लगाया जाता है कि इस प्रकार का साहित्य पत्रकारिता का आदर्श अपना लेता

है। यह आरोप एक हद तक ठीक है। साहित्य यदि पत्रकारिता का आदर्श अपनाता है तो यह उसके लिए ठीक नहीं क्योंकि तब वह प्रचार का एक साधारण पुर्जा बनकर रह जाएगा। तात्कालिक उपयोगिता, उत्तेजना और सतही भावुकता साहित्य का लक्षण नहीं है।

वाल्टर बेंजामिन के शब्दों में : 'रचना का राजनीतिक प्रयोजन राजनीतिक तौर पर भी तभी सही हो सकता है जबकि वह साहित्यिक तौर पर भी सही हो। इसका तात्पर्य है कि सही राजनीतिक प्रयोजन में एक साहित्यिक प्रयोजन भी सन्निहित है।'[2] जरूरत इसी बात की है कि राजनीति को नारा या मैनिफेस्टो न बनाकर उसका कलात्मक उपयोग किया जाए। किसी लेखक का कोई राजनीतिक विचार रखना और उसे सत्य मानकर स्वीकार करना अपराध नहीं है लेकिन उस विचार सत्य को सम्पूर्ण कलाकृति के रूप में अभिव्यक्त होना चाहिए। छद्म प्रगतिशीलता से उबरे बिना राजनीति का इस प्रकार कलात्मक उपयोग संभव नहीं होगा। कला के द्वारा क्रान्ति संभव न हो, कला के द्वारा वास्तविकताओं को न बदला जा सके, कला हथियार का विकल्प न हो सके, पर इसमें सन्देह नहीं कि यदि उसका सही उपयोग किया जाए तो वह इन सबकी प्रेरणा जरूर देगी क्योंकि वह अपने समय की क्रान्ति चेतना से स्वयं प्रेरित होती है। यह सवाल बड़ा जेनुइन सवाल है कि आज व्यवस्था के विरोध में इतना कुछ लिखा जा रहा है पर उसका असर क्यों नहीं हो रहा है ? इस सवाल के जवाब में कई बातें कही जा सकती हैं। मसलन यह कि हमारा देश आर्थिक दृष्टि से गरीब है। यहाँ के लोग साहित्य और विचारजगत के सीधे सम्पर्क में नहीं हैं। यह कि कवि-सम्मेलनों आदि के द्वारा हमारे साहित्यकारों ने छिछली भावुक रचनाएँ श्रोताओं के सामने पहुँचाकर उनकी रुचि विकृत की है। यह कि लोकप्रिय पत्रिकाओं ने जनता के रुचि-परिष्कार के लिए अपनी जिम्मेदारी नहीं निभाई है। यह कि सस्ते प्रकाशनों ने विचारों की दृष्टि से भी निहायत सस्ती पुस्तकें छापकर लोगों के साथ गम्भीर अन्याय किया है। तात्पर्य यह कि उत्तर कई दिए जा सकते हैं मगर यह भी कम महत्त्वपूर्ण सच नहीं है कि हमारे लेखकों ने भाषा का सधा हुआ कलात्मक उपयोग नहीं किया है। राजनीति, संघर्ष आदि के नाम पर हमारे कवियों-कहानीकारों ने भड़ैती ही अधिक की है, उसका रचनात्मक उपयोग करके जनता को प्रभावित करने कोशिश कम हुई है। अमेरिकी कवि-समीक्षक मैकलीश के शब्दों में राजनीतिक कविता लिखना सीधा क्रान्तिकारी या राजनीतिक होने से अधिक कठिन है।[3]

सन्दर्भ

1. 'आलोचना', अप्रैल-जून 1970, पृ॰ 15.
2. 'आलोचना,' अप्रैल-जून 1971, पृ॰ 10.
3. Poetry can inhabit the world, the actual world, even the political world. To practise it there is not easy. Indeed it is more difficult than to throw oneself into politics, into revolution, directly as a man, as a revolutionary.

   'Poetry and Experience', p. 131.

विज्ञान, औद्योगिक प्रगति और साहित्य

पता नहीं कैसे पढ़े-लिखे लोगों तक को यह भ्रम हो गया है कि साहित्य कल्पना-जगत की चीज है और उसका वास्तविकता से कोई सम्बन्ध नहीं। साहित्य का अर्थ उनके लिए 'कल्पना' है, जिसे एक हद तक वे गप स्वीकार करते हैं। आम बातचीत में ऐसे पढ़े-लिखे लोग व्यंग्य से कहते हैं : 'यह तो साहित्य की चीज है' (गोया यह कोरी कल्पना है) अथवा 'साहब, यह साहित्य नहीं है' (गोया यह कोई ऐसी समस्या नहीं है, जिस पर साहित्यकार को राय देने का हक हासिल हो)। कुल मिलाकर यह वर्ग साहित्य को एक ऐसे काल्पनिक जगत की चीज मानता है, जिसका जीवन की यथार्थ समस्याओं से कोई सम्बन्ध नहीं है। यह तथाकथित पढ़ा-लिखा वर्ग जो साहित्य को कपोलकल्पना मानता है, कम नहीं है। उसकी संख्या अस्सी प्रतिशत है। यह साहित्य के लिए बड़ा ही दुर्भाग्यपूर्ण है कि प्रबुद्ध और शिक्षित समझे जाने वाले लोगों में भी अस्सी प्रतिशत लोग साहित्य को कपोलकल्पना मानते हैं।

हमारे पास आचार्यों का दिया हुआ एक अस्त्र है और हम ऐसे लोगों को मुँहतोड़ उत्तर दे सकते हैं कि 'साहित्य आप जैसे अरसिकों के लिए नहीं है।' लेकिन हम इस नकारात्मक हथियार का इस्तेमाल क्यों करें? पाठक तो वैसे भी बहुत कम हैं। हिंदुस्तान में शिक्षितों का प्रतिशत शायद बीस है (जिसमें केवल अपना नाम लिखने वाले भी शामिल हैं)। इसमें भी ऐसे पाठक जो गम्भीर लेखन को पढ़-समझ सकते हैं, तो बहुत ही कम हैं। और अगर उन थोड़े से लोगों को भी हम साहित्य के लिए अयोग्य मानते हैं तो फिर हमारे साहित्य का भगवान ही भला कर सकता है।

हमें विचार करने की आवश्यकता है कि साहित्य के सम्बन्ध में पढ़े-लिखे लोगों की इस प्रकार की धारणा का क्या कारण है और यदि कुछ सचाई है तो उसे कहाँ तक स्वीकार किया जा सकता है। इस सन्दर्भ में साहित्यकार का क्या दायित्व है? वास्तव में इस प्रश्न के मूल में जाने के लिए, साहित्य की उस लम्बी परम्परा का सिंहावलोकन आवश्यक है, जो कई हजार वर्ष प्राचीन है। मनुष्य ने आज से लगभग छः हजार वर्ष पूर्व लिखना प्रारम्भ किया था और उसकी साहित्यिक परम्परा भी कम-से-कम तीन हजार वर्ष प्राचीन है। इस

लम्बी अवधि में अनुभव और ज्ञान की जिन क्रमिक स्थितियों से वह गुजरा है, उन्हीं के अनुरूप उसका साहित्य संसार भी निर्मित हुआ है। यह सही है कि आज तक की अपनी विकास-यात्रा में मनुष्य विभिन्न अन्धविश्वासों, रूढ़ियों और परम्पराओं के बीच से होकर गुजरता रहा है तथा प्रकृति के क्रोड़ में उठते-गिरते हुए आगे बढ़ता रहा है। अपने चारों ओर के परिवेश और उसके अनन्त रहस्यों को भेदन करते हुए अज्ञान से ज्ञान की दिशा में निरन्तर बढ़ते रहना मानव-जाति का स्वभाव है। मनुष्य अपने इस स्वभाव के अनुसार आगे बढ़ता रहा है। उसके साहित्य में भी वे सभी वैज्ञानिक-अवैज्ञानिक विचार, अन्धविश्वास, रूढ़ियाँ और परम्पराएँ सुरक्षित हैं। साहित्य की इस लम्बी विकास-यात्रा को भूलकर जब आज का विज्ञान—बुद्धि सम्पन्न और घड़ी की सुइयों के साथ भागने वाला व्यस्त मनुष्य साहित्य पर दृष्टिपात करता है तो उसे साहित्य कपोल-कल्पना प्रतीत होता है। असल में वह बूढ़ी आँखों से बचपन को देखता है। आज का वैज्ञानिक मनुष्य जब हजार वर्ष पुराने साहित्य, उसकी परम्पराओं, रूढ़ियों और अन्धविश्वासों को देखकर फतवा देगा तो उससे अधिक की आशा भी नहीं की जा सकती। दूसरी विशेष बात यह है कि साहित्य का स्वरूप मनुष्य की अन्य ज्ञानधाराओं से थोड़ा पृथक् है। उसमें संकेतों का विशेष महत्त्व होता है। साहित्यकार बिम्बों, प्रतीकों, संकेतों और कला के आवरणों में अपना कथ्य प्रकट करता है। इसीलिए कहा जाता है कि इतिहास में तिथियों और घटनाओं के अतिरिक्त बाकी सब झूठ होता है जबकि साहित्य में तिथियों और घटनाओं के अतिरिक्त बाकी सब सत्य होता है। आज व्यापार-बुद्धिवाला भौतिकवादी मनुष्य कुछ 'ठोस' और 'स्थूल' में विश्वास करता है तथा प्रथम दर्शन में ही सब कुछ प्राप्त कर लेना चाहता है। ऐसी स्थिति में जबकि साहित्य उसे 'तत्काल' और कोई 'ठोस' वस्तु नहीं प्रदान कर सकता, न उसे कोई मुकदमा जीतने की तरकीब बता सकता है न नौकरी प्राप्त करने का गुर तो उसका उसे कपोल-कल्पना मानना स्वाभाविक ही है।

वस्तुत: पिछले लगभग तीन सौ वर्षों से विज्ञान मनुष्य की मान्यताओं को प्रभावित करता आ रहा है। इस अवधि में उसने मनुष्य के अन्दर और बाहर बड़ी-बड़ी क्रान्तियाँ की हैं—उनकी रूढ़ियों और परम्परागत विश्वासों का खंडन किया है, जादू-टोने के संसार का अन्त किया है, दैवी शक्तियों पर अन्धविश्वास का पर्दाफाश किया है तथा ईश्वरवाद का उन्मूलन किया है। बर्ट्रेण्ड रसेल ने यूरोप में भूत-प्रेत और अन्य अन्धविश्वासों का विस्तार से उल्लेख करते हुए बताया है कि एक जमाने में शेक्सपियर और बेकन जैसे लोग भी इस प्रकार की चीजों में विश्वास करते थे। (देखिए, 'द इम्पैक्ट आफ साइंस आन सोसाइटी')। वस्तुतः वर्तमान युग विज्ञान का युग है। विज्ञान ने हमारे जीवन को बहुत

गहराई के साथ प्रभावित किया है। हमारी प्राचीन मान्यताएँ, रूढ़ियाँ और अन्ध-विश्वास खण्डित हो चुके हैं। विज्ञान ने परीक्षण पर आधारित तथ्य को ही वास्तविक ज्ञान बताया है। इस प्रकार उसने एक तार्किक और सन्तुलित दृष्टि का विकास किया है जिससे वर्तमान जीवन का पहलू प्रभावित हुआ है। जैसा कि पीछे कहा जा चुका है, अपने परिवेश के रहस्यों का परीक्षण करके ज्ञान की दिशा में आगे बढ़ना मनुष्य का स्वभाव है। आज का युग बुद्धि और तर्क पर अधिकाधिक जोर देता है। बौद्धिक दृष्टिकोण आज के युग की सबसे बड़ी विशेषता है। यह इसी विशेषता का परिणाम है कि हम अन्तरिक्ष के बहुत से रहस्यों से परिचित हो चुके हैं। आज चाँद, सूर्य या दामिनी को देखकर हममें आश्चर्य, भय अथवा श्रद्धा नहीं उपजती। विज्ञान आज के मनुष्य को प्रेरित करता है कि वह प्रकृति के रहस्यों को अनावृत करे। वास्तव में विज्ञान ने आज के मनुष्य का ध्यान दैवी शक्तियों से हटाकर ऐसी प्राकृतिक शक्तियों पर केन्द्रित किया है जिन्हें वह स्वत:चालित स्वीकार करता है। विज्ञान ने मनुष्य का सामर्थ्य स्वीकार किया है तथा उसने उसे कर्म की प्रेरणा दी है। बर्ट्रेंड रसेल ने ठीक ही कहा है कि विज्ञान ने हमें ज्ञान और कर्म की दिशा में प्रवृत्त किया है। (देखिए, 'द इम्पैक्ट आफ साइंस आन सोसाइटी')। आधुनिक विज्ञान के ही प्रभावस्वरूप 19वीं और 20वीं शताब्दी में सम्पूर्ण विश्व में एक प्रकार की औद्योगिक क्रान्ति भी हुई है। इस क्रान्ति का प्रारम्भ इंग्लैंड में हुआ मगर इसने सम्पूर्ण यूरोप और विश्व के अन्य देशों को भी बहुत जल्दी छा लिया है। भारत में यह क्रान्ति यद्यपि देर से हुई है किन्तु औद्योगिक दृष्टि से अब यह देश दिन-ब-दिन उन्नति करता जा रहा है। इस औद्योगिक क्रान्ति का आज के मनुष्य पर बड़ा गहरा प्रभाव पड़ा है। संक्षेप में कहा जा सकता है कि आज के युग पर जितना व्यापक और गहरा प्रभाव विज्ञान का पड़ा है उतना अन्य किसी चीज का नहीं। यह प्रभाव यद्यपि कई क्षेत्रों में है और शुभ-अशुभ दोनों ही दिशाओं में है किन्तु विज्ञान का मनुष्य पर सबसे महत्त्वपूर्ण प्रभाव यह पड़ा है कि उसने मनुष्य में एक तार्किक और बौद्धिक दृष्टि का विकास किया है। यही कारण है कि आज कल्पनाप्रधान साहित्य के पाठक कम होते जा रहे हैं और निरन्तर कम होते जाएँगे। अगली शताब्दी निश्चित रूप से पूर्णत: विज्ञान की शताब्दी होगी। वैज्ञानिक प्रगति जिस गति से हो रही है, उसे ज्यामितीय प्रगति से कई गुना तीव्र कहा जा सकता है। पिछले 25 वर्षों में जो प्रगति विज्ञान ने की है वह सैकड़ों वर्षों में नहीं हुई है और इसी प्रकार अगले 25 वर्षों में जो प्रगति विज्ञान करने वाला है, वह पिछले हजारों वर्षों की उपलब्धियों के बराबर होगी।

इस विज्ञान युग के प्रभावस्वरूप आज के साहित्य में जो नयापन दिखाई

पड़ता है, उससे घबराने की जरूरत नहीं है। वह जीवन का सहज प्रवाह है। लेकिन जहाँ कहीं वह जोड़ा हुआ लगता है, वहीं चिन्ता की बात है। साहित्य को आधुनिक वैज्ञानिक दृष्टि सम्पन्न होना ही चाहिए। यदि साहित्य ने विज्ञान के अनुरूप अपने को न ढाला तो साहित्य का कोई पाठक न रह जाएगा। आज के साहित्यकार का यह कठिन दायित्व है कि वह अपने चारों ओर के जीवन और आगे आने वाले युग के अनुरूप साहित्य सृजन करे तथा अपनी उन अनेक साहित्यिक रूढ़ियों में परिवर्तन करे जो अविश्वसनीय और निरर्थक हैं। वह युगानुरूप बिम्बों, प्रतीकों, संकेतों और शैलियों का सहारा लेकर कल्पना से यथार्थ और भावुकता से वैज्ञानिक दृष्टि की ओर उन्मुख हो अन्यथा साहित्य को कपोल-कल्पना समझने वालों की संख्या बढ़ती जाएगी और सारा साहित्य जीवन की मुख्य धारा से कटकर दस-पाँच गद्दीधारी सहृदयों तक सीमित होकर रह जाएगा। इस सन्दर्भ में साहित्यकार को विशेष रूप से सचेत होने की आवश्यकता है क्योंकि साहित्यकार की एक व्यावहारिक कमजोरी यह है कि वह अपने सीमित साहित्यिक दायरे के बाहर नहीं जाना चाहता। वह केवल दो-चार कविताएं-कहानियाँ लिखकर अपने सिर पर महान साहित्यकार का सेहरा बाँधना चाहता है या फिर दस-पांच कविता-कहानी संग्रहों या उपन्यासों की समीक्षा करके महान समीक्षक होने का दम्भ अपने भीतर पाल लेता है। यह कृत्रिम दम्भ साहित्यकार को पिट्टी बनाकर छोड़ देता है। आज की दुनिया में ज्ञान-विज्ञान की प्रगति इतनी तेज हो रही है—विचार की इतनी नई दिशाएँ खुलती जा रही हैं कि उनकी कल्पनामात्र आश्चर्य में डालने के लिए काफी है। हम सचमुच यदि युग-विचार के साथ अपने को जोड़ने की कोशिश में देश-विदेश की—विभिन्न विषयों की नई-नई पत्र-पत्रिकाओं का अवलोकन करें तो हमें महसूस होगा कि विचारों की दौड़ में हम कितने पीछे हैं। भौतिकी, रसायन, चिकित्सा, वनस्पति, मनोविज्ञान, इतिहास, पुरातत्त्व की नई-नई खोजों से रोज नये-नये तथ्य सामने आ रहे हैं पर हम तथाकथित साहित्यकार अपनी खोल में आँखें मूंदे पड़े हैं। हम इसे साहित्येतर समझकर अपनी ही दुनिया में रसमग्न हैं। नवीन ज्ञान-विज्ञान से अपरिचित होने के कारण हमारा अनुभव जगत भी बहुत संकीर्ण हो गया है। हम मानव भविष्य की परिकल्पना और उसके चित्रण में नितान्त असमर्थ हो रहे हैं। यह वैचारिक दरिद्रता हमारे आज के साहित्यकार के सामने सबसे बड़ा प्रश्नचिह्न है। वे साहित्यकार भी नितान्त भ्रम उत्पन्न करते हैं जो 'विशुद्ध साहित्य' की बात करते हैं। वास्तव में साहित्य का सम्बन्ध जीवन से होता है अतः उसका जो स्वरूप उभरता है वह सम्पूर्ण मानव ज्ञान के संदर्भ में ही उभरता है। यदि साहित्य अनुभव का सम्प्रेषण है

तो इस अनुभव को अधिक से अधिक वैज्ञानिक और व्यापक होना आवश्यक है। यह तभी सम्भव होगा जब साहित्यकार जीवन और विभिन्न चिन्तनधाराओं का मन्थन करे और अनुभव के अधिकाधिक स्तरों का साक्षात्कार कराने में सहायक सिद्ध हो।

[1970]

साठोत्तरी पीढ़ी के नाम कुछ पुराने सवाल

रचनाकार मित्रो !

तुमने 'आधुनिकता' का जो एक बवंडर खड़ा कर दिया है वह इस रूप में इतना अधिक चर्चित किसी काल में नहीं हुआ। 'क्रान्ति' और 'विद्रोह' का जितना जोरदार नारा तुमने लगाया उतना शायद ही पहले कभी लगा हो। यों तो जीवन मूल्यों का द्वन्द्व साहित्य में भी मुखरित होता रहता है और दो विरोधी पीढ़ियों का संघर्ष चला करता है। नई पीढ़ी अपने वक्तव्यों में पुरानी पीढ़ी की उपलब्धियों को चुनौती देती रहती है। यह कोई अनहोनी बात नहीं है। यह सदा से होता आया है: सभी देशों के साहित्य और चिन्तन में। बुद्ध के चिन्तन को उखाड़ कर फेंक देने में शंकराचार्य ने कुछ उठा नहीं रखा। द्विवेदी-युगीन इतिवृत्तात्मकता और उपयोगितावादी नैतिक दृष्टिकोण का जबरदस्त विरोध छायावादियों ने किया। आगे चलकर प्रगतिवादियों ने भी छायावाद की आकाशलता को धरती की ओर उन्मुख करने के लिए आन्दोलन किए। इंग्लैंड में टी० एस० इलिएट ने भी रोमांटिक काव्यधारा का विरोध किया। कहने का मतलब यह कि जिस 'आधुनिकता', 'क्रान्ति' और 'विद्रोह' का नारा तुम लगा रहे हो वह हर देश और हर काल में अपने-अपने ढंग से लगा करता है। लेकिन तुम जिस ढंग से यह नारा लगा रहे हो उससे लगता है कि आज पुरानी पीढ़ी को गाली देना एवं उसे चुक गया कहना एक फैशन-सा हो गया है।

मित्र, आधुनिकता के लिए समूची परम्परा को अस्वीकार करना आवश्यक नहीं है। यदि ऐतिहासिक दृष्टि से विवेकपूर्वक विचार किया जाए तो नया और पुराना या परम्परा और आधुनिकता का द्वन्द्व बहुत ही सूक्ष्म है। कल जो नया था आज वह पुराना है और आज जो नया है वह कल पुराना होगा। प्रत्येक प्रयोग कालान्तर में परम्परा बनता है और प्रत्येक परम्परा नये प्रयोगों को जन्म देती है। जो परम्परा निर्जीव और असामयिक हो जाती है उसमें विकासशील प्रवृत्तियाँ नष्ट हो जाती हैं। अतः प्रयोग युग की माँग है। प्रत्येक प्रतिभासंपन्न कलाकार प्रयोग करता है क्योंकि प्रयोग जागरूक चेतना का प्रतीक है। किन्तु यह भी सत्य है कि परम्परा को झुठलाकर कोई प्रगति नहीं हो सकती। अपने को परम्परा की जंजीर में अगली कड़ी के रूप में स्वीकार करने से ही प्रगति सम्भव है। कोरे चमत्कार-प्रदर्शन अथवा मात्र मौलिकता के आग्रह

में किए गए सस्ते प्रयोग किसी भी साहित्य के लिए वांछनीय नहीं होते। परंपरा में जो कुछ भी निष्प्राण, असमयोचित और सम्भावनाहीन है उसे तो त्यागना आवश्यक है किन्तु विद्रोह के आग्रह में शाश्वत, जीवन्त और प्रगतिशील तत्त्वों की उपेक्षा करना निश्चय ही हानिकारक होगा। परम्परा किसी एक आदमी की बनाई हुई चीज नहीं है। वह एक निरन्तर प्रवहमान धारा है जिसे एक मानव समूह ने अपने संघर्षों का रस दिया है। हम अपने संघर्षों से ही उसे गति दे सकते हैं। परम्परा को स्वीकार करना संकीर्णता या यथास्थितवाद नहीं है। जो परम्परा को स्वीकार नहीं करेगा वह उसका परिष्कार और विकास भी नहीं कर सकता। साहित्य में वे ही कृतियाँ ज्यादा शक्तिशाली होती हैं जो परम्परा से खुराक लेकर रची जाती हैं।

परम्परा बिलकुल ही निरर्थक है और परम्परा के संचित अनुभवों की मनुष्य के लिए कोई उपयोगिता नहीं रह गई है, ऐसा तो किसी भी दशा में स्वीकार नहीं किया जा सकता। इसे स्वीकार करने का अर्थ होगा यह स्वीकार कर लेना कि वर्तमान मनुष्य एकदम नया हो गया है और उसका अतीत से कोई सम्बन्ध नहीं। वह बिलकुल एक नये साँचे से निकल कर बाहर आया है। किन्तु ऐसी बात तो स्वप्न में भी स्वीकार नहीं की जा सकती। किसी भी व्यक्ति को उसके माता-पिता, दादा-परदादा, उसके समाज और देश से अलग करके नहीं समझा जा सकता। किसी भी ऐसी भाषा की कल्पना नहीं की जा सकती जो अपनी पूर्ववर्ती भाषा से अलग एकदम नई हो। किसी भी ऐसे चिन्तन के सम्बन्ध में सोचा नहीं जा सकता जो अपने पूर्ववर्ती चिन्तन की शृंखला से कहीं न कहीं जुड़ा न हो। इसीलिए कहा गया है : 'आल ओरिजिनैलिटी इज ऐन अंडिटेक्टेड थेफ्ट'। काल की गति चाहे जैसी भी हो इतना तो निश्चित है कि समूची सृष्टि एक सतत विकासमान प्रक्रिया है। समय के साथ चिन्तन और मूल्यों में परिवर्तन होता है लेकिन वह बिलकुल निरर्थक नहीं हो जाता। अगर ऐसा होता तो रूस जैसे साम्यवादी देश में मृच्छकटिक, महाभारत, रामायण और शेक्सपियर की कृतियों को इतना अधिक महत्त्व नहीं दिया जाता, आज दुनिया के किसी भी साहित्य में मिथकों के प्रति इतना आकर्षण न होता और अगर यह मान भी लें कि परम्परा निरर्थक है तो भी तुम्हारे ही तर्कों के अनुसार यह भी स्वीकार कर लेना पड़ेगा कि तुम जो कुछ कहते हो वह भी दस-पांच वर्ष बाद बिलकुल निरर्थक हो जाएगा।

वस्तुतः परम्परा और आधुनिकता में कोई विरोध नहीं होता। न तो परम्पराविरोध का अर्थ आधुनिकता है और न परम्परा-स्वीकार का अर्थ आधुनिकता-विरोध है। शिल्पगत चमत्कार या पाश्चात्य अनुकरण भी आधुनिकता का लक्षण नहीं है। किसी एक खास देश या साहित्य को आधुनिकता का ठेकेदार

समझना भी सबसे बड़ी भूल है। वस्तुतः आधुनिकता सत्य को ग्रहण करने की एक व्यापक दृष्टि है जिसका सम्बन्ध कहीं न कहीं देश और काल तथा नीति-अनीति के प्रत्ययों से जुड़ा होता है। बदलते हुए परिप्रेक्ष्य के प्रति संपृक्ति तथा समय की चुनौतियों को स्वीकार करने का साहस आधुनिकता के लिए आवश्यक है किन्तु इसी से उसे 'समसामयिकता' का पर्याय नहीं माना जा सकता। आधुनिकता का एक स्वाभाविक परिणति है, आवश्यकता है, कोई ओढ़ी हुई चीज नहीं, न अजायबघर का कोई अजीब जानवर जिसे देखकर हल्ला किया जाए।

भाई, यह भारत है जहाँ उपनिषदों के ऋषि-महर्षि, व्यास, वाल्मीकि, कालिदास, बुद्ध, शंकर, नागार्जुन, तुलसी, सूर, कबीर, रामकृष्ण परमहंस, विवेकानन्द, अरविन्द और गांधी जैसे चिन्तक, मनीषी और कवि अपनी साधना की चमक बिखेर गए हैं। जहाँ के कण-कण में चिन्तन की कोई न कोई चिनगारी छिपी हुई है। जहाँ का चरवाहा और हलवाहा भी वेदान्त बोलता है। जहाँ के गाँव-गाँव, डीह-डीह पर किसी न किसी उत्सर्ग का चौरा स्थापित है। यह भारत है—जहाँ की सांस्कृतिक परम्परा अत्यन्त समृद्ध रही है, जहाँ की आध्यात्मिक उपलब्धियाँ अत्यन्त महान रही हैं, जिसने मैक्समूलर और शापेनहावर जैसी विख्यात यूरोपीय प्रतिभाओं को मानसिक शान्ति प्रदान की है, जहाँ ज्ञान की सभी दिशाओं—दर्शन, धर्म, साहित्य, गणित, ज्योतिष, तर्क, विधि एवं औषधि आदि—में बहुत कुछ सोचा और किया गया है। यहाँ सिर्फ यह कह देने से काम नहीं चलेगा कि हम परम्परा को नहीं मानते। यहाँ परम्परा को अस्वीकार करने के पहले अपने को प्रमाणित करना पड़ेगा। क्या हम जान सकते हैं कि भारतीय मनीषा की शृंखला में तुम्हारा कौन-सा स्थान है? एक या दो कविता लिखकर क्या तुम व्यास, वाल्मीकि, कालिदास, तुलसी और सूर को नकार सकते हो? एक या दो लेख लिखकर क्या तुम बुद्ध, शंकर, नागार्जुन, विवेकानन्द, अरविन्द और उपनिषदों के चिन्तन को झुठला सकते हो? यह वह देश है जहाँ तुम एक कदम भी नहीं बढ़ सकते—बिना अपनी गौरवपूर्ण विकासशील सांस्कृतिक परम्परा को आत्मसात किए। परम्परा पर तुम्हारा विश्वास नहीं, सामाजिक मानदण्डों को तुमने ठोकर मार दी, ऐतिहासिक चेतना को तुमने अस्वीकार कर दिया, नैतिक मूल्यों को तुमने खोटा सिक्का समझकर फेंक दिया—फिर तुम्हारे पास जीने के लिए बचता क्या है?

यह तो मानना ही पड़ेगा कि तुम्हारी अधिकांश रचनाओं में जो 'क्रान्ति', 'विद्रोह' और 'आक्रोश' का स्वर उभरा है उसका लक्ष्य स्पष्ट नहीं होता। वह सब एक नकली नारा बनकर रह गया है। क्रान्ति और विद्रोह पत्रिकाओं या गोष्ठियों या कॉफी हाउसों की बहसों तक सीमित रह गए हैं। आधुनिकता

और नवीनता पश्चिमी अनुकरण और चमत्कार-प्रदर्शन में क्षीण हो गई है। शिल्पगत प्रयोग के आग्रह में करिश्मा या बाजीगरी दिखाना एक रिवाज-सा हो गया है। कुछ कवि तो कविता के नाम पर केवल रेखा और संकेत ही प्रस्तुत करते हैं जिनका कोई अर्थ नहीं निकलता। इनका प्रतीक, बिम्ब, अप्रस्तुत योजना, शब्द, वाक्य आदि सब कुछ पहेली-सा लगता है—दुर्बोध और जटिल। ऐसा लगता है जैसे इन्होंने चमत्कारबाजी को ही अपने दायित्व की इतिश्री समझ लिया है। भाई, केवल साइनबोर्ड से दूकान नहीं चलती। उसके लिए कुछ माल भी चाहिए। बिना दम के इस अनन्त काल-प्रवाह में ठहर पाना बड़ा मुश्किल है : 'है परम्परा चल रही यहाँ, ठहरा जिसमें जितना बल है'। इस अनन्त काल-प्रवाह में कुछ महत्त्वपूर्ण उपलब्धियाँ ही शेष रह जाती हैं। साइन-बोर्ड और चमत्कारबाजी को कोई नहीं पूछता।

यह तो समय-देवता ही निर्णय करेंगे कि तुम्हारे में कितना दम था। फिर भी लक्षणों के आधार पर पाठक कुछ अनुमान तो कर ही सकता है। पिछले पाँच-छह वर्षों में जितने वादों और आन्दोलनों की बाढ़ आई है उतनी पहले कभी नहीं आई। कविता के क्षेत्र में अकविता, अस्वीकृत कविता, न कविता, युयुत्सावादी कविता, भूखी पीढ़ी की कविता, क्रुद्ध कविता, प्रतिबद्ध कविता, श्मशानी कविता आदि तथा कहानी के क्षेत्र में नई कहानी, अकहानी, अस्वीकृत कहानी, नगर की कहानी, ग्राम की कहानी, कस्बे की कहानी, समुद्र पार की कहानी, सचेतन कहानी, समान्तर कहानी आदि इसी प्रकार के आन्दोलन हैं। कविता के क्षेत्र में तो एक-से-एक ऐटम बम आए दिन छूटते ही रहते हैं। इतनी बौद्धिक अराजकता और दायित्वहीनता शायद ही कभी रही हो। इन आन्दोलनों से जीवन और साहित्य में कोई बदलाव नहीं आया है। हाँ, इतना अवश्य हुआ है कि बहुत-से घटिया लेखक भी महान साहित्यकार हो गए हैं। कुछ तो एक या दो कविता लिखकर चर्चित हो गए हैं और कुछ एक-दो कहानी लिखकर हजारीप्रसाद द्विवेदी, अज्ञेय की साहित्यिक उपलब्धियों को इनकार करने लगे हैं। देश दिन-पर-दिन टूटता जा रहा है। रोजी और रोटी की समस्या कठिन होती जा रही है। नौकरशाही का अत्याचार और नेताओं की धूर्तता बढ़ती जा रही है, हीनताग्रस्त देश के मन की परती वैसी ही पड़ी हुई है, गाँवों की जहालत-भरी जिन्दगी में कोई परिवर्तन नहीं हुआ, सत्ता और पूँजी निरन्तर डोमिनेट करती जा रही हैं, बुद्धिजीवी वर्ग खोखला होता जा रहा है और तुम हो मित्र, कि आए दिन नया-नया पटाखा छोड़ते रहते हो।

क्या तुमने कभी सोचा है कि तुम्हारी रचनाएँ इतनी असमर्थ और जन-जीवन से दूर क्यों हो रही हैं ? इसका एकमात्र कारण यह है कि तुम्हारे आन्दो-लनों में आत्मविज्ञापन और नेतागीरी के तत्त्व अधिक हैं, सत्य के उद्घाटन का

स्वर कम। तुम आएदिन एक न एक पटाखा छोड़कर अपने को प्रतिष्ठित करने के फेर में ज्यादा हो। तुम्हारी हर चौंकाने वाली चीज अपनी ही विशिष्टता दिखाने के लिए है। तुम्हारे विभिन्न आन्दोलनों से एक नहीं सैकड़ों उदाहरण लेकर सिद्ध किया जा सकता है कि उसमें कोई मौलिक अन्तर नहीं : वक्तव्य का अन्तर भले ही हो सकता है। फिर यह अलग-अलग नाम देकर आन्दोलन खड़ा करने का क्या मतलब ? क्या इसके पीछे एक विशेष गुट को प्रतिष्ठित करने का आग्रह नहीं है ? क्या साहित्य को इस प्रकार के छोटे-छोटे कठघरों में सीमित किया जा सकता है। वास्तव में तुम्हारे सामने लक्ष्य 'यथार्थ' का या 'सत्य' का या 'परिवेश' का या 'अनुभूति' का या 'जनजीवन' का नहीं है बल्कि सबसे बड़ा लक्ष्य अपने को प्रतिष्ठित करने का है। तुम्हारी रचनाएँ प्रमाण हैं जिनमें न समय-बोध है न युग-बोध। तुम्हारी कथनी और करनी में एक गहरी खाई हो गई है। तुम वक्तव्यों के अनुरूप अपने को प्रमाणित कर सकने में असफल साबित हुए। ऐसी स्थिति में यदि तुम्हारी रचनाएँ जनमानस को छू सकने में असमर्थ सिद्ध हो रही हैं तो इसमें दोष तुम्हारा और तुम्हारी रचनाओं का है, जनमानस का नहीं। वस्तुत: साहित्य और साहित्यकार का बढ़ता हुआ फासला साहित्य को कभी भी समर्थ और प्रभावकारी नहीं सिद्ध कर सकता। जब भगवान शंकर ने अद्वैत के प्रवक्ता जगद्गुरु शंकराचार्य की परीक्षा ली थी तो उसका आधार यही था—चिन्तन और व्यवहार का तादात्म्य। गांधी ने अपनी राजनीति को धर्म और व्यक्तिगत पवित्रता से इसीलिए जोड़ा था कि वह प्रभावहीन न होने पाए। व्यास, वाल्मीकि, तुलसी, सूर और कबीर की रचनाओं का जनमानस पर इतना गहरा प्रभाव पड़ा है तो इसीलिए कि उन कवियों ने अपने को तपा-गला कर जनमानस को भी कुछ देना चाहा था। कम से कम एक आस्था और मूल्यवादी दृष्टि तो उनकी कृतियों से प्राप्त की ही जा सकती है। तुम्हारे तो अधिकांश साहित्य में निराशा, शून्यता और अनास्था का ही चित्रण अधिक हुआ है। घृणा, ऊब, उदासी और अविश्वास। नीत्से की तरह तुम भी कहते हो : 'ईश्वर मर गया है।' तुम्हारी दृष्टि में बचे ही क्या हैं ? केवल तुम और तुम्हारी कविता। ईश्वर, मनुष्य, आदर्श, नैतिकता, मूल्य, परम्परा, छायावाद, प्रगतिवाद, कविता, कहानी—सब कुछ तो मर ही गया ! मुझे उस ईश्वर से कुछ लेना-देना नहीं जिसे तुम मृत घोषित करते हो (यद्यपि प्रत्येक भारतीय चिन्तन किसी-न-किसी परम चैतन्य सत्ता में विश्वास अवश्य करता है); लेकिन कोई तो ऐसा होना चाहिए जिसे जीवित माना जाए। ईश्वर न सही मनुष्य ही सही। उसी की सम्भावनाओं का उद्घाटन हो, उसी पर आस्था टिके। लेकिन तुम्हारे चमत्कारों में तो वह मनुष्य भी दब गया है। मनुष्य और समाज में जिसकी आस्था नहीं वह बालू की भित्ति पर खड़ा है। उसका हर निर्णय

व्यक्तिवादी अहमपूर्ण मस्तिष्क की उपज है। जब आधार ही गलत है तो बाकी सब सच कैसे हो सकता है? आदमी को छोड़कर जीवन का सत्य नहीं ढूंढ़ा जा सकता। भाई, कोरा विद्रोह अपने आप में बेमतलब होता है। कोई-न-कोई उच्चतर लक्ष्य और सुलझी हुई दृष्टि तो होनी ही चाहिए। क्रान्ति, विद्रोह, आक्रोश और अस्वीकार के पीछे कुछ तो स्वीकारात्मक आधार होना ही चाहिए। बिना किसी रचनात्मक दृष्टि के विद्रोह निरर्थक होता है। साहित्य साहित्यकार की नितान्त निजी इच्छाओं या उसके अहम् की अभिव्यक्ति नहीं है। साहित्य में साहित्यकार की गहरी और सच्ची अनुभूति तो व्यक्त होती ही है किन्तु वह अनुभूति युगीन वास्तविकताओं की ही होती है क्योंकि साहित्यकार युग की ही उपज होता है। समष्टि को आत्मसात करने के बाद व्यष्टि की जो अभिव्यक्ति होती है वही साहित्य की सच्ची चेतना है। इस प्रकार साहित्य को नितान्त वैयक्तिक या नितान्त सामूहिक चेतना के रूप में नहीं स्वीकार किया जा सकता।

तुम अपने वक्तव्यों में जिस सामाजिक चेतना का फतवा देते हो वह तुम्हारी रचनाओं से प्रमाणित नहीं होता। यदि कोई चेतना उनमें उभरती ही है तो उसे सेक्स-चेतना का नाम दिया जा सकता है। पिछले कुछ वर्षों में सेक्स प्रधान साहित्य बहुत लिखा गया है। लेखकों के एक वर्ग ने तो केवल सेक्स का ही चित्रण किया है। बंगला की भूखी पीढ़ी की रचनाओं में सेक्स के अतिरिक्त और कुछ नहीं है। मलय तो शुभा के रजस्राव में कुल्ला करता है, मुँह धोता है, स्नान करता है। वह माँ के रजःस्राव, पिता के मैथुन एवं स्खलन का वर्णन करता है। वह स्वयं के स्खलित होने और पाजामे में वीर्य के सूखने का वर्णन करता है। समीर अपना शिश्न पकड़े हुए कलकत्ते की सड़कों पर घूमता है। आखिर यह सब क्या है? बंगला की भूखी पीढ़ी और बीट पीढ़ी से प्रभावित हिन्दी कवि भी अपनी कविताओं में इसी प्रकार का सेक्स प्रस्तुत करता है। यथार्थ के नाम पर नंगे स्तन, नितम्ब, जाँघ, शिश्न, जननेन्द्रिय, संभोग और वीर्यपात आदि का वर्णन किसी भी दृष्टि से शुभ नहीं कहा जा सकता। हाँ, अगर तुमको इस बात का फख्र है कि हिन्दी में 'फ्रेंच लेदर' या 'चूतिया' या 'बहनचोद' या 'चूतड़' शब्द पहली बार तुम्हारे द्वारा प्रयुक्त हुआ और इसीलिए तुम महाकवि हो तो तुम्हारा जवाब नहीं! लेकिन संसार का यथार्थ केवल विकृत, घृणित, कुरूप, हेय और निरर्थक ही नहीं है। संसार में बहुत कुछ ऐसा भी है जो तमाम नग्नताओं और विकृतियों के बीच भी इसे सन्तुलित और सहज किए हुए है। तभी तो आदमी जी रहा है। आखिर श्लीलता-अश्लीलता का कोई भी मानदण्ड तो तुम्हारे सामने होगा ही। श्लीलता-अश्लीलता का कोई सार्वभौम-शाश्वत मानदंड न भी हो तो भी उसे देश-काल और व्यक्तिसापेक्ष

तो मानना ही पड़ेगा और उसकी कोई न कोई कसौटी तो निर्धारित करनी ही पड़ेगी। एक विशेष काल और देश की सीमाओं में एक स्वस्थ और परिष्कृत सामाजिक दृष्टि ही श्लीलता-अश्लीलता की सच्ची कसौटी हो सकती है। यदि तुम संसार में कुछ भी अश्लील नहीं मानते तो इसका मतलब यह है कि तुम्हारी दृष्टि में गुस्से में दी हुई कोई भी गाली साहित्य है और तुम मनुष्य को किसी भी स्तर पर पशु से भिन्न नहीं मानते। 'ऊब कर अपने को जानवरों की फेहरिस्त में शरीक कर लेना' फ्रस्ट्रेशन ही हो सकता है, और कुछ नहीं। मैं पूछ सकता हूँ, क्या आज का भारतीय 'कामन मैन' सेक्स से पीड़ित है ? यदि नहीं, तो कहा जा सकता है कि तुम्हारा अधिकांश साहित्य भारतीय जनता का साहित्य नहीं है। उसमें स्वयं तुम मुखर हुए हो, भारत का 'कामन मैन' नहीं। वह तुम्हारी कुरुचि और विकृत मनोदशा का द्योतक है। तुम यथार्थ के नाम पर जो गन्दे से गन्दा एक्सप्रेशन प्रस्तुत करते हो उससे तुम्हारे ही भावबोध का घटियापन जाहिर होता है। समझ में नहीं आता, तुम स्तन, नितम्ब, जाँघ, योनि और संभोग आदि की चर्चा करके कौन-सा विद्रोह करना चाहते हो ? किस नवीन मूल्य की स्थापना करना चाहते हो ? भारत के कौन-से कामन मैन की आवाज मुखर करना चाहते हो ? क्या यह नहीं कहा जा सकता कि इस प्रकार के साहित्य द्वारा सेक्स का नशा पिलाकर तुम एक उभरती हुई पीढ़ी की प्रगतिशील विद्रोही चेतना को सुला देने का षड्यन्त्र कर रहे हो ? तुम्हारी यह सेक्स की अफीम मार्क्स के 'धर्म की अफीम' से किस माने में कम है ? हमारे प्राचीन ऋषियों ने चार पुरुषार्थों में 'काम' को भी उतना ही महत्त्व दिया है जितना धर्म, अर्थ और मोक्ष को, 'काम' के सम्बन्ध में हमारे प्राचीन साहित्य में जमकर विचार भी हुआ है। वात्स्यायन का 'कामसूत्र' इसका उदाहरण है; किन्तु भारतीय भावना त्याग और संयम को छोड़कर कभी नहीं चली। शृंगार की जो अभिव्यक्ति कालिदास की रचनाओं में हुई है वह कम उन्मुक्त नहीं है लेकिन वह काम की स्वस्थ अभिव्यक्ति है। उसमें कहीं भी विकृत मनोवृत्ति का परिचय नहीं मिलता।

तुम अपने वक्तव्यों में जिस भारतीय परिवेश को चित्रित करने की बात करते हो उसकी भी तुमने घोर उपेक्षा की है। परिवेश के नाम पर तुमने अनुकरण और अन्धानुकरण ही ज्यादा किया है—जीवन में भी, साहित्य में भी। तुम्हारा अधिकांश साहित्य विदेशी साहित्य से प्रभावित है, तुम्हारी पत्र-पत्रिकाओं, चर्चाओं और गोष्ठियों पर सार्त्र, कामू, काफ्का, आन्द्रेजीद, कीर्केगार्द, हेनरी मिलर, गिन्सबर्ग आदि ही हावी रहे हैं। आज विदेशी प्रभाव की चर्चा एक फैशन सी हो गई है। कहीं-कहीं तो यह विदेशी प्रभाव पचा पाना असम्भव हो जाता है। निर्मल वर्मा की कुछ कहानियाँ उदाहरण में रखी जा सकती हैं। रहन-सहन, वेशभूषा, चाल-ढाल तथा विचार और चिन्तन सबमें अनुकरण हुआ है। यह हमारे

हीनता-बोध का परिणाम है। भारत राजनीतिक दृष्टि से तो स्वतन्त्र हो गया किन्तु मानसिक दृष्टि से वह अब भी गुलामी की जंजीरों में जकड़ा हुआ है। पश्चिम ने तो अपने वातावरण के अनुकूल अपनी व्यवस्थाएँ निर्धारित कीं, अपना रहन-सहन निर्धारित किया, अपना जीवन-दर्शन बनाया। लेकिन हमने तो अन्धानुकरण में बहुत कुछ वही ग्रहण किया जो हमारी मिट्टी के अनुकूल नहीं है। हम टाई से लेकर अस्तित्ववाद तक में अन्धानुकरण की यह प्रवृत्ति ढूंढ़ सकते हैं। समकालीन साहित्य पर मार्क्स और फ्रायड के व्यापक प्रभाव की बात की जाती है। मार्क्स की बात तो मेरी समझ में आ गई। फ्रायड की भी कुछ-कुछ समझ लेता हूँ, लेकिन अस्तित्ववाद की बात समय में नहीं आई। वह कौन-सा मृत्युबोध है जिसे भारत का 'कामन मैन' भोग रहा है? मृत्यु की विभीषिका को एक बड़े पैमाने पर दोनों ही विश्वयुद्धों में यूरोप ने प्रत्यक्षतः भोगा है, लेकिन क्या यही बात भारत के लिए भी है? वस्तुतः भारतीय चिन्तन में मृत्यु को इतना असाधारण महत्व कभी नहीं दिया गया। हमारे ऋषियों और तत्त्ववेत्ताओं ने मृत्यु के सम्बन्ध में इतना विचारा है कि वह हमें विचलित नहीं करती। हम मृत्यु को आकस्मिक और भयंकर मानते हुए भी उसकी निश्चिन्तता के प्रति आश्वस्त हैं। हमारे यहाँ तो मृत्यु को एक साधारण औपचारिकता माना गया है जो एक नये जीवन का द्वार खोलती है। हम तो प्राचीन काल से आत्मा को अमर मानते चले आ रहे हैं। गीता में कहा गया है: 'जैसे मनुष्य पुराने वस्त्रों को त्याग कर दूसरे नये वस्त्र ग्रहण करता है वैसे ही जीवात्मा पुराने शरीर को त्यागकर दूसरे नये शरीर धारण करता है।' यहाँ तो 'अहं ब्रह्मास्मि' और 'यथापिण्डे तथा ब्रह्मांडे' का मन्त्र जन-जन में फूँका गया है। इस प्रकार अस्तित्ववाद भारतीय परिवेश में फिट नहीं बैठता। यह कोई जरूरी तो नहीं कि भारत का कवि भी विदेशी साहित्य और चिन्तन को ही आदर्श बनाकर लिखे? हर देश का अपना परिवेश होता है। हर इम्पोर्टेड माल श्रेयस्कर ही नहीं होता। निरा अनुकरण कभी भी किसी महान साहित्य को जन्म नहीं दे सकता। अनुकरण तो अनुकरण ही रहेगा, उसे प्रयोग माना ही नहीं जा सकता। इसमें कोई सन्देह नहीं कि तुम जिस परिवेश का चित्रण कर रहे हो वह बहुत-कुछ तुम्हारा अपना है। भारतीय के नाम पर तुम्हारा अधिकांश साहित्य नगर-बोध और काफी हाउस का साहित्य होकर रह गया है। विघटन, घुटन, यन्त्रणा, सन्त्रास, विसंगति, सेक्स (इन्हीं शब्दों का प्रयोग तुम्हारे साहित्य में अधिक हुआ है) आदि इतना उभरा है कि साधारण मनुष्य की दैनिक चीख दब-सी गई है। राशन-वस्त्र और नमक-तेल के लिए जूझते हुए साधारण मनुष्य को महत्व नहीं मिला है। तुमने अपने इस दायित्व से पलायन किया है।

मित्र, तुम जानते हो, भारतवर्ष भौतिक दृष्टि से एक पिछड़ा हुआ देश है।

यह गाँवों और गरीबों का देश है। यहाँ की 95 प्रतिशत जनसंख्या उस साधारण मनुष्य की है जो यातनाएँ सहता है, अपमानित होता है और जीवन को सच्चे अर्थों में भोगता है। जो वृक्षों के नीचे जन्मता है, फेंकी हुई सूखी गुठलियों को चूसकर बढ़ता है, फुटपाथों पर पलता और बेकफन मर जाता है। जो गर्मी में पसीना बहाता है, सर्दी में ठिठुरता है और बरसात में भीगता है। जो प्रतिदिन अपनी आत्मा और इज्जत का सौदा करता है तथा अपनी कुण्डली की पूरी जिन्दगी जीने के लिए हर क्षण मरता है। धरती की गोद जिसके लिए बहुत छोटी है और आकाश जिसकी बाँहों से दूर···बहुत दूर···। जो असमर्थ, अनाथ, साधनहीन, खानाबदोश और कंगाल है। जो गाँवों में धरती, आकाश और दिशाओं से लड़ता हुआ निरन्तर टूटता जा रहा है। जिसे पुलिस का अदना सिपाही ठोकर मारता है। लेखपाल लगान और घूस के लिए तंग करता है तथा सफेदपोश, हीनताग्रस्त बुद्धिजीवी जिसे देखकर ही मुंह बिचका देता है। मैं अपने लेखक मित्र से कहता हूँ, भाई, यह करुण कहानी भी तुम्हारी ही है। भद्दा ही सही लेकिन यह रूप भी तुम्हारा ही है। बल्कि यही तो तुम्हारा असली चेहरा है। जितना संघर्ष यहाँ है उतना और कहीं नहीं। यथार्थ का जो नंगा रूप यहाँ है वह और कहीं नहीं। सेक्स का जो प्रकृत रूप यहाँ है वह और कहीं नहीं। क्रान्ति की जो चिनगारी इस राख में है वह और कहीं नहीं। कितनी उर्वर लेकिन गन्दगी और जहालत से भरी हुई है यह जिन्दगी—जिसके उद्धार के बिना न तो भारत का उद्धार हो सकता है, न कामन मैन का और न साहित्य का। तुम अपने साहित्य के दर्पण में अपने इस असली चेहरे को देखने से क्यों कतराते हो ? भाई, शायरी की महबूबा की तरह अपनी ही अदा पर दीवाना होने से काम नहीं चलेगा ! परिवेश की उपेक्षा करके कोई भी सृजन सार्थक नहीं हो सकता। कोई भी साहित्य जी नहीं सकता। अपनी मिट्टी के अनुकूल कुछ रचो तो काम बने। भारत जैसे देश में, जो तरह-तरह की रूढ़ियों और निरर्थक परम्पराओं से जकड़ा हुआ है, जो मानसिक गुलामी की छाया में साँस ले रहा है और जो सामाजिक एवं आर्थिक विषमता से ग्रस्त है, साहित्यकार के लिए अपनी महत्वपूर्ण भूमिका निभाना आवश्यक है। उसे सामान्य जन मानस में छाई हुई धूल को साफ करना है। मन में पड़ी हुई परती को तोड़ना है, उर्वर बनाना है। मृत विचारों, रूढ़ियों और हीनता की ग्रन्थियों को मिटाकर नवीन मानदण्डों का विकास करना है और यह दायित्व साहित्यकार पर भी है।

इस तथ्य से इनकार नहीं किया जा सकता कि पिछले दस-पन्द्रह वर्षों में भारतीय जीवन और समाज में महत्त्वपूर्ण परिवर्तन हुए हैं। आजादी के तीन दशकों के बाद भी एक आजाद देश आत्मनिर्भर नहीं बन सका। भोजन और वस्त्र की प्राथमिक आवश्यकता भी हल नहीं हुई। नौकरशाही सामान्य जनता

को अपना नौकर ही समझती रही। पढ़े-लिखे बाबू लोग जनता से दूर होते गए। नेता वर्ग दिन पर दिन धूर्त और झूठा होता गया। पूंजीपतियों का शोषण बढ़ता गया। साधारण किसान-मजदूर का मनोबल और भी टूटता गया। उसके भीतर की क्रान्ति धीरे-धीरे मरती गई। चौथे आम चुनाव के बाद जब कांग्रेस की महंथी चूर हुई और गैर कांग्रेसी सरकारें बनीं तो समझा गया कि लोकतन्त्र सार्थक हुआ लेकिन इन गैर कांग्रेसी लोगों ने तो इस कदर गद्दी की लड़ाई शुरू की कि इतिहास में 'न भूतो न भविष्यति (?)' ! रही-सही आशा भी समाप्त हो गई। संयुक्त परिवारों का विघटन होने से परिवार के रागात्मक सम्बन्धों में भी दरारें पड़ गईं। आदमी ने अपने को अकेला महसूस किया। कुछ पुराने मूल्य टूटे। नये मूल्यों की तलाश शुरू हुई। चारों ओर दबाए हुए भारतीय बुद्धिजीवी वर्ग ने अपने चारों ओर एक भयंकर अन्धकार महसूस किया। वह जीवन के हर स्तर पर विद्रोह के लिए उतारू हो गया। यह तो स्वीकार करना ही पड़ेगा कि तुम्हारी कविताओं में परम्परागत रूढ़ियों से मुक्ति की छटपटाहट है, रोमांटिक भावुकता से मुक्ति का प्रयास है, जीवन की विसंगतियों के उद्‌घाटन का स्वर है, पुरानी मान्यताओं के विरुद्ध विद्रोह का आग्रह है, व्यवस्था के प्रति आक्रोश है, असंतोष है, अपने अस्तित्व की रक्षा के लिए संघर्ष है, जिजीविषा है, सामाजिक चेतना और यथार्थ की अभिव्यक्ति का प्रयास है, कथ्य, शिल्प और भाषा सभी स्तरों पर प्रयोग का आग्रह है तथा पुरानी कविता से अलग भूमि पर खड़े होने का विश्वास है, लेकिन यह सब कुछ होते हुए भी यह तो कहना ही पड़ेगा कि बहुत कुछ कूड़ा भी है, अन्धानुकरण भी है, चमत्कार-प्रदर्शन भी है, आत्मविज्ञापन भी है। बल्कि मात्रा में यही अधिक है। तुम्हारी दृष्टि जहाँ भी है अतिवादी है। तुम्हारा स्वर आक्रामक है। तुममें संतुलन नहीं है। ऐसा लगता है, तुम फ्रस्ट्रेटेड हो। जब कोई व्यक्ति क्रोधाभिभूत होता है तो उसका विवेक नष्ट हो जाता है। वह बहुत कुछ ऐसी चीजें भी कह जाता है जिस पर स्वयं उसे ही बाद को पश्चात्ताप होता है। तुम्हारी भी स्थिति बहुत कुछ यही है।

ऊपर पिछले दशक के साहित्य के सम्बन्ध में जो विचार प्रकट किए गए हैं उन्हें 'पूर्वाग्रह युक्त', 'परम्परावादी', 'आदर्शवादी' या 'प्रोफेसरी विचार' कहकर नहीं टाला जा सकता। साहित्य में कुछ ऐसे प्रश्न होते हैं जो शायद कभी पुराने नहीं पड़ते और जिनका उत्तर हर पीढ़ी के रचनाकार को बार-बार देना ही पड़ता है। 'परम्परा', 'मूल्य', 'आस्था', 'आदर्श', 'श्लीलता-अश्लीलता', 'भारतीयता', 'प्रतिबद्धता', 'मानववादी चेतना' आदि कुछ ऐसे ही प्रश्न हैं जिनका उत्तर युवा पीढ़ी को देना ही होगा। इनकी उपेक्षा करके आगे नहीं बढ़ा जा सकता। इन प्रश्नों की कसौटी पर ही नया साहित्य निखर सकता है। इस

सन्दर्भ में उन लोगों की तो बात ही बेकार है जिनका 'इन शब्दों से कोई मतलब नहीं' जो 'लिखने और पेशाब करने' में कोई अन्तर नहीं मानते, जो साहित्य को गम्भीरता से लेना एक अभद्रता मानते हैं, जो साहित्यकार के लिए 'वाचाल, विदूषक, आवारा और ऊलजलूल होना आवश्यक' मानते हैं, जो 'कुंठा, अनास्था और निरर्थकता' को ही मूल्य मानते हैं, जो 'अपने और अपनी कविता के वर्तमान में ही जीते हैं' तथा जिनका भविष्य में कोई विश्वास नहीं—चाहे कविता जीए, प्रतिष्ठित हो या अंधड़ में नष्ट हो जाए। हम तो भाई, साहित्य को नारा नहीं मानते, न चुनाव-घोषणापत्र, न मनोरंजन। हमारे लिए तो साहित्य जीवन का साक्षात्कार है, मानवीय संघर्ष का इतिहास है, अनुभव का शोध है, व्यापक अनुभूतियों की सच्ची अभिव्यक्ति है। साहित्य का लक्ष्य है मानवीय सम्भावनाओं का उद्घाटन और मानवीय सम्वेदना का विस्तार। इसीलिए साहित्यकार का दायित्व बड़ा ही कठिन हो जाता है और इसी अर्थ में वह प्रतिबद्ध भी होता है। जीवन के प्रति, यथार्थ के प्रति और मनुष्य के प्रति। सच्चा साहित्य और साहित्यकार वही है जो जीवन से संपृक्त होता है, परिवेश के प्रति सचेत होता है और समय की चुनौतियों को निर्भीकता के साथ स्वीकार करता है। यदि बर्ट्रेंड रसेल ने वियतनाम में किए जाने वाले अमेरिकी हस्तक्षेप का विरोध किया या सार्त्र ने अल्जीरिया की मुक्ति का समर्थन किया तो उन्होंने इसी चुनौती को स्वीकार किया। साहित्य साधन है, वह साध्य नहीं हो सकता। साध्य है मनुष्य और मनुष्य की उपेक्षा करके कोई साहित्य जीवित नहीं रह सकता।

[1968]

अन्धकार का दर्शन और आस्था का संकट

पिछले दिनों रचना-संसार में जो शब्द बार-बार दुहराए गए हैं, वे हैं 'विसंगति', 'व्यर्थताबोध', 'परायापन', 'विच्छिन्नता', निस्संगता', 'संवेदनशून्यता', 'कुंठा', 'संत्रास' और 'मूल्यहीनता' आदि। रचना-संसार के ये सारे शब्द कहीं न कहीं पाश्चात्य साहित्य सन्दर्भों और आज के जीवन की वास्तविकताओं से जुड़े हुए हैं। इनके पीछे आज के मनुष्य का अन्धकारमय जीवन है और इस अन्धकार का मुख्य कारण है आस्था का अभाव। आदमी इस सृष्टि का सबसे समर्थ और पूर्ण जीव है पर एक अर्थ में वह बहुत अपूर्ण और अक्षम भी है। वह अपने भूत और भविष्य—अपने पीछे और आगे की दुनिया से अपरिचित होता है। वह नहीं जानता जन्म से पूर्व वह क्या था और मृत्यु के बाद वह कहाँ जाएगा? ईश्वर, आत्मा, जन्म, मृत्यु, और सृष्टि के असंख्य रहस्य उसके सामने एक अबूझ पहेली की तरह हैं। इस पहेली को समझने की कोशिश में अनेक दर्शनों और सिद्धान्तों का जन्म हुआ है, चाहे वह भारतीय उपनिषदों का चिन्तन हो या अद्वैतवाद हो या आज का अस्तित्ववाद। मगर रहस्य और संशय आज भी अपनी जगह हैं। आधुनिक विज्ञान ने आदमी के इस संशय को और भी तीव्र कर दिया है। हमारे यहाँ तथा और भी देशों और जातियों में धर्म ने यह संशय कम किया था। उसने ईश्वर को सामने रखकर आस्था का एक दृढ़ आधार बनाया था। धर्म ने एक जमाने से मानवीय हित में कुछ व्यवस्थाएँ दी थीं। भूत और भविष्य की एक अपनी व्याख्या दी थी। पर अब क्योंकि धर्म में विश्वास नहीं रहा, अतः वह आधार भी जाता रहा। विज्ञान ने एक ओर उन सारे विश्वासों को ध्वस्त तो कर दिया दूसरी ओर वह सृष्टि के सारे रहस्यों की व्याख्या में आज तक समर्थ भी नहीं हुआ। धर्म तो गया पर उसकी जगह विज्ञान की कोई नई व्यवस्था स्थापित न हो पाई। विज्ञान ने आदमी को एक विचित्र संशय की स्थिति में डाल दिया। मुक्तिबोध के शब्दों में : 'धर्म-भावना गई, लेकिन वैज्ञानिक बुद्धि नहीं आई। धर्म ने हमारे जीवन के प्रत्येक पक्ष को अनुशासित किया था। वैज्ञानिक मानवीय दर्शन ने, वैज्ञानिक मानवीय दृष्टि ने धर्म का स्थान नहीं लिया। इसीलिए केवल हम अपनी अन्तःप्रवृत्तियों के यन्त्र से चालित हो उठे। उस व्यापक उच्चतर सर्वतोमुखी मानवीय अनुशासन की हार्दिक सिद्धि के

बिना हम 'नया' 'नया' चिल्ला तो उठे, लेकिन वह 'नया' क्या है—हम नहीं जान सके।'[1]

आज की दो प्रमुख चिन्तनधाराएं : मार्क्सवाद और एक हद तक अस्तित्ववाद भी ईश्वर की सत्ता में विश्वास नहीं करतीं। हेडेगर के अनुसार मनुष्य दुनिया में निरर्थक रूप से फेंक दिया गया है। इसका तात्पर्य यह है कि मानवीय अस्तित्व का उद्‌भव और अन्त निर्धारित नहीं किया जा सकता। कामू जीवन में सब कुछ को विसंगत (एब्सर्ड) मानता है। विसंगत का अर्थ होता है विरोधाभासों से पूर्ण अर्थात अर्थहीन। अपनी पुस्तक 'मिथ आफ सिसिफस' में उसने अपना विसंगति दर्शन प्रस्तुत किया है। कामू के अनुसार हम चाहते कुछ और हैं करते कुछ और हैं तथा उस कर्म का फल कुछ और ही होना चाहिए पर हमें मिलना कुछ और ही है। इन चारों में कोई आपसी संगति नहीं है। विसंगति का यह दर्शन किसी चरम मूल्य में विश्वास नहीं करता। इसके अनुसार कुछ भी मूल्यवान और सार्थक नहीं है। सारी स्थितियाँ अर्थहीन हैं।

आधुनिक विज्ञान, औद्योगिक सभ्यता और तकनीकी विकास ने आज के आदमी को अकेला और अजनबी बनाया है। वह एक ओर परम्परा और अतीत से अलग हुआ है तथा दूसरी ओर भविष्य से। परम्परा और अतीत से विच्छिन्न होने के कारण उसमें परायापन विकसित हुआ है। आज के औद्योगिक युग में मनुष्य के श्रम और उत्पादन पर उसका नियन्त्रण न रहा। उसका श्रम दूसरों द्वारा खरीदा जाने लगा और अपने ही श्रम के उत्पादन पर उसका कोई अधिकार न रह गया। वह एक पराई चीज होकर रह गई। परिणामतः चीजों के प्रति उसका भीतरी उत्साह और लगाव समाप्त हो गया। औद्योगिक समाज में उत्पादक का चीजों से रिश्ता खत्म हो जाता है। वह उनके लिए लाभ का माध्यम मात्र रह जाती है और इस व्यवसायीकरण में लगे हुए लोग एक-दूसरे के प्रति अजनबी हो जाते हैं। उनके लिए व्यवसाय ही प्रमुख हो जाता है। फिर धीरे-धीरे चीजें उनके ऊपर हावी होने लगती हैं। वे मनुष्य से अधिक शक्तिशाली होकर उसे ही नियन्त्रित करने लगती हैं। फिर मनुष्य के भीतर एक निस्संगता और संवेदनशून्यता विकसित होती है। अन्दर से उठने वाली प्रतिक्रियाओं को दबाते-दबाते वह धीरे-धीरे भोथरा होने लगता है। उसका निजी स्वातन्त्र्य और उसकी आन्तरिक रचनात्मक शक्तियाँ कुंठित होने लगती हैं। मशीनी संस्कृति ने मनुष्य को यन्त्र का पुर्जा बनाकर छोड़ दिया है। युद्धों की आशंका ने उसको एक अजीब सन्त्रास की स्थिति में डाल दिया है। विज्ञान और अर्थव्यवस्था के साथ ही आज का सारा तन्त्र अत्यन्त प्रमुख हो गया है और आदमी गौण। इस तन्त्र के भीतर शासन व्यवस्था है, नौकरशाही है और अनेक संस्थाएँ हैं। ये आदमी को उसकी हीनता का एहसास कराती रहती हैं। भ्रष्ट-

तन्त्र, आत्मलिप्त शासन व्यवस्था और कठोर नौकरशाही के बीच आदमी अपने को बहुत लाचार और असमर्थ पाता है। यह असमर्थता उसमें निराशा तथा अजनबियत पैदा करती है और उसके सारे सम्बन्धों को जड़ तथा स्वचालित बनाती है। ऐसे वातावरण में मानवीय मूल्यों का विघटन बहुत स्वाभाविक है। ऐसे वातावरण में जो विचार दर्शन सामने आ रहे हैं, वे सभी अन्धकार के दर्शन हैं जो खुद एक अंधेरे में गायब हो जाते हैं। इनका अन्त एक प्रकार की निराशा और शून्यता में होता है। ये आदमी की आदमीयत में, उसकी शक्ति में, उसके उच्चतर मूल्यों में विश्वास नहीं रखते। ये एकांगी दर्शन हैं जो मानव भविष्य का अन्धकारमय चित्र प्रस्तुत करते हैं। मनुष्य के जीवन का केवल अन्धकारमय और विकृत पक्ष ही नहीं होता। उसका विवेक, उसका संकल्प और उसकी उच्चतर कल्पनाएँ भी उसके साथ होती हैं। मनुष्य के वर्तमान को केवल कुरूप चित्रित करना और उसके भविष्य को अन्धकारमय बताना उतनी ही खतरनाक और पलायनवादी दृष्टि है, जितना उसे केवल आदर्शवादी और गौरवपूर्ण चित्रित करना। आज का जीवन दुख और असन्तोष का जीवन है। चारों ओर भ्रष्टाचार, गरीबी, शोषण और सामाजिक वैषम्य है। हत्या, मृत्यु और आत्महत्या की खबरों से अखबार भरे रहते हैं। विनाशक वैज्ञानिक अस्त्रों के कारण असुरक्षा का भय चारों ओर व्याप्त है। ऐसी मूल्यहीन वास्तविकताओं से आँखें तो मूंदी नहीं जा सकतीं पर इन सारी व्यर्थताओं में से ही सत्य के चमकदार कणों को ढूंढ़ना होगा। दोनों के सन्तुलन में ही जीवन का भी और साहित्य का भी मर्म कहीं छिपा होता है। अमृतराय के शब्दों में : 'जब कोई रचना पढ़ते समय आप पुलक का अनुभव करें, आपके रोएँ भुरभुराएँ तो ध्यान दीजिएगा कि वह कौन-सा और कैसा स्थान है। वह न तो देवत्व के फेनिल उच्छ्वास का स्थल होगा और न कदर्य के अभिषेक का, बल्कि इन दोनों छोरों के बीच कहीं, जहाँ आपके भीतर के सहज आदमी का मर्म है, जिसकी मिट्टी में जहाँ एक मन पशुत्व है, वहाँ तोला-भर देवत्व भी।'[2] पं० हजारीप्रसाद द्विवेदी कहा करते हैं कि 'जब एक छोटा-सा अंकुर धरती की छाती तोड़कर आकाश की ओर सिर उठा देता है, तो पृथ्वी की सारी गुरुत्वाकर्षण शक्ति पराजित हो जाती है।'

सन् '65 में 'भारतीय संस्कृति संसद' कलकत्ता द्वारा प्रवर्तित कथा मंच से श्रीकान्त वर्मा कहते हैं : 'आज का लेखन यदि विशिष्ट है तो उसी अर्थ में ही कि आज के लेखक के पास कोई जीवन दृष्टि नहीं है और लेखक उसे हिम्मत के साथ स्वीकारता है।' उपर्युक्त मंच से ही एक अन्य प्रसंग में वे कहते हैं : 'नवयुवकों ने सारे ढाँचे तोड़ डाले हैं और आलोचकों के लिए समस्या पैदा कर दी है। उन्होंने सारे फार्म को तोड़ डाला है जिसका अर्थ है सारी व्यवस्था को तोड़ना।'[3]

श्रीकान्त का यह कथन स्वयं में अन्तरविरोधी है। जब आज के लेखक के पास कोई जीवनदृष्टि नहीं तो फिर किस आधार पर उसने सारे फार्म या सारी व्यवस्था को तोड़ा है? तोड़ने के पहले उसने इस व्यवस्था को गलत या अनुपयोगी जरूर समझा होगा। तो फिर उसने किस आधार पर इसे गलत या अनुपयोगी समझा? मनोविज्ञान यह नहीं स्वीकार करता कि सारी व्यवस्था और सारे मानदण्डों को तोड़ने वाले मस्तिष्क की कोई दृष्टि नहीं है। वास्तव में व्यक्ति या समाज में दृष्टिहीनता की स्थिति कभी आ ही नहीं सकती। सार्त्र ने इस बात को स्वीकार किया है कि साहित्यकार उपदेश या सन्देश न भी दे तो भी उसकी रचना मूल्यहीन नहीं हो सकती। दरअसल शुद्ध ऐब्सर्ड साहित्य संभव ही नहीं है। शुद्ध ऐब्सर्ड में अर्थ नहीं होगा पर जो ऐब्सर्ड साहित्य लिखने का दावा करते हैं, उसमें अर्थ होता है। वे जीवन की विसंगतियों का चित्रण करना चाहते हैं। ऐब्सर्ड विषय (थीम) और ऐब्सर्ड रचना में अन्तर होता है। ऐब्सर्ड थीम हो सकती है पर ऐब्सर्ड रचना नहीं। ऐब्सर्ड रचना होगी तो फिर रचना ही नहीं होगी क्योंकि उसमें शब्द और वाक्य अर्थहीन होंगे। सार्थक शब्दों और वाक्यों में जीवन की अर्थहीनता का चित्रण हो सकता है पर अर्थहीन शब्दों-वाक्यों से कुछ नहीं हो सकता। 'निरर्थक', 'निरुद्देश्य' या 'असंगत' का प्रयोग 'सार्थक', 'सोद्देश्य' और 'संगत' की सापेक्षता में ही हो सकता है। ये सारी स्थितियाँ खुद मूल्यात्मक स्थितियाँ हैं। इनसे हम किसी स्थिति के प्रति अपनी दृष्टि व्यक्त करते हैं।

हम जिस समाज में जीते हैं, वह जीवित मनुष्यों का समाज है। एक देश होता है और हमारे आगे-पीछे कुछ लोग होते हैं—माता, पिता, भाई, पत्नी और बच्चे। हम एक-दूसरे से बंधे होते हैं। हम दूसरों से और दूसरे हमसे कुछ अपेक्षाएँ रखते हैं। हम एकदम निरर्थकता में जी ही नहीं सकते। हम कुछ मूल्यों के आधार पर ही जीवित हैं और एक-दूसरे से जुड़े हुए हैं। साहित्य में हम उन्हीं मूल्यों को रूपायित करते और होते देखना चाहते हैं। पश्चिम में जिस पॉप संस्कृति को बड़ी तेजी से लोकप्रियता मिली है (विचित्र वेशभूषा, चीखता हुआ संगीत, हिंसात्मक आचरण और तरुण-तरुणियों का मुक्त व्यवहार जिस संस्कृति की विशेषता है) वह सभी प्रकार के बन्धनों और परम्परागत मान्यताओं के प्रति विद्रोहभाव रखती है। वह संस्कृति अलगाव की संस्कृति है। पश्चिमी बीटल और उससे प्रभावित युवक-युवतियाँ केवल वर्तमान में जीना चाहते हैं—एक ओर अपने समाज से अलग होकर और दूसरी ओर अपने भूत और भविष्य से बेखबर। पर समाज में रहते हुए मनुष्य को कुछ बुनियादी सामाजिक मान्यताओं का निर्वाह करना पड़ता है। समाज की रूढ़ियों की उपेक्षा की जा सकती है पर सामाजिक जिम्मेदारियों की नहीं। मानता हूँ दुनिया में विसंगतियों की कमी

नहीं है। राजनीति में, कचहरी में, बाजार में, मन्दिर में, इजलास में, दफ्तर में, फाइल में, हर जगह वह मिलेगी। नाम किसका-किसका लूँ और, कहाँ-कहाँ दिखाऊँ जहाँ भी सच की जगह झूठ बैठा है वहीं विसंगति है। पर इन सारी विसंगतियों के बीच आखिर हम जीवित तो हैं ही। और जीवित हैं तो जाहिर है हमने चीजों की व्यर्थताओं के बीच एक रास्ता निकाल लिया है। और थोड़ी देर के लिए यह मान ही लें कि आज की दुनिया फिजूल और बेगानी हो गई है, तब तो उसे जीने योग्य बनाना और भी जरूरी हो गया है। इस तमाम सारे बिखराव और अराजकता की स्थिति में एक ऐसा स्वीकार भाव जिसमें इन्सान एक-दूसरे के साथ मानवीय रिश्ता कायम करके जी सके, बहुत जरूरी है। उसकी पहचान और स्वीकृति क्या आज के रचनाकार को जरूरी नहीं लगती ? यह आकस्मिक नहीं कि आज बड़ी-बड़ी गोष्ठियों में नये लेखक 'आस्था' जैसे पुराने लगने वाले विषय पर बातचीत करने लगे हैं। आस्था पर हो रही यह बातचीत अमानवीय स्थितियों के विरुद्ध खड़े होने की तैयारी सी है। हम किसी अनिर्वचनीय, अगम, अगोचर शक्ति की ओर जाने की बात नहीं करते पर एक मानवीय विवेक और वैज्ञानिक दृष्टि का अवश्य ही समर्थन करते हैं। आस्था का केन्द्र मानवीय विवेक और एक वैज्ञानिक दृष्टि ही हो सकती है। पाठक को इसी दुनिया के अन्धकारमय कुहरे में भटकने के लिए छोड़ देना उतना ही खतरनाक है जितना उसे एक अगम लोक में ले जाना। अनास्था को तो किसी स्थिति में स्वीकार नहीं किया जा सकता। लेखक से यह आशा नहीं की जाती कि वह आस्था के नाम पर किसी यूटोपियन अन्त तक पहुँचेगा और व्यर्थ की कल्पनाएँ करके कोई मधुर निष्कर्ष प्रस्तुत करेगा। ध्वंसात्मक कृतियों में कम आस्था नहीं होती। यदि किसी कृति में विद्रोह है, पुरानी मान्यताओं के प्रति विध्वंसात्मक रुख है, तो मात्र इसके ही कारण उस कृति पर मूल्यहीनता या अनास्था का आरोप नहीं किया जाना चाहिए। बल्कि यह तो किसी कृति की शक्ति हो सकती है। जर्मन नाटककार ब्रेख्ट की कृतियाँ बहुत विध्वंसात्मक है पर उनमें शक्ति कम नहीं है। आस्था और अनास्था या मूल्य और मूल्यहीनता के सन्दर्भ में एक बात महत्त्वपूर्ण है और वह यह कि लेखक की दिलचस्पी मनुष्य और उसके जीवन में है या नहीं। उसका रिश्ता मानवीय संसार से जुड़ा है या नहीं। उसकी आस्था मानवीय विवेक में है या नहीं। जीवन को अर्थहीन मान लेने पर तो साहित्य की बुनियाद ही ध्वस्त हो जाती है। जैसा कि अज्ञेय ने कहा है : 'यदि जीवन अर्थहीन है तो यह कहने के लिए शब्द की आवश्यकता नहीं है क्योंकि तब फिर शब्द उससे पहले अर्थहीन है।'[4] दरअसल जिसकी आस्था मनुष्य के विवेक और उसके भविष्य में नहीं है, वह मानव विरोधी हरकतें करता है। पूंजीवादी मानसिकता की पत्रिकाएँ इसी प्रकार का साहित्यिक

आचरण करती हैं। अच्छी रचनाओं के साथ ऊब उत्पन्न करने वाली रचनाएं हो सकती हैं, कला की दृष्टि से बदतर रचनाएँ हो सकती हैं पर जनमानस को विकृत और निम्नगामी (करप्ट) करने वाली रचनाएँ अवश्य ही चिंत्य हैं। इसी प्रकार वे लोग भी संकीर्णता प्रदर्शित करते हैं जो केवल वस्तुवादी दृष्टि से जीवन की पूर्णता को समझने का दंभ भरते हैं। केवल 'यथार्थ' 'यथार्थ' चिल्लाने से काम नहीं चलता। जीने के लिए एक आदर्श भी चाहिए, एक नैतिक आध्यात्मिक दृष्टि भी। इसे कहीं ढूंढ़ने की जरूरत नहीं। यह हमारे बीच ही है। न हो मुझमें, आपमें है। न हो आपमें, किसी और में है। यदि वह न हो तो हम जिएँगे कैसे ? जब मैं आदर्श या भविष्य दृष्टि की बात करता हूँ तो मेरा मतलब किसी यूटोपिया या व्यर्थ के आशावाद की हिमायत करना नहीं है। या जब मैं अध्यात्म और धर्म की बात करता हूँ तो मेरा मतलब भाग्यवाद का समर्थन करना नहीं है। इन दोनों का अर्थ कवल मानवीय संकल्प, मानवीय संभावना, मनुष्य की नैतिक शक्ति तथा उसकी विवेक दृष्टि को स्वीकार करना है। यह स्वीकार ही सबसे बड़ा मूल्य है। अपने रचनात्मक प्रयासों में साहित्य जो मूल्य प्रस्तुत करता है वह किसी भी क्षेत्र की भौतिक उपलब्धियों से महत्वहीन नहीं होता—नहीं हो सकता।[5]

[1974]

सन्दर्भ

1. 'एक साहित्यिक की डायरी', पृ० 72
2. 'विकल्प', प्रवेशांक, मई 1967 ई०, पृ० 37
3. 'ज्ञानोदय', फरवरी 1966, पृ० 100-113
4. 'नया प्रतीक', अक्टूबर 1674, पृ० 16
5. 'Literature does not produce material values. Unlike science, literature thinks in artistic catagories, in ethical concepts, inteligent feellings, but it produces no lesser values than the most productive machinery.'—Yuri Bondarev, 'Soviet Literature', No. 11 (320), 1974, p. 141.

इतिहासग्रस्तता और अनुभव की संकीर्णता

हर रचना अपने समय की सीमा में सीमित होती है। वह अपने समय के मनुष्य की इच्छाओं, उसके विचारों, अनुभवों और उसकी आकांक्षाओं को व्यक्त करती है। पर इसका अर्थ यह नहीं कि वह अपने समय की सीमाओं में एकदम कैद होती है। दरअसल वह समाज का केवल दर्पण नहीं होती बल्कि युग की चेतना को नियन्त्रित-संचालित भी करती है। रचना में समकालीनता से आगे की चेतना कितनी है, यह उसका एक अत्यन्त महत्त्वपूर्ण पक्ष है।[1] ऐसी रचना संभव है, अपने समय में उपेक्षित भी रह जाय पर एक व्यापक समय की धारा में वह अपना स्थायी महत्त्व रखती है। उसके पाठक भविष्य के नये क्षितिजों की ओर उन्मुख होते हैं। साहित्य का काम मनुष्य के अर्जित (एक्जिस्टिंग) ज्ञान और अनुभव के बीच ही चक्कर लगाकर उसे गींजना नहीं है बल्कि मानवीय समझ को आगे बढ़ाना तथा उसे और भी समृद्ध करना है। तात्कालिक दृष्टि रचना के लिए जितनी जरूरी है, उतनी ही जरूरी है एक भविष्य दृष्टि—एक मानवीय दृष्टि जो उसे उसकी तात्कालिकता में भी महान और शाश्वत बनाती है।

इस सन्दर्भ में यदि हम आज की रचना पर विचार करें तो उसमें एक प्रकार की इतिहासग्रस्तता और अनुभव की संकीर्णता मिलेगी। पिछले दस-पन्द्रह वर्षों की कविताओं की शब्दावली पर विचार किया जाय तो देखा जा सकता है कि कुछ थोड़े से चुने हुए शब्दों के बीच यह सारी कविता चक्कर लगा रही है। अंधेरा, व्यवस्था, जुलूस, साजिश, गोली, बन्दूक, स्त्री, भीड़, लड़ाई जैसे कुछ शब्द पिछले दशक की कविता के खास शब्द हैं। भाषा और शब्द की यह दरिद्रता समकालीन रचना के अनुभव की दरिद्रता है। रचना के लिए अनुभव और समझ की दरिद्रता सबसे घातक होती है क्योंकि इसके अभाव में नई रचना और सही रचना हो ही नहीं सकती। इसीलिए आज जो कविताएँ लिखी जा रही हैं वे प्रायः अनुकरण की कविताएं हैं। इन कविताओं में प्रायः एक ही अनुभव-स्तर दिखाई पड़ता है। युवा कविता का मुहावरा इतना चालू मुहावरा हो गया है कि वह एक दशक की सीमित अवधि में ही बासी लगने लगा है। उसमें अर्थ की दीर्घकालिक क्षमता बहुत कम है। मनुष्य और स्थितियों के बीच का तनाव रचना का प्राण होता है। रचना कोई अनुकरण या चमत्कार नहीं बल्कि रचना-

कार का आत्मसंघर्ष है। यदि परिवेश और स्थितियों से रचनाकार इस स्तर पर नहीं जुड़ा है—उसका समूचा अस्तित्व यदि झंकृत होकर महसूस नहीं करता है तो उसकी रचना की दीर्घकालिक प्रभाव क्षमता नष्ट हो ही जाएगी। आज तो हालत यह है कि कवि और कविता दोनों की पहचान ही खो गई है। आप किसी भी कविता पर किसी भी कवि का नाम चस्पा कर दीजिए, कोई फर्क नहीं पड़ेगा। कविता को एक व्यक्तित्व मिलना ही चाहिए। उसकी भाषा का अपना एक रूप होना चाहिए जैसे कवि का एक अपना रूप और व्यक्तित्व होता है।

हर रचना-प्रवृत्ति की एक रूढ़ि भी बन ही जाती है, यह उसकी नियति है। पर यह रूढ़ि इतनी जल्दी नहीं बनती जितनी जल्दी पिछले दशक की हिन्दी रचना की बन गई दिखती है। पिछले दशक के हिन्दी-लेखन की तो एक खास मुद्रा या भंगिमा स्थिर हो गई है। वही विद्रोह, असन्तोष, आक्रोश, अस्वीकृति और आक्रामकता। वही मोहभंग, निराशा, असहायता और आत्मपीड़न। वही सेक्स और मूल्यहीनता। इन रचनाओं को पढ़ते हुए देश की एक तस्वीर तो उभरती है, इसमें कोई सन्देह नहीं। आज का सारा भ्रष्टाचार, ढोंग, कथनी और करनी का अन्तर सामने आता है। उसके विरुद्ध असन्तोष, क्षोभ और आक्रोश भी सामने आता है। पर यह सब कुछ बड़े सतही ढंग से आता है। कंठ से निकली हुई बात और समूचे अस्तित्व को मथकर निकली हुई वेदना में फर्क करना बहुत कठिन नहीं होता। यह फर्क इन रचनाओं में देखा जा सकता है। इन रचनाओं में भाषा का वह अनुशासन और विवेक का वह घिराव नहीं मिलता जो एक सार्थक समर्थ रचना के लिए जरूरी है। आज की राजनीति में जो उछल-कूद और नारेबाजी दिखाई पड़ती है, वही आज के साहित्य में भी दिखाई पड़ती है। जिस प्रकार देश के नेतावर्ग का प्रभाव समाप्त हो गया है, उसी प्रकार आज की रचना की भी। राजनीति की वायदों की भाषा की तरह कविता की शब्दावली भी अपना अर्थ खो चुकी है। विद्रोह का मुखौटा लगाकर आने वाली रचना व्यवस्था पर कोई चोट नहीं करती। बल्कि यह व्यवस्था को और पुष्ट ही करती है। व्यवस्था उस पर वैसे ही हँसती है, जैसे तमाशबीन सड़क किनारे खेल दिखा रहे जादूगर और जमूरे पर हँसते हैं। ऐसी रचनाओं की भाषा में बड़े-बड़े पोल दिखाई पड़ते हैं।

यह सही है कि आज हमारे चारों ओर की परिस्थितियाँ बहुत भयावह हैं। शोषण है, भ्रष्टाचार है, भय है, आतंक है, क्रूरता है, विषमता है, गरीबी है और गला काट प्रतिद्वन्द्विता है। आज का आदमी महसूस करता है कि दुश्मन हर मोड़ पर खड़ा है। वह किस मोड़ पर कब और किस हथियार से मारा जाएगा उसे पता नहीं। पर भयानकता इस सचाई में नहीं है। भयानक बात तो यह है कि हमारे भारतीय मानस ने इस अव्यवस्था को अन्दर से अपनी सहज नियति के

रूप में स्वीकार कर लिया है। गाँव का मामूली आदमी यह मान चुका है कि पटवारी है तो नजराना लेगा ही। दारोगा है तो गाली देगा ही। कचहरी है तो घूस देना ही पड़ेगा। दफ्तर है तो काम में अनावश्यक विलम्ब होगा ही। अफसर है तो रोब जमाएगा ही। और उस मामूली आदमी ने इन सबको सहज मानकर इनके विरुद्ध खड़े होने की कोशिश ही छोड़ दी है। एक देश के लिए इससे बड़ा दुर्भाग्य दूसरा नहीं हो सकता। अतः आज की रचना की सबसे बड़ी जरूरत भी यही है कि वह मनुष्य के टूटते हुए मनोबल को दृढ़ करके विसंगतियों के बीच भी उसे खड़े होने की शक्ति दे। मनुष्य केवल इतिहास का भोक्ता नहीं होता, न परिस्थितियों का गुलाम। वह अपने इतिहास का नियंता भी होता है। अपने उन्नत विवेक और संकल्प से परिस्थितियों को बदल भी सकता है। इसीलिए वह मनुष्य है कि कर्त्ता है—केवल भोक्ता नहीं। परिस्थितियों से लड़ते हुए वह संघर्षशील रहता है एक बेहतर दुनिया बनाने और उसमें एक बेहतर ढंग से जीने के लिए। आदमी केवल जन्म, मृत्यु या बुढ़ापे से ग्रस्त एक असहाय जीव नहीं है, वह अपनी सीमाओं में छटपटाता हुआ भी हार नहीं मानता। साहित्य का काम मनुष्य को यही प्रतिरोधी शक्ति देना है। केवल विकृत और कुत्सित जीवन का चित्रण कर देना साहित्य का कर्म नहीं है। आदमी को असमर्थ, मनोरोगी और पतित दिखा देना ही साहित्य का यथार्थ नहीं है। आदमी इससे कुछ अधिक है। उसमें संकल्प है, उत्सर्ग है ओर ऊर्ध्वमुखी क्षमता भी। साहित्य को उसकी उस क्षमता का, उसकी अनेकानेक संभावनाओं का उद्‌घाटन करना है।[2] मनुष्य जिस देश और काल में जीता है, वह देश और काल उससे कुछ माँग करता है। जो अन्यायी-अत्याचारी शक्तियाँ हैं, जो मानवीय स्वातन्त्र्य को बाधित करने वाली, जीवन को विपन्न बनाने वाली शक्तियाँ हैं, उनके विरुद्ध संघर्ष माँगता है। यह संघर्षशील चेतना रचना के लिए जरूरी है मगर इतिहास और परिस्थिति की सही पहचान के बिना यह चेतना नहीं आएगी। हमें पहचानना होगा उन कारणों को जो हमारे ह्रास और हमारी दुर्व्यवस्था के कारण हैं। जो हमारी चेतना को जंजीरों में जकड़े हुए हैं। जो हमारी जीवनी शक्ति को कुंठित किए हुए हैं। इस अवरोध का ही यह परिणाम है कि आज हिन्दुस्तान का नेता सत्ता और कुर्सी के जोड़तोड़ में मशगूल है। व्यापारी मुनाफाखोरी और जखीरेबाजी में। बुद्धिजीवी चमत्कार और आत्मप्रदर्शन में तथा किसान हाथ पर हाथ धरे भाग्य के चक्कर में।

आज चिन्तन की दुनिया में दो विरोधी विचारधाराओं का द्वंद्व चल रहा है—एक दक्षिण और दूसरा वाम। एक विचारधारा मनुष्य के आन्तरिक व्यक्तित्व को महत्त्व देती है तो दूसरी उसके सामाजिक-आर्थिक रूप को। एक की दृष्टि आध्यात्मिक दिशा में जाती है तो दूसरे की भौतिक दिशा में। एक के अनुसार

मानव-मन की भिन्न संरचना उसके सामाजिक व्यक्तित्व को निर्धारित करती है तो दूसरे के अनुसार उसकी सामाजिक-आर्थिक परिस्थितियाँ ही उसके आन्तरिक व्यक्तित्व को निर्धारित करती हैं। इन दोनों विचारधाराओं के आधार पर आज साहित्य में भी दो खेमे बन चुके हैं। दोनों के अपने गुट, अपनी पत्रिकाएँ और अपने सधे हुए लोग हैं। दोनों एक-दूसरे को काटने और पराजित करने में अपनी शक्ति का अपव्यय कर रहे हैं। दरअसल इन दोनों विरोधी विचारों का सन्तुलन जरूरी है। यह शायद आज की रचना को गाली-गलौज और उसकी अनुभव की संकीर्णता से मुक्त करे। आज आवश्यकता अतियान्त्रिक और हिंसात्मक सभ्यता के विरुद्ध मनुष्य के हित में एक मानवीय लड़ाई लड़ने की है। हमारी दिलचस्पी का मुख्य केन्द्र मनुष्य है—कोई दर्शन या विचार पद्धति नहीं। मनुष्य के हित चिन्तन में— मानवीय भविष्य के साक्षात्कार में वह जहाँ भी छोटी पड़े, उसमें संशोधन कर लेने की उदारता हममें होनी चाहिए। अन्यथा हमारा सारा दर्शन और सिद्धान्त जड़ तथा संकीर्ण होकर रह जाएगा—चाहे वह मार्क्सवाद हो या अध्यात्म।

आज की कविता को संकीर्ण और इतिहासग्रस्त बनाने में आज के युवा वामपंथी कवियों का विशेष हाथ है। इन कवियों ने कविता की समाजोन्मुखता पर जोर देते-देते, उसमें वस्तुजगत की वास्तविकता के चित्रण पर जोर देते-देते, उसे ठोस वस्तु बनाने की कोशिशें की हैं। दरअसल उनमें से कुछ के मन में भाषा और साहित्य के प्रति आस्था नहीं है। रचना का संसार तो भाषा और उसकी शक्ति का संसार होता है। कविता से सामाजिक परिवर्तन का काम लिया जा सकता है, पर उसे गोली या बन्दूक नहीं बनाया जा सकता। कविता को हथियार की तरह इस्तेमाल करना एक बात है, और उसे बिल्कुल ठोस हथियार बना देने का दंभ दूसरी बात। कहना न होगा कि इन कवियों ने यही दूसरा आग्रह अपने भीतर पाल लिया है। इस सन्दर्भ में हिन्दी के वे तथाकथित वामपंथी समीक्षक भी कम दोषी नहीं हैं जिन्होंने अपनी समीक्षाओं और आलोचनात्मक टिप्पणियों में एक खास किस्म के अनुभव को ही श्रेष्ठ रचना के रूप में स्वीकार किया है। यह एक प्रकार की गुटबन्द आलोचना है जिसने निश्चय ही पिछले दो दशकों में रचना का बहुत अहित किया है। हिन्दी का रीतिकालीन साहित्य जिस प्रकार शृंगार की नालियों में काफी दिनों तक बहता रहा उसी प्रकार पिछले दो दशकों का साहित्य भी एक खास किस्म के अनुभव में डूबता-उतराता रहा। आगे आने वाली पीढ़ियाँ रचना की इस संकीर्णता और ह्रासोन्मुखता के लिए आलोचकों को कम दोष नहीं देंगी। दरअसल रचना के लिए अनुभव की उदारता बड़ी जरूरी चीज है। चिली के कवि निकानोर पारा की 'युवा कवि' शीर्षक एक कविता से अपनी बात खत्म करना चाहूँगा :

लिखो जो तुम चाहो / जिस शैली में चाहो / इस विश्वास के कारण / कि सिर्फ एक ही रास्ता सही है/पुल के नीचे बहुत खून बह चुका है/कविता में सब कुछ की छूट है/सिर्फ इसी शर्त पर दरअसल/तुम्हें कोरे पन्ने पर आगे बढ़ना है।

[1974]

सन्दर्भ

1. All art is conditioned by time, andr epresents humanity in so far as it corresponds to the ideas and aspirations, the needs and hopes of a particular historical situation. But, at the same time, art goes beyond this limitation and within the historical moment, also creates a moment of humanity, promising constant development.

   Ernst Fischer : 'The Necessity of Art', p. 12

2. One of the great functions of art in an age of immense mechenical power is to show that free decision exists and that man is capable of creating the situations he wants and needs.

   Ernst Fischer : 'The Necessity of Art', p. 204.

रचना और सर्जनात्मक आलोचना

सातवें दशक में 'आलोचना क्यों ?' जैसा सवाल बड़े जोर से उठा था और यद्यपि यह सवाल अब लगभग ठण्डा पड़ गया है फिर भी जिन शंकाओं को यह सवाल खड़ा करता है वे आलोचना के साथ हमेशा खड़ी होती रहेंगी। इसीलिए इस प्रकार के प्रश्नचिन्ह पहले भी लगाए जाते रहे और भविष्य में भी लगाए जाते रहेंगे। हाँ, उनके सन्दर्भ कुछ अवश्य बदले होंगे।

तो पिछले दशक में यह सवाल मुख्यत: नये रचनाकारों की ओर से खड़ा किया गया था। इसके पीछे की मन:स्थिति स्पष्ट है। नये रचनाकारों को ऐसा लगा था कि उनकी रचना का ठीक-ठीक मूल्यांकन नहीं हो रहा है। कि मान्य आलोचक उनकी उपेक्षा कर रहे हैं कि आलोचना अध्यापकीय, पाठ्यपुस्तकीय, पास कराऊ, छात्रोपयोगी या फिर शास्त्रीय और रूढ़िग्रस्त होकर रह गई है। कि आलोचना साहित्यिक उठापटक और गुटबन्दियों को प्रश्रय दे रही है। कि रचना और आलोचना की खाई काफी चौड़ी हो गई है। ये ही कुछ प्रमुख आरोप हैं जो रचनाकारों की ओर से आलोचक और आलोचना पर लगाए जाते रहे हैं। ये आरोप सही हैं मगर यदि आरोप यही हैं तो ऐसी आलोचना को आलोचना मानता कौन है ? क्या छात्रोपयोगी नोट लिखना आलोचना है ? क्या फरमाइशी लेख लिखना आलोचना है ? क्या अपनी वैयक्तिक रुचि-अरुचि के साथ मित्र-शत्रु रचनाकारों को लेकर उसकी वकालत या साहित्यिक उठापटक करना आलोचना है ? क्या किसी साहित्यिक रचना की व्याख्या या उसका विवेचन मात्र आलोचना है ? क्या साहित्यिक रचनाओं का प्रवृत्तिगत वर्गीकरण और उनकी सूची गिनाना आलोचना है ?

नहीं, यह सब कुछ सर्जनात्मक आलोचना नहीं है। पिछले दशक के रचनाकारों की इस माँग के पीछे कि उनकी रचना का सही मूल्यांकन नहीं हो रहा है यह तात्पर्य निहित था कि उनकी रचना को आलोचकों का समर्थन नहीं मिल रहा है। दरअसल सच्ची आलोचना का यह भी कर्म नहीं होता कि वह रचना का हमेशा समर्थन या विरोध करती रहे। मगर हुआ यही। कहना न होगा कि पिछले दशक में जिस अनुपात में रचना तात्कालिक और इतिहासग्रस्त हुई, परम्पराविच्छिन्न, आवेशपूर्ण और वैचारिक दृष्टि से दरिद्र हुई उसी अनुपात में

आलोचना भी हो गई। आलोचक रचनाकार से तो आन्तरिक अनुशासन और बौद्धिक समझदारी की माँग करते रहे पर स्वयं उन्होंने अनुशासन और समझदारी का परिचय नहीं दिया। दूसरी ओर युवा लेखकों ने भी आलोचना के प्रति अपनी गैरजिम्मेदारी और उदासीनता का परिचय दिया।

रचना या आलोचना या सृजन और समीक्षा में कौन बेहतर है, इस पर विवाद व्यर्थ है। तर्क दोनों ओर से दिए जा सकते हैं पर इससे क्या फायदा ? हमारे यहाँ बहुत पहले दोनों प्रकार की प्रतिभाओं को स्वीकार किया गया है। कवि में काव्य-रचना की शक्ति प्रदान करने वाली प्रतिभा को कारयित्री प्रतिभा तथा भावक या आलोचक का उपकार करने वाली प्रतिभा को भावयित्री प्रतिभा कहा गया है। आज के युग में इस बात पर तो सभी सहमत होंगे कि रचना एक तार्किक परिणति होती है, कोई भावुक और आवेशपूर्ण अभिव्यक्ति नहीं। इसीलिए तो आज का आलोचक रचनाकार से बौद्धिक समझदारी की माँग करने लगा है। वह रचनाकार के लिए निरा अनुभव पर्याप्त नहीं मानता। जो लोग रचना की प्रक्रिया से परिचित हैं उन्हें मालूम है कि रचनाकार शब्दों को कितने परिष्कार और छानबीन के बाद रखता है। वह एक-एक शब्द के साथ जूझता है। इसी को कहते हैं अनुभव की तार्किक परिणति जो सही और समर्थ रचना होती है। टी० एस० इलिएट ने रचनात्मक शक्ति को आलोचनात्मक शक्ति से किसी भी स्थिति में श्रेष्ठ नहीं माना है। उनके अनुसार जहाँ रचनात्मक शक्ति बेहतर दीखती है वहाँ कारण यही है कि जो बेहतर लगती है वह ज्यादा आलोचनात्मक होती है।[1] दरअसल रचना में आलोचना के तत्त्व और आलोचना में रचना के तत्त्व घुले-मिले होते हैं। जो इस तथ्य से अपरिचित हैं वे बिना सोचे-समझे एक को श्रेष्ठ और दूसरों को घटिया घोषित कर देते हैं। आप सोचिए कि जिस चीज ने रचनाकार को रचना के लिए जगाया है उस तक बिना पहुँचे समीक्षक कुछ कहने के लिए प्रेरित कैसे होगा ? और उस चीज को बिना प्रकट किए उसका कर्म कैसे पूरा होगा ? समीक्षा की सर्जनात्मकता आखिर यही तो है कि जिस चीज ने रचना को संभव बनाया है वही उसे भी संभव बनाए। समीक्षा रचना की ही मूल संवेदना के इर्द-गिर्द होगी, यही उसकी सर्जनात्मकता है।

रचनाकार जिन्दगी से सीधें टकराता है तथा अपने मन और वस्तुजगत के सम्पर्क से प्राप्त अनुभवों को रचना का रूप देता है। आलोचक भी रचना से टकराता है और रचना के साथ-साथ वह उस वस्तुजगत तक जाता है जहाँ से रचना का जन्म संभव हुआ है। मगर सच्चा और समर्थ आलोचक यहीं नहीं रुकता बल्कि वह और भी आगे बढ़कर अपने समस्त संचित ज्ञान और अनुभव के प्रकाश में रचना का विवेकसम्मत मूल्यांकन भी करता है। इस प्रकार का

मूल्यांकन करते समय आलोचक के सम्मुख न केवल रचना होती है बल्कि पाठक और समाज भी होता है—वर्तमान और भविष्य भी होता है। तात्पर्य यह है कि आलोचक की यात्रा भी रचनाकार के समानांतर होती है—वह मनोजगत की उन्हीं पगडंडियों-मोड़ों से होकर गुजरता है जिनसे रचनाकार गुजर चुका होता है। वह रचना का पुनः सर्जन करता है और इसके लिए जिस आत्मसंघर्ष से वह गुजरता है वह रचनात्मक अनुभवों से गुजरना होता है। रचना उसके लिए प्रस्थान बिन्दु का काम करती है। जिस संवेदना और ग्रहणशीलता को रचनाकार के लिए जरूरी समझा जाता है वह आलोचक में भी होनी चाहिए क्योंकि बिना इनके वह रचना के मर्म का उद्‌घाटन नहीं कर सकेगा। तात्पर्य यह कि आलोचक के लिए सह-अनुभूति बहुत जरूरी है। यदि रचना में आलोचनात्मक जागरूकता नहीं है तो रचनाकार की यात्रा एक खास मंजिल पर पहुँचकर पूरी हो जाती है पर आलोचक को उसके आगे भी जाना पड़ता है और यदि आलोचना में रचनात्मक दृष्टि नहीं है तो आलोचना ही एक खास मंजिल पर खत्म हो जाती है और रचना उसके आगे निकल जाती है। ये दोनों ही स्थितियाँ क्रमशः रचना और आलोचना के लिए घातक स्थितियाँ हैं। रचना में आलोचनात्मक जागरूकता और आलोचना में रचनात्मक दृष्टि का सन्तुलन बहुत जरूरी है तभी दोनों का रूप सार्थक, निभ्रांत, निष्पक्ष और उदार बना रह सकता है। यदि वह सन्तुलन नहीं है तो रचना एक भावुक अभिव्यक्ति मात्र रह जाती है और आलोचना एक संकीर्ण व्याख्या मात्र।

सर्जनात्मक आलोचना का मुख्य कर्म रचना का साक्षात करना है अर्थात जो किसी कलाकृति में उद्‌घाटित हुआ है उसका रस लेना और ठहरकर यह विचार करना है कि वह स्वयं आलोचक के लिए या किसी अन्य पाठक के लिए क्यों और कितना अर्थवान है। और यदि नहीं है तो लेखक की अभिव्यक्ति में कौन-सी बाधाएँ उपस्थित हो गई हैं। आलोचक का कर्म उपदेश देना या अपनी नैतिक मान्यताओं को लादना नहीं है। रचना के अतिरिक्त अन्य चीजें उसके लिए कोई खास महत्व नहीं रखतीं। यूजीन आयनेस्को तो एक कदम आगे बढ़कर कृति पर किसी प्रकार का निर्णय देना जल्लाद का काम मानता है। खैर आयनेस्को से तो पूरी तरह सहमत नहीं हुआ जा सकता है मगर यह विडंबना नहीं तो और क्या है कि हिन्दी के वरिष्ठ प्राध्यापक यह कहते सुने जाते हैं कि लेखक का सही मूल्यांकन उसकी मृत्यु के बाद ही संभव है। अनेक विश्वविद्यालयों में तो छात्रों को जीवित रचनाकारों पर शोधकार्य नहीं करने दिया जाता। रचना के तिरस्कार का इससे बड़ा उदाहरण और क्या होगा ? रचना का इस प्रकार तिरस्कार करने वाले समीक्षकों की टिप्पणियों को आप लेखक और कृति का नाम बदलकर कहीं भी लागू कर सकते हैं। क्योंकि कृति विशेष से उनका कोई

सम्बन्ध नहीं होता अतः वे चालू स्थापनाओं पर आधारित होती हैं जिन्हें किसी भी कृति पर लागू किया जा सकता है। बिना रचना के साथ-साथ यात्रा किए, उसकी प्रक्रिया से परिचित हुए उसके बारे में फतवा देना घटिया किस्म की आलोचना है। सर्जनात्मक आलोचना ऐसा नहीं करती। साहित्य के इतिहास में जब भी रचना और आलोचना की दूरी बढ़ती है रचनाकार का विश्वास आलोचना से उठ जाता है और वह स्वयं समीक्षक का स्थान लेने की कोशिशें करने लगता है।

अंग्रेजी में जिस प्रकार रोमैंटिक रिवाइवल के कवियों ने लम्बी-लम्बी भूमिकाओं द्वारा अपनी सृजन-प्रक्रिया को स्पष्ट करना चाहा उसी प्रकार हिन्दी के छायावादी कवियों ने भी लम्बी-लम्बी भूमिकाओं द्वारा अपनी बदली हुई मनोभूमि का बयान किया। 'पल्लव' की भूमिका इसी प्रकार का प्रयास है। फिर तो एक परम्परा-सी बन गई और बाद का शायद ही कोई रचनाकार हो (चाहे वह नई कविता या नई कहानी आन्दोलन से जुड़ा हो या साठोत्तर कविता-कहानी के विविध आन्दोलनों से) जिसने अपनी और समकालीन रचना के बारे में टिप्पणी करने की कोशिश न की हो। बाद के ऐसे रचनाकार समीक्षकों में अज्ञेय का नाम उल्लेख्य है, जैसे अंग्रेजी में टी० एस० इलिएट का। जैसा कि पीछे उद्धृत किया जा चुका है, इलिएट रचना और आलोचना को समान महत्व देते हुए दोनों को लगभग एक करना चाहते हैं। कुछ रचनाकार तो दो कदम और आगे बढ़कर आलोचक नामक जीव को वाहियात और निरर्थक मानते हैं। उनका कहना है कि यह आलोचक नाम का प्राणी रचनाकार और पाठक के बीच न केवल फालतू है वरन खतरनाक भी। यह रचना की मनमानी व्याख्या करते हुए पाठक को भ्रम में डालता है और उसके समक्ष रचना को अपने विचारों का आवरण डालकर प्रस्तुत करता है। वह पाठक तक रचना की संवेदना को सीधे नहीं पहुँचने देता और उलटे रचनाकार को भी सलाह देने लगता है। रचनाकारों का यह आरोप बहुत पुराना है और गलत भी नहीं है, पर इस प्रकार की दायित्वहीनता घटिया आलोचना का लक्षण है और उसे आलोचना न मानें तो ठीक होगा। सर्जनात्मक आलोचना के लिए प्रतिबद्धता का कोई अर्थ नहीं होता क्योंकि वह किसी वाद या सिद्धान्त के प्रति प्रतिबद्ध नहीं होती। सर्जनात्मक आलोचना रचना के अधिकाधिक निकट पहुँचती है और उसकी कोशिश सदैव रचना के मर्म तक पहुँचना होता है।

रचनाकार का समीक्षक के रूप में उपस्थित होना अपनी सीमा का कोई अतिक्रमण नहीं है। बल्कि यह तो एक सुखद स्थिति है। पर अमूमन देखा यही गया है कि रचनाकार समीक्षक समीक्षा के क्षेत्र में तटस्थ नहीं रह पाता। वह अपनी निजी रचनात्मक मान्यताओं को जाने-अनजाने समीक्षा पर थोपने लगता

है। यह पूर्वाग्रह अवचेतन रूप से ही सही उसकी समीक्षा में सक्रिय रहता है। रचनाकार समीक्षक अपने और कृतिकार के बीच की दूरी का तटस्थ विश्लेषण करने में चूक जाता है। जो निर्वैयक्तिकता आलोचना के लिए जरूरी होती है वह उसमें छूट जाया करती है। यदि रचनाकार अपने किसी समकालीन आन्दोलन से संबद्ध हुआ तब तो उस आंदोलन से संबद्ध अन्य रचनाकारों की आलोचना उसके लिए और कठिन हो जाती है क्योंकि तब वह तटस्थ और वस्तुनिष्ठ नहीं रह पाता। ऐसे रचनाकार समीक्षक बहुत कम मिलेंगे जिन्होंने अपने दोनों ही रूपों का वस्तुनिष्ठ सर्जनात्मक निर्वाह किया हो। दूसरी बात यह भी देखी गई है कि रचनाकार समीक्षक की निजी रचनाओं और उसकी समीक्षाओं में काफी अन्तर्विरोध मिलता है। वह अपने ही प्रतिमानों को अपनी रचना में प्रमाणित नहीं करता। इसका सीधा-सादा कारण शायद यही है कि रचना के क्षणों में चीजें जिस रूप में रचनाकार को दिखाई पड़ती हैं उस रूप में वह उन्हें अन्य क्षणों में नहीं देख पाता। यदि रचनाकार समीक्षक की रचना और समीक्षा में इस प्रकार का विरोध है तो हम किसको प्रामाणिक मानें? रचनाकार स्वयं यह मानते हैं कि उनकी रचना को ही प्रमाण माना जाए, उनकी वैचारिक मान्यताओं को नहीं। यही कारण है कि हमेशा किसी भी रचनात्मक आन्दोलन के लिए समीक्षक की जरूरत पड़ती है। हिन्दी में ही यह जरूरत छायावादियों को भी महसूस हुई और नई कविता वालों को भी। आलोचक चर्चाओं और संवादों के माध्यम से रचना के वातावरण को जीवन्त बनाए रखता है। आलोचना के संवादों से किसी भाषा की रचना के स्तर का पता लगता है जैसे संसद की बहसों से देश के स्तर का।

समीक्षा को किसी भी युग में चाहे कितनी चुनौतियाँ दी जाएँ पर उसका अपना अस्तित्व कायम रहेगा। वह फालतू नहीं है बल्कि एक आवश्यकता है—रचना के लिए भी। रचना में कुछ अवचेतन परिचालित भी होता है और बहुत सजग रहने के बावजूद भी रचनाकार उससे खुद अपरिचित रहता है। आलोचना उसे खोलकर सामने लाती है। कभी-कभी तो अपनी कृति की व्याख्या देखकर स्वयं रचनाकार को आश्चर्य होता है। वह सोचता है कि अरे, इस पर तो मेरा ध्यान ही नहीं गया था, यद्यपि यह सच है। ऐसे ही स्थल पर आलोचना रचनाकार को आत्मान्वेषण की ओर ले जाती है। उसे वह आत्मरूप की खोज के लिए इंगित करती है। चिन्तन के इतिहास में ऐसे अवसर आते हैं जब रचना और रचनाकार को इस प्रकार की सही दिशा देने की जरूरत महसूस होती है। यह जरूरत आलोचना ही पूरी करती है पर उपदेश या निर्देश देकर नहीं बल्कि अपने आन्तरिक संघटन में ही बदलाव लाकर। किसी विदेशी रचनाकार ने कहा है कि 'आलोचक जो हममें नहीं पाता वही हम हैं।' तात्पर्य यह है कि आलोचक

रचनाकार को रचनात्मक समृद्धि की ओर ले जाता है। रचनाकार और आलोचक के सम्बन्धों को जानना और स्वीकार करना हो तो टामसमान और लूकाच, ब्रेख्ट और वाल्टर बेंजामिन, तुलसी और आचार्य शुक्ल, कबीर और हजारी प्रसाद द्विवेदी, निराला और रामविलास शर्मा को साथ-साथ रखकर देखना होगा।

रचनाकार से अलग होकर रचना एक सामाजिक सम्पत्ति हो जाती है। वैसे भी भाषा एक सामाजिक सम्पत्ति है। उस पर केवल रचनाकार का अधिकार नहीं रह जाता। फिर पाठक स्वतन्त्र होता है उसकी अनेक अर्थछवियों को ग्रहण करने के लिए। इस छूट में पाठक रचना के साथ अन्याय भी कर सकता है। पर क्योंकि आलोचक एक प्रबुद्ध पाठक है अतः वह रचना के साथ चलकर उसकी उसी अर्थछवि को उजागर करता है जो उसकी वास्तविक और विशिष्ट छवि है। वह पाठक को भ्रम में नहीं डालता बल्कि उसे सही दिशा में ले जाता है। उसकी रुचि का परिष्कार करता है। एक साहित्यिक वातावरण का निर्माण करता है। आलोचना रचनाकार के लिए भी उतनी ही जरूरी है जितनी पाठक के लिए। कोई भी रचनाकार अपने पाठकों की संख्या से सन्तुष्ट नहीं होता और न पाठकों की भीड़ रचना की श्रेष्ठता का प्रमाण ही है। हर रचनाकार को एक सजग और प्रबुद्ध पाठक की तलाश होती है जो उसके अनुभव में हिस्सा लेकर उसे ठीक-ठीक पहचान सके। कहना न होगा कि आलोचक इसी प्रकार के विशिष्ट पाठक की भूमिका निभाता है। भवभूति को भी अपने समानधर्मा आलोचक का अभाव खटका था। समानधर्मा आलोचक वही हो सकता है जो रचनाकार के समान धर्म वाला हो अर्थात जिसके अनुभव और दृष्टि का तालमेल रचनाकार के अनुभव और दृष्टि से बैठ सके। जो उसे एप्रीशियेट कर सके।

रचना एक जटिल और संश्लिष्ट प्रक्रिया होती है। रचनाकार के मन का चीजों से आमना-सामना होता है और वे उसके मन के संचित अनुभव और ज्ञान से टकराती हैं, या यों कहें कि रचनाकार की भट्ठी में पिघलकर एक नया रूप प्राप्त करती हैं। यह नया रूप ही हमारे सामने रचना के रूप में आता है। यह प्रक्रिया जटिल और संश्लिष्ट प्रक्रिया है क्योंकि इसमें रचनाकार के मन के अनेक स्तर सक्रिय होते हैं। बहुत सारी इधर-उधर की समान या विरोधी चीजें एक-दूसरे से मिलकर गड्डमड्ड हो जाती हैं। आलोचक का काम उन्हें ठीक-ठीक सुलझाकर पहचानना और क्रम देना है। मगर आलोचक केवल इतना ही नहीं करता वह रचना को उसके समग्र रूप में—उसके असली व्यक्तित्व को पहचानता और पकड़ता है क्योंकि रचना का अर्थ किसी खास पंक्ति या पैराग्राफ में नहीं बल्कि उसकी समूची आकृति और संरचना में है। आलोचक समग्र रूप में उसकी मौलिकता, शक्ति और सार्थकता की परीक्षा करता है। मगर वह

ऐसा तभी कर सकेगा जब कृति को एक सर्जनात्मक कृति के रूप में ग्रहण करे।

पीछे कहा जा चुका है कि आलोचना का मुख्य कर्म रचना का साक्षात करना है और रचना के साथ-साथ एक समानांतर यात्रा पूरी करनी है। अर्थात् रचना को एक सर्जनात्मक कृति के रूप में स्वीकार कर उसके प्रति उसी खुलेपन के साथ आगे बढ़ना है जो उसके साथ अन्त तक ले जा सके। इसका अर्थ यह हुआ कि आलोचना का प्रतिमान रचना के भीतर से ही निकलेगा, अलग से कोई प्रतिमान रचना पर थोपा नहीं जा सकता। किसी पूर्व निर्धारित कसौटी पर रचना को कसना उसके साथ अन्याय करना है और आलोचना को दुराग्रहपूर्ण बनाना है। भारत और भारत के बाहर भी कई बार आलोचना के मान निर्धारित करने के प्रयास हुए पर वे सफल न हो सके। रचना उन मानों को तोड़कर आगे निकलती रही और पुनः नये मान बनते रहे। आज भी ऐसे आलोचकों की कमी नहीं जो प्राचीन मानों पर किसी कृति को ज्यों का त्यों कसने का प्रयास करते हैं। उदाहरण के लिए जब वे किसी कृति का शास्त्रीय आधार पर विश्लेषण करेंगे तो ऐसा मानकर चलेंगे कि इस कवि ने शास्त्र को पढ़कर हूबहू उसके अनुसार ही लिखा होगा और फिर वे हर शास्त्रीय मान्यता किसी न किसी प्रकार कृति में ढूंढ़कर रख देंगे। कभी-कभी तो आलोचक अपने ही राजनीतिक-नैतिक विश्वासों को ढूँढ़-ढूँढ़कर कृति में गिनाने लगते हैं। कुछ लोग तो रामायण पढ़कर ही जीवन गुजार देते हैं और दुनिया की सारी समस्याओं का समाधान उसमें ढूँढ़ लेते हैं। हर आदमी अपनी बुद्धि का दुरुपयोग करने के लिए स्वतन्त्र है—इसके लिए आप क्या करेंगे ? आग्रही आलोचक जिन पूर्वनिर्धारित प्रतिमानों पर नई रचना की परीक्षा करना चाहता है वे प्रतिमान भी आखिर रचना से ही उत्पन्न हुए होंगे—भले ही वे पुरानी क्लासिक कृतियों के आधार पर निर्मित हुए हों। यहाँ दो तरह के मत सामने आते हैं। कुछ लोगों का कहना है कि प्रसिद्ध क्लासिक कृतियों के आधार पर समीक्षा के प्रतिमान निर्मित किए जाने चाहिए और कुछ लोग ऐसा स्वीकार करते हैं कि प्रत्येक रचना का समीक्षात्मक मानदण्ड अलग होगा जो उस रचना के भीतर से ही निकलेगा और फिर उस रचना के मूल्यांकन के बाद वह मानदण्ड नष्ट हो जाएगा। ऐसे लोगों के अनुसार रचना एक जलती हुई मोमबत्ती की तरह होती है जिसके साथ आलोचक को भी जलना होता है और अन्त में कुछ नहीं बचता—कोई प्रतिमान नहीं, कोई समीक्षात्मक मानदण्ड नहीं। ये दोनों ही मत किसी न किसी रूप में अपूर्ण हैं और आलोचना के स्वतन्त्र अस्तित्व को इनकार करते हैं। सबसे पहली बात तो यह है कि आलोचक कोई बना-बनाया प्रतिमान लेकर रचना के भीतर प्रवेश नहीं कर सकता, न कोई रचना किसी बने-बनाए प्रतिमान के अनुसार लिखी जाती है। रचना की गति रेखात्मक होती है। वह व्यवस्था के घेरे

में नहीं बँधती। दरअसल ऐसा करना भी रचनाकार के स्वातन्त्र्य को एक यथा-स्थिति में कैद करना है। रचना की तो प्रकृति है कि वह नई होगी—नई होकर ही वह रचना होगी। समय और स्थितियों के बदलने के साथ रचना का कथ्य और उसका तेवर बदल जाता है और वह रचना नई हो जाती है। इस नई रचना की पहचान पुराने प्रतिमानों से कैसे संभव होगी ? हमने जिन क्लासिक कृतियों के आधार पर कुछ प्रतिमान निर्मित किए थे वे उस युग बोध पर आधारित थे जो उन कृतियों में था। अब उस युग बोध से नई कृतियों की जाँच संभव ही नहीं है। तुलसी और सूर के काव्य के आधार पर राजकमल चौधरी को कैसे समझा जा सकता है ? कालिदास के नाटकों के आधार पर बादल सरकार के नाटकों की पहचान कैसे संभव होगी ? समय और स्थितियों के अनुरूप हमारा मन बदल जाता है। कृतियाँ वही रहती हैं तो भी उन्हें देखने की हमारी दृष्टि बदल जाती है। कबीर को परखने में क्या हजारीप्रसाद द्विवेदी की बदली हुई दृष्टि नहीं दिखाई पड़ती है ? आलोचक के लिए आवश्यक होता है कि वह युग बोध से—समकालीन वास्तविकताओं से पूरी तरह संसक्त हो। वर्तमान से जुड़े बिना न वर्तमान को समझ पाना संभव है और न अतीत को ही। इसीलिए जो आलोचक अपने युग की धड़कनों से अपरिचित होता है वह पुरानी कृतियों की भी संकीर्ण और साम्प्रदायिक व्याख्याएँ करने लगता है। हिन्दी साहित्य के मध्यकाल की ऐसी संकीर्ण व्याख्याएँ करने वाले अनेक आलोचक विश्वविद्यालयों में भरे पड़े हैं। आसानी से आप उनका नाम आलोचना की दुनिया से खारिज कर सकते हैं। तात्पर्य यह है कि नई रचना की पहचान के लिए पुराने या क्लासिकी प्रतिमान काम नहीं दे सकते। आलोचना का ऐसा कोई शाश्वत सर्वमान्य मानदण्ड कैसे संभव हो सकता है जिस पर हर कृति को कसा जा सके ! एक या कुछ रचनाएँ हर रचना की कसौटी नहीं हो सकतीं। क्लासिक्स के अध्ययन से एक साहित्यिक संस्कार जरूर बनता है पर वह कोई प्रतिमान नहीं होता। इस प्रकार का संस्कार हर अच्छी रचना के अध्ययन से बनता है—उससे कुछ न कुछ प्राप्त होता है पर हम उसे आलोचना की कसौटी नहीं बना सकते। आचार्य शुक्ल ने तुलसी का अध्ययन किया और उनकी कविता को ही उन्होंने बहुत कुछ अपनी कसौटी बना लिया, जिसका दुष्परिणाम यह हुआ कि वे अन्य कवियों के साथ न्याय नहीं कर सके। यह कमजोरी आपको नये आलोचकों में भी मिलेगी। अधिकांश नये आलोचकों ने मुक्तिबोध की कविता को अपनी कसौटी बना लिया जिसका दुष्परिणाम सामने है। नई कविता का ठीक-ठीक मूल्यांकन कठिन हो रहा है। किसी भी रचना को आलोचना का प्रतिमान नहीं बनाया जा सकता क्योंकि उससे अनुभव संसार संकीर्ण होता है और आलोचना की स्वायत्तता समाप्त होती है। आलोचक के लिए बौद्धिक समझदारी

और तटस्थता जरूरी होती है जिसके अभाव में आलोचना प्रभाववादी और आग्रहपूर्ण हो जाती है। रचना के साथ तादात्म्य स्थापित करना और तटस्थ रहना दोनों विरोधी स्थितियाँ हैं पर समीक्षक दोनों का ही निर्वाह करता है। उसमें सहृदयता और संवेदनशीलता के साथ उतनी ही वस्तुनिष्ठ तटस्थता भी होती है।

रचना की भाँति ही आलोचना एक स्वायत्त वैचारिक संघटन है। मगर सवाल उठता है कि जब कोई शास्त्र, को क्लासिक रचना आलोचना का प्रतिमान नहीं है और न कोई भी रचना ही आलोचना के लिए अपना प्रतिमान छोड़ जाती है तो फिर वह कौन-सी चीज है जो विभिन्न कालों और विभिन्न प्रवृत्तियों की श्रेष्ठ-अश्रेष्ठ कृतियों को जाँचने-परखने में आलोचक की मदद करती है ? क्या अलग-अलग रचना और अलग-अलग आलोचना के अलग-अलग प्रतिमान होंगे ? क्या विभिन्न कालों की कृतियों की परीक्षा विभिन्न दृष्टियों से होगी ? क्या आलोचना रचना के पीछे अवश सम्मोहित भाव से चलते रहने का नाम है या उसका अपना कोई स्वतन्त्र अस्तित्व है ? यदि है तो फिर वह कौन-सी चीज है जो उसे एक स्वतन्त्र अस्तित्व प्रदान करती है ?

सब कुछ के बावजूद एक बात तो स्वीकार करनी ही पड़ेगी कि यदि आलोचना एक स्वतन्त्र वैचारिक संघटन है और उसका अपना एक स्वतन्त्र अस्तित्व है तो वह रचना के पीछे-पीछे अवश भाव से सम्मोहित होकर नहीं चल सकती। आलोचक के मन में कोई लचीला ही सही ऐसा प्रतिमान जरूर होगा कि वह ठहरकर रचना और उसकी प्रक्रिया के साथ-साथ चलते हुए उसकी परीक्षा भी कर सके। समीक्षक की कोई दृष्टि नहीं होगी, यह मानना अमनोवैज्ञानिक होगा। यहाँ 'परीक्षा' या 'दृष्टि' शब्द से चौंकने की जरूरत नहीं है क्योंकि आलोचना में अनिवार्य रूप से ऐसा होता ही है। यदि हम कहें कि 'तुलसीदास में ऐसा नहीं है' और 'सूरदास में ऐसा दिखाई पड़ता है', तो इस कथन का क्या अर्थ हुआ ? जहाँ कई रचनाएं सामने हों वहाँ क्या इस प्रकार का अध्ययन आवश्यक नहीं होता ? आलोचक केवल एक रचना से ही जुड़कर नहीं चलता बल्कि अन्य रचनाएँ भी उसके सामने होती हैं। उसके सामने एक प्रवाह होता है। आज ही का उदाहरण लें तो युग के ही चित्रण में कितना वैविध्य मिलेगा। जितनी रचनाएँ उतने एप्रोच। ऐसी स्थिति में आलोचक की एक अपनी दृष्टि तो होगी ही। हाँ, वह दृष्टि किसी अनुशासक या आश्चर्य की न होकर ऐसी होगी जिसे समीक्षक ने समीक्ष्य रचना और अपने तटस्थ जीवनानुभव से प्राप्त किया होगा। जीवन इतना नहीं बदलता कि सहसा नया हो जाए और इसीलिए रचना भी इतनी नई नहीं हो जाती कि आलोचक की पहचान के बिल्कुल बाहर हो जाए। हमारी रूचियाँ अलग हैं फिर भी हम किसी न किसी स्तर पर

एक-दूसरे से जुड़े होते हैं। तभी तो हम एक-दूसरे को पढ़ और समझ पाते हैं। वरना आपसी संवाद ही टूट जाता। जैसे जीवन में एक कार्य-कारण शृंखला बनी होती है वैसे ही पुरानी और नई रचना में भी और आलोचना के पुराने मानों में ही थोड़े हेर-फेर से आलोचक नई मानसिकता को जाँच-परख लेता है। आवश्यकता केवल उसके सहृदयता और उदार होने की है।

कोई भी रचना सार्वजनीन और शाश्वत भले न हो पर हर महान रचना में कुछ तो ऐसा होता है जो उसे कालजयी बनाता है और जैसा कि पीछे कहा जा चुका है हर मानव रचना आलोचक के मन पर एक संस्कार छोड़ जाती है। फिर उसका मन वही नहीं रह जाता जो उसके पहले था। उसकी संवेदना का कुछ विस्तार हो जाता है। महान और कालजयी कृतियों का यह प्रभाव आलोचना का प्रतिमान तो नहीं होता पर प्रतिमान के निर्माण में सहायक जरूर होता है। इस प्रभाव को आलोचक युग-जीवन और समकालीन स्थितियों-वास्तविकताओं के प्रकाश में जाँचता-परखता है और इन सबका एक सम्मिलित तथा संघटित रूप उसकी आलोचना का प्रतिमान कहा जा सकता है। मगर यह प्रतिमान भी जड़ और स्थिर नहीं होता बल्कि लचीला ही हो सकता है। इसी के सहारे आलोचक न केवल आज की रचनाओं का बल्कि पुरानी रचनाओं की भी पहचान करता है। आलोचक की दृष्टि हर युग की रचना के लिए एक ही होगी भिन्न नहीं। यदि कबीर आज के लिए प्रासंगिक हैं तो उस युग के लिए भी रहे होंगे और यदि केशव आज के लिए प्रासंगिक नहीं हैं तो अपने युग के लिए भी नहीं रहे होंगे।

रचना युग-जीवन की उपज होती है। उसमें जीवन की धड़कन स्पंदित होनी चाहिए। आलोचना का भी जीवनानुभव से उतना ही गहरा सम्बन्ध होता है जितना रचना का होता है। सर्जनात्मक आलोचक जीवन के रक्त को अपनी नसों में भरकर चलता है इसीलिए प्रत्येक युग की रचना और आलोचना में एक प्रकार का साम्य दिखाई पड़ता है। यह जीवन संसक्ति ही वह चीज है जो रचना को कालजयी बनाती है और यही जीवन संसक्ति वह चीज है जिसके साथ अपने संचित ज्ञान और अनुभव या संस्कार का तालमेल बिठाकर आलोचक अपना प्रतिमान निर्मित करता है जो उसकी आलोचना को एक स्वतन्त्र अस्तित्व प्रदान करती है। प्रायः ऐसा होता है कि जब अभिव्यक्ति की कोई नई प्रणाली या भंगिमा या कोई नई प्रवृत्ति सामने आती है जो आलोचक के अब तक के किसी साँचे में फिट नहीं होती तो वह उस पर प्रहार करने लगता है। वह जीवन की गतिशीलता में उसकी खोज नहीं करता कि आखिर इस प्रकार की अभिव्यक्ति क्यों लेखक के लिए जरूरी हो गई और जीवन के धरातल पर इसका क्या ठोस कारण है। नवीनता के प्रति उत्साह की यह कमी आचार्य

शुक्ल में भी थी जिसकी वजह से वे 'छायावाद' के समानान्तर यात्रा न कर सके । आलोचना जब जीवन बोध को अपना आधार बनाती है तो रचना के साथ उसकी दूरी भी कम होती है और वह एक लचीला प्रतिमान बनाने में भी समर्थ हो पाती है । तात्पर्य यह है कि आलोचक के लिए व्यापक अनुभव और गहन अध्ययन व चिन्तन आवश्यक है । उसके लिए विकास प्रक्रिया और मानव प्रकृति का निकट से परिचय आवश्यक है। उदाहरण के लिए आज का युग विज्ञान का युग है । वैज्ञानिक-औद्योगिक प्रगति ने आज के मनुष्य को पहले के आदमी से काफी भिन्न धरातल पर ला खड़ा किया है । वह ईश्वर और धर्म से अलग हो चुका है । वह संशयवादी बन गया है । उसमें अजनबीपन और बेगानापन आने लगा है। सम्बन्धों की जड़ें टूट चुकी हैं । आस्थाएँ खण्डित हो चुकी हैं । आदमी कटी पतंग की तरह कहीं का न रहकर अपने लिए भी नहीं रह गया है। पूँजीवादी यान्त्रिकता ने उसे भी यन्त्र बना दिया है—संवेदनाहीन और ऊबा हुआ । नये युग की नई समस्याएँ आ खड़ी हुई हैं। इन नई स्थितियों का साक्षात्कार आलोचक के लिए जरूरी है तभी वह नई रचनात्मकता को समझ सकेगा और उसके लिए नये मुहावरों की तलाश कर सकेगा । जीवन के नये बोध के लिए नये मुहावरों की खोज आलोचना के लिए भी उतनी ही जरूरी है जितनी रचना के लिए । इस नये मुहावरे का मतलब कोई नया सिद्धान्त या निकष बनाना नहीं है बल्कि इसका अर्थ नई मानसिकता के अनुरूप नई भाषा तलाशना है । दरअसल आज के साहित्य में (और जीवन में भी) जो गतिमयता और बिखराव है उसके बीच कोई चालू सिद्धान्त या नुस्खा ढूंढ़ा ही नहीं जा सकता । इस परिवर्तन की तेज गति में वह कितने दिन टिक सकेगा ?

अन्त में यह कहना जरूरी है कि 'आलोचना क्यों' जैसा सवाल रचनाकार की ओर से न उठाया जाकर जब रचना के भीतर से उठता है तो उसका एक बड़ा अर्थ होता है । श्रेष्ठ रचना एक चुनौती होती है आलोचक के लिए । आलोचक उस चुनौती से बहुत कुछ हासिल करता है । वह अपनी आलोचना के अब तक के अर्जित मानों का उसके प्रकाश में पुनः परीक्षण करता है । वह अपने औजारों को माँजता है, बदलता है या उन्हें तोड़ भी देता है । रचना और आलोचना का यह द्वन्द्व बहुत महत्त्वपूर्ण होता है । रचना जितनी ही समर्थ होती है उतना ही दबाव डालती है आलोचना को पराजित करने के लिए और आलोचक अपनी आलोचना को उतना ही अर्थवान बनाकर उसका मुकाबला करता है । यह अपने को कई बार तोड़ता और पुनर्निर्मित करता है । साहित्य के इतिहास में ऐसा हमेशा होता है कि रचना से टकराकर आलोचना प्रखर होती है और आलोचना से टकराकर रचना जीवंत । आखिर आलोचक का कर्म भी तो यही है कि वह अपने ही विचारों को—अपने ही चिन्तन को—अपने ही

गानों को—संशोधित करता चले, सुलझाता चले तथा उन्हें अधिकाधिक वैज्ञानिक, पुष्ट और सत्य के नजदीक करता चले। मगर 'आलोचना क्यों' जैसी माँग जब रचनाकार अपने खुद प्रतिष्ठित होने के लिए करता है तो इसका कोई अर्थ नहीं रह जाता। 'आलोचना क्यों' की जगह यदि वह 'आलोचना कैसे' का सवाल खड़ा करे तो ज्यादा उपयुक्त होगा। बल्कि उचित तो यह है, जैसा नामवरसिंह ने स्वीकार किया है कि 'आलोचना क्यों' जैसा सवाल रचनाकार की ओर से नहीं खुद आलोचक की ओर से उठे क्योंकि तभी वह अपने आलोचना कर्म को परिभाषित कर सकेगा अर्थात उसे एक सार्थक वैशिष्ट्य दे सकेगा।

[1974]

सन्दर्भ

1. I do not intend from this usually silly inference that the creative gift is higher than the critical. Where one creative mind is better than the other, the reason often is that the better is the more critical.

—T. S. Eliot : 'The Sacred Wood', p. XIV.

युवा विद्रोह : सार्थक विद्रोह की दिशाएँ

पिछले कुछ वर्षों में सम्पूर्ण विश्व में एक ऐसी पीढ़ी उभरी है, जिसने साहित्य, कला, राजनीति और जीवन के हर क्षेत्र में विद्रोह का नारा लगाया है। इस पीढ़ी को 'नई पीढ़ी' और 'युवा पीढ़ी' आदि नामों से सम्बोधित किया गया है। इस पीढ़ी में यद्यपि अधिकांश संख्या छात्रों की है, फिर भी युवा पीढ़ी के विद्रोह को केवल विश्वविद्यालय की सीमाओं तक सीमित नहीं रखा जा सकता। इसी प्रकार यह युवा पीढ़ी एक ही देश तक सीमित नहीं है। भारत जैसे अर्द्ध-विकसित देश में यदि यह पीढ़ी उभर रही है, तो रूस, अमेरिका और जापान जैसे विकसित और यन्त्र-समृद्ध देशों में भी।

यहाँ यह प्रश्न स्वाभाविक रूप से उठता है कि सम्पूर्ण विश्व की युवा पीढ़ी के इस विद्रोह का क्या कारण है ? वस्तुत: युवा पीढ़ी के इस विद्रोह का कारण उसकी ऐतिहासिक, सामाजिक, आर्थिक और राजनीतिक परिस्थितियों में ही ढूंढना समीचीन होगा क्योंकि यह सारा विद्रोह इन्हीं परिस्थितियों से फूटा है। समय जीवन का सबसे बड़ा सत्य है जो बहुत-सी नई समस्याएँ पैदा कर देता है। युवा पीढ़ी के विद्रोह के पीछे भी कुछ ऐसी ही अपरिहार्य समस्याएँ हैं जो पीढ़ियों के अन्तर (गैप आफ जेनरेशंस) से उत्पन्न हुई समस्याएँ हैं। मैं भारत का उदाहरण लूँ तो आज हमारे समाज में एक ही साथ तीन पीढ़ियाँ जी रही हैं। एक हमारे बाबा हैं, जो मेरे साथ चौके पर बैठकर भोजन नहीं करते क्योंकि मुझे वे अस्पृश्य मानते हैं। एक मेरे पिता हैं, जो स्वयं बाबा की सारी मान्यताओं को स्वीकार करते हैं लेकिन मेरे साथ चौके में बैठकर खाने में जिन्हें कोई आपत्ति नहीं है, और एक मैं हूँ जो कहीं भी बैठकर किसी के भी साथ खा सकता हूँ। यह तो एक छोटा-सा उदाहरण मात्र है। वैसे जीवन की सारी मान्यताओं के क्षेत्र में दो विरोधी पीढ़ियों का द्वन्द्व बड़ी सरलता से महसूस किया जा सकता है। यह द्वन्द्व भारत जैसे अविकसित या अल्प विकसित देशों में तीव्र जरूर है लेकिन इसका मतलब यह नहीं कि अन्य देशों में नहीं है। जीवन मूल्यों का यह द्वन्द्व सम्पूर्ण विश्व में कमोबेश महसूस किया जा सकता है। जिन देशों में नई-पुरानी पीढ़ी का अन्तर जितना ही गहरा है, उनमें यह विद्रोह उतना ही उभरा हुआ है। जिन देशों में यांत्रिक और तकनीकी दबाव जितना

ही तेज है उनमें यह विद्रोह भी उसी अनुपात में फैला है। यन्त्र और जीवन का संघर्ष आज के विश्व की महानतम घटना है। आज के जीवन का अधिकाधिक यांत्रिक होना तथा तकनीकी विकास के साथ होड़ लेते हुए बढ़ना बड़ी आसानी से देखा जा सकता है। आज के आदमी की निस्संगता उसकी यांत्रिक जीवन पद्धति की देन है। मानवीय रागात्मक सम्बन्धों के व्यापक बदलाव की जो स्थिति आज के युग में दिखाई पड़ती है, वह इसी निस्संगता के कारण है। इनमें तो कोई सन्देह नहीं कि पिछले दो सौ वर्षों में दुनिया ने जो प्रगति की है वह हजार वर्षों में की गई प्रगति से अधिक है और आज जीवन के हर क्षेत्र में परिवर्तन बड़ी ही तीव्र गति से हो रहा है। इस सारे परिवर्तन का कारण विज्ञान और औद्योगिक प्रगति है। पिछले दो सौ वर्षों की वैज्ञानिक और यांत्रिक प्रगति ने सम्पूर्ण विश्व की मान्यताओं को एकदम झकझोर दिया है। पीढ़ियों के जिस संघर्ष की चर्चा की गई है वह संघर्ष यहीं से प्रारम्भ हुआ है। युवा पीढ़ी ने उन बहुत-सी जर्जर मान्यताओं, परम्परागत विश्वासों, सामाजिक-धार्मिक रूढ़ियों और नैतिक वर्जनाओं को अस्वीकार कर दिया है, जिससे आज भी पुरानी पीढ़ी चिपकी हुई है। नई पीढ़ी को पुरानी पीढ़ी के बहुत सारे अन्तर्विरोध दिखाई पड़ते हैं। नई पीढ़ी को लगता है, कि पुरानी पीढ़ी की कथनी और करनी में भारी खाई है। कभी उसे महसूस होता है कि यह पीढ़ी तो निहायत पाखण्डी और ढोंगी है जो एक ओर तो नीति और आदर्श की बात करती है तथा दूसरी ओर किसी प्रकार के तिकड़म से अपना स्वार्थ सिद्ध करने में नहीं हिचकती। नई पीढ़ी का चेहरा एक प्रकार की उत्तेजना और खीझ से तमतमा जाता है। वह पुरानी पीढ़ी को बुरा-भला कहने लगती है। बुजुर्गों के नकाब को उघाड़ कर रख देना चाहती है। यह तो स्पष्ट है कि आज सारी सत्ता पुरानी पीढ़ी के हाथ में स्थित है और वह पुरानी पीढ़ी इस सत्ता को नई पीढ़ी के हाथों अभी हस्तांतरित करने के लिए तैयार नहीं है क्योंकि वह सुविधाजीवी पीढ़ी है। आज का नवयुवक जब देखता है कि उसकी नियति किसी ऐसी पीढ़ी के हाथों दबी है, जो उसे देखकर ही मुँह बिचका देता है तथा जो उससे इतनी सेवा और चरण साधना की अपेक्षा रखता है जो उसके बूते की बात नहीं तो वह अपने अन्दर एक विचित्र प्रकार की रिक्तता का अनुभव करता है क्योंकि हर संघर्ष में वह उस सम्पन्न पीढ़ी से पराजित हो जाता है, और तब उसकी आँखों के आगे एक निराशा और अन्धकार धीरे-धीरे घना होने लगता है। उसे लगता है पुरानी पीढ़ी ने उसके आगे एक से एक समस्याओं की ऐसी चट्टानें बिछा रखी हैं जिनसे होकर उसे गुज़रना ही पड़ेगा, लेकिन इस यात्रा में भी उसे अकेले जाना है—पुरानी पीढ़ी उसका साथ नहीं देगी। यहीं उसका अन्तर विद्रोह कर उठता है।

भारतीय छात्रों में जो तीव्र असंतोष और आक्रोश व्याप्त है, उसका एक

कारण तो आज की दूषित शिक्षा प्रणाली भी है। वर्तमान शिक्षा प्रणाली उन अंग्रेजों की देन है जो भारत के विदेशी शासक थे और यहाँ के शासक बने रहना चाहते थे। अपने भविष्य को ही ध्यान में रखकर उन्होंने अपनी शिक्षा नीति निर्धारित की थी। इसके लिए उन्होंने अंग्रेजी को भारतीय शिक्षा का माध्यम बनाया था ताकि भारतीय मेधा का मौलिक विकास कुंठित हो और जो हो वह अपनी मिट्टी के अनुरूप न हो। निस्संदेह उनका तीर सही जगह लगा है। इस दूषित शिक्षा नीति के कई कुपरिणाम सामने आए—देश की मौलिक प्रतिभा कुंठित होने लगी, हीन भावना उभरने लगी और शिक्षा के आधार पर भी दो प्रमुख जातियों का निर्माण हो गया—एक अंग्रेजी पढ़े-लिखों की और एक अंग्रेजी न जानने वालों की। इसे भारतीय इतिहास की दुर्घटना ही कहा जाएगा कि स्वतन्त्र होने के बाद भी भारत की शिक्षा प्रणाली में कोई बुनियादी परिवर्तन नहीं हुआ। इसका परिणाम जो कुछ भी है सामने है, अर्थात् सारे देश में हीनता की एक काली छाया मंडरा रही है और पढ़े-लिखे सफेद-पोश लोगों की एक नई जाति निरन्तर बढ़ती जा रही है। शिक्षा के क्षेत्र में बढ़ती हुई गैर बराबरी इन सफेदपोशों की संख्या में और भी वृद्धि कर रही है। सफेदपोशों की यह नई जाति इस कदर हीनताग्रस्त है कि वह इससे अलग होकर कुछ सोच ही नहीं सकती। राजनीतिक गुलामी तो खैर खत्म हुई लेकिन दिमागी गुलामी उसे बुरी तरह दबोचे हुए है। अनेक छोटी-छोटी ग्रंथियाँ उसके मन में पड़ी हैं। वह उस भोले-भाले ग्रामीण किसान को तुच्छ और घृणित समझता है जो आज भी भारतीय आर्थिक ढाँचे का आधार है और इस प्रकार आज भारत का 'कामन मैन' बिलकुल उपेक्षित और अकेला हो गया है। यह आकस्मिक नहीं है कि गांधीजी ने अंग्रेजी भाषा से मुक्ति को भी 'स्वराज्य' का एक लक्ष्य माना था। वास्तव में किसी भी स्वतन्त्र देश के लिए उसकी अपनी भाषा बड़ी ही आवश्यक होती है। किसी भी जाति की भावना, उसकी चिन्तन शक्ति तथा उसकी सभ्यता और संस्कृति उसकी अपनी भाषा में ही ध्वनित होती हैं। व्यक्ति का सच्चा मानसिक विकास उसकी अपनी ही भाषा के द्वारा सम्भव है। मौलिक चिन्तन अपनी ही भाषा में होता है। पराई भाषा के माध्यम से कोई देश मौलिक चिन्तन नहीं प्रस्तुत कर सकता। हीनताग्रस्त मन में न मौलिक विचार उपजते हैं न उदात्त भावनाएँ पलती हैं।

यह हमारी शिक्षा प्रणाली का ही दोष है कि आज का युवा वर्ग बेकारी की स्थिति में इधर-उधर भटक रहा है और अपराधवृत्ति का शिकार हो रहा है। हमारी शिक्षा में तकनीकी शिक्षा को उतना महत्त्व नहीं दिया गया जो हमारे देश के युवा वर्ग को आत्मनिर्भरता की ओर ले जा सकती थी। हमारी शिक्षा प्रणाली का एक दोष यह भी है कि वह अधिक खर्चीली है, परिणामतः

बहुत-से मेधावी छात्र उच्च शिक्षा से वंचित रह जाते हैं। पिछले कुछ वर्षों से तो भारतीय विद्यालयों में एक और नई समस्या ने जन्म लिया है और वह है विद्यालयों में विद्यार्थियों के प्रवेश की समस्या। वस्तुतः आज की शिक्षा प्रणाली में क्रान्तिकारी परिवर्तन की आवश्यकता है। जब तक हमारी यह दूषित शिक्षा प्रणाली ठीक नहीं होती तब तक आज का छात्र-असंतोष समाप्त नहीं हो सकता।

यह बड़े दुख की बात है कि हमारे देश में शिक्षा पर पर्याप्त ध्यान नहीं दिया गया। न तो शिक्षा प्रणाली पुनर्गठित की गई और न शिक्षकों को सामाजिक राजनीतिक सम्मान मिला। परिणाम यह है कि योग्य मस्तिष्क आज इस पेशे में नहीं आना चाहता। वस्तुतः शिक्षा के क्षेत्र में शिक्षक का दायित्व बड़ा ही ऊँचा है। विद्यार्थी में उच्च शिक्षा के प्रति जिज्ञासा तथा ज्ञान के प्रति उत्साह पैदा करना, उसकी रचनात्मक शक्ति तथा शोधवृत्ति का विकास करना शिक्षक का ही कर्तव्य होता है। शिक्षा का लक्ष्य केवल परीक्षा उत्तीर्ण करना या नौकरी पाना या पैसा कमाना नहीं है। केवल बौद्धिक विकास या पुस्तक ज्ञान भी शिक्षा का अन्तिम लक्ष्य नहीं है। ऐसी शिक्षा से क्या लाभ जो एक बँधे-बधाए पाठ्यक्रम में विद्यार्थी को वार्षिक परीक्षा के लिए तैयार करे और ऐसे उपाधिधारियों की संख्या में वृद्धि करे जो नौकरियों की तलाश में भटकते हुए जीवन को निराशामय कर लें। शिक्षा का वास्तविक और उच्चतर लक्ष्य मनुष्य को पूर्ण बनाना है, मानवता के सर्वोत्तम गुणों का विकास करना है तथा उसे मुक्त करना है सभी प्रकार के बन्धनों से—जाति, धर्म, रंग, राष्ट्र, अज्ञान, संकीर्णता और मानव विरोधी विचारों के बंधनों से। मुक्त करना है सभी प्रकार के भय और सभी प्रकार की सीमाओं से। 'सा विद्या या विमुक्तये'—विद्या वह है जो सभी प्रकार के बंधनों से मुक्त करती है।

यह ऐतिहासिक तथ्य है कि समय परिवर्तन के साथ जीवन मूल्यों में परिवर्तन होता है। परिवर्तन, प्रयोग और गति का नाम ही विकास है। दुनिया का इतिहास इस बात का प्रमाण है कि परम्पराएँ टूटती हैं और नई मान्यताएँ विकसित होती रहती हैं। यह कोई चौंकाने वाली बात नहीं है बल्कि सभी कालों और देशों में ऐसा होता आया है। और अगर सच पूछा जाए तो आज की युवा पीढ़ी में जो असंतोष है वह कहीं न कहीं जीवन को गति ही देगा, उसे एक दिशा में आगे ही ले जाएगा, क्योंकि कार्य-प्रेरणा के मूल में असंतोष ही होता है। सुविधाजीवी वर्ग सदैव यथास्थिति बनाए रखना चाहता है। यथास्थिति को तोड़ने का कार्य सदा से असंतुष्ट वर्ग ही करता आया है। अतः आज की युवा पीढ़ी के विद्रोहात्मक रवैये से आतंकित होने की आवश्यकता नहीं है। युवा पीढ़ी के इस असंतोष को बिलकुल इनकार कर जाना भी सम्पूर्ण भूत और भविष्य को

इनकार कर जाना होगा क्योंकि यह सारा असंतोष उन ऐतिहासिक परिस्थितियों की उपज है जिनमें आज की जीवन-धारा प्रवाहित हो रही है। अतः सत्ता साधन सम्पन्न पुरानी पीढ़ी के द्वारा युवा आन्दोलन को स्वीकृति मिलनी ही चाहिए। युवा पीढ़ी की समस्या उपदेशों से नहीं सुधर सकती। पुरानी पीढ़ी को ऐसा वातावरण प्रदान करना होगा जिसमें युवा पीढ़ी को अपने योग्य संसार की रचना कर सके। यदि युवा पीढ़ी अपने ऊपर एक दूषित व्यवस्था का अनावश्यक दबाव महसूस करती है तो उसे अपने भविष्य के सम्बन्ध में सोचने का अवसर और अधिकार दिया जाना चाहिए। नई पीढ़ी को उपेक्षित और हास्यास्पद समझने से कोई काम नहीं बनने वाला है। आवश्यकता उसकी स्थिति पर खुले दिल से विचार करने की है। प्रायः सत्तासम्पन्न लोगों का कृत्रिम आभिजात्य उन्हें नई पीढ़ी के साथ सीधी बातचीत से रोकता है और वे सामान्य मनुष्य याकि असंतुष्ट वर्ग की समस्याओं को समझ नहीं पाते। आवश्यकता इस बात की है कि युवा पीढ़ी के साथ सीधी वार्ता हो। विश्वविद्यालयों के छात्रों को भी जिम्मेदारियाँ सौंपी जाएँ तथा उनकी शक्ति का उपयोग किया जाए। विक्रम विश्वविद्यालय के अपने दीक्षान्त भाषण में महादेवी वर्मा ने ठीक ही कहा है कि भविष्य के सम्बन्ध में आश्वस्त किए बिना विद्यार्थी वर्ग के असंतोष का उपचार सम्भव नहीं है। यदि ऐसा नहीं होगा तो इसकी परिणति तोड़फोड़, हिंसा और आतंक में होगी ही। युवा पीढ़ी के व्यापक असंतोष को देखते हुए यह तो जाहिर होता ही है कि यह पीढ़ी कुछ नया लाना चाहती है, कुछ बदलना चाहती है। अब आवश्यकता है इस पीढ़ी को दिशा देने की ताकि वह एक सही लक्ष्य की ओर अग्रसर हो—दिशाहारा होकर न रह जाए।

किन्तु इस तथ्य को स्वीकार करते हुए भी मेरे सामने वर्तमान युवा आन्दोलन का एक विकृत पहलू भी उभर कर आता है जो निश्चय ही बड़ा भयंकर है। वर्तमान युवा आन्दोलन में जो हिंसा, उच्छृंखलता, लक्ष्यहीनता और मानसिक विकृति दिखाई पड़ती है वह इस आन्दोलन के छिछले रूप को प्रकट कर देती है। अगर विद्रोह का अर्थ बिना सोचे-समझे किसी खिड़की पर पत्थर मारना या किसी की दुकान में आग देना या सिनेमाघर का घिराव करना या रेल की पटरी उखाड़ देना या किसी राह चलती औरत की साड़ी फाड़ देना है तो निश्चय ही यह विद्रोह दिशाहीन और उच्छृंखल है। ऐसा विद्रोह अराजकता की ओर ही ले जाएगा। क्रान्ति और विद्रोह के लिए भी एक आन्तरिक अनुशासन, एक आस्था, एक संकल्प जरूरी होता है। बिना आस्था के विद्रोह में साहस नहीं आता और साहस के अभाव में विद्रोह की रीढ़ टूट जाती है। आज के विश्वविद्यालयों में कुलपति या अध्यापकों का घेराव करने वाले विद्यार्थी पुलिस के पहुँचते ही इसलिए भाग जाते हैं कि उनमें अपने विद्रोह के प्रति

आस्था नहीं है। विद्रोह की प्रकृति है कि वह किसी व्यवस्था के प्रति होता है और उसका एक विकल्प लेकर आता है। संयत और सोद्देश्य विद्रोह सदा एक विकल्प भी देता है। वह यथास्थिति को तोड़ता है, व्यवस्था पर प्रहार करता है किन्तु परम्परा के शाश्वत, जीवंत और प्रगतिशील तत्वों को इनकार नहीं करता। वह परम्परा पर प्रहार करते हुए भी उससे अपने में शक्ति ग्रहण करता है। जो विद्रोह बिना किसी प्रेरणा और विकल्प के आता है वह व्यक्तिवादी और अवसरवादी विद्रोह होता है, जो अनुकरण, आवेश और भावुकता से प्रेरित होता है। वर्तमान युवा पीढ़ी का अधिकांश विद्रोह ऐसा ही है जो किसी न किसी व्यक्तिगत या एक सीमित वर्ग की सुविधा के लिए किया गया है। उनके पीछे एक सम्पूर्ण सामाजिक माँग की प्रेरणा नहीं है। इस विद्रोह का स्वरूप यह होता है कि व्यक्तिगत स्वार्थों की सिद्धि के लिए कोई भी हथकण्डा अपना लिया जाता है। विद्यार्थियों का सिनेमाघरों पर पत्थर फेंकना या राजनीतिक नेताओं का कुछ खास कुर्सियों के पीछे पड़ना इसी प्रकार का विद्रोह है। इस विद्रोह की परिणति यह होती है कि जिसको सुविधा मिल जाती है उसका विद्रोह ठंडा पड़ जाता है—चाहे पत्रकार हो या नेता। सच्चा विद्रोह परिस्थितियों से फूट-कर निकलता है। वह सगुण विद्रोह होता है। उसकी कुछ ठोस माँगें होती हैं। उसमें भावुकता नहीं होती। वह अनुभूत होता है और इसीलिए उसमें आस्था और शक्ति भी होती है। 'शेखर : एक जीवनी' में शेखर एक स्थान पर शशि से कहता है, 'किसी के विरुद्ध लड़ना पर्याप्त नहीं है, किसी के लिए लड़ना भी जरूरी है।' कहना न होगा कि आज का भारतीय युवा वर्ग भी पश्चिमी युवकों विशेषतः हिप्पियों और बीटलों से प्रभावित होकर उसी प्रकार का अनुकरण करने लगा है। किन्तु यह अनुकरण भारतीय युवा आन्दोलन की सही दिशा नहीं है। यह युवा मानस की विकृतियों का उदाहरण है। लक्ष्यहीन इधर-उधर भटकना या गांजा, अफीम और चरस जैसे मादक द्रव्यों का सेवन करना या विचित्र प्रकार की वेशभूषा धारण करना या अप्राकृतिक यौनाचार और मन में बहुत-सी यौन विकृतियों को पालना विद्रोह की कोई दिशा नहीं है—चाहे हिप्पियों में हो या भारतीय युवकों में। भारतीय युवा आन्दोलन की तो यह दिशा हो ही नहीं सकती, क्योंकि हर देश, जाति और समाज की परिस्थितियाँ भिन्न होती हैं। पश्चिमी देशों का युवा आन्दोलन भारत या अन्य अविकसित देशों के युवा आन्दोलनों से कुछ भिन्न होगा। रूस में नई पीढ़ी का जो विद्रोह है वह मुख्यतः व्यक्ति स्वातन्त्र्य और अभिव्यक्ति स्वातन्त्र्य के लिए है। स्वेत-लाना, सोल्जेनित्सीन आदि का विद्रोह इसी प्रकार का है। अमेरिका का युवा आन्दोलन वहाँ की अति आर्थिक समृद्धि और अति यान्त्रिक जीवन की प्रतिक्रिया में पदा हुआ है। अमेरिका के हिप्पी आन्दोलन में इसका रूप देखा जा सकता

है। पश्चिमी युवा आन्दोलनों के विश्लेषण से प्रतीत होता है कि उनका कारण आर्थिक उतना नहीं है, जितना मानसिक । वहाँ के युवकों को आर्थिक सुविधाएँ प्राप्त हैं, सामाजिक समानता प्राप्त है । सेक्स के बंधन वहाँ ढीले हैं किन्तु भारत में स्थिति ऐसी नहीं है । यहाँ आर्थिक और सामाजिक दोनों ही क्षेत्रों में गहरी असमानता है । नैतिक वर्जनाएँ भी बड़ी कठिन हैं । भारतीय युवा पीढ़ी के सम्मुख संकट आर्थिक और सामाजिक असुरक्षा का है । ऐसी स्थिति में भारतीय युवा आन्दोलन ठीक उसी दिशा में नहीं होगा जिस दिशा में पश्चिमी युवा आन्दोलन । अनुकरण, आवेश, उच्छृंखलता और व्यक्तिगत स्वार्थों से प्रेरित आन्दोलनों को सच्चा विद्रोह समझ बैठने वालों को ध्यान रखना होगा कि अनुशासन, आस्था और उत्तदायित्व के अभाव में विद्रोह सार्थक और रचनात्मक नहीं हो सकता और न युवा पीढ़ी अपने ऐतिहासिक दायित्व का निर्वाह कर सकती है ।

आज के अधिकांश साहित्य को देखने पर स्पष्ट प्रतीत होता है कि एक ओर असन्तोष, क्षोभ, उत्तेजना, आक्रोश, विद्रोह तथा दूसरी ओर सेक्स का चित्रण अधिक हुआ है । किन्तु ये दोनों ही प्रवृत्तियाँ अधकचरी हैं । अनुकरण, चमत्कार और वहशीपन में अधिकांश नया साहित्य एक नारा बनकर रह गया है । निःसन्देह आज के जीवन में असन्तोष, क्षोभ और उत्तेजना है किन्तु इन सबको जीवन-मूल्य के रूप में स्वीकार नहीं किया जा सकता । नये साहित्यकार को समझना चाहिए कि हवा में घूंसा मारना निरर्थक ही है । हवा में घूंसा मारने का काम आज के राजनीतिक आन्दोलन भी कर रहे हैं । कांग्रेस पार्टी के विद्रोहियों से लेकर नक्सलवादी विद्रोही तक, सब कहीं न कहीं कन्फ्यूज्ड और दिशाहीन हैं । इनमें से किसी ने भी भारतीय जीवन में व्याप्त असन्तोष को एक संगठित विद्रोह का रूप देने का प्रयास नहीं किया । जैसे आज का साहित्य जीवन से कटकर महानगरों और कहवाघरों का साहित्य रह गया वैसे ही आज की राजनीति भी सामान्य मनुष्य से अलग होकर संसद और विधान मण्डलों की मेज और कुर्सी की राजनीति होकर रह गई । भारत का वह 80 प्रतिशत सामान्य मनुष्य जो गरीबी, अशिक्षा और विभिन्न प्रकार की सामाजिक, धार्मिक और मानसिक रूढ़ियों में फँसा हुआ बदबूदार गाँवों में जी रहा है, विद्रोह के लिए तैयार नहीं है । लेखपाल उससे घूस लेता है, थानेदार उसे पीटता है, सरकारी अफसर उससे घृणा करते हैं और आधुनिक वैज्ञानिक सुविधाएँ उसे उपलब्ध नहीं हैं फिर भी उसके अन्दर कोई प्रतिक्रिया नहीं होती । राजनीतिक दासता और सामाजिक-आर्थिक असमानता ने उसे इतना गुलाम बना दिया है कि वह निराश हो गया है । उस सामान्य मनुष्य के अन्दर जब आत्मविश्वास जगे और वह अन्याय के

विरुद्ध संगठित हो तभी राजनीतिक दलों का विद्रोह कुछ समझ में आएगा। रचना का विद्रोह भी तब समझ में आएगा जब वह जीवन के अन्तर्विरोधों को—उसके जटिल यथार्थ को सही-सही पहचानकर उसे सही भाषा दे और उसके प्रति हमारी समझ को अधिक स्पष्ट और गहरा करे।

[1970]

समकालीन रचना की यथार्थवादी रुझान

इस युग के विचारक-कलाकार कला की सार्थकता के बारे में काफी सोचते-विचारते रहे हैं और अधिकांश इस मत के हैं कि कला जीवन की वास्तविकता को चित्रित करने में ही सार्थक है। लगभग दुनिया की सभी भाषाओं के नये साहित्यों में 'यथार्थ' शब्द बार-बार आया है और 'यथार्थवाद' पर जमकर विचार किया गया है। 'यथार्थवाद' अपने उदय से आज तक अनेक अर्थछवियों के साथ गुजरा है और विचारकों (मुख्यत: पश्चिम के) ने इसकी अपनी-अपनी परिभाषाएँ दी हैं। यथार्थवाद के विविध रूप भी सामने आए हैं। समाजवादी और साम्यवादी लेखकों ने 'आलोचनात्मक यथार्थवाद' (क्रिटिकल रियलिज्म) और 'समाजवादी यथार्थवाद' (सोशलिस्ट रियलिज्म) को लेकर काफी बहसें भी की हैं। पर इन सबकी चर्चा इस प्रसंग में बहुत आवश्यक नहीं है।

कला के इतिहास में आदर्श और यथार्थ दो प्रमुख प्रवृत्तियाँ रही हैं—जीवन और जगत के प्रति धार्मिक रहस्यवादी प्रवृत्ति और यथार्थ-चित्रण की प्रवृत्ति। किन्तु साहित्य के क्षेत्र में यथार्थवाद अपने व्यवस्थित रूप में 19वीं शताब्दी से शुरू होता है। यह प्राय: आदर्शवाद और रोमैंटिसिज्म के विरोध में माना जाता है। वैसे अगर कट्टरता छोड़कर थोड़ी उदारता से विचार किया जाए तो रोमैंटिसिज्म और यथार्थवाद में तात्विक फर्क बहुत थोड़ा ही है। रोमैंटिसिज्म पूंजीवादी समाज के विरुद्ध एक साहित्यिक आन्दोलन था। यूरोपीय साहित्य और कला का एक महत्त्वपूर्ण आन्दोलन कम से कम मार्क्स के समय तक। यह आन्दोलन 'क्लासिक्स' के विरुद्ध था। रूढ़ियों और सिद्धान्तों के विरुद्ध था। अलंकृति और रूपसज्जा के खिलाफ था। कला में वस्तु के आग्रह के विरुद्ध था। रोमैंटिसिज्म अपने-आप में विद्रोह का काव्य है। हिन्दी में छायावाद भी विद्रोह का ही काव्य है। हिन्दी के जो नये कवि छायावाद का विरोध मात्र करके आधुनिक और यथार्थवादी होने का ढोंग करते हैं उनका भ्रम खत्म होना चाहिए। विरोध केवल छायावाद की पलायनवादी दृष्टि का होना चाहिए न कि छायावाद का। रोमांस दुनिया भर के साहित्य में बहुत प्राचीन काल से मुख्य विषय रहा है। इसके कई स्तर रहे हैं। एक तरह का रोमांस केवल स्त्री-पुरुष प्रेम का चित्रण करके रह जाता है। वह वास्तविकता से दूर हुआ करता है और केवल काल्पनिक

होता है। दूसरी तरह का रोमांस वास्तविकता को साथ लेकर चलता है तथा रागात्मक सम्बन्धों और भावनाओं का चित्रण करता है। यह रोमांस आदर्श की ओर उन्मुख होता है। प्रेमी-प्रेमिका सम्बन्धों के चित्रण में ज्यों-ज्यों वास्तविकता को स्थान मिलता गया और सामाजिक परिस्थितियों या व्यक्ति की आन्तरिक हलचलों का चित्रण होने लगा त्यों-त्यों साहित्य यथार्थ की ओर बढ़ता गया। इस अर्थ में रोमैंटिसिज्म को यथार्थवाद का आरम्भिक स्तर मान लें तो अत्युक्ति नहीं होगी। बहुत-से महान लेखकों की रचनाओं में रोमांस और यथार्थ दोनों के उदाहरण मिलते हैं। यह सही है कि रोमांटिक काव्य भावना प्रधान और कल्पना प्रधान होता है। उसमें जीवन का आकर्षक और मनोरम पक्ष ही विशेष रूप से चित्रित होता है। उसमें निहायत साधारण को भी एक रहस्यमय आकर्षण दे दिया जाता है। वह जीवन और जगत के बारे में एक सुखद भ्रम खड़ा करता है। वह अन्तर्मुखी होता है और बाह्य वास्तविकताओं का चित्रण नहीं करता। पर इन सबके बावजूद रोमैंटिक कलाकार अनुभूति पर जोर देता है। अनुभूति की ईमानदारी और अनुभूति की प्रामाणिकता (जिसकी चर्चा आज बार-बार की जाती है) का नारा रोमैंटिक कवियों ने ही पहली बार जोरदार ढंग से दिया था। अत: यह बात स्पष्ट रहनी चाहिए कि रोमैंटिक काव्य की पलायनवादी, अतिशय भावुक और अति स्वच्छंद प्रवृत्ति ही विरोध के योग्य है। रोमैंटिक साहित्य यदि जीवन के आकर्षक और मनोरम पक्ष का चित्रण करके रह जाता है तो यह वास्तविकता नहीं है। दुनिया में गरीबी, दुख, शोषण, अत्याचार और भ्रष्टाचार भी है जिसका चित्रण करना साहित्यकार का लक्ष्य है। पर यदि साहित्यकार यथार्थ के नाम पर केवल इन्हीं का चित्रण करके रह जाता है तो यह भी एक प्रकार का रूमानी दृष्टिकोण है—उतना ही रूमानी जितना जीवन के केवल आकर्षक पक्ष का चित्रण प्रस्तुत करके रह जाना। हिन्दी के अकविता आदि कई आन्दोलनों ने इसी नई रूमानियत से ग्रस्त होकर दम तोड़ दिया। इन कवियों का संसार यथार्थ से अधिक अमानवीय लगता है। स्त्री और भीड़ के प्रति इनका रवैया निहायत सामंतवादी रवैया प्रतीत होता है।

जैसा कि कहा जा चुका है यथार्थवाद की अलग-अलग व्याख्याएँ लेखकों द्वारा दी जाती रही हैं। कुछ लोग इसका सम्बन्ध समाजवाद और मार्क्सवाद से जोड़कर समझते हैं तो कुछ लेखक सामाजिक विकृतियों के चित्रण को ही यथार्थ चित्रण का पर्याय समझ लेते हैं। समाजवादी यथार्थवादी कम्युनिस्ट पार्टी में लेखक की निष्ठा को आवश्यक मानते हैं। उनके अनुसार साहित्य का उद्देश्य श्रमिक और सर्वहारा वर्ग का पक्ष लेना है और पूंजीवाद का विरोध। ऐसे लेखकों में गोर्की प्रमुख हैं। इस सन्दर्भ में आग्रह मुक्त होकर विचार किया जाए

तो मार्क्सवाद से यथार्थवाद का कोई अनिवार्य रिश्ता नहीं जुड़ता है। यदि ऐसा होता तो प्रसिद्ध मार्क्सवादी आलोचक लूकाच सोल्जेनित्सीन को महान उपन्यासकार घोषित न करते। सोल्जेनित्सीन सोवियत सरकार को कोपभाजन और सोवियत लेखक संघ से निष्कासित लेखक रहा (अब अब तो देश से भी निष्कासित हो चुका है)। लूकाच ने स्पष्ट कहा है कि यथार्थवादी उपन्यासकार के लिए समाजवादी या साम्यवादी होना अनिवार्य नहीं है। हाँ, उसे समाजवाद विरोधी नहीं होना चाहिए क्योंकि ऐसा होने पर वह यथार्थ विरोधी हो जाएगा। गोर्की खुद यह स्वीकार करते थे कि साहित्य को पार्टी नियन्त्रण में काम करना चाहिए फिर भी उन्होंने टालस्टाय को महान लेखक और अपने से बड़ा लेखक कहा है। गो टालस्टाय पार्टी अनुशासन के कायल नहीं थे। प्रायः देखा यह जाता है कि जो लेखक एक दलीय अनुशासन में बंधा होता है उसकी सोच-समझ में एक निश्चितता होती है। वह अपना लक्ष्य जानता है इसलिए उसकी अभिव्यक्ति ठीक-ठीक लक्ष्यवेध करती है। उसके इधर-उधर बिखरने का खतरा नहीं होता। पर ऐसा मंजे हुए लेखकों के साथ ही होता है। अन्यथा बहुतों की अभिव्यक्तियों को दलीय अनुशासन निष्प्राण और संकीर्ण ही बनाता है। वे एक प्रकार की यथास्थिति का समर्थन करने लगते हैं। दूसरी ओर ऐसे लेखक जो दलीय अनुशासन स्वीकार नहीं करते उनके लेखन में एक खास किस्म की उदारता और मानवीय गरिमा होती है। पर ऐसे लेखकों के लिए अवांतर प्रसंगों में बिखर जाने का ज्यादा खतरा होता है। यह एक विचित्र स्थिति है। काफ्का ने एक जगह लिखा है: 'ओन्ली अ पार्टी टु अ केस कैन रियली जज बट, बीइंग अ पार्टी इट कैन नाट जज. हेंस देयर इज नो पासिबिलिटी आफ जजमेंट इन द वर्ल्ड बट ओन्ली द ग्लिमर आफ अ पासिबिलिटी.'

इस सन्दर्भ में यह मानना ज्यादा उपयुक्त लगता है कि एक सच्चे यथार्थवादी कलाकार के लिए किसी पार्टी का नियन्त्रण तो जरूरी नहीं पर बाह्य जगत में उसका इन्वाल्वमेंट (संबद्धता) जरूरी है। यथार्थवादी कलाकार बाह्य वस्तु-जगत को अपनी कला का आधार बनाता है। वह अपनी भावुकता से मुक्त होकर तटस्थ वस्तुपरक दृष्टि से मनुष्य और उसके सामाजिक सम्बन्धों का—उसके सामाजिक जीवन के अन्तर्विरोधों का—चित्रण करता है। मनुष्य के सुख-दुख को, उसकी आशा-आकांक्षा को, उसकी सफलता-असफलता को, उसकी अच्छाई-बुराई को उसके मन के भीतर और बाहर की दुनिया को बड़ी आत्मीय दृष्टि से चित्रित करता है। बड़ी उदारता से और एक मानवीय धरातल पर।[1] यथार्थवाद का जो भी अर्थ विभिन्न विचारकों द्वारा लिया गया हो पर इसका सीधा अर्थ शायद समाज का और व्यक्ति का वास्तविक चित्रण ही है। यथार्थवादी कृति में यूटोपिया नहीं होती। यथार्थवादी कलाकार उत्पीड़ित मानवता

का पक्षधर होते हुए भी समाज के सभी वर्गों का चित्रण करता है। वह मनुष्य की संघर्षशील चेतना को बल प्रदान करता है। उसके भविष्य को गढ़ने और प्रगति की दिशा में अग्रसर होने की प्रेरणा देता है। जीवन में प्रगतिशील और प्रतिक्रियावादी तत्वों का संघर्ष चला करता है। यथार्थवादी लेखक प्रगतिशील तत्वों को अपना समर्थन देता है।

हिन्दी के युवा लेखक यथार्थवाद का सामान्यतः जो अर्थ लेते हैं वह बड़ा संकीर्ण है। यदि किसी रचना में प्रेमानुभूति है तो वे झट से उसे बूर्ज्वा करार दे देते हैं। यह धारणा गलत है। साहित्य सम्पूर्ण मनोभावों का चित्रण करता है। हाँ, इसमें इतना और जोड़ देना चाहिए कि यह चित्रण वह सामाजिक सन्दर्भ में रखकर करता है। किन्तु यदि वह वास्तविकता का सही-सही चित्रण करना चाहता है तो उसके लिए जरूरी है कि वह मनुष्य में मन और उसके बाह्य समाज दोनों को समान प्रमुखता देकर चित्रित करे। यथार्थवादी कलाकार मनुष्य के बाह्य जगत और अन्तर्जगत से समान रूप से परिचित होता है। जो पश्चिमी साहित्यकार मनुष्य का चित्रण उसे समाज से विच्छिन्न करके एकाकी प्राणी के रूप में, केवल उसके यौन सम्बन्धों या भीतरी पशु प्रवृत्तियों या उसके मनोरोगों तक ही सीमित रखकर करते हैं वे मनुष्य का अधूरा चित्रण करते हैं। ऐसी कृतियों को पढ़कर मानवीय गरिमा में विश्वास नहीं पैदा होता। उलटे एक अवसाद, असुरक्षा और भय की निराशापूर्ण भावना ग्रसने लगती है। इसी प्रकार जो साहित्यकार मनुष्य के व्यक्तित्व की उपेक्षा करके उसे यन्त्र के पुर्जे की तरह किसी सिद्धान्त या संकीर्ण मतवाद में फिट करके पेश करते हैं वे भी मानवीय गरिमा की उपेक्षा करते हैं। ये दोनों अधूरे चित्रण हैं। मनुष्य की भीतरी शक्ति और परिस्थितियों के बीच आवयविक सम्बन्ध होता है और साहित्य में इन दोनों का चित्रण भी इसी रूप में होना चाहिए। यथार्थ को चेतना से अलग करके केवल बाह्य वस्तुजगत तक सीमित नहीं किया जा सकता। यथार्थ हमारी अनुभव की चेतना और वस्तुजगत दोनों को साथ लेकर ही संभव है। प्रसिद्ध मार्क्सवादी समीक्षक लूकाच ने यथार्थ के लिए समग्रता की चेतना को जरूरी बताया है। उसने काफ्का और जेम्स जायस जैसे लेखकों की आलोचना की है क्योंकि उनके लेखन में यथार्थ का एक पक्ष मात्र प्रस्तुत किया गया है। लूकाच के अनुसार काफ्का आधुनिक साहित्य के महान लेखक हैं किन्तु उनके लेखन में जिस मनुष्य को चित्रित किया गया है वह समग्र नहीं, एकांगी है। लूकाच अपने आलोचनात्मक यथार्थवाद के सन्दर्भ में सबसे अधिक महत्व टामस मान को देते हैं क्योंकि टामस मान के उपन्यासों में यूटोपिया बिलकुल नहीं है।

कला में कल्पना और वास्तविकता दोनों का योग होता है। काफ्का की अवास्तविक लगने वाली दुनिया, दूसरी दृष्टि से देखें तो भयानक सचाइयों को

सामने लाती है। हिन्दी कवि मुक्तिबोध की फैंटेसियाँ भी इसी प्रकार यथार्थ को सामने लाती हैं। यथार्थवाद यथार्थ को कलात्मक अभिव्यक्ति देता है। उसे कला का जामा पहनाता है। कलाकार फोटोग्राफर नहीं होता, न पड़ताल करने वाला पटवारी। वह सर्जक होता है। चीजों को चुनता है। उन्हें काटता-छांटता और जोड़ता-घटाता है। उन्हें एक नई शक्ल देता है। वह अपने संस्कार और व्यक्तिगत सामर्थ्य द्वारा, अपनी निजी अनुभूतियों द्वारा ही ऐसा करता है। इसीलिए हर लेखक का चित्रण और उसका अन्दाज अलग होता है।

यथार्थवादी रुझान समकालीन हिन्दी लेखन की एक महत्त्वपूर्ण विशेषता है। यथार्थ जीवन की भंगिमा और लय को पकड़ने में असमर्थ समझकर ही नये कवियों ने पुरानी भाषा, पुरानी छंद योजना आदि को छोड़कर नई शब्दावली, नई प्रतीक और बिम्ब योजना को अपनाया है। आज के जीवन में एक ओर विज्ञान का यथार्थ है जिसने एक रहस्य संसार को अनावृत किया है। दूसरी ओर एक भ्रष्ट तन्त्र है जिसमें रहते हुए आदमी के लिए पुरानी भाषा अर्थहीन हो गई है। आजादी, लोकतन्त्र, समानता, भ्रातृत्व, प्रेम, विश्वशान्ति, नैतिकता आदि अनेक शब्दों के अर्थ ही बदल गए हैं। समकालीन हिन्दी साहित्य में आज की इस स्थिति का चित्रण हुआ है। युद्ध के आंतक, आदमी के भय, उसके अकेलेपन और व्यर्थता-बोध आदि के अनेक चित्र समकालीन लेखकों ने प्रस्तुत किए हैं। समकालीन हिन्दी कहानियों में सम्बन्धों के यथार्थ, उनकी जटिलता, यौन सम्बन्धों की सचाई, यांत्रिक जीवन की एकरसता तथा आज के आदमी की क्रूर नियति का चित्रण मिलता है। गाँव, कस्बे और महानगर की जिन्दगी की बहुत-सी वास्तविकताएँ इन कहानियों के माध्यम से सामने आई हैं। पर यहाँ यह स्वीकार करना भी उपयुक्त होगा कि हिन्दी के पिछले बीस-पच्चीस वर्षों के रचनात्मक लेखन में कुछ ऐसी प्रवृत्तियाँ भी सामने आई हैं जिनसे यथार्थ चित्रण को धक्का लगा है। एक नई रूमानी संकीर्णता इस साहित्य में दिखाई पड़ती है। ऊपर से देखने पर तो इन रचनाओं में यथार्थ दिखाई पड़ेगा पर गौर से देखने पर इनमें मानवीय सम्बन्धों और उनके अन्तर्विरोधों की सूक्ष्म पहचान नहीं मिलेगी। ये लेखक न तो आज के मनुष्य की नियति को ठीक-ठीक चित्रित कर पाते हैं और न उसे कोई गहरा व्यापक अर्थ दे पाते हैं। अधिकांश लेखकों की अपनी रूढ़ियाँ बन गई हैं और उनके चलते इनका संसार एक घिसा-पिटा संसार लगता है। अशोक वाजपेयी ने इसको लक्ष्य करते हुए सही लिखा है: 'यह आकस्मिक नहीं है कि सारे शोरोगुल और ऐंटी रोमैंटिक होने के दावे के बावजूद अ-कवि हों या अ-कथाकार, उनकी रचनाओं में मूल स्वर रूमानी अतिरंजना का है। अ-कवियों की रचना का सामान्य संगठन रोमैंटिक लिरिक का संगठन है और उनकी सारी भयावह बिम्ब मालाएँ उनकी बुनियादी रूमानी

दृष्टि को छुपा नहीं पातीं ।[2] दरअसल रचना में यथार्थ को आरोपित नहीं लगना चाहिए । उसे लेखक की चेतना में इतना गहरे उतरना चाहिए कि वह उसके सोचने-समझने की दृष्टि का अंग बनकर व्यक्त हो ।

सन्दर्भ

1. Realism begins in art when behind the movement and development of the characters the writer learns to study reality, the relations between man and society, and human social life in its real contradictions. Man in all the greatness of his actions and suffering, the fullness and complexity of his spiritual life, his creative urge—this is the true subject matter of realist art.

—Boris Suchkov : 'Problems of Modern Aesthetics', p. 348

2. फिलहाल, पृ० 49-50

काव्यभाषा : सही भाषा की तलाश

वह दिन हेलेन कीलर के जीवन में एक अविस्मरणीय दिन था जब उसने अपनी शिक्षिका द्वारा संचालित उँगलियों से 'शब्द' को पाया था। 'शब्द' जो सृष्टि की कुंजी है। सृष्टि के हर पुर्जे का एक 'नाम' है और हर नाम एक विचार को जन्म देता है। अपनी आत्मकथा में हेलेन कीलर लिखती हैं :—

"Some one was drawing water and my teacher placed my hand under the spout. As the cool stream gushed over my hand she spelled into the other the word 'water' first slowly, then repidly. I stood still, my whole attention fixed upon the motion of her fingers. Suddenly I felt a misty consciousness as of something forgotten—a thrill of language was revealed to me. I knew then that w-a-t-e-r meant the wonderful cool something that was flowing over my hand. That living word awakened my soul, gave it light, hope, joy, set it free···

I left the well house eager to learn. Everything had a name and each name gave birth to a new thought. As we returned to the house every object which I touched seemed to quiver with life. That was because I saw everything with the strange, new sight that had come to me."[1]

ऊपर के उद्धरण में स्पष्ट है कि शब्द को पहली बार पाकर हेलेन कीलर ने कैसा महसूस किया—जैसे किसी चीज की भूली हुई धुंधली चेतना हो, आते हुए विचार का उल्लास। भाषा का रहस्य उसके लिए प्रकट हो गया था। एक जीवित शब्द ने उसकी आत्मा को प्रकाश से, आशा से, खुशी से भर दिया था। शब्द यही करता है। आत्मा को जाग्रत करता है, प्रकाशित करता है, खुशी, आह्लाद देता है और अन्त में उसे मुक्त करता है।

इस घटना का उल्लेख करते हुए हेलेन कीलर की शिक्षिका एनी सुलिवान अपने एक पत्र में मिसेज होपकिंस को लिखती है "आज सबेरे ही मैं आपको पत्र लिखने बैठ गयी हूँ, क्योंकि एक बहुत ही महत्त्वपूर्ण घटना घट गई है। हेलेन

सीख गई है कि हर चीज का एक नाम होता है और वह जो कुछ जानना चाहती है उसकी कुंजी वर्णमाला है" यही मार्ग उसे उसके गहन अन्धकारमय जगत में से निकाल कर मानवों के सम्पर्क में लायेगा।[2]

तो यह है शब्द की सत्ता। अर्थात् मनुष्य को निविड़ अन्धकार से निकाल-कर मनुष्य की दुनिया में लाने का साधन। शब्द इच्छाओं को व्यक्त करते हैं। शब्द पवित्र भावों को सुरक्षित रखते हैं। हर शब्द एक नये संसार का द्वार होता है—एक मानवीय संसार का—सत्य, अहिंसा, प्रेम, करुणा के संसार का। दण्डी ने 'काव्यादर्श' में कहा है, "अगर शब्द नहीं होते तो इस दुनिया में अँधेरा ही छाया रहता, शब्द की ज्योति से ही विश्व उद्भाषित है।"

सृष्टि में मनुष्य ही ऐसा प्राणी है जो भाषा का व्यवहार करता है, उसकी शक्ति को समझता है। पहले वह अपनी इन्द्रियों के साथ गोचर संसार के सम्पर्क में आता है फिर इस संसार के लिए ध्वनि संकेत निश्चित करता है। यही ध्वनि संकेत भाषा की मूल पूंजी है। इन्हीं सार्थक ध्वनि संकेतों को हम शब्द भी कहते हैं। शब्द स्वयं पदार्थ नहीं हैं, वे किन्हीं पदार्थों से सम्बद्ध ध्वनि संकेत मात्र हैं। लेकिन उनकी एक स्वतन्त्र सत्ता बन जाती है क्योंकि वे नाम बन जाते हैं। सृष्टि के हर पदार्थ का, हर क्रिया का एक नाम होता है जो विचार भी होता है। पशु भी ध्वनि करते हैं और उनको वे आपस में समझते भी हैं लेकिन अपने परिवेश और अपनी शारीरिक सीमाओं के कारण वे भाषा की रचना नहीं कर सकते। और भाषा की रचना न कर सकने के कारण वे शरीर से अत्यन्त शक्तिसम्पन्न होते हुए भी मनुष्य के समक्ष निरीह हैं। अज्ञेय ने लिखा है किसी पशु के अस्थिपंजर को देखकर यह अनुमान लगाया जा सकता है कि उसकी क्षमता क्या होगी। अर्थात् वह कितना तेज दौड़ सकता होगा, कितना कूद सकता होगा, कितना बलिष्ठ होगा आदि-आदि। लेकिन किसी मनुष्य के अस्थिपंजर को देखकर उसकी क्षमता का अन्दाज नहीं लगाया जा सकता। मनुष्य की शक्तियाँ अनन्त हैं—उसकी सम्भावनाएँ असीम हैं। मनुष्य की इस शक्ति का एक महत्त्वपूर्ण कारण यह है कि उसके पास भाषा है और वह प्रतीकों की सृष्टि कर सकता है।[3] साहित्य-सृजन भी मनुष्य की विशिष्ट सम्भावनाओं का एक आयाम है जो भाषा में ही सम्भव होता है। मनुष्य को जो अर्थ और मूल्य साहित्य-रचना से प्राप्त है उसका श्रेय भाषा को ही है। यदि मनुष्य के पास भाषा न होती तो वह एक खूंखार हिंस्र पशु होता।

शब्द को हमारे प्राचीन चिन्तन में ब्रह्म कहा गया है। एक दृष्टि से वह ब्रह्म की तरह ही अज्ञेय होता है। व्याप्त। उसकी गहराई अथाह होती है और व्याप्ति अछोर। शब्द के दो स्तर होते हैं—विशिष्ट और सामान्य। वह एक स्तर पर व्यक्तिगत होता है और दूसरे पर सामाजिक। कवि जब किसी शब्द

का प्रयोग करता है तो उसमें उसके अपने अनुभव का साहचर्यलोक होता है। पाठक जब उस शब्द को ग्रहण करता है तो अपनी निजी संवेदनशीलता और अनुभव के साथ। शब्दों की विविध अर्थछवियाँ होती हैं। अलग व्याप्ति और गहराई होती है। अत: कुछ शब्दों के सन्दर्भ में प्रयोक्ता के अर्थ और ग्रहीता के अर्थ में अन्तर स्वाभाविक है। यह सही है कि भाषा सम्प्रेषण का माध्यम है—अपने को व्यक्त करने और दूसरे को जानने का, लेकिन वाल्टेयर का यह कथन भी उतना ही सही है कि, 'ईश्वर ने मनुष्य को भाषा इसलिए दी है कि वह अपने को अभिव्यक्त न कर सके।'

सतही दृष्टि से विचार करने वालों को भाषा का सवाल एक गैर जरूरी सवाल लग सकता है किन्तु गम्भीरतापूर्वक विचार करने पर महसूस होगा कि भाषा मनुष्य के अस्तित्व के साथ बड़ी गहराई से जुड़ी हुई है। मनुष्य से उसकी भाषा छीन ली जाए तो उसके पास जो बचा रहता है वह बहुत थोड़ा होता है। शायद कहीं कामू ने लिखा है कि विचार स्वातन्त्र्य का प्रश्न रोटी से कम महत्त्वपूर्ण नहीं है क्योंकि अगर विचार स्वातन्त्र्य नहीं होगा तो हम रोटी की माँग कैसे करेंगे। इससे थोड़ा आगे बढ़कर हम कह सकते हैं कि बिना भाषा के विचार स्वातन्त्र्य सम्भव नहीं है। भाषा नहीं है तो विचार भी नहीं है, आजादी भी नहीं है, अभिव्यक्ति स्वातन्त्र्य भी नहीं है। हम भाषा में बोलते और अपने को अभिव्यक्त तो करते ही हैं, भाषा में ही सोचते और महसूस भी करते हैं। भाषा दोनों छोरों पर होती है। एक छोर पर हम उसमें महसूस करते हैं, अपने को रचनापूर्व के संघर्ष में लगाते हैं और दूसरे छोर पर अपनी अनुभूतियों को भाषाबद्ध करते हैं, उसे अभिव्यक्ति देते हैं। भाषा हमारे सोच और अनुभव को सम्भव भी बनाती है और उसे अनुशासित भी करती है। इसीलिए भाषा और अनुभव का रिश्ता बड़ा गहरा होता है। जो भाषा जितनी ही विकसित होती है उसका सोच और अनुभव भी उतना ही परिष्कृत तथा समृद्ध होता है।

सामान्य जीवन में हम भाषा का प्रयोग कई स्तरों पर करते हैं। बोलचाल की भाषा और साहित्य की भाषा में अन्तर होता है। साहित्य की भाषा बोलचाल की ही भाषा का एक रूप होती है—वह उससे बिलकुल पृथक हो ही नहीं सकती। पर वह साहित्यकार की विशिष्ट अनुभूतियों से युक्त होकर विशिष्ट और सर्जनात्मक हो जाती है। गद्य और कविता की भाषा में या विचारात्मक गद्य और ललित गद्य की भाषा में भी स्तरभेद होता है। विचारात्मक या उपयोगी गद्य की भाषा बोलचाल की भाषा के निकट होती है और कविता की भाषा उससे ऊपर उठकर विशिष्ट अर्थ देने वाली तथा प्राय: बिम्बात्मक होती है। काव्यभाषा सामान्य भाषा की तरह न तो एक अर्थ देने वाली अभिधात्मक भाषा होती है और न गणित की भाषा की तरह निश्चित

अर्थ देने वाली। उसमें एक व्यापक अर्थ देने की क्षमता होती है। वह सूक्ष्मतम और तीव्रतम अनुभूतियों को अभिव्यक्त करने में समर्थ होती है। सामान्य भाषा प्रायः वस्तुपरक और सपाट होती है जबकि काव्यभाषा व्यक्तिपरक। सामान्य भाषा तथ्यकथन के लिए उपयुक्त होती है। उसमें उतनी व्यंजकता नहीं होती। काव्यभाषा तथ्यकथन से आगे बढ़कर सौन्दर्य सृष्टि करती है। उसमें व्यंग्यार्थ की प्रतिष्ठा होती है जिसके बारे में भारतीय काव्यशास्त्र में बहुत कुछ कहा जा चुका है। उसमें नये और गहरे अर्थ की—प्रतीकात्मकता की—योजना होती है। वह अपना सन्देश नहीं पहुँचाना चाहती, खुद अपने को ही पहुँचाना चाहती है। इस काव्यभाषा का कवि के व्यक्तित्व से बहुत गहरा सम्बन्ध होता है। यह कवि के व्यक्तित्व और भाव के अनुरूप, उसकी इच्छा और मनोबल के अनुरूप बदलती रहती है।

भारतीय काव्यशास्त्र में काव्य की चर्चा करते हुए लगभग सभी आचार्यों ने शब्द और अर्थ के महत्त्व को प्रतिपादित किया है। दसवीं शताब्दी के आचार्य कुंतक ने काव्यार्थ को उद्भासित करने वाले 'शब्द' को रेखांकित किया है। उन्होंने शब्द और अर्थ की परस्पर स्पर्धी चारुता पर बल दिया है। पंडितराज जगन्नाथ ने 'रमणीयार्थ प्रतिपादक: शब्द: काव्यम्' कहा है। इसी मान्यता को 'तारसप्तक' के अपने कवि-वक्तव्य में अज्ञेय इस प्रकार प्रस्तुत करते हैं :"काव्य सबसे पहले शब्द है। और सबसे अन्त में भी यही बात बच जाती है कि काव्य शब्द है। सारे कवि-धर्म इसी परिभाषा से निःसृत होते हैं। शब्द का ज्ञान—शब्द की अर्थसत्ता की सही पकड़ ही कृतिकार को कृती बनाती है। ध्वनि, लय, छन्द आदि के सभी प्रश्न इसी में से निकलते हैं और इसी में विलय होते हैं। इतना ही नहीं, सारे सामाजिक सन्दर्भ भी यहीं से निकलते हैं : इसी में युग-संपृक्ति का और कृतिकार के सामाजिक उत्तरदायित्व का हल मिलता है या मिल सकता है।" यदि आलोचक जहमत उठाने को तैयार हो तो भाषा-केन्द्रित आलोचना वस्तुगत मूल्यांकन का एक तरीका हो सकती है।

कहना न होगा कि लेखन का क्षेत्र भाषा का ही क्षेत्र होता है। लेखक जो कुछ भी करना चाहता है, भाषा के अतिरिक्त उसके पास कोई दूसरा साधन नहीं। वह मात्र शब्द-प्रयोग नहीं करता, शब्दों द्वारा एक वस्तु-संसार भी निर्मित करता है। शब्द के माध्यम से अपनी अनुभूतियों को सम्प्रेषित करने की चिन्ता कवि की रचना की मुख्य चिन्ता होती है। जो लेखक की रचना-प्रक्रिया से परिचित हैं उन्हें मालूम है कि लेखक शब्दों को कितनी छानबीन के बाद रखता है। वह शब्दों की अपने विचारों और भावों के साथ तुलना करता है। उनकी उपयुक्तता-अनुपयुक्तता की जाँच करता है। उनमें संशोधन करता है। और जब समझ लेता है कि अब उसके कोश में इसके उपयुक्त दूसरा कोई शब्द नहीं

तब उसका प्रयोग करता है। अभिव्यक्ति को सही और प्रामाणिक बनाने के लिए यही लेखक की शब्द-साधना है। कवि के सामने अपने अनुभव को भाषा देने का प्रश्न होता है—अरूप को रूप देने का, रूप को अपरूप बनाने का। यह एक विवशता है, एक विचित्र तनाव। सूर का एक पद है :—

अलि हौं कैसे कहौं हरि के रूप रसहिं।
अपने तन में भेद बहुत विधि, रसना न जाने नैन की दसहिं।
जिन देखे ते आहि वचन बिन, जिनहि वचन दरसन न तिसहिं।।

एक सही लेखक को भाषा से इस प्रकार का आंतरिक संघर्ष कदम-कदम पर करना पड़ता है। भाषा और अनुभव का एक द्वंद्व उसके मन में बरावर सक्रिय होता है। कभी अनुभव आगे होता है, भाषा पीछे छूट जाती है और कभी भाषा ही आगे निकल जाती है, अनुभव पीछे रह जाता है। लेखक इस द्वन्द्व को सन्तुलित और अनुशासित करता है। बल्कि यों कहें कि भाषा के माध्यम से वह अपने संवेदन को एक विशिष्ट अनुभव का रूप देता है। कभी-कभी तो अनुभव इतना विराट या इतना अटल हो जाता है कि भाषा मौन हो जाती है। रचना में यह मौन की भाषा बहुत महत्त्वपूर्ण होती है। देशी-विदेशी सभी साहित्य चिन्तकों ने इस मौन को रचना में बहुत महत्त्व दिया है।

निरन्तर प्रयोग से भाषा घिस जाती है। वह भ्रष्ट हो जाती है। अपना अर्थ खो देती है। तब रचनाकार नये शब्दों का प्रयोग करता है। भाषा में नया अर्थ भरने की कोशिशें करता है। सन्दर्भों के बदलने के साथ-साथ शब्द के अर्थ बदल जाते हैं। शब्द वही रहते हैं तो भी अर्थ घिसकर खोटे सिक्के की तरह अपनी साख खत्म कर देते हैं। रचनाकार नये सन्दर्भों के अनुरूप उन शब्दों का नया संस्कार करता है। कृतिकार की कृति का नयापन उसकी भाषा के नयेपन में लक्षित होता है।

आधुनिक काल में हिन्दी काव्यभाषा में चार मोड़ स्पष्ट देखे जा सकते हैं। पहला मोड़ तब आया जब ब्रजभाषा के स्थान पर खड़ीबोली काव्यभाषा बनी। दूसरा मोड़ तब, जब द्विवेदी युग के बाद छायावाद का आगमन हुआ। तीसरे मोड़ पर प्रयोगवादी कवियों और मुख्यतः अज्ञेय ने पुरानी काव्यभाषा के प्रति असन्तोष व्यक्त करते हुए नई भाषा की आवश्यकता महसूस की तथा चौथे मोड़ पर साठोत्तर कवियों ने नई कविता की छायावादी रूमानियत की आलोचना करते हुए नई काव्यभाषा का प्रयोग शुरू किया।

खड़ीबोली काव्यभाषा के आरम्भिक दौर में भाषा का सीधा सरल उपयोग मिलता है। भारतेन्दु युग और द्विवेदी युग में काव्यभाषा इतिवृत्तात्मक और अभिधात्मक रही। छायावादी काव्यभाषा द्विवेदीयुगीन इतिवृत्तात्मकता और स्थूलता से भिन्न एक सूक्ष्म भाषा है जो स्वानुभूति की अभिव्यक्ति करती

करती है। यह भाषा लाक्षणिक, प्रतीकात्मक और चित्रात्मक है। प्रसाद, निराला, पंत और महादेवी की कविताओं में भाषा मन की अनेक सूक्ष्म अनुभूतियों को व्यक्त करने में समर्थ हो गई है। किन्तु सारे सामर्थ्य के बावजूद छायावादी काव्यभाषा पर अस्पष्टता और कृत्रिमता के आरोप सच हैं क्योंकि उसका रिश्ता बोलचाल की भाषा से टूटता हुआ लगता है। इस सन्दर्भ में निराला अवश्य ही अपवाद कहे जा सकते हैं। निराला की भाषा में एक ओर यदि संस्कृत की गरिमा है तो दूसरी ओर हिन्दी का अपना ठेठपन भी है। 'राम की शक्ति-पूजा' के साथ 'कुकुरमुत्ता' इसका उदाहरण है। 'नये पत्ते' संग्रह की अनेक कविताएँ (मंहगू महगा रहा, डिप्टी साहब आए, झींगुर डटकर बोला, आदि) निराला की सरल भाषा का उदाहरण प्रस्तुत करती हैं। दरअसल निराला भाषा की रूढ़ि को बहुत पहले तोड़ चुके थे। जिस सपाटबयानी पर आज का कवि जोर दे रहा है उसे निराला ने बहुत पहले स्वीकार कर लिया था।

हिन्दी के प्रगतिवादी कवि विचार के स्तर पर छायावादी भावभूमि के विरोधी थे। उनकी इस बदली विचारधारा के अनुरूप काव्यभाषा में भी बदलाव हुआ। प्रगतिवादी शब्दावली छायावाद की तरह कोमल, रंगीन और मनोरम नहीं है। वह सरल, तीखी और अभिधात्मक है। किन्तु यह जरूरत से ज्यादा सरल है और प्रायः अपने सरलीकरण के कारण ही असमर्थ भी।

छायावादी काव्यभाषा को वास्तविक अर्थों में नये कवियों ने तोड़ा। 'तार सप्तक' के कवियों और मुख्यतः अज्ञेय ने छायावादी काव्यभाषा को अपर्याप्त माना उन्होंने छायावाद की संस्कृत शब्दावली के स्थान पर बोलचाल की शब्दावली को ग्रहण किया। नई कविता की भाषा छायावादी काव्यभाषा की अलंकृति और उसकी कृत्रिमता से मुक्त है। इस भाषा में नये प्रतीकों और बिम्बों के भरपूर उदाहरण मिलते हैं। किन्तु यह कहने में कोई हिचक नहीं होनी चाहिए कि नई कविता के कुछ थोड़े से कवियों को छोड़कर शेष अपने को छायावादी रूमानियत से मुक्त नहीं कर सके। धर्मवीर भारती की ही भाषा छायावादी भावुकता और अपरिपक्वता लिये हुए है। साठ के बाद के कवियों की पीढ़ी ने इसीलिए नई कविता की भाषा की आलोचना की। उन्होंने आज की राजनीति की शब्दावली को अपनी कविता में स्थान दिया। भाषा को अधिक से अधिक यथार्थ जीवन के साथ जोड़ने का आग्रह किया। इसमें कोई सन्देह नहीं कि साठोत्तर कवियों की भाषा आज की सामाजिक-राजनीतिक-आर्थिक स्थितियों से जितनी जुड़ी हुई है उतनी पहले की भाषा नहीं थी, पर यहाँ यह भी स्वीकार करना होगा कि अधिकांश युवा कवियों ने आत्मसंघर्ष का रास्ता छोड़कर शार्टकट का रास्ता चुन लिया है और वे चालू मुहावरों की नकल में सेक्स और विद्रोह की ऐसी शब्दावली का प्रयोग कर रहे हैं जो अविश्वसनीय लगती है। कुछ कवियों

की भाषा उनकी निराशा और उनके आत्मछल को व्यक्त करती है तो कुछ की भाषा सिर्फ विद्रोह का अभिनय करती है। ऐसी भाषा भ्रष्ट सत्ता को कोई खतरा नहीं पहुँचाती बल्कि उसके लिए मजाक की सामग्री होकर रह जाती है। इस सन्दर्भ में जरूरी हो गया है कि भाषा की सृजनशीलता को पहचाना जाए तथा सही छद्म काव्य में फर्क किया जाए। विजयदेव नारायण शाही के शब्दों में : "सृजनशीलता आसान रास्ता छोड़कर नये रास्ते तैयार करती है जो शब्दों को परिपाटीग्रस्त अभिव्यक्ति और बाजारू अभिव्यक्ति, इन दोनों खतरों से बचाकर जीवित अभिव्यक्ति बनाती है। इसीलिए वह सृजनशीलता है।"

यह सही है कि आज के युग में रचना की भाषा सरल बोलचाल की ही भाषा होगी। बोलचाल की भाषा को काव्यभाषा बनाने का अर्थ जीवन-यथार्थ को काव्यानुभव का विषय बनाना है। जीवन के हर स्पंदन का जो भाषा साक्षात्कार करेगी वही जीवन के उतार-चढ़ाव को व्यक्त कर सकेगी। ऐसी यथार्थ भाषा सपाट होते हुए भी अभिधार्थ का ही कथन नहीं करेगी बल्कि उसके आगे ले जाएगी। मध्यकालीन चमत्कार या कलाबाजी और छायावादी अलंकृति या कृत्रिमता नये युग के चरित्र के अनुकूल नहीं है। युग के अनुरूप भाषा को भी ढलना होता है। उसमें युग का चरित्र प्रतिबिम्बित होता है। पर इसका यह अर्थ नहीं कि रचना की भाषा बोलचाल की भाषा हो जाएगी। सचाई यह है कि रचना की भाषा हमेशा बोलचाल की भाषा से विशिष्ट होगी क्योंकि उसमें प्रतीकों, बिम्बों आदि के माध्यम से रचनाकार अपनी व्यक्तिगत अनुभूतियों—विशिष्ट अनुभूतियों—को व्यक्त करेगा।

हरिशंकर परसाई ने अपने किसी व्यंग्य में लिखा है : "मैं चाहता तो हूँ—सत्य ही कहूँ, पर वह कमबख्त इतना थोड़ा है कि दो-चार पंक्तियों में ही खत्म हो जाता है।" दरअसल सत्य को कहा नहीं जा सकता। उसे सम्प्रेषित करना पड़ता है।[1] हिन्दी में प्रगतिवाद काल में जो भाषा का सरलीकरण दिखाई पड़ता है वह इसी कारण बहुत कुछ असमर्थ हो गया है। साठोत्तर कविता में भी भाषा के इस सरलीकरण की प्रवृत्ति स्वयं उसके ही लिए आत्मघाती सिद्ध हुई है। सरलता भाषा का गुण है। बोलचाल की शब्दावली से भाषा को एक विशिष्ट ताकत मिलती है पर उसका सर्जनात्मक उपयोग होना चाहिए। रघुवीर सहाय ने भाषा का इसी प्रकार का उपयोग किया है। रघुवीर सहाय की भाषा बोलचाल की वह भाषा है जो उन अनुभवों को सम्प्रेषित करने के लिए अपना विकल्प नहीं रखती। वह भाषा देखने में निहायत सरल होते हुए भी जीवन के जटिल यथार्थ को व्यक्त करती है। यदि काव्य में सरल भाषा का सर्जनात्मक उपयोग नहीं होता तो वह जीवन की जटिलता, उलझे हुए यथार्थ, गहन आन्तरिक उद्वेलन और बहुआयामी परिवर्तन को व्यक्त करने में असमर्थ

हो जाती है। फिर उसके लिए एक दूसरे प्रकार की भाषा जरूरी हो जाती है, जिसके उदाहरण हजारीप्रसाद द्विवेदी, अज्ञेय, मुक्तिबोध, रेणु और निर्मल वर्मा की भाषा में अपने विविध स्तरों पर मिल जाएँगे। हजारीप्रसाद द्विवेदी की संस्कृतनिष्ठ भाषा प्राचीन भारतीय चिन्तन को नये सन्दर्भों में प्रस्तुत करती है। अज्ञेय के उपन्यासों की भाषा आभिजात्य भाषा है जो उनके सूक्ष्म चिन्तन को व्यक्त करने में पूर्ण सक्षम है। मुक्तिबोध की भाषा संस्कृतनिष्ठ और ऊबड़-खाबड़ होते हुए भी उनके मानसिक संघर्ष के बहाने आज के आदमी के तीव्रतम भीतरी-बाहरी संघर्ष को प्रस्तुत करती है। रेणु की भाषा आंचलिक है, सरल है, पर कलाकार की बारीक अनुभूतियों की बखूबी पकड़ती है। निर्मल वर्मा की भाषा बाहर भागने की अपेक्षा अन्दर की ओर घुसती है। वह अवसाद और मन की सुख-दुःखात्मक भावनाओं को बड़ी कलात्मक बारीकी से व्यक्त करती है। इस प्रसंग में यह ध्यान रखना होगा कि भाव, विचार और कवि-व्यक्तित्व के अनुरूप भाषा का रूप बदलेगा ही। अतः भाषा जिस संसार की उपज होगी, कवि के लिए उस संसार का साक्षात्कार जरूरी होगा, अन्यथा उसकी भाषा कृत्रिम हो जाएगी। अन्ततः भाषा का स्रोत यह चारों ओर फैला जनसमूह ही है जहाँ अनुभूतियाँ पैदा होती हैं और भाषा की शक्ल में ढलती हैं। सही भाषा की तलाश के लिए रचनाकार को अपने चारों ओर की दुनिया और अपने भीतर की दुनिया को बहुत सचेत होकर सूक्ष्म दृष्टि से देखना होगा और उस जिन्दगी का सीधा साक्षात्कार करना होगा जिसका चित्रण वह करना चाहता है। 'भाषा भ्रष्ट हो गई है' या 'शब्द अपना अर्थ खो चुके हैं' जैसे कथन ऐसे ही वक्त सही लगते हैं जब भाषा और अनुभव का फासला लम्बा हो जाता है। जब भाषा लेखक के आत्मसंघर्ष से, उसकी गहन चिन्ता से न पैदा होकर बाहर से पैदा होती है तब उसका छद्म रूप सामने आता है। तब हम कहते कुछ हैं और हमारे शब्द अर्थ कुछ और ही देते हैं। इसीलिए अपनी भाषा को सार्थक बनाने के लिए जरूरी है कि वह हमारे अनुभव, हमारी सोच और हमारी चिन्ता के निकट रहे। मुक्तिबोध ने बाह्य के आभ्यंतरीकरण की चर्चा इसी सन्दर्भ में की थी अर्थात् बाहर की दुनिया किसी लेखक के भीतर की दुनिया कितनी बन सकी है। कथनी और करनी के अन्तर्विरोध की ही तरह शब्द और अर्थ के भी फासले हाते हैं। आज हम देखते हैं कि हमारे चारों ओर भाषा का निरन्तर अवमूल्यन हो रहा है। विज्ञापनों, प्रचार माध्यमों और राजनीति भाषणों में शब्द अपना अर्थ खोते जा रहे हैं। भाषा का अवमूल्यन संस्कृति का अवमूल्यन होता है। लेखक क्योंकि एक भाषा-संसार का प्राणी है अतः एक लेखक की हैसियत से उसकी बुनियादी चिन्ता तो यही है कि वह अपनी भाषा को भ्रष्ट

और अर्थहीन होने से, कृत्रिम और छद्म होने से कैसे बचाए ? कैसे यह सम्भव हो कि लेखन उसके ही जीवन में दूसरे दर्जे का कर्म होकर न रह जाए ?

[1975]

सन्दर्भ

1. The story of my life, Helen Keller, p. 23-24.
2. Teacher of hight : Helen Elmira waite.
3. नया प्रतीक, दिसम्बर 1976, पृ० 8
4. Truth disappears with the telling of it. It can only be conveyed not stated. —लारेंस डरेल

रचना के बुनियादी सरोकार

रचना के बारे में किसी भी सैद्धान्तिक स्थापना का विरोध करते हुए भी दो बातें निस्संकोच कही जा सकती हैं। पहली यह कि रचना रचनाकार से भिन्न नहीं होती। और दूसरी यह कि किसी भी युग की रचना उस युग के मनुष्य और जीवन के हालात का साक्षात्कार करती है और अपने समय की पहचान का साक्ष्य प्रस्तुत करती है। यानी की रचना का बुनियादी सरोकार एक तो स्वयं रचनाकार से होता है और दूसरा उस युग से जिसमें वह लिखी जाती है।

रचनाकार एक परिवार में पैदा होता है, पलता, बड़ा होता है। वह एक सोच-समझ उत्तराधिकार में पाता है। उसका साक्षात्कार एक प्रकृति, एक समूह से होता है। व्यक्तियों से होता है, संस्थाओं और शासनतन्त्र से होता है। दुनिया बहुत बड़ी है पर व्यक्ति के लिए उतनी ही जितनी से उसका सचमुच वास्ता पड़ता है। उसके शरीर का, उसकी जीविका का, उसके वर्तमान और उसके भविष्य का। दुनिया का वह हिस्सा जिससे व्यक्ति का निजी सरोकार है उसके रचना संसार में घूमघाम कर प्रत्यक्ष या परोक्ष रूप से बार-बार आता है। उससे कलाकार भाग नहीं सकता। उसे भागना भी नहीं चाहिए। जो रचनाकार अपने से जितना ही दूर भागता है उसकी रचना यथार्थ से उतनी ही दूर भागती है। रचना का सरोकार रचनाकार की निजी दुनिया से जितना ही कटता जाता है रचना उतनी ही बाजारू होती जाती है। न उसमें अनुभव की मार्मिकता होती है न विशिष्टता और नहीं वह पाठक पर कोई स्थायी दीर्घ असर छोड़ पाती है। यह बात देखने में उल्टी लगती है पर है सच्ची। इसे कह-कहकर झूठा कर दिया जाता है। कविता 'समाज का अनुभव है', 'समूह का अनुभव है', 'मामूली आदमी का अनुभव है'—यह सब सचाई नहीं सिर्फ एक माँग है। माँग के अनुसार, डिक्टेशन के अनुसार या किसी वाद के प्रचार में लिखी गयी कविता अर्थहीन और प्रभावहीन होती है क्योंकि उसमें कवि का अनुभव नहीं, दूसरों की माँग होती है। माँग के अनुसार लिखना और जीना दोनों व्यर्थ है। दोनों कामचलाऊ है, छद्म है। ऐसा लेखन अपने समय में लोकप्रिय हो सकता है पर समय की धारा में उसका कोई स्थायी मूल्य नहीं। अपने में जो लेखन बहुत लोकप्रिय होता है उसे सन्देह की निगाह से देखना चाहिए क्योंकि वह चालू

रुचि का, बाजारू, प्रचार के हल्ले में लिखा गया हो सकता है। सच्ची रचना रचनाकार की चेतना की गहराइयों से निकलती है। सचमुच दुनिया बहुत बड़ी है पर हमारे लिए उतनी ही जितनी हमें मथ जाती है, कँपा जाती है, उद्वेलित कर जाती है। यही रचनाकार का अपना संसार है—अपना अनुभव संसार। इस अनुभव को लिखने के खतरे हैं पर यह खतरा हर बड़ा रचनाकार उठाता है—हर बड़े रचनाकार ने उठाया ही है। यही तो लेखक का आत्मसंघर्ष है।

मोहन राकेश के नाटक 'आषाढ़ का एक दिन' में कालिदास कहता है, "लोग सोचते हैं मैंने उस जीवन और वातावरण में रहकर बहुत कुछ लिखा है। परन्तु मैं जानता हूँ कि मैंने वहाँ रहकर कुछ नहीं लिखा। जो कुछ लिखा है वह यहाँ के जीवन का ही संचय था। 'कुमारसम्भव' की पृष्ठभूमि यह हिमालय है और तपस्विनी उमा तुम हो। 'मेघदूत' के यक्ष की पीड़ा मेरी पीड़ा है और विरह-विमर्दिता यक्षिणी तुम हो—यद्यपि मैंने स्वयं यहाँ होने और तुम्हें नगर में देखने की कल्पना की। 'अभिज्ञानशाकुन्तल' में शकुन्तला के रूप में तुम्हीं मेरे सामने थीं। मैंने जब-जब लिखने का प्रयत्न किया तुम्हारे और अपने जीवन के इतिहास को फिर-फिर दोहराया। और जब उससे हटकर लिखना चाहा, तो रचना प्राणवान नहीं हुई। 'रघुवंश' में अज का विलाप मेरी ही वेदना की अभिव्यक्ति है।"[1]

कबीर ने अपनी कविता में हिन्दुओं-मुसलमानों पर बड़े कड़े प्रहार किये हैं। क्या इसके पीछे खुद कबीर की अपनी उपेक्षा का दर्द नहीं है? कबीर एक विधवा ब्राह्मणी के पेट से पैदा हुए, एक मुसलमान दम्पत्ति के यहाँ पले और शायद अन्त तक आभिजात वर्ग के बीच इसका कठिन मूल्य चुकाते रहे। सूर ने आँखों की पीड़ा को जो मार्मिक अभिव्यक्ति दी है वह हिन्दी साहित्य में दुर्लभ है। क्या वह अन्धे सूर की निजी पीड़ा नहीं थीं? प्रेमचन्द का होरी क्या खुद प्रेमचन्द के अभावों और संघर्षों की छाया नहीं है? निराला के राम क्या खुद टूटते और शक्ति अर्जित करते निराला नहीं हैं? यह ध्यान देने की बात है कि रचना के वे ही अंश सबसे अधिक प्रभावशाली और मर्मस्पर्शी होते हैं जिनमें रचनाकार के भोगे हुए जीवन का रक्त दौड़ रहा होता है। क्या कारण है कि गालिब की शाहरी में अवसाद और अकेलापन अधिक है? क्या कारण है कि मुक्तिबोध के काव्य में 'अँधेरा' और अँधेरे का अर्थ देने वाले अन्य शब्द सबसे अधिक आते हैं। हरिशंकर परसाई अपने एक संस्मरण में मुक्तिबोध के बारे में लिखते हैं, 'आजकल संत्रास का दावा बहुत किया जा रहा है। मगर मुक्तिबोध का एक-चौथाई तनाव भी कोई झेलता तो उनसे आधी उम्र में मर जाता। मृत्यु से पहले वे जबलपुर आये थे। रात भर वे बड़बड़ाते थे। एक रात चीख-कर खाट के फर्श पर गिर पड़े। सँभले, तब बताया कि एक बहुत बड़ी छिपकली

सपने में सिर पर गिर रही थी। उन दिनों उनकी पुस्तक 'भारत : इतिहास और संस्कृति' पर प्रतिबंध लग चुका था।...'अँधेरे में' कविता का यही रचना-काल है। उन दिनों मुक्तिबोध बहुत आशंकाग्रस्त थे। छोटी-छोटी बात उन्हें विचलित कर देती थी। चाबी जिस जेब में रखी होने की उन्हें याद थी, अगर वह उस जेब में नहीं है तो वे ऐसे सशंकित हो उठते थे, जैसे कोई बड़ा षड्यंत्र उन्हें घेर रहा है।"[2] कहना न होगा कि मुक्तिबोध की कविता इस प्रकार की आशंकाओं से भरी है। क्या कारण है रघुवीर सहाय की कविता में 'हत्या' शब्द बार-बार आता है। क्या कारण है निर्मल वर्मा के लेखन में पहाड़, बर्फ, पतझर, और झरते पत्ते बार-बार आते हैं। धूमिल की कविता के बारे में लिखते हुए उनके मित्र काशीनाथ सिंह ने कचहरी की शब्दावली की एक पूरी फेहरिश्त दे दी है जिसका प्रयोग धूमिल की कविता में बार-बार होता है।[3] ज्ञातव्य है कि धूमिल अपने जीवन काल में दर्जन भर मुकदमों में फँसे थे और अपने पड़ोसियों की कृपा से कचहरी का चक्कर प्रायः लगाया करते थे। कविता और कवि के सम्बन्धों का इस प्रकार अध्ययन एक बड़ा दिलचस्प और कभी-कभी हैरत में डालने वाला हो सकता है। इसीलिए मैंने कहा है कि कविता वही होती है जो कवि खुद होता है।

कवि इस अर्थ में सामान्य आदमी से विशिष्ट है कि वह अनुभव को अभिव्यक्ति में और रूप में बदलने की शक्ति रखता है। केवल अनुभव करना कवि होने के लिए पर्याप्त नहीं है। अनुभव को रूप देना पड़ता है। लेखक की जिन्दगी से—उसके भोगे हुए जीवन और परिवेश से ही उसकी कविता रूपाकार पाती है। वह कवि की ही अनुभूति होती है अतः विशिष्ट और निजी होती है पर क्योंकि उसका माध्यम शब्द है इसलिए वह सबकी भी होती है। दोनों में कोई विरोध नहीं है। बल्कि एक अद्‌भुत अन्तर-सम्बन्ध है। जो कविता कवि के जितना ही निकट है वह पाठक के भी उतना ही निकट होती है। हर आदमी अपने में अलग और विशिष्ट है पर उसकी बुनियादी चिंताएँ बहुत मिलती-जुलती हैं। हर व्यक्ति अपने परिवेश और अपने समय को जीता है पर एक खास समय में वह परिवेश और वह समय सबका—बहुत से लोगों का—होता है। इसीलिए कवि की कविता में सब हिस्सा लेते हैं। जिस कविता में पाठक हिस्सा नहीं लेता वह अपना अर्थ प्रमाणित नहीं करती। साहित्य समाज की सबसे अधिक वैयक्तिक और व्यक्ति की सबसे अधिक सामाजिक क्रिया है।[4] क्योंकि अभिव्यक्ति व्यक्ति के माध्यम से ही सम्भव होती है अतः उसमें व्यक्ति के अन्तरजगत के सारे संस्पर्श मौजूद होते हैं। मगर क्योंकि रचना-संसार बाह्य संसार के सूत्रों से ही निर्मित होता है इसलिए रचना एक सामाजिक क्रिया भी है। रचनाकार को दोनों ही स्तरों पर संघर्ष करना पड़ता है। उसे निरन्तर

आत्मसंशोधन भी करते रहना पड़ता है और व्यवस्था पर प्रहार भी। अपने आन्तरिक और बाह्य दोनों दबावों से जूझते हुए अपनी वैयक्तिकता और सामाजिकता को भाषा में ढालते जाना ही रचनाकार का रचना-संघर्ष है। उसकी जीवन-बाती दोनों सिरों पर जलती है। एक सिरे पर उसकी रूढ़िग्रस्तता होती है, भावुकता और वैचारिकता, दरिद्रता होती है अर्थात् वह अपने को अधिकाधिक रूढ़िमुक्त, निष्पक्ष और वैचारिक दृष्टि से पूर्ण बनाने की कोशिशें करता है। दूसरे सिरे पर तानाशाही, फासिस्ट, पूँजीवादी व्यवस्था होती जिसके विरुद्ध वह मानवीय हितों के लिए लड़ता है—स्वाधीनता, लोकतन्त्र, शान्ति और सामाजिक न्याय के लिए। कविता के ये बुनियादी सरोकार हैं—स्वाधीनता, लोकतन्त्र, शांति और सामाजिक न्याय।[5] कवि आतंकवादी, अधिनायकवादी व्यवस्था का विरोध करता है क्योंकि यह व्यवस्था उसके अनुभव को व्यक्त नहीं होने देती। वह लोकतन्त्र का समर्थन करता है क्योंकि उसमें उसकी स्वाधीनता सुरक्षित रहती है। वह स्वाधीनता को जीवन का मूल्य मानता है क्योंकि उसके बिना न अनुभव सम्भव है न अभिव्यक्ति।[6] स्वाधीनता का अर्थ उच्छृंखलता नहीं है। उसका अर्थ है पूर्ण अनुशासन, विवेकसम्पन्नता। अपने को किसी का यन्त्र न बनने देना, किसी का क्रीतदास न होना। कोई भी तानाशाही फासिस्ट व्यवस्था लेखक को इस प्रकार की छूट नहीं देती क्योंकि इससे उस व्यवस्था को खतरा होता है। आदमी और समाज-व्यवस्था दोनों ही किसी भी गुट, सिद्धान्त या राज्यसत्ता से बड़े होते हैं और अधिक स्थायी। उस आदमी और समाज व्यवस्था की धड़कन को महसूस करना और उसे रूपायित करना ही रचना का धर्म है और यही रचनाकार का मुख्य सरोकार। रचना मनुष्य के पक्ष में एक बयान है। वह उसके सुख-दुख, उसकी आशा-आकांक्षा, उसके असमंजस, द्वन्द्व, उसकी ट्रेजेडी, उसके हालात को उजागर करती है, पूरी तरह निष्पक्ष और विवेकसम्पन्न होकर।

कवि जिस दुनिया में रहता है वह इकहरी नहीं, कई स्तरों वाली है। ठीक वैसे ही जैसे खुद कवि की चेतना के कई स्तर होते हैं—परत दर परत। एक दुनिया तो वह होती है, जिसमें हम खाते-पीते जीते हैं। जो दृश्य है और जिसे हम पूरी तरह न समझते हुए भी बहुत कुछ समझते हैं। दूसरी दुनिया वह है जो इसी दुनिया के भीतर से पैदा होती है पर जा अदृश्य रहती है और जिसके बारे में हम केवल सोच सकते हैं भले देख और समझ न पावें। जब हम पहाड़ की किसी ऊँची चोटी के सामने खड़े होते हैं तो हमें अपनी लघुता का बोध होता है। जब हम रात में उन असंख्य तारों को देखते हैं जिनमें से हर तारा पृथ्वी से हजारों-लाखों गुना बड़ा है तो हमें सृष्टि की विराट्ता का बोध होता है। जब हम किसी बहते जल के पास खड़े होते हैं तो हमें समय के बीतने और

अपने पीछे छूटने का एहसास होता है। जब हम अयोध्या या दिल्ली के खँडहरों को देखते हैं तो हमें अन्ततः अपनी उपलब्धियों के खत्म हो जाने का अफसोस होता है। जब दूर क्षितिज को देखते हैं या क्षितिज में घुसती हुई किसी लम्बी सुनसान सड़क को तो हमारी आँखें क्षितिज के पार पहुँच जाना चाहती हैं। यह दूसरी दुनिया है जिसे जानने की जिज्ञासा और बेचैनी होती है या जिसे न जान पाने की विवशता होती है, भय होता है। सृष्टि का अनन्त और विराट् विस्तार हमें स्तब्ध करता है। हमारी जिन्दगी अनेक सीमाओं में सीमित है। हम उनसे मुक्त होना चाहते हैं। अपने शरीर और मन की सीमाओं से, अपने ढाँचे से बाहर निकल जाना चाहते हैं। काल का, मृत्यु का अतिक्रमण करना चाहते हैं। हम जिस बिन्दु पर खड़े हैं उसके दोनों ओर अन्धकार है—भूत और भविष्य का अन्धकार। हम उस अँधेरे में अपने आत्मरूप को ढूंढ़ना-पहचानना चाहते हैं। आदमी जो है उससे अधिक होना चाहता है। यह उसकी प्रकृति है।[7]

इस बदले जमाने में ये बातें किसी को अजीब लग सकती हैं पर पूर्वाग्रहों से मुक्त होकर सोचें तो ये बातें न रहस्यवादी हैं, न पलायनवादी, न अस्तित्ववादी। इन पर किसी वाद का लेबिल नहीं लगाया जा सकता। भविष्य, काल, मृत्यु जैसी सचाइयाँ क्या व्यक्ति को कभी आन्दोलित नहीं करतीं ? मृत्यु ने बुद्ध को क्या गहन चिन्तन तक पहुँचने की प्रेरणा नहीं दी ? जीवन की नश्वरता ने क्या अर्जुन को एक नई सचाई तक पहुँचने में मदद नहीं की ? दरअसल यदि आदमी अस्तित्व के इन गम्भीर प्रश्नों पर सोचना बन्द कर दे तो शायद किसी भी चीज के बारे में उससे गंभीरता की आशा व्यर्थ है। वह किसी भी ऐसे सत्य तक नहीं पहुँच सकता जो अपेक्षाकृत स्थायी हो और मरणधर्मा आदमी की जिन्दगी को कुछ ज्यादा दे सके। हर आदमी यदि वह संवेदनशील और विचारशील है तो अस्तित्व के बुनियादी प्रश्नों से टकराता है। जीवन के बुनियादी सवालों का साक्षात्कार करता है और उन्हें रचना के सवालों में बदलने को विवश होता है। हिन्दी के सन्त और भक्त कवि भले एक साम्प्रदायिक चिन्तन में ही सही, इन सवालों से टकराते हैं। कुरतुल-एन हैदर का उपन्यास 'आग का दरिया' इन सवालों से टकराता है। हरमेन हेस का 'सिद्धार्थ' इन सवालों से जूझता है। कुँवरनारायण का 'नचिकेता' इन सवालों का साक्षात्कार करता है। अपने यात्रा संस्मरण में फ्रांसीसी साहित्यकारों के बारे में लिखते हुए श्रीकान्त वर्मा लिखते हैं, "स्त्री, मृत्यु और स्वाधीनता, पिछले सौ वर्षों के फ्रांसीसी साहित्य के मुख्य सरोकार रहे हैं।"[8] कहना न होगा कि न केवल फ्रांसीसी साहित्य के बल्कि सारी दुनिया के साहित्य के केन्द्र में स्त्री, मृत्यु और स्वाधीनता किसी न किसी रूप में रही है। हर युग में दो तरह के लेखक हुए हैं—एक वे जो वर्तमान का साक्षात्कार करते हैं और दूसरे वे जो वर्तमान से ऊपर

उठकर अस्तित्व के बुनियादी सवालों का भी। जो परत दर परत उघेड़ते हुए चेतना की गहराइयों में भी घुसते हैं। रचना में केवल वर्तमान की चेतना नहीं होती। उसमें समकालीनता से आगे की चेतना कितनी है, यह उसका एक बहुत महत्त्वपूर्ण पक्ष है।[9] रचना अपने समय की मानवता की आशा-आकांक्षा और उसकी जरूरतों को प्रस्तुत करती हैं पर वह अपने युग की सीमा में कैद नहीं होती है। उसमें बहुत कुछ ऐसा भी होता है जो सार्वकालिक और शाश्वत होता है—जो सम्पूर्ण मनुष्यता के लिए होता है। तभी तो वह सबके द्वारा और सभी युगों में पढ़ी, समझी तथा महसूस की जाती है। प्रशंसित होती है। कविता का तात्कालिक और शाश्वत दोनों स्तर होता है। वह केवल वर्तमान नहीं होती। अपने एक निबन्ध में निर्मल वर्मा लिखते हैं, "अगर कोई मुझसे नरक की परिभाषा पूछे, तो वह है, हमेशा वर्तमान में रहना, एक अन्तहीन रोशनी, जहाँ कोई छाया नहीं, जहाँ आदमी हमेशा आँखें खोले रहता है—नींद और स्वप्न और अँधेरे को भूलकर।"[10] दरअसल जो आदमी दैनिक आवश्यकताओं से आगे नहीं सोच सकता, जो अपनी निजी सुख-सुविधाओं के ऊपर उठकर जीवनमूल्यों के बारे में नहीं सोच सकता, जो अपने पर भरोसा रखकर जीवन को अर्थपूर्ण बनाने की दिशा में अग्रसर नहीं हो सकता वह रचनाकार हो ही नहीं सकता। यदि कोई रचनाकार काल, अतीत, भविष्य और मृत्यु जैसी सचाइयों का साक्षात्कार करता है, अस्तित्व के बुनियादी सवालों से टकरावा है तो उसे यथार्थ से पलायन करने वाला या आभिजात वर्ग का लेखक मान लेना किसी भी स्थिति में उपयुक्त नहीं है। आज के कुछ तथाकथित युवा लेखक उस साहित्य पर भद्र लोक का साहित्य कहकर प्रहार करते हैं जिसमें वाणी की विशिष्टता, अर्थगौरव और संश्लिष्ट भाव बोध होता है। उनके अनुसार ऐसी रचना आम आदमी के लिए दुर्बोध होती है।[11] पर इस प्रकार के वक्तव्य निहायत गैर-जिम्मेदार वक्तव्य हैं। क्या हम ऐसी रचना की वकालत करेंगे जिसमें वाणी की विशिष्टता न हो, अर्थ गौरव न हो और जिसे विद्वान मान्यता न दें? भद्र होना किस तर्क से अवांछनीय होना है, यह समझ में नहीं आता। इस तर्क से तो एक अत्यन्त अशिक्षित देश में जहाँ के अधिकांश लोग अपना हस्ताक्षर भी नहीं कर सकते, किसी का भी लेखक ही बनना एक पलायनवादी कर्म है। उसे गाँवों में जाकर सबसे पहले लोगों को साक्षर बनाना चाहिए। पर यदि सारे लेखक मिलकर किसी देश को साक्षर बनाने में ही खप जायें तो साक्षर होने के बाद उस देश के लोगों को पढ़ने को क्या मिलेगा? सार्त्र ने यह सवाल उठाया है और वे इन्हीं निष्कर्षों पर पहुँचे हैं। इसीलिए उन्होंने दो तरह की पुस्तकें लिखने की बात कही है—एक तो वे जो विशिष्ट पाठक वर्ग के लिए हों और दूसरी वे जो सबके लिए लिखी जायें।

काव्य के प्रयोजनों के विवेचन में बहुत-सी बातें कही गई हैं। कला कला के लिए, कला जीवन के लिए, कला अनुरंजन के लिए, कला उपदेश और प्रचार के लिए आदि आदि। कुछ लोग काव्य को आत्माभिव्यक्ति मानते हैं तो कुछ उसे एक रहस्यमय प्रेरणा। फ्रायड मनुष्य के अचेतन को सर्वाधिक महत्त्व देते हैं। एडलर साहित्य को क्षतिपूर्ति का प्रयास मानते हैं। कुछ मनोवैज्ञानिक उसे अमरत्व की आकांक्षा। काव्य-प्रयोजन के प्रसंग में ये सभी बातें अलग-अलग सही हैं और साथ ही सभी एकपक्षीय। लिखना एक संश्लिष्ट और जटिल प्रक्रिया है। उसमें बहुत सारी चीजें घुलमिल जाती हैं। रचना की प्रकृति के अनुसार उनका विश्लेषण होना चाहिए। रचनाकार, समय और समाज के अनुसार रचना के सरोकार बदलते हैं पर इतना हमेशा सच रहा है और शायद रहेगा कि रचना के केन्द्र में खुद रचनाकार होता है और वह मनुष्य जिसके साथ वह मिल-जुलकर हँसता-रोता और जीता-मरता है। अपने और उस मनुष्य के सुख-दुख, आशा-आकांक्षा, हार-जीत को ही वह रचना में व्यक्त करता है। अपनी और उसकी स्वाधीनता, शान्ति और न्याय के लिए ही वह संघर्षशील होता है। वह जीवन के जिन तात्कालिक और बुनियादी प्रश्नों से टकराता है, उन्हीं को रचना के प्रश्नों में बदल देता है। जिन्दगी से उसे जो कुछ मिलता है उसी को वह रचना में लौटाता है। रचना का एक अर्थ और मूल्य होता है—कवि के लिए भी और पाठक के लिए भी। वह कवि को भी बदलती है और पाठक को भी। रचना का शायद यही बुनियादी सरोकार है।

[1976]

सन्दर्भ

1. आषाढ़ का एक दिन, पृ० 109
2. आलोचना-6, पृ० 51-54
3. दे०, आलोचना, धूमिल स्मृति अंक।
4. नेमिचन्द्र जैन, बदलते परिप्रेक्ष्य, पृ० 51
5. There is no guarantee that literature is immortal. It's chance to day, its only chance, is the Chance of Europe, of socialism, of democracy, and of peace. We must play it. If we writers loose it, too bad for us. But also, too bad for society.—Sartre : What is Literature, p. 205

6. The art of prose is bound up with the only regime in which prose has meaning, democracy...Writing is a certain way of wanting freedom, once you have begun, you are engaged, Willy—Willy. वही, पृ० 42
7. Man will always want to be more than he can be, will always revolt against the limitations of his nature, always strive to reach beyond himself, always struggle for immortality. If ever the desire to be all knowing, all powerful, all em bracing vanished, man would no longer be man.
—Ernst Fischer : The Necessity of Art, p. 219
8. अपोलो का रथ, पृ० 60
9. —Ernst Fischer : The Necessity of Art, p. 12
10. शब्द और स्मृति, पृ० 93
11. दे०, पहल—सात, पृ० 15-20

समकालीन आलोचना का चरित्र

समकालीन आलोचना के बारे में यह बात बहुत तीखी लग सकती है, लेकिन सच यही है कि समकालीन आलोचना समकालीन रचना के पीछे चलने वाली, उससे आक्रान्त और उसकी पिछलग्गू होकर रह गई है। पिछले बीस-पच्चीस वर्षों की आलोचना का गौर से विश्लेषण हो तो कुछ चकित करने वाले तथ्य सामने आएँगे। मसलन यह कि नई कविता की जो भी आलोचना हुई उसका सारा शास्त्र अज्ञेय और मुक्तिबोध की आलोचनात्मक टिप्पणियों से बनता है। यह ध्यान रखने की बात है कि अज्ञेय और मुक्तिबोध दोनों आलोचक नहीं हैं, मूलतः रचनाकार हैं। और ताजा स्थिति यह है कि निर्मल वर्मा लेखों में तीक्ष्णता और आलोचनात्मक प्रखरता किसी भी आलोचक की तुलना में ज्यादा दिखाई पड़ रही है। निर्मल वर्मा भी आलोचक नहीं हैं, रचनाकार हैं। तो ऐसी स्थिति क्यों है ? दरअसल हमारे यहाँ रचनाकारों ने जितना आत्मसंघर्ष किया उतना आलोचकों ने नहीं किया। आलोचकों ने आसान रास्ते चुने। कवियों की कुछ पंक्तियों पर उछलते-फिसलते निकल जाने को उन्होंने आलोचक धर्म मान लिया। इसलिए हजारीप्रसाद द्विवेदी की 'कबीर' तथा रामविलास शर्मा की 'निराला की साहित्य साधना' जैसी आलोचना कृतियाँ दुर्लभ हो गईं। यद्यपि मुक्तिबोध का नाम बहुत पीटा गया पर उन पर भी वैसी कोई आलोचना कृति सामने नहीं आ सकी। आलोचक के पास न तो इतना धैर्य है न आत्मसंघर्ष से गुजरने की फुरसत। क्या कारण है कि रचनाकारों ने तो 'रचना क्यों' का सवाल उठाया पर आलोचकों ने 'आलोचना क्यों' का सवाल नहीं उठाया। 'आलोचना क्यों' का सवाल भी उठाया तो रचनाकारों ने ही। उनकी इस चुनौती पर किसी आलोचक ने गहरा आत्ममंथन नहीं किया। खुद वह आलोचना क्यों लिखता है, इसका जवाब किसी आलोचक ने नहीं दिया। यदि इस सवाल पर आत्मरूप की खोज की गई होती तो जीवन की अनेक बुनियादी समस्याओं का साक्षात्कार सम्भव था। इस आत्मपरीक्षण से आलोचना की चिन्ता सामने आती। उस चिन्ता के आधार पर आलोचना में एक ध्रुवीकरण होता। किन्तु ऐसा नहीं हुआ। हर्बर्ट मार्कूज के एक भिन्न सन्दर्भ का वाक्य उधार लेकर कहूँ तो आज का आलोचक स्वयं अपनी क्षमता अथवा इच्छा अथवा

आवश्यकता के अनुसार कार्य नहीं करता बल्कि पहले से निर्धारित कार्यों को पूरा करता है। परिणामतः एक लक्ष्यहीन कन्फ्यूजन की स्थिति बनी हुई है।

वास्तव में आलोचक के लिए भी रचनाकार की वही पीड़ा झेलनी जरूरी है। उसे भी उस बेचैनी का अनुभव होना जरूरी है जो रचनाकार को होता है। तभी तो वह रचना के समानान्तर यात्रा कर सकेगा जिसकी माँग आज का रचनाकार करता है और जो सर्जनात्मक समीक्षा की एक विशेषता मानी जाती है। जब हम किसी पाठ्यक्रम के लिए कोई पुस्तक सम्पादित कर रहे होते हैं या जब विद्यार्थियों को ध्यान में रखकर लिखने बैठते हैं या जब किसी पत्रिका की फरमाइश पर लिखते हैं या जब किसी मित्र को जमाने और शत्रु को विस्थापित करने के उद्देश्य से कलम लेकर बैठते हैं तब जाहिर है हम एक रचनाकार की पीड़ा नहीं झेल रहे होते। इसीलिए इस तरह की आलोचना यदि अध्यापकीय, पासकराऊ, पैसाकमाऊ और उखाड़-पछाड़ वाली संकीर्ण आलोचना कही जाती है तो इस पर कोई ऐतराज भी नहीं होना चाहिए। हाँ, यदि कोई रचना दरअसल हमें छूती है, हमें आकृष्ट करती है या हमारे विश्वासों से टकराती है तब हम जो कुछ लिखते हैं उसमें हमारे सेल्फ (self) का सरोकार होता है। वह सरोकार हमारी आलोचना को रचनात्मक बना देता है। रचनाकार अपनी भट्ठी में बहुत सारी चीजों को पिघलाकर उन्हें पुनर्नवा रूप देता है। भवभूति ने कविता की आत्मा को कला कहा है—आत्मनः कलाम्। आत्मा की कला अर्थात् 'आर्ट आफ द सेल्फ' (art of the self)। आत्मा का या कहें चेतना का संस्पर्श पाकर ही वह चेतना का स्पर्श करने में समर्थ होती है। हजारीप्रसाद जी कहते हैं कि शब्द वक्ता के जिस स्थान से निकलता है श्रोता के उसी स्थान तक पहुँचता है। जो शब्द कंठ से निकलता है वह श्रोता के कान में घुसकर दूसरे से निकल जाता है। जो भीतर की गहराइयों से निकलता है वह भीतर की गहराइयों तक पहुँचता है। आलोचना भी आत्मा की ही कला है। तभी वह इतिहास, भूगोल या अन्य किसी उपयोगी विषय पर लिखे गए लेख से भिन्न है और सर्जनात्मक है। रचना जब रचनाकार को मथ कर, उसके मंथन से निचुड़कर निकलती है तो अर्थवान और असरवान होती है। ऐसे ही आलोचना भी जब आलोचक के आत्ममंथन से पैदा होती है तो सर्जनात्मक और सार्थक होती है। जैसे सही रचना के लिए जरूरी है कि बाह्य परिवेश रचनाकार को गहराई से प्रभावित करे, उसे आलोड़ित करे, उसे लिखने पर विवश करे, उसी प्रकार सही आलोचना के लिए भी जरूरी है कि रचना आलोचक को प्रभावित करे, उसे मथे और सोचने और लिखने पर विवश करे। रचनाकार और आलोचक की यह विवशता उनकी रचना और आलोचना की प्रामाणिकता की जरूरी शर्त है। इसके अभाव में रचना और

आलोचना दोनों नकली और ओढ़ी हुई लगने लगती हैं—कैरियरिस्ट रचनाकार और आलोचक के लेखन की तरह। कैरियर बनाने के लिए लिखना और लिखकर कैरियर बनाना इन दोनों में वही फर्क है जो खाने के लिए जीने और जीने के लिए खाने में है। जब तक बाह्य दबाव आन्तरिक विवशता नहीं बनता तब तक सही रचना-आलोचना सम्भव नहीं होती। रचना रचनाकार को उसके रचनापूर्व की आन्तरिक बेचैनी से मुक्त करती है। वैसे ही आलोचना भी जब आलोचक को आलोचना पूर्व की प्रश्नाकुलता से मुक्त करे तो सही आलोचना बनती है। रचना का मुख्य कच्चा माल बाह्य जगत है और आलोचना का रचना। फिराक कहते हैं कि कविता हमें हमारी जिन्दगी वापस कर देती है। हम कह सकते हैं कि आलोचना रचनाकार को उसकी रचना वापस कर देती है। आलोचना में न केवल हम उस रचना को देखते-पहचानते और उसमें शरीक होते हैं बल्कि पुन: आलोचना की प्रेरणा भी पाते हैं। यही आलोचना की सर्जनात्मकता है।

मैंने ऊपर कहा है कि यदि कोई रचना वास्तव में आलोचक को छूती, मथती या उससे टकराती है तभी आलोचक की आलोचना धारदार हो पाती है। तात्पर्य यह कि रचना का ह्रास आलोचना का भी ह्रास होता है और महान रचना आलोचना को भी महान् बनाती है। क्या कारण है कि आधुनिक काल में जितनी आलोचना कविता की हुई उतनी कथा-साहित्य, नाटक या अन्य गद्य-विधाओं की नहीं। स्पष्ट है कि गद्य का युग होते हुए भी आधुनिक काल में कविता ही साहित्य के केन्द्र में रही। हिन्दी का कथा-साहित्य—विशेषत: उपन्यास-साहित्य दरिद्र रहा। नाटक की स्थिति 1960 के बाद बदली जब हिन्दी में मोहन राकेश और अन्य भारतीय भाषाओं में गिरीश कर्नाड, बादल सरकार तथा विजय तेंदुलकर के नाटक मंचों पर आकर बहुचर्चित हुए। नाटक-रचना में नवीनता और शक्ति आते ही इधर नाट्य समीक्षा में भी निखार आया। हिन्दी गद्य की अन्य विधाओं में रचना की गति मन्द होने से आलोचना का ताप भी ठण्डा रहा। क्या कारण है कि उन्हीं रचनाकारों की आलोचनाएँ भी अच्छी हुई जिन्होंने आत्मसंघर्ष किए। पुरानों में तुलसी और कबीर की तथा नयों में निराला और मुक्तिबोध की आलोचनाएँ प्रमाण में रखी जा सकती हैं। छायावादी काव्य में कामायनी की आलोचनाएँ बहुत हुईं। कामायनी ने न केवल आलोचकों को प्रभावित किया बल्कि उन्हें चुनौतियाँ भी दीं। इसीलिए मुक्तिबोध और रमेशकुन्तल मेघ आदि को कामायनी की दृष्टि का विरोध करने के लिए भी उस पर लिखने की जरूरत महसूस हुई। कहीं न कहीं उस कृति ने इन आलोचकों के विचारों को उत्तेजित किया। क्योंकि आलोचना के केन्द्र में विचार होते हैं अत: उसके लिए वैचारिक उत्तेजना जरूरी है। इसके

अभाव में वह आधुनिक शोध-लेख बनकर रह जाती है। नई कविता के आरम्भिक दौर में अज्ञेय, विजयदेव नारायण साही, शिवदानसिंह चौहान और रामविलास शर्मा आदि की आलोचनाएँ इस वैचारिक संघर्ष के कारण ही जीवन्त हो उठी हैं। यह वैचारिक संघर्ष हर काल में चलता रहता है—कभी मुखर होकर कभी शीत-ताप नियन्त्रित। यह आज भी चल रहा है। साहित्य के मूल्यांकन में दो विरोधी विचारधाराओं का द्वन्द्व स्पष्ट है। एक वर्ग रचना-दायित्व की बात करता है, दूसरा सामाजिक दायित्व की। एक वर्ग आन्तरिक प्रतिबद्धता जरूरी मानता है दूसरा विचारों की प्रतिबद्धता। एक भाषा के अनुशासन की चर्चा करता है, दूसरा दलीय अनुशासन की। एक रूप और विशुद्ध साहित्य की बात करता है, दूसरा साहित्येतर प्रतिमानों की। असली सवाल इस वैचारिक प्रतिबद्धता का उतना नहीं जितना इसका है कि आलोचक अपने वैचारिक निष्कर्षों के प्रति किस सीमा तक प्रतिबद्ध है। वह अपने अस्तित्व की किन गहराइयों से उन्हें महसूस करता है। विश्वासों का रास्ता या तो कठिन संगठन और अकूत धैर्य की माँग करता है या फिर अकेला कर देता है। मुक्ति-बोध के काव्य में यह अकेलापन बार-बार झाँकता है। वे अपने विश्वासों को अपने अस्तित्व में जज्ब कर लेने वाले लेखक हैं। इसीलिए उनकी रचना और आलोचना दोनों में ऊर्जा है। विश्वासों की कमी दो बिल्कुल एक जमीन की रचनाओं में कितना अन्तर ला देती है इसकी तुलना करनी हो तो तुलसी के रामचरितमानस और केशव की रामचन्द्रिका की तुलना दिलचस्प होगी। आलोचना के क्षेत्र में यह फर्क देखना हो तो मुक्तिबोध के नये साहित्य सम्बन्धी लेखों के समानान्तर इन्हीं विषयों पर लिखे गए किसी शोधार्थी के शोधग्रन्थ को देखा जा सकना है। जिन्दगी में धँसकर प्राप्त किए गए विश्वासों से उत्पन्न वैचारिक प्रखरता आलोचना के लिए बहुत जरूरी है।

सर्जनात्मक आलोचना वह है जो विचारों को विविध स्तरों पर उत्तेजित करती चलती है, जैसे रचना अनेकार्थ होकर पाठक को अनेक स्तरों पर छूती है। रचना जैसे इकहरी नहीं होती वैसे ही आलोचना भी रूढ़ और जड़ नहीं होती न गुणदोष का निर्णय देना ही उसका कार्य है। वह अन्तिम निर्णय नहीं देती। बल्कि अपने पाठक में एक आलोचनात्मक जागरूकता पैदा कर उसकी चिन्तन प्रक्रिया को सक्रिय कर देती है। सच्ची आलोचना आलोचक के आत्म-संघर्ष से पैदा होती है। जिसे मैं आत्मसंघर्ष कहता हूँ उसमें सत्य और यथार्थ की जिज्ञासा, प्रश्नाकुलता, सार्थकता की खोज, आत्मसाक्षात्कार की बेचैनी तथा संकल्प मिले-जुले होते हैं। आत्मसंघर्ष नार्सिसिज्म (आत्मरतिबोध) नहीं है। न परायापन या विच्छिन्नता है। यह वह भीतरी संघर्ष है जिसे रचनाकार बाह्य को आन्तरिक बनाने और उसे उपयुक्त भाषा देने तक झेलता है। अर्थात्

असली संसार को रचना-संसार बनाने तक की उसकी प्रक्रिया आत्मसंघर्ष की प्रक्रिया है। यह आत्मसंघर्ष अजनबीपन और आत्मनिर्वासन पर विजय प्राप्त करने के दर्शन से सम्बद्ध है। यह संघर्ष बदलने के संकल्प में पैदा होता है। मनुष्य इतिहास-चक्र में केवल पुर्जा मात्र नहीं होता, वह उसे बदलता भी है। यह आत्मसंघर्ष ही रचनाकार और आलोचक को सर्जनात्मक बनाता है। इस आत्मसंघर्ष को रचनाकार के वस्तु के चुनाव, उसकी पात्र योजना और उसकी भाषा आदि में लक्ष्य कर सकते हैं। इसी प्रकार इसकी परीक्षा आलोचक के विश्लेषण, उसके तर्क और मूल्यांकन आदि में कर सकते हैं। रचनाकार की एक भाषा वह होती है जो इकहरा, सपाट या बाहर की ओर उछलती-कूदती भागती है और दूसरी भाषा वह होती है जो चीजों को बेधती है, भीतर की गहराइयों में घुसती चली जाती है। आलोचक की एक भाषा होती है जो रचना के ऊपर-ऊपर से सामान्य कथन करती हुई निकल जाती है और दूसरी भाषा वह होती है जो समीक्ष्य कृति के संसार को खोलने वाली, उसके भीतर बेधने वाली होती है। आलोचक की भाषा अनुचिन्तनरत मानव (ए मैन इन कन्टेम्प्लेशन) की भाषा होती है।

आधुनिक साहित्य के सन्दर्भ में आलोचना के आत्मसंघर्ष की चर्चा करते हुए मुझे यह कहना प्रासंगिक लगता है कि संस्कृत काव्य-चिन्तन जैसा भी हो, बड़ा ही व्यापक और गम्भीर रहा है। शब्द और अर्थ की यह साधना सचमुच एक तपस्या लगती है। एक व्यक्ति की नहीं पीढ़ियों की तपस्या। कहा जाता है कि कोणार्क, महाबलीपुरम आदि की कुछ मूर्तियों को तराशने में एक परिवार की कई पीढ़ियाँ खप गईं। पर उन मूर्ति निर्माताओं ने अपने नाम तक कहीं अंकित नहीं किए। यह सचमुच एक तपस्या है। भारतीय कला-रचना और काव्य-चिन्तन की सूक्ष्म गहराइयाँ किसी भी भाषा के चिन्तक को अभिभूत करने वाली हो सकती हैं। इस चिन्तन में किसी सरकारी अनुदान या किसी पूँजीपति के प्रतिष्ठान का कोई योगदान नहीं है। इसके पीछे सिर्फ कलाकार और काव्य-रसिक की जिज्ञासा, जिजीविषा, संकल्प और सार्थकता की खोज है।

संस्कृत काव्य-चिन्तन की यह कड़ी भारतीय इतिहास के मध्यकाल में कहीं लुप्त हो गई। आज के हम साहित्यजीवियों को हमारी सुविधा की कामना और हमारी शार्टकट्स की संस्कृति ने मारा। हमें राजाश्रय और प्रतिष्ठानों से तो चिपकाया मगर चिन्तन के संघर्ष से अलग किया। मुक्तिबोध के शब्दों में कहूँ तो, "आज के साहित्यकार का आयुष्यक्रम क्या है? विद्यार्जन, डिग्री और इसी बीच साहित्यिक प्रयास, विवाह, घर, सोफासेट, ऐरिस्टोक्रैटिक लिविंग, महानों से व्यक्तिगत सम्पर्क, श्रेष्ठ प्रकाशकों द्वारा अपनी पुस्तकों का प्रकाशन,

सरकारी पुरस्कार, अथवा ऐसी ही कोई विशेष उपलब्धि; और चालीसवें वर्ष के आस-पास अमरीका या रूस जाने की तैयारी; किसी व्यक्ति या संस्था की सहायता से अपनी कृतियों का अंग्रेजी या रूसी में अनुवाद; किसी बड़े भारी सेठ के यहाँ या सरकार के यहाँ ऊँचे किस्म की नौकरी।"[1]

किसी कृति के विश्लेषण में मुख्यतः दो तरह की पद्धतियों का प्रयोग होता है—एक को अन्तरंग और दूसरे को बहिरंग समीक्षा पद्धति कह सकते हैं। इन्हीं को रूपवादी या सौन्दर्यवादी और मार्क्सवादी या मूल्यवादी दृष्टि भी कहा जाता है। अन्तरंग समीक्षा के अन्तर्गत आज की 'नई समीक्षा' और 'शैली विज्ञान' आते हैं जो कृति की एक स्वायत्त, स्वतन्त्र सत्ता मानकर उसका भाषा और शैलीपरक बिश्लेषण करते हैं। बहिरंग समीक्षा के अन्तर्गत कृति को समग्र इतिहास, वातावरण और समाज की उपज मानकर इन्हीं के संदर्भ में उसका मूल्यांकन किया जाता है अथवा उसका परीक्षण कृतिकार की जीवनी और उसके मनोविज्ञान के प्रकाश में किया जाता है। आज की मार्क्सवादी समीक्षा इसी बहिरंग समीक्षा के अन्तर्गत आती है। उपर्युक्त दोनों ही दृष्टियाँ समकालीन रचना का विश्लेषण-मूल्यांकन कर रही हैं और जाने-अनजाने उसे नियंत्रित-संचालित भी। समस्या इसमें नहीं, समस्या तब होती है जब इन दोनों ही दृष्टियों के आलोचक अपनी-अपनी दृष्टि का अतिशय आग्रह दिखाने लगते हैं—क्योंकि तब मुख्य लक्ष्य रचना का विश्लेषण-मूल्यांकन नहीं रह जाता बल्कि आलोचकों का पूर्वाग्रह रचना पर हावी होने लगता है। ऐसी स्थिति में उपर्युक्त दोनों की सीमाएँ उभर कर सामने आती हैं। आज के युवा मार्क्सवादी समीक्षकों की समीक्षा अपने आग्रहों के कारण ही आज की रचना के मूल्यांकन में असफल साबित हो रही है। हालत यह है कि जो लेखक मार्क्सवादी दल से सम्बद्ध नहीं हैं उनके लिए 'प्रतिक्रियावादी', 'पूंजीपतियों का दलाल' और 'सी० आई० ए० का एजेण्ट' जैसी गैर साहित्यिक शब्दावली का प्रयोग किया जाता है। उल्लेखनीय है कि रेणु जैसे जेनुइन लेखक को, जिन्हें प्रेमचन्द की परम्परा का विकास माना जाता है, 'पूंजीपतियों का दलाल' कहकर सम्बोधित किया गया। 'कविता के नये प्रतिमान' में नामवर सिंह ज्योंही थोड़ा-सा पटरी से हटकर अस्मिता का प्रश्न उठाते हैं कि उन पर रूपवादी होने का आरोप लगाया जाता है।

हमारे रचनाकार आलोचकों और सम्पादकों ने भी आज की आलोचना में प्रायः अपनी एकांगी दृष्टि और पत्रकारिता के मुहावरों का सहारा लेकर आलोचना की पक्षधरता को ही बढ़ावा दिया है। हर पत्रिका का अपना गुट और अपने सधे हुए लेखक हैं। दलबन्दियों का यह आग्रह रचनाकार-आलोचक-सम्पादक को संकीर्णता की ओर ले जाता है और साहित्य के मूल्यांकन को

बाधित करता है। फिर कुछ नाम रह जाते हैं, रचनाएँ लुप्त हो जाती हैं। आलोचक का ध्यान रचना से हटकर नाम और आइडियालाजी पर केन्द्रित हो जाय, यह बड़ी खतरनाक बात है। आज स्थिति यही है कि कुछ कवियों, लेखकों का नाम प्रगतिशील के रूप में और कुछ का प्रतिक्रियावादी के रूप में बार-बार पीटा जाता है जबकि सच्चाई यह है कि जिन कवियों-लेखकों को हम क्रान्तिकारी कहते हैं उनमें बहुत कुछ क्रान्तिविरोधी भी हैं तथा जिनको प्रतिक्रियावादी मानते हैं उनमें भी बहुत कुछ यथास्थिति को तोड़ने वाला है। यह अन्तर्विरोध सभी रचनाकारों में मिलेगा। कबीर ने क्रान्तिकारी रचनाओं के साथ बहुत कुछ ऐसा भी लिखा जो आध्यात्मिक-साम्प्रदायिक साहित्य के अन्तर्गत आता है। जिस छायावाद को हम आज भावुकता और पलायन का काव्य मानते हैं उसे आरम्भ में विद्रोह का काव्य कहा गया था और उसमें निश्चय ही बहुत कुछ विद्रोह हैं। निराला ने प्रगतिशील कविताओं के साथ बहुत से आराधना गीत भी लिखे हैं। मुक्तिबोध के काव्य में जितना ही बाह्य वास्तविकता का चित्रण है उतना ही उनकी भयग्रस्त मन:स्थिति का भी। यदि इन कवियों को अपने-अपने गुटों में खींचने की कोशिश छोड़कर इनकी सन्तुलित आलोचनाएँ होतीं तो समकालीन आलोचना का चरित्र कुछ दूसरा ही होता। लेकिन यहाँ तो गुट की चिन्ता सर्वोपरि है। इसीलिए इतने बड़े प्रेमचन्द शताब्दी वर्ष में आलोचकों की मुख्य चिन्ता यह रही कि कैसे प्रेमचन्द को मार्क्सवादी सिद्ध किया जाय। हमारे यहाँ राजशेखर ने 10वीं शती में भावक या आलोचक की चार कोटियाँ बताई थीं—अरोचकी, सतृष्णाभ्यवहारी, मत्सरी और तत्वाभिनिवेशी। इसमें पहले को अच्छी से अच्छी रचना भी नहीं जँचती। दूसरे को हर रचना मुग्ध करती है। तीसरा वह जो रचना के गुण को देखते हुए भी उसे सराहता नहीं बल्कि मौन रहता है। राजशेखर के अनुसार चौथे प्रकार का भावक ही स्थान के गूढ़ तात्पर्य का भलीभाँति विश्लेषण करता है। कहना न होगा कि भावकों की ये कोटियाँ अपने कुछ बदले हुए रूप में आज भी हैं।

आलोचक किन प्रतिमानों के आधार पर मूल्यांकन करे, इसके लिए कोई आसान नुस्खा नहीं बनाया जा सकता। एक तरीका तो यह है कि आलोचक कुछ दार्शनिकों-चिन्तकों के सिद्धान्तों की ओर जाय (जैसे आधुनिक सन्दर्भ में कहें तो फ्रायड या मार्क्स आदि की ओर) और दूसरा तरीका यह हो सकता है कि वह खुद अपने सम्पूर्ण संचित अनुभव, ज्ञान और विवेक के प्रकाश में कृति का मूल्यांकन करे। मेरी दृष्टि में यह दूसरा तरीका ज्यादा उपयुक्त है। हो सकता है रचना किसी सिद्धान्त या विचार-दर्शन को स्पष्ट ढंग से व्यक्त करती हो पर यदि वह रचनाकार की अनुभूति बनकर—उसके भीतर की विवशता

बनकर व्यक्त नहीं हुई है तो प्रभावकारी नहीं हो सकती। यह तो साहित्यकर्म में विश्वास रखने वाला हर विचारक मानता है कि रचनाकार जो कहना चाहता है उसे रचना के रूप में ढल कर चरितार्थ होना चाहिए। आलोचक को रचना की इसी यथार्थता की परीक्षा सबसे पहले करनी होती है। फिर उसे देखना होता है कि उस रचना का मानवीय सरोकार क्या है ? रचना के प्रति गम्भीर भाव रखने वाला कोई लेखक 'विचार' को रचना से अलग नहीं कर सकता पर इसके साथ यह भी सच है कि केवल विचारक या सिद्धान्त का पण्डित हो जाने मात्र से कोई रचनाकार नहीं हो जाता। इसी प्रकार अपनी शहादत से कोई बड़ा क्रान्तिकारी हो सकता है लेकिन बड़ा रचनाकार नहीं। तो फिर वह कौन-सी चीज है जो एक व्यक्ति को एक रचनाकार बनाती है ? जाहिर है एक रचनाकार होने की कोई बुनियादी शर्त नहीं है सिवा उसकी 'संवेदनशील कल्पना' और उसकी 'रचनात्मक भाषा की क्षमता' के। रचना की बुनियादी शर्त भी शायद यही है। शेष सारी कसौटियाँ इसके बाद आती हैं। लेकिन आज हो यह रहा है कि शेष सारी कसौटियाँ ही मूल्यांकन का आधार बन गई हैं। यदि आप रचना की कुछ बुनियादी शर्तों को स्वीकार करते हैं तो फिर उन्हें सबसे पहले रेखांकित करें। फिर देखें कि रचना में कितनी आत्मीयता है ? वह कितनी हमारी अपनी दुनिया लगती है और कितनी कृत्रिम ? रचनाकार आदमी को और चीजों को कैसे देखता है ? उनके प्रति उसका रवैया कैसा है ? वह अपने परिवेश से कितना भाग रहा है या, उसे कितनी गहरी संलग्नता से महसूस कर रहा है और कितनी बारीकी से चित्रित कर रहा है उसे ? रचना में उसका अपना अर्जित संघर्ष और द्वन्द्व कितना चरितार्थ हुआ है ? कितनी विस्तृत है उसकी संवेदना ? क्योंकि उसी अनुपात में वह पाठक की संवेदना का विस्तार करेगी। आदमी के कद को केवल रोटी और सेक्स तक ही सीमित नहीं किया जा सकता क्योंकि इनको छोड़ सकने का दृढ़ संकल्प भी उसमें निहित है। व्यक्ति की निजी पीड़ा भी होती है—उनकी कांक्षा, जिजीविषा आदि। रचनाकार जिस संसार में जीता है वह एक बहुरूपी संसार है। इसीलिए रचना कई तरह के काम करती है। वह यथार्थ का चित्रण भी करती है और आदर्श की कल्पना भी। वह एक सीमित दृश्य को भी रूपायित करती है और एक सम्पूर्ण जीवन-विस्तार को भी। रचनाकार में वर्तमान के प्रति ही नहीं अतीत और भविष्य के प्रति भी एक गहरी उत्सुकता और चिन्ता होती है। मेरे ख्याल से यदि रचना का मानव-विरोधी असर पड़ता है, यदि मनुष्य के पक्ष में उसका सर्जनात्मक उपयोग नहीं होता है, यदि वह मनुष्य और समाज को आगे न ले जाकर पीछे ले जाती है तो ही और केवल तो ही उसकी निन्दा की जानी चाहिए। और इन सबका पता रचनाकार के भाषा-

संसार, उसके शब्द-चयन, उसकी बिम्ब-योजना, उसके रचना कौशल और उसकी कोशिशों के निकट परीक्षण से ही किया जाना चाहिए। बाहर से आरोपित कुछ सरल समीकरणों और चालू सूत्रों के आधार पर नहीं।

समकालीन आलोचना में 'यथार्थ' शब्द का बहुत प्रयोग हुआ है। इस शब्द का अर्थ बड़ा व्यापक है पर इसे बड़े संकीर्ण अर्थ में प्रयुक्त किया जाने लगा है। यथार्थ का सरलीकृत अर्थ लिया जाता है—सामाजिक विकृतियों का चित्रण। इसी प्रकार आज 'रचना की प्रासंगिकता' की चर्चा बहुत होती है। यह 'प्रासंगिकता' तात्कालिकता से किस रूप में भिन्न है और यह किस सीमा तक रचना का मूल्य बन सकती है, इस पर गौर करने की जरूरत है। हर रचना अपने समय की सीमा में सीमित होती है पर उसमें समकालीनता से आगे की चेतना कितनी है, यह उसका अत्यन्त महत्त्वपूर्ण पक्ष है। वस्तुत: आज के संकट की चुनौती को स्वीकार करने वाली रचनाएँ आलोचक द्वारा रेखांकित की जानी चाहिए। उन कृतियों को महत्त्व मिलना चाहिए जो आज के दमन, शोषण और उत्पीड़न के विरुद्ध हैं। हम जो लिख रहे हैं वह सम्प्रेषित कितना हो रहा है, इस पर अब बहस बन्द क्यों हो गई है ? यह भी बड़े आश्चर्य की बात है कि जब वियतनाम का लेखक अपनी अस्मिता की खोज करता है, जब अफ्रीका का लेखक अपने नेग्रिट्यूड को रेखांकित करता है तो हम उसकी तारीफ करते हैं पर जब हिन्दी लेखक भारतीय दृष्टि की बात करता है तो उसे संकीर्ण मान लेते हैं।

दरअसल आलोचना में एक सन्तुलित दृष्टि की खोज जरूरी है—उस दृष्टि की जो हमारी रचना के भीतर से निकाली गई है। जो हमारी जमीन के अनुकूल और उसके लिए आवश्यक है। हर समीक्षा पद्धति किसी कृति के विश्लेषण में आंशिक रूप से सफल होती है और कोई भी पद्धति पूरी तरह से सफल नहीं होती क्योंकि रचना एक मधु बनाने की जटिल क्रिया है। उसका रासायनिक विश्लेषण बहुत कठिन है। क्या किसी कृति के विश्लेषण-मूल्यांकन के लिए अन्तरंग और बहिरंग दोनों समीक्षा पद्धतियों में परस्पर कोई सन्तुलन-बिन्दु नहीं ढूंढ़ा जा सकता ? शायद ऐसी ही कोई सन्तुलित दृष्टि पुरानी और नयी दोनों प्रकार की कृतियों का—अन्य भावभूमियों की कृतियों का तटस्थ विश्लेषण और मूल्यांकन कर सके।

[1977-81]

सन्दर्भ

1. एक साहित्यिक की डायरी, पृ० 32

मानवाधिकार, लोकतन्त्र और साहित्य

सोफोक्लीज़ के नाटक एण्टीगोन में थीब्स का राजा क्रिओन यह आदेश देता है कि पोलीनीसेज़ (जो एक देशद्रोही है और युद्ध में मारा गया है) को दफनाया नहीं जायेगा बल्कि उसके शव को गिद्धों और कुत्तों के खाने के लिए रख दिया जायेगा। पोलीनीसेज़ की बहन एण्टीगोन राजा के इस आदेश के विरुद्ध विद्रोह करती है। वह यह सवाल उठाती है कि 'राजा को यह अधिकार किस प्रकार प्राप्त हुआ कि वह मुझे अपने भाई को दफनाने से रोके ?' उसका दावा है कि प्रत्येक व्यक्ति को दफनाये जाने का अधिकार है। वह अपने भाई के शव को दफना देती है। इसके लिए उसे गिरफ्तार करके क्रिओन के दरबार में पेश किया जाता है। राजा पूछता है—

"क्या तुम्हें कानून की जानकारी है ?"

"हाँ" वह उत्तर देती है।

"तो तुमने कानून क्यों तोड़ा ?"

एण्टीगोन उत्तर देती है कि उसने जिस कानून की अवज्ञा की है उसे उसके अन्तःकरण की मान्यता प्राप्त नहीं है। यह राजा का कानून हो सकता है पर यह न्याय के विरुद्ध है—

'मैंने यह नहीं समझा था कि तुम एक नश्वर व्यक्ति, अपने एक मौखिक आदेश के द्वारा उसे रद्द कर सकते हो, जो अलंघ्य है, जो ईश्वर का अलिखित कानून है, इन कानूनों का जन्म आज अथवा कल नहीं हुआ, ये कभी समाप्त नहीं होते, और किसी को भी इनके आविर्भाव की जानकारी नहीं है।"

क्रिओन तर्क देता है कि पोलीनीसेज़ एक देशद्रोही था और कोई भी शासक इस देशद्रोही को सजा दिये बिना नहीं रह सकता। राजा को कानून बनाने पड़ते हैं और उन्हें लागू करना पड़ता है। प्रत्येक बात में—न्यायोचित और अन्याय-पूर्ण दोनों में—शासक के आदेश मानने पड़ते हैं। अन्यथा इसका परिणाम अराजकता होगा और अराजकता से बड़ी बुराई और क्या हो सकती है ?

एण्टीगोन की मान्यता है कि यदि राजा कोई गलत आदेश देता है तो उसका पालन करने की आवश्यकता नहीं है। ईश्वर का अलिखित कानून राज्य के कानून से ऊँचा होता है। एण्टीगोन जिस अधिकार का दावा करती है वह

उसे अधिक ऊँचे कानून से प्राप्त हुआ है अतः राज्य का कानून उसे नहीं छीन सकता।

ऊपर का पूरा अंश मारिस क्रैन्सटन की पुस्तक 'मानव अधिकार क्या है' के दूसरे अध्याय से उद्धृत है। इस पूरे अंश को उद्धृत करते हुए मेरा ध्यान जिन कुछ शब्दों पर टिक जाता है वे शब्द हैं 'न्याय' और 'कानून' तथा 'अन्तःकरण' और 'राज्य'। क्या 'न्याय' और 'कानून' ये दोनों पर्याय हैं? क्या 'अन्तःकरण' और 'राज्य'—दोनों समानार्थक हैं? या इन दोनों में कभी द्वन्द्व की स्थिति भी हो सकती है? और यदि द्वन्द्व की स्थिति हो तो लेखक का अपना पक्ष क्या होगा —'न्याय' का या 'कानून' का? 'अन्तःकरण' का या 'राज्य' का? इस प्रश्न का उत्तर साफ है चाहे इसे कितना भी उलझाया जाय। एक लेखक 'कानून' की तुलना में 'न्याय' का पक्षधर होता है और 'राज्य' की तुलना में 'अन्तःकरण' का। संसार का इतिहास गवाह है कि राज्यों ने कानून के नाम पर अनेक बार न्याय की हत्याएँ की हैं। उदाहरण बहुत हैं पर हिटलर के नाजी कानूनों ने जिस क्रूरतापूर्ण ढंग से न्याय का दमन और उत्पीड़न किया वह बेमिसाल है। लेखक कानून के नाम पर होने वाली इन हत्यारी कार्रवाइयों का हमेशा-हमेशा विरोधी होता है।

मनुष्य क्योंकि मनुष्यता की संकीर्ण सीमाओं का अतिक्रमण करता रहता है, क्योंकि उसमें सोचने और निर्णय लेने का विवेक है इसीलिए वह सृष्टि के शेष प्राणियों में विशिष्ट है और इसीलिए उसे कुछ नैसर्गिक अधिकार प्राप्त हैं। यद्यपि ये अधिकार लिखित अधिकार नहीं हैं, यद्यपि इन्हें कानून का संरक्षण प्राप्त नहीं है फिर भी ये अधिकार उससे छीने नहीं जा सकते क्योंकि इन्हें अन्तरात्मा की, न्याय और नैतिकता की मान्यता प्राप्त है। ये नैसर्गिक अधिकार कानून के अधिकार से हमेशा ऊँचे होते हैं क्योंकि इन्हीं के द्वारा मानव मूल्यों की और मनुष्य की विशिष्टता रेखांकित होती है। यदि मनुष्य को कोई नैसर्गिक अधिकार प्राप्त नहीं हैं तो वह मनुष्य भी नहीं है और ऐसी दशा में वह कानून के अधिकार की चर्चा भी करने लायक नहीं है। कानून की चर्चा मनुष्य के संसार में ही सम्भव है। कानून का अस्तित्व ही औचित्य और न्याय से जुड़ा हुआ है। उसी के आधार पर कानून बनता है। न्याय की माँग ही कानून के अधिकार की शक्ल लेती है। नैसर्गिक अधिकारों के मूल में यही औचित्य और न्याय का अधिकार है। इसीलिए कोई भी ऐसा कानून जो मनुष्य के नैसर्गिक अधिकारों का विरोधी है उचित और न्यायपूर्ण नहीं हो सकता। नैसर्गिक अधिकार जिन्हें आज हम मानवाधिकार कहते हैं भले ही कुछ नागरिकों को प्राप्त न हों पर ये ऐसे अधिकार हैं जो अवश्य प्राप्त होने चाहिए। ये अधिकार मनुष्य को उसकी किसी विशेष स्थिति या पद के कारण प्राप्त नहीं

होते बल्कि उसके मनुष्य होने की सहज विशेषता के कारण प्राप्त होते हैं। मनुष्य होने के नाते मनुष्य को यह अधिकार है कि वह जिन्दा रहे और एक स्वतन्त्र नागरिक के रूप में जिन्दा रहे। जिन्दा रहने का अर्थ यह है कि वह किसी को शारीरिक क्षति न पहुँचाये और स्वतन्त्रतापूर्वक जिन्दा रहने का अर्थ यह कि वह किसी दूसरे की स्वतन्त्रता को बाधित न करे। सरकारों द्वारा उसके इस जीवन और स्वतन्त्रता के नैसर्गिक अधिकार को खरीदा या छीना नहीं जाना चाहिए। आदर्श स्थिति तो यही है पर व्यवहार में मनुष्य को ये अधिकार सुलभ कहाँ हैं ? अनेक देशों में सरकारी कार्रवाइयाँ इन अधिकारों का अपहरण करने में नहीं हिचकतीं। राजशाही और तानाशाही व्यवस्थाओं में व्यक्ति को सत्ता के विरोध की अनुमति मिलती ही नहीं। वहाँ ऐसा कोई साहित्य छापने की अनुमति दी ही नहीं जाती। सोवियत संघ की सेंसर व्यवस्था छपने के पहले ही पाण्डुलिपि की जाँचकर लेती है। वहाँ लेखक की स्वतन्त्रता नहीं है। पास्तरनाक और सोल्झेनित्सिन को जो दण्ड भोगना पड़ा उसे सब जानते हैं। सोवियत सरकार ने राजनीतिक विरोध प्रकट करने वाले कुछ बुद्धिजीवियों को मनोरोगी के रूप में अस्पतालों में डाल दिया। बुकोवस्की को इसी तरह दंडित किया गया। इस प्रकार का आचरण आज की दुनिया की अनेक सरकारें अपने देश के नागरिकों के साथ कर रही हैं और इसको वे अपने देश का आन्तरिक मामला मानकर विरोध करने वालों का मुँह बन्द कर देती हैं। 17 मार्च 77 को संयुक्त राष्ट्रसंघ में बोलते हुए अमेरिकी राष्ट्रपति ने कहा कि संयुक्त राष्ट्र संघ के चार्टर पर हस्ताक्षर करने वाले प्रत्येक देश का कर्तव्य है कि वह मानवाधिकारों का सम्मान करे। राष्ट्रसंघ का कोई सदस्य देश यह नहीं कह सकता कि अपने देश के नागरिकों के साथ दुर्व्यवहार उसका निजी मामला है। कोई भी सदस्य राष्ट्र अपनी जिम्मेदारी से इन्कार नहीं कर सकता यदि विश्व के किसी भी भाग में यन्त्रणा और अत्याचार की घटना हो रही है। यह बयान तो स्वागत-योग्य है लेकिन यह भी विडंबना ही है कि खुद अमेरिका में ही नीग्रो लोग अपनी समानता के लिए संघर्ष कर रहे हैं। खुद अमेरिकी सरकार न तो अपने नागरिकों को समानता दे पा रही है न अपने विरोधियों को सुरक्षा। वस्तुतः समकालीन मनुष्य का इतिहास साक्षी है कि कोई व्यवस्था उसकी सम्भावनाओं के मुक्त विकास में पूरी तरह सहायक नहीं हुई है। उल्टे सभी व्यवस्थाएँ उसे किसी न किसी सीमा तक घेरती, बाँधती और उत्पीड़ित करती हैं। धार्मिक व्यवस्थाओं में धर्म मनुष्य से अधिक महत्वपूर्ण हो गया था। राजशाही और सामन्तवादी व्यवस्थाओं में राजा और सामन्त ने ईश्वर का रूप ले लिया। मनुष्य फिर वही रह गया—पूजा की सामग्री। यूरोप की औद्योगिक क्रान्ति के साथ जो पूँजीवादी व्यवस्था विकसित हुई उसमें एक दूसरे प्रकार का अमानवीयकरण शुरू हुआ।

यन्त्र मनुष्य पर हावी हो गये। मनुष्य और उसकी चेतना पूंजी के नीचे चरमराने लगी। मनुष्य की क्षमता और उसकी उपलब्धियां स्पर्धा, शोषण और यान्त्रिकता के धुन्ध में खो गयीं। मार्क्स ने मनुष्य को इस स्थिति से उबारने के लिए अपने समता के दर्शन का प्रतिपादन किया। रूसी राज्यक्रान्ति के बाद कई देशों में साम्यवादी व्यवस्थाएँ लागू हुईं। लेकिन इस व्यवस्था का अनुभव भी मनुष्य के लिए एक दहशत भरा अनुभव रहा। मनुष्य फिर गुलाम हो गया और पोलित ब्यूरो उसके भाग्य का निर्णय करने लगा। खुफिया पुलिस मानवीय गरिमा को अपनी डायरी में काला करने लगी। रूस, चीन, यूगोस्लाविया सब जगह ऐसा हुआ। पूंजीवादी शोषण का स्थान सरकारों, दलों और राजनीतिक विचारधाराओं ने ले लिया। आज स्थिति यह है कि ऊपर यांत्रिकता है, सरकारें हैं, राजनीतिक विचारधाराएँ हैं और नीचे मनुष्य है, कराहता हुआ। यान्त्रिकता आदमी को आदमी नहीं रहने देती। वह उसकी आन्तरिक शक्तियों को दबाकर उसे मशीन बना देती है। आज का युग विज्ञान और टेक्नालाजी का युग है। टेक्नालाजी व्यक्ति को चीजों में बदल देती है। इस व्यावसायिक संस्कृति के युग में मनुष्य का सम्बन्ध न केवल प्रकृति से टूटा है बल्कि मनुष्य से भी टूट चुका है। एक अलगाव, विच्छिन्नता, भय और असुरक्षा की स्थिति निरन्तर बढ़ रही है। नगरों की बढ़ती हुई भीड़ में आदमी और भी अकेला होता जा रहा है। रिश्ते टूटते जा रहे हैं। यह समकालीन मनुष्य का संकट है और आज का सबसे बड़ा प्रश्न शायद इस संकट से मनुष्य को उबारने का ही है। पूंजीवादी व्यवस्था ने लोकतन्त्र के रूप में मनुष्य को स्वतन्त्रता तो दी पर गला काट प्रतिस्पर्धा के बीच उसे सुरक्षा नहीं दी। साम्यवादी व्यवस्था ने सुरक्षा तो दी पर स्वतन्त्रता नहीं दी। स्वतन्त्रता और समानता का दावा दोनों व्यवस्थाएँ करती हैं पर दोनों में ही इस दावे को चरितार्थ होते नहीं देखा जा रहा है। अमेरिका और ब्रिटेन में भी सामाजिक-आर्थिक असमानताएँ हैं और कम्युनिस्ट देशों में भी वर्गविहीन समाज नहीं स्थापित हो पाया। यह व्यवस्थाओं का एक जटिल द्वन्द्व है जिसके बीच से समकालीन मनुष्य को गुजरना पड़ रहा है। व्यवस्थाओं के इस जटिल द्वन्द्व में भी समकालीन मनुष्य लोकतन्त्र में अपनी नियति टटोलता दिखाई पड़ रहा है। माना जाता है कि लोकतन्त्र चाहे कितने भी रुग्ण हालत में हो, राजतन्त्र और तानाशाही से बेहतर होता है। क्योंकि उसमें सामान्य जन को कुछ मूलाधिकार प्राप्त होते हैं। क्योंकि उसमें असहमति और विरोध को भी सरकारी मान्यता प्राप्त होती है। लोकतन्त्र में नागरिक को पूरी छूट है कि वह न केवल एक दिशा में बल्कि विरोधी दिशाओं में भी सोच सके। दूसरे शब्दों में यह व्यक्ति-स्वातन्त्र्य की स्वीकृति है। या कहें कि आत्मतत्व की स्वीकृति है। 'लोकतन्त्र' शब्द का शाब्दिक अर्थ तो है 'जनता की सरकार' पर

वस्तुत: नैतिक रूप से आत्मानुशासित, ईमानदार और जिम्मेदार व्यक्ति ही लोकतन्त्र की प्रारम्भिक इकाई है। ऐसे ही मनुष्य की प्राप्ति लोकतन्त्र का लक्ष्य है। यहीं साहित्य का सम्बन्ध भी लोकतन्त्र से जुड़ता है। साहित्य का लक्ष्य भी ऐसे ही व्यक्ति की प्राप्ति या उसका निर्माण है। लोकतन्त्र जिस आत्मतत्व को—मनुष्य की भीतरी शक्तियों को स्वीकृति देता है उन्हीं को साहित्य में भी स्वीकृति मिलती है। इस अर्थ में दोनों के लक्ष्य समान हैं। मनुष्य के विकास का अर्थ अन्तत: उसके चैतन्य का ही विकास है क्योंकि उसके विकास की दिशा यही है। सृष्टि में मनुष्य ही एक ऐसा प्राणी है जो इतिहास की सीमा में सीमित भी होता है और उसे लाँघने की सम्भावना से युक्त भी होता है। मनुष्य में देवत्व या ईश्वरत्व को यदि किसी अर्थ में ढूंढा और पाया जा सकता है तो केवल इसी अर्थ में कि वह आदमी होते हुए भी आदमी की सीमाओं को अतिक्रमित करता रहता है। लोकतन्त्र उसकी इस विशिष्टता को स्वीकार करता है। दरअसल लोकतन्त्र ऐसे समाज में सम्भव नहीं है जो केवल दैहिक और भौतिक जरूरतों को ही सब कुछ समझता हो। साहित्य और रचना भी आत्मतत्व का ही विस्तार और स्वीकार है। यह तो लगभग हम सभी स्वीकार करेंगे कि आत्मा का—मूल्यों का ह्रास, हमारे समय की रचना का एक बुनियादी थीम है। लोकतन्त्र और साहित्य का रिश्ता कायम करते हुए यह प्रश्न भी मौजू है कि क्या श्रेष्ठ साहित्य या महान कला अलोकतान्त्रिक शासन-व्यवस्थाओं में नहीं रची गयी? रची गयी है। पर अलोकतान्त्रिक मूल्यों का समर्थन करते हुए नहीं। साहित्य के मूल्य तो लोकतान्त्रिक ही हो सकते हैं बल्कि यह कहना ज्यादा उपयुक्त होगा कि साहित्य के जो कुछ भी बुनियादी मूल्य हैं उनमें लोकतन्त्र भी एक है। रचनाएँ अपने लोकतन्त्र बना लिया करती हैं। रचनाकार अभिव्यक्ति की स्वतन्त्रता की माँग करता है। स्वतन्त्रता नहीं मिलती तो अभिव्यक्ति के खतरे उठाकर साहस के साथ अपनी बात कहता है। मनुष्य के व्यक्तित्व की मूलभूत विशेषता कहें या उसकी प्रकृति कहें—यह है कि वह अपने व्यक्तित्व का विस्तार करना चाहता है, अनेक बाधाओं को पराभूत करके आजाद होना, स्वाधीन होना चाहता है। तानाशाही व्यवस्थाएँ अपने नागरिकों को अपनी गद्दी बनाये रखने के दुश्चक्र में सीधे-सीधे दबाती हैं और विचारों की तानाशाही वाली सरकारें उन्हें एक साँचे में ढालना चाहती हैं। यह मनुष्य की मूल प्रवृत्ति के विरुद्ध पड़ता है।

'लोकतंत्र' की परिभाषा में कहा गया है कि यह ऐसा समाज है जिसमें सबको स्वतन्त्रता और न्याय प्राप्त है। बस मुश्किल यहीं आती है। समस्या यह है कि किसी व्यक्ति या समूह को कितनी स्वतन्त्रता हो कि वह दूसरे व्यक्ति या समूह की स्वतंत्रता को बाधित न करे। इतिहास सबूत है कि इस 'स्वतंत्रता'

के नाम पर लोकतन्त्री देशों में विद्यार्थियों द्वारा अराजकता, गुण्डों द्वारा हिंसा और मजदूरों द्वारा हड़ताल आये दिन होते रहते हैं। ऐसे देशों में न केवल कार्यक्षमता का ह्रास होता है बल्कि उत्पादन में कमी भी आती है। इसीलिए 'लोकतन्त्र' शब्द पहले 'अराजकता' और 'हुल्लड़बाजी' का पर्यायवाची था। जैफरसन द्वारा तैयार किये गये अमेरिकी स्वाधीनता के घोषणापत्र में 'लोकतंत्र' शब्द का इस्तेमाल नहीं हुआ है। फिर भी जैफरसन ने स्वतन्त्र चेतना वाले ऐसे ही समाज की कल्पना की है जो विवेक के साथ अपने मताधिकार का प्रयोग कर सके। तो यह 'स्वतन्त्रता' ही लोकतंत्र के लिए सबसे बड़ी चुनौती है और उसका सबसे बड़ा मूल्य भी। वास्तविकता तो यह है कि 'लोकतंत्र' ही हमारे समय का सबसे बड़ा मूल्य है जिसे हम पाना चाहते हैं और वही हमारी सबसे बड़ी समस्या भी है जिसे सुलझाना चाहते हैं।

इसमें कोई सन्देह नहीं कि राज्य का गठन व्यक्ति ने और समाज ने अपनी सुरक्षा के लिए और अपने हित के लिए किया है, पर व्यवहार में ये सरकारें इतनी ताकतवर बन जाती हैं कि इनके सामने व्यक्ति और समाज दोनों बौने हो जाते हैं। ये भस्मासुर की तरह उसी को जला देने के लिए तैयार हो जाती हैं जिससे इन्हें जलाने की शक्ति प्राप्त हुई है। राजतन्त्र और तानाशाही व्यवस्थाओं में तो जनता को निरंकुश सत्ता की खौफनाक मुट्ठियों में बंद रहना ही पड़ता है, लोकतंत्री सरकारें भी कभी-कभी बहुत ताकतवर होकर स्वेच्छाचारी हो जाती हैं। फिर वे अपने असीम अधिकारों का निरंकुश प्रदर्शन करने लगती हैं। पिछले आपातकाल (26 जून 75 से 21 मार्च 77 तक) में भारत की लोकतंत्री सरकार ऐसी ही हो गयी थी। एक आदर्श लोकशाही में सरकार पर जनता का अंकुश बना रहना चाहिए। इसीलिए जयप्रकाश नारायण की यह बात कि जनता को अपने चुने हुए प्रतिनिधियों को वापस बुलाने का अधिकार है, बहुत महत्त्व रखती है। शासनसत्ता चाहे वह राजशाही हो या तानाशाही या लोकशाही—बिना विरोध के जनोन्मुख नहीं हो सकती। इसलिए हर शासन व्यवस्था में विरोध की न केवल जरूरत है बल्कि यह एक बुनियादी मूल्य भी है। लेकिन यह विरोध कौन करेगा ? जाहिर है यह विरोध जनता ही करेगी पर जनता एक तो असंगठित होती है और दूसरे समझदार नहीं होती। चीजों की जटिलता को उसे समझाना पड़ता है और साथ ही उसे असंगठित भी करना पड़ता है। पिछले (1977) चुनाव में भारत की जनता ने कांग्रेस को पराजित करने का जो ऐतिहासिक कार्य किया वह कदापि सम्भव नहीं था यदि विरोधी दलों के नेताओं ने आपात्काल के अत्याचारों से उसे अवगत कराकर संगठित न किया होता और इस कार्य में भारत के लेखकों-पत्रकारों-बुद्धिजीवियों ने योगदान न किया होता। बुद्धिजीवी या कहें कि लेखक और पत्रकार समाज

की आँख इसीलिए है कि वह चीजों को देख सकता है, समझ सकता है और विरोध कर सकता है। यह विरोध जिस आधार पर सम्भव है वह आधार न्याय, नैतिकता और विवेक का ही हो सकता है। यही लेखक के बुनियादी मूल्य हैं। इन मूल्यों के सामने राज्य द्वारा बनाये गये कानून बार-बार छोटे पड़ते हैं पर उन कानूनों के सामने ये मूल्य कभी छोटे नहीं पड़ते। यदि मूल्य बड़े हैं तो उनके सामने सरकारें अपने आप छोटी हो जाती हैं। ऐसा सोचना राज्य और कानून के प्रति विद्रोह नहीं है बल्कि उस नैतिक कसौटी को जिन्दा रखना है जिस पर कानून की परख सम्भव है। अन्ततः न्याय उसी मन में जिन्दा रह सकता है जिसमें यह सोचने की क्षमता है कि राज्य और कानून अन्याय-पूर्ण भी हो सकते हैं।

[1977]

राज्यसत्ता और साहित्यकार

सत्ता और साहित्यकार के सम्बन्धों को लेकर हमारे यहाँ समय-समय पर बहसें होती रही हैं और यदि कोई छानबीन करे तो अत्यन्त प्राचीनकाल से लेकर आज तक का इसका एक व्यवस्थित और दिलचस्प इतिहास मिल सकता है। हमारे देश का हजारों वर्षों का इतिहास साक्षी है कि राज्यसत्ता ने साहित्यकारों को पद, वृत्ति, पुरस्कार भी दिया है तथा उन्हें दंडित और तिरस्कृत भी किया है। साहित्यकारों ने भी सत्ता का समर्थन और विरोध दोनों किया है। मुझे यहाँ इसके इतिहास और विवरण में न जाकर राज्यसत्ता और साहित्यकार के रिश्ते की कुछ बुनियादी बातों पर विचार करना है जो बार-बार और अक्सर उठती रहती हैं। अभी 1983 में उत्तर प्रदेश हिन्दी संस्थान द्वारा महादेवी वर्मा को एक लाख का और नागार्जुन को पन्द्रह हजार का पुरस्कार दिया गया। पुरस्कार और भी लेखकों को दिए गए लेकिन पत्र-पत्रिकाओं में इन दो की चर्चा बहुत हुई और एक बार फिर राज्यसत्ता, साहित्यकार और पुरस्कार आदि को लेकर सवाल उठाए गए। यहाँ इस सन्दर्भ में एक बात कह देना प्रासंगिक होगा और वह यह कि लेखक क्योंकि शब्द के नैतिक उपयोग का दावा करता है अत: उसके लिए आवश्यक है कि अपने शब्द और अपने निजी कर्म के फासले पर निरन्तर आलोचनात्मक दृष्टि से गौर करता रहे। उसकी विश्वसनीयता के लिए जरूरी है कि उसके शब्द और कर्म विपरीति दिशाओं में, अलग-अलग कटे हुए न दिखाई दें। उपर्युक्त पुरस्कारों के सन्दर्भ में महादेवी वर्मा और नागार्जुन के नाम बार-बार इसीलिए उछाले गए। ये दोनों साहित्यकार सत्ता विरोधी स्वतंत्र साहित्यकार के रूप माने जाते रहे हैं। महादेवी जी ने आपात्काल की घोषणा के लिए इन्दिरा गांधी को निरंकुश सत्ता का प्रतीक कहा था और नागार्जुन अपनी कई कविताओं में इन्दिरा जी का नाम लेकर उनके प्रति आक्रोश व्यक्त कर चुके हैं। ये दोनों लेखक जब पुरस्कार ग्रहण करेंगे उसी व्यक्ति के हाथों तो जाहिर है इसकी चर्चा होगी ही।

राज्य और साहित्य में एक बुनियादी अन्तर है। राज्य का आधार है शक्ति और प्रभुत्व। साहित्य का आधार है मूल्य। जिस दिन मूल्यों की सत्ता स्थापित हो जायेगी उस दिन राज्य की सत्ता समाप्त हो जाएगी। न केवल तुलसी ने रामराज्य की कल्पना की है बल्कि मार्क्स ने भी राज्यविहीन समाज की कल्पना की है। राज्य मनुष्य की आवश्यकताओं को पूरा करता है, अमनचैन

और व्यवस्था कायम करता है। लेकिन कभी-कभी वह जनाकांक्षा के विपरीत आचरण भी करता है। अपने नागरिकों की स्वाधीनता को हड़पना भी चाहता है। ऐसी स्थिति में लेखक जनाकांक्षा के साथ होता है। वह नागरिक स्वतन्त्रता को हड़पने वाली सत्ता का विरोध करता है। उस सत्ता का विरोधी होता है जो मनुष्य को डीह्यूमनाइज करती है। अभिव्यक्ति की स्वतन्त्रता लेखक के लिए कीमती और बुनियादी महत्व की चीज है। अगर कोई सत्ता अपने विरोध की छूट नहीं देती तो जाहिर है वह अपनी गलत नीतियों का भी समर्थन चाहती है। तानाशाही सत्ता कभी अपने विरोध की छूट नहीं देती। साम्यवादी व्यवस्थाओं में भी लेखक राज्य और पार्टी की नीतियों की आलोचना नहीं कर सकता। स्तालिनकालीन रूस में यही हुआ। इन दोनों व्यवस्थाओं में कड़ा सेंसर होता है। स्तालिन के जीवन काल में उसके अत्याचारों का समर्थन स्वयं ख्रुश्चेव भी करते रहे जो बाद में उसके विरोधी हुए और बाद में जो लोग ख्रुश्चेव के समर्थक हुए वे स्तालिन काल में स्तालिन के भी समर्थक रहे। राज्य और पार्टी के सामने व्यक्ति को इतना दयनीय और विगलित नहीं होना चाहिए। वस्तुतः किसी भी शासन व्यवस्था को इस बात पर गर्व होना चाहिए कि उस देश में स्वयं उसकी भी आलोचना करने वाले स्वतन्त्र, विवेकसम्पन्न व्यक्ति या लेखक हैं। लेकिन यह आदर्श स्थिति संभव नहीं हो पाती। लोकतन्त्री व्यवस्थाओं में भी नहीं। अमेरिका में भी कितने लेखकों को दमन का शिकार होना पड़ा। भारत में भी आपातकाल में यही हुआ। क्योंकि लेखक मूल्यों की दुनिया का प्राणी होता है, मूल्यों के प्रति सचेत करता है और वैचारिक स्वतन्त्रता का पक्षपाती होता है अतः हर युग में और हर व्यवस्था में उसको घेरने-बाँधने की कोशिशें होती हैं। मूल्यहीनता का व्यावहारिक तन्त्र उसे प्रतिबन्धित करना चाहता है। यह स्थिति किसी भी समाज के लिए बड़ी खतरनाक और आत्मघाती है। श्री नरेश मेहता ने सही लिखा है, "यदि समाज और साहित्य के क्षेत्रों में ऐसी ही निष्क्रियता, उदासीनता और असंगता की स्थिति बनी रही तो लेखक तो समाप्त हो ही जाएगा परन्तु समाज को यह याद रखना होगा कि लेखक की अनुपस्थिति में व्यवस्थापरक धर्म और राजनीति उसे बचा नहीं सकते। काव्य या साहित्य की इस गत्यात्मक प्रकृति को समाज को समझना ही पड़ेगा कि रावण को भले ही राम पराजित या समाप्त कर दें परन्तु उनमें रावणत्व को समाप्त करने की क्षमता नहीं थी। यह काल उल्लंघन की क्रिया तो स्रष्टा बाल्मीकि के द्वारा ही संभव हो सकी। राम या श्रीकृष्ण स्रष्टा नहीं हैं, क्रिया हैं, भले ही महाक्रिया हों। आचरण और देश के सम्बन्ध में राम या श्रीकृष्ण गत्यात्मक व्यक्तित्व हो सकते हैं परन्तु मूल्य और काल के सन्दर्भ में रामत्व या कृष्णत्व का अभिधान स्रष्टा बाल्मीकि या वेदव्यास ही कर सकते हैं। इसीलिए किसी भी समाज के लिए

काव्य या साहित्य, व्यवस्थापरक धर्म और राज्य से भी अधिक महत्वपूर्ण और मूल्यवान हुआ करते हैं।"[1]

आज एक स्वतन्त्र स्वाभिमानी लेखक के सामने एक बड़ी चुनौती है। सत्ता अपने विविध रूपों में हमारे सामने है। वह अपने प्रभाव का विस्तार करना चाहती है। अपनी महत्वाकांक्षा, निरंकुशता और क्रूरता को छिपाना चाहती है। यह सत्ता जब साहित्य, कला और संस्कृति पर भी कब्जा करने लगती है तो यह उन सचेत प्रहरियों को भी अपना अंग बना लेना चाहती है जो समाज को विवेक की आँख दे सकते हैं, विरोध की प्रेरणा दे सकते हैं। सत्ता के पास तमाम प्रलोभन हैं—राज्यसभा की सदस्यता, कमेटियों की मेम्बरी, विदेश यात्रा की सुविधाएँ, पुरस्कार, नौकरी, पुस्तकों की खरीद आदि। कभी-कभी तो इनका प्रदर्शन करके स्वाभिमानी रचनाकारों को विचित्र ढंग से ललचाया जाता है। वैसे अधिकांश लेखकों को खरीदने की जरूरत ही नहीं पड़ती। वे स्वयं बिकने के लिए पीछे-पीछे दौड़ते हैं। नेताओं के अभिनन्दन ग्रंथ लिखना, उनके भाषण तैयार करना, पद-पुरस्कार और अन्य सुविधाओं के लिए चक्कर लगाते रहना उनके व्यक्तित्व का हिस्सा है। एक बार बिक जाने के बाद लेखक का तेवर ठंडा हो जाता है। वह जो सम्मान प्राप्त करता है उसके बदले अपनी वाक्शक्ति को गिरवी रख देता है। शासन द्वारा सुरक्षा पाकर या बेहतर सुविधाएँ प्राप्त कर कोई लेखक अच्छा लिखने लगेगा, यह बात सच नहीं है। पाया यह गया है कि भौतिक विपन्नता में भी अच्छी रचनाएँ हुई हैं और भौतिक सम्पन्नता में भी खराब। भौतिक सम्पन्नता उच्चतर मूल्यों के लिए साधन है। ध्यान रहे कि साधन हमेशा साधन ही रहे, साध्य न बनने पाये। पद, प्रतिष्ठा, पुरस्कार—ये सभी साधन हैं। लेखक का साध्य इनसे बड़ा है। ये सभी लेखक को एक सीमा के आगे भ्रष्ट कर सकते हैं, उसकी सर्जनात्मक क्षमता को कुण्ठित कर सकते हैं। भारतीय साहित्यकार की मजबूरी यह है कि उसके लिए स्वतंत्र लेखन को अपनी जीविका बनाकर जिन्दा रहना कठिन है। भारतीय समाज निर्धन, अशिक्षित और हजारों वर्ष की गुलामी के कारण एक हीनताग्रस्त समाज है। वह पद और पैसे को सबसे ज्यादा महत्व देता है। बुद्धिजीवी, कलाकार वर्ग क्योंकि निर्धन है अतः भारतीय समाज में उपेक्षित भी। अपनी जीविका और प्रतिष्ठा के लिए भारतीय लेखक को राज्य या पूंजीवादी संस्थानों की नौकरियाँ ढूंढ़नी पड़ती हैं। जीविका के लिए तो इस स्थिति को स्वीकार करना ही पड़ेगा लेकिन जरूरी नहीं कि इसके बदले अपने को बेचे भी। लेखक के सामने अपना पक्ष हमेशा स्पष्ट रहना चाहिए अर्थात् नैतिकता और न्याय का पक्ष।

राज्यसत्ता के साथ साहित्यकार का क्या सम्बन्ध हो, क्या रवैया हो उसका सरकारों के प्रति, इसके बारे में कोई सीधा सरल नुस्खा नहीं बनाया जा सकता,

साहित्यकार को अपने विवेक से छानबीन कर, वस्तुपरक दृष्टि और तर्क के आधार पर पूरी तरह परखकर सरकारों के प्रति अपना आचरण निश्चित करना पड़ेगा। वरना राजनीति में तो अवसरवादी, पाखंडी भरे ही पड़े हैं। साहित्यकार भी उन्हीं में से एक हो जायेगा। राजनीति में जिस तरह पद और पैसे के लिए पतन हुआ है यदि साहित्य में भी वही हुआ तो फिर मूल्यों के लिए उदाहरण भी नहीं मिलेंगे। कुछ लेखक हमेशा राज्यसत्ता से चिपके होते हैं। वे समर्थन में लिखते और लाभ लेते हैं। यह एक अतिवाद है। कुछ लेखक हमेशा सत्ता का विरोध ही करते हैं। यह दूसरा अतिवाद है। कुछ लेखक राज्यसत्ता से उदासीन रहना चाहते हैं, उससे कोई सरोकार ही नहीं रखना चाहते। यह तीसरा अतिवाद है। वस्तुतः इन तीनों अतिवादों से बचकर ही लेखक को राज्यसत्ता के साथ अपना सरोकार निश्चित करना पड़ेगा। राज्य के पुरस्कार लिए जा सकते हैं क्योंकि पुरस्कार का पैसा भी जनता का ही पैसा है। लेकिन पुरस्कारों का जनतांत्रिकीकरण होना चाहिए। उसे दान या एहसान के रूप में नहीं बल्कि लेखक के अधिकार के रूप में प्राप्त होना चाहिए। लेखक को सम्मानित करने और अपने कर्तव्य-पालन के भाव से जब राज्य पुरस्कार दे तभी उसकी सार्थकता है। जब यह पता चले कि राज्य द्वारा दिया जाने वाला पुरस्कार साहित्यकार को समाज का प्रवक्ता समझ कर, उसकी संघर्षशील चेतना को स्वीकार कर, उसके प्रति आदर और विनय भाव से दिया जा रहा है। यदि ऐसा स्वीकार कर कोई सरकार पुरस्कार देती है तो वह खुद मनुष्य की समता, स्वतंत्रता और सामाजिक न्याय को स्वीकार देकर करने वाली होती है। यदि पुरस्कार देने वाला पुरस्कार देकर कोई अन्य राजनीतिक लाभ उठा रहा हो, यदि पुरस्कार इसलिए दिया जा रहा हो कि उस लेखक की क्रान्ति चेतना को खरीदना है या उसकी सरकार विरोधी छवि को धूमिल करना है या उसे पुरस्कार देकर जनता में अपनी छवि सुधारनी है तो लेखक को वह पुरस्कार नहीं लेना चाहिए। पुरस्कार यदि किसी कृति को मिलता हो तो उसे लेने में कोई हर्ज नहीं लेकिन यदि कृति से ज्यादा महत्व कृतिकार को दिया जाता है तब जाहिर है सत्ता उससे कोई राजनीतिक लाभ लेना चाहती है। यहाँ यह भी ध्यान रखने की बात है कि यदि राज्यसत्ता जन विरोधी रवैया अपना रही है, अपने नागरिकों का शोषण कर रही है और दूसरी ओर लेखकों में पुरस्कार भी बाँट रही है तो ऐसी सत्ता उन लेखकों का अभिनन्दन नहीं बल्कि अपमान कर रही है। ऐसी सत्ता के हाथों लेखक को पुरस्कार नहीं लेना चाहिए। राज्यसत्ता ही नहीं यदि कोई पूंजीवादी संस्थान या व्यक्ति भी पुरस्कार देता है तो उसके प्रति लेखक का यही सलूक होना चाहिए। लेखक को देखना होगा कि जो पुरस्कार दे रहा है उसकी लोक में छवि क्या है ? उसके कर्म लोक विरोधी तो नहीं हैं ? पुरस्कार तो

तानाशाह भी देता है और शोषक भी । तो क्या वह लेखक द्वारा ग्रहण योग्य है ?

लेखक का सम्बन्ध सत्ता से नहीं, अपने चारों ओर के विराट जीवन से होता है । वहीं से वह अपनी रचनात्मक खुराक ग्रहण करता है । उसको शक्ति अपने रचनात्मक कर्म से ही प्राप्त होती है सत्ता से नहीं । एक नहीं सैंकड़ों उदाहरण हैं हमारे इतिहास में इसके । संस्कृत के प्रसिद्ध कवि कालिदास भी कभी सत्ता में थे । कहा जाता है कि मातृगुप्त नाम से उन्हें कश्मीर का शासक बनाया गया था । लेकिन उनके कवि-मन को वह पद छोड़ना पड़ा । मोहन राकेश ने अपने नाटक 'आषाढ़ का एक दिन' में कालिदास को लेकर लेखक और राज्यसत्ता के द्वन्द्व को बड़े मार्मिक ढंग से चित्रित किया है। अब्दुर्रहीम खानखाना अकबर-जहाँगीर काल में जागीर और तमाम शाही उपाधियों से विभूषित थे। लेकिन उनके साफ सत्ता ने क्या सलूक किया ? जहाँगीर ने उनकी जागीर और सारी उपाधियाँ छीन लीं । उनके बेटे का सर कटवाकर तोहफे के रूप में उनके पास भेज दिया । आज कालिदास को या रहीम को लोग याद करते हैं और जानते हैं तो उनकी रचनाओं के कारण, न कि उनकी शाही उपाधियों के कारण । यह तो कोई जानता भी नहीं कि ये दोनों शासक या सत्ता के अंग थे । हिन्दी के मध्यकालीन सन्त-भक्त कवियों ने तो राज्यसत्ता की एकदम उपेक्षा कर दी । ऐसे इग्नोर कर दिया जैसे उनके लिए राज्यसत्ता का वजूद ही न हो । इसीलिए सत्ता ने भी उनकी उपेक्षा की । लेकिन सत्ता की उपेक्षा का कोई असर नहीं पड़ा इन सन्त-भक्त कवियों पर । तुलसी का नाम 'आईने अकबरी' में या अकबरकालीन किसी शासकीय रिकार्ड में नहीं है लेकिन फिर भी बाद का एक प्रसिद्ध इतिहासकार उन्हें 'अपने समय का महानतम व्यक्ति' घोषित करता है । इतना ही नहीं । वह उन्हें 'अकबर से भी महान' कहता है । वह इतिहासकार है विण्सेण्ट स्मिथ, उसी के शब्दों में, "फारसी के अधिकांश छन्दकारों की तुच्छता और अशुद्धता से एक महान हिन्दू की सशक्त शुद्ध रचनाओं की ओर अभिमुख होने से बड़ा सुख प्राप्त होता है—वह जो मध्यकालीन काव्यकला के जादुई उद्यान का सबसे ऊँचा वृक्ष था । उसका नाम आईन-ए-अकबरी में, अथवा किसी मुसलमान इतिहासकार के पृष्ठों में अथवा फारसी इतिहासकारों के विवरणों पर आधारित यूरोपीय लेखकों की पुस्तकों में नहीं मिलेगा । तथापि वह हिन्दू अपने युग का भारत में महानतम व्यक्ति था—स्वयं अकबर से महत्तर, इसलिए कि कवि द्वारा लाखों नर-नारियों के हृदयों और मस्तिष्कों पर प्राप्त की गई विजय अकबर द्वारा युद्ध में प्राप्त की गई किसी भी विजय अथवा समस्त विजयों से कहीं अधिक स्थायी और महत्वपूर्ण थी ।"[2] [1984]

सन्दर्भ

1. जनधर्म (सारस्वत सम्मान अंक), 27, फरवरी-4 मार्च '84
2. महान मुगल अकबर : विण्सेण्ट ए० स्मिथ ।

प्रासंगिकता की प्रासंगिकता

पिछले कुछ वर्षों में 'प्रासंगिकता' की इतनी चर्चा हुई है कि अब प्रासंगिकता की ही प्रासंगिकता पर विचार करना आवश्यक लगने लगा है। हिन्दी में मानस चतुश्ती आयोजनों (1974) के बाद प्रासंगिकता की यह चर्चा प्रायः लगातार होती रही है। तुलसी की प्रासंगिकता, सूर, कबीर की प्रासंगिकता, जायसी की प्रासंगिकता, प्रेमचन्द की प्रासंगिकता और अब आचार्य शुक्ल की प्रासंगिकता आदि। समझ में नहीं आता, आज के लेखक में पुराने लेखकों को प्रासंगिक सिद्ध करने की इतनी हड़बड़ी क्यों है? क्या पुराने लेखकों को प्रासंगिक सिद्ध करके वह अपना पलड़ा भारी करना चाहता है ? क्या उन्हें अपने पक्ष में खींचकर अपने को ज्यादा प्रासंगिक सिद्ध करना चाहता है ?

विचारणीय है कि यह 'प्रासंगिकता' क्या है ? क्या प्रासंगिक वह है जो आज के लिए अर्थात् हमारे वर्तमान के लिए उपयोगी है ? क्या प्रासंगिक वह है जो हमारी विचारधारा के अनुकूल है ? यानी क्या किसी कृति के प्रासंगिक होने के लिए जरूरी है कि उसमें एक खास विचारधारा हो, एक विशेष प्रकार की उपयोगिता हो और वह हमारे वर्तमान के अनुकूल हो ? और इन सबके ऊपर एक प्रश्न यह भी कि क्या 'प्रासंगिकता' किसी कृति को जांचने की एक कसौटी है ?

प्रासंगिकता की तलाश करने वाले आज के हमारे लेखक अपने युग की परिस्थितियों के सन्दर्भ में, अपनी विचारधारा के सन्दर्भ में और एक स्थूल उपयोगितावादी दृष्टि के सन्दर्भ में किसी पुरानी कृति या किसी पुराने लेखक की प्रासंगिकता साबित करते हैं। लेकिन सवाल यह है कि यदि कोई कृति इन कसौटियों पर खरी नहीं उतरती तो क्या वह अप्रासंगिक हो जाती है ? वस्तुतः इस प्रकार की प्रासंगिकता पर आवश्यकता से अधिक जोर देना अपने लिए तात्कालिक उपयोगिता पा लेने का बचकानी लोभ है। बहुत अधिक आग्रह करेंगे इसका तो फिर हमारे लिए वाल्मीकि, व्यास, कालिदास, सूर, तुलसी, जायसी, शेक्सपियर, टालस्टाय सब अप्रासंगिक हो जाएंगे। होते ही जा रहे हैं इस प्रकार के तर्क वालों के लिए। बहुत से देश गुलाम होते हैं। उन देशों के रचनाकार गुलामी के विरोध में लिखते हैं। उन देशों के आजाद हो जाने के

बाद क्या वे रचनाएँ निरर्थक हो जाती हैं ? प्रेमचन्द ने अपने समय के भारतीय समाज का अद्‌भुत चित्रण किया है। यदि उनके समय का समाज बदल जाए तो क्या उनका लेखन अप्रासंगिक हो जाएगा ? इस सन्दर्भ में निर्मल वर्मा ठीक कहते हैं कि प्रासंगिकता की कसौटी बाह्य सामाजिक परिस्थितियों में नहीं, कहीं अन्यत्र ढूढ़नी होगी। इस प्रश्न का उत्तर देना होगा कि कैसे एक कलाकृति नितान्त विभिन्न सामाजिक व्यवस्थाओं, अलग-अलग युगों की प्रतिकूल नैतिकताओं और विश्वासों के बावजूद और उनके बीच अपनी प्रासंगिकता कायम रख पाती है।[1] उदाहरण के लिए आज का पाठक पुष्टिमार्गी नहीं है, वह वल्लभाचार्य के दर्शन का ज्ञाता नहीं है, भागवत की कथा या कृष्ण की अलौकिकता में उसकी कोई दिलचस्पी नहीं है फिर भी सूर की कविता उसे क्यों अच्छी लगती है ? वस्तुतः वाह्य प्रकृति के रूप रंग और मनुष्य की अन्तःप्रकृति की गहराइयों को अगर कवि ने पहचाना है तो उसकी रचना पुरानी नहीं होती। पुरानी होकर भी नई और प्रासंगिक बनी रहती है। सूर की कविता में हम अपने प्रेमी को, अपनी प्रेमिका को, अपनी माँ को, अपने बच्चे को, अपनी संध्या को, सवेरे को, रातों को, ऋतुओं को उसी प्रकार पाते हैं जैसे सूर ने कभी पाया होगा। कविता में हम अपनी जिन्दगी को वापस पा जाएं और उसके पढ़ने के बाद हम कुछ और मनुष्य हो उठें, संवेदनशील हो जाँच, इससे बड़ी प्रासंगिकता किसी कविता या किसी रचना की क्या होगी ? कोई कलाकृति हमें कोई निश्चित समाधान या उत्तर या सत्य दे ही देगी, यह जरूरी नहीं है लेकिन वह हमारे भीतर अर्थ के खोज की एक प्रेरणा जरूर भरती है, एक रोशनी देती है, एक इशारा करती है। हमें तैयार करती है, हम एक दूसरी निगाह से चीज़ों को देखने लगते हैं। रचना की बुनियादी शर्त है उसका मानवीय होना क्योंकि तभी मनुष्य उसमें हिस्सा लेता है। मानव विरोधी लेकिन कभी प्रासंगिक नहीं होता। बहुत-सी ऐसी कृतियाँ होंगी जो तानाशाहों और बर्बरों के गुणगान में लिखी गई होंगी पर आज उनका कोई नामलेवा नहीं है।

कलाकृतियों के वारे में यह ध्यान रखना चाहिए कि कोई भी कलाकृति वह चाहे जितनी भी महान हो न तो अन्तिम रूप से सच होती है और न ही मनुष्य का अन्तिम सच बन सकती है। हर कृति किसी न किसी अर्थ में सीमित होती है एक देश और काल और विचार की सीमा में। वह अपनी इन सीमाओं का अतिक्रमण भी करती रहती है लेकिन उसे इन सीमाओं में देखना ज्यादा बेहतर और विवेकपूर्ण है। नामवर सिंह ने 'प्रासंगिकता का प्रमाद' शीर्षक अपने एक सम्पादकीय में इस बात पर दुख प्रकट किया है कि अतीत के हर बड़े लेखक को किसी न किसी तरह समकालीन बनाने की कोशिश में अतीत की अतीतता तो सुरक्षित नहीं ही रह पाती, वर्तमान की अपनी विशिष्टता भी लुप्त हो रही

है। इस प्रकार के फौरी प्रगतिवादी रणनीति से अतीत के प्राय: सभी महान लेखक एक रूप में दिखाई पड़ते हैं—यहाँ तक कि उनके चेहरे की निजी विशिष्टता भी खो जाती है। इस प्रक्रिया में प्राचीन कृति थोड़ी देर के लिए नितांत समकालीन भले हो जाए लेकिन उसकी अपनी ऐतिहासिकता और अस्मिता नष्ट हो जाती है।[2]

ऊपर यह कहा गया है कि हर कृति किसी न किसी अर्थ में सीमित होती है। लेकिन इसके आथ ही यह भी सच है कि हर कलाकृति एक अर्थ में अपने भीतर कुछ ऐसे मूल्यवान, शाश्वत और कालजयी तत्व छिपाये होती है जिनके कारण वह देश और काल की सीमाओं का अतिक्रमण कर जाती है। वास्तव में रचनाकार के जिस मन से रचना होती है वह केवल अपने काल में ही संचरण नहीं करता बल्कि भूत के अँधेरे में और भविष्य के धुंधलके में भी जाता है। इसीलिए कोई भी श्रेष्ठ रचना मात्र तात्कालिक नहीं होती। रचनाकार अपने ही मन की जिन निबिड़ गहराइयों में घुसता है वह मन प्रत्येक व्यक्ति का अलग-अलग होते हुए भी एक खास धरातल पर समूह मन होता है। प्रत्येक मनुष्य अलग है लेकिन उसकी बुनियादी चिन्ताएँ प्राय: एक हैं। इसीलिए रचनाकार की चिन्ता अपने समय के मनुष्य से या स्वयं अपने से बँधकर भी मात्र तात्कालिक या वैयक्तिक नहीं होती। और इसीलिए आगे आने वाले समय का मनुष्य भी उसमें अपने चेहरे को पा लेता है। यही कारण है कि बाल्मीकि, व्यास, कालिदास, कबीर, जायसी, सूर, तुलसी, शेक्सपीयर, टालस्टाय आदि की रचनाएँ हमारे लिए आज भी प्रासंगिक हैं। रचना देश और काल की व्याप्ति में एक छलाँग लगाती है। वह एक देश और एक काल की होकर भी केवल उसी देश और उसी काल की नहीं रह जाती। क्योंकि वह एक रचनाकार की गहनतम अनुभूतियों से पैदा होती है अत: अन्तर्चेतना के उस बिन्दु पर वह दूसरे मनुष्य को भी झंकृत करती है, दूसरे काल के मनुष्य को भी और दूसरे देश के मनुष्य को भी।

किसी रचना की प्रासंगिकता किसी स्थूल उपयोगितावादी दृष्टि से नहीं तय की जा सकती। सांकेतिकता और सूक्ष्मता रचना की मूलभूल विशेषताएँ होती हैं। कलाकृति का सच इतिहास के सच से भिन्न होता है। हो सकता है राम न हुए हों और तब हनुमान भी नहीं हुए होंगे लेकिन जो लोग रामचरित मानस या हनुमान चालीसा पढ़ते हुए भयानक हिंस्र जंगल पार कर जाते हैं उनके लिए राम और हनुमान दोनों सच हैं। यह आस्था का सच है। कलाकृति का सच भी ऐसा ही होता है। किसी रचना में हम जो उपयोगिता ढूढ़ते हैं वह क्या सबके लिए एक जैसी होगी ? क्या रचना पाठक के संस्कार और उसकी मन:स्थिति के अनुसार अलग-अलग समय में अलग-अलग असर नहीं छोड़ती ?

क्या रचना का असर इस बात पर भी मुनहसर नहीं करता कि किस प्रकार का पाठक अपने किस मनःलोक के साथ उसके पास जाता है ? क्या रचना इतनी एकायामी होती है कि उसका हर समय में हर पाठक पर एक ही असर पड़ता है ? क्या रचना का अर्थ अखबारी रपट की तरह तात्कालिक होता है ? और सबसे बड़ी बात यह कि कोई रचना यदि आज के लिए उपयोगी नहीं है तो वह आज के दो सौ साल या दो हजार साल बाद भी उपयोगी नहीं होगी, इसका निर्णय कैसे होगा ? स्थूल उपयोगिता में प्रासंगिकता ढूंढ़ने वाले पाठकों-आलोचकों को इस सम्बन्ध में भी विचार कर लेना चाहिए।

[1984]

सन्दर्भ

1. कला का जोखिम, पृ० 39
2. आलोचना-67, सम्पादकीय।

रचना और विचारधारा/जनवादी लेखन और मोरचे का सवाल

प्रत्येक लेखक की कोई न कोई विचारधारा होती है और प्रत्येक रचना में कोई न कोई विचार होता है। बिना विचार के न कोई लेखक हो सकता है और न ही कोई रचना हो सकती है। विचारधारा एक जीवनदृष्टि होती है जो सम्पूर्ण रचना-प्रक्रिया को प्रभावित-संचालित करती है। तो फिर 'रचना और विचारधारा' जैसा सवाल क्यों उठाया जाता है ? दरअसल यह सवाल मार्क्सवादी विचारधारा के लेखकों द्वारा उठाया जाता है और वे 'विचारधारा' की व्याख्या मार्क्स की शब्दावली में करते हैं। मार्क्सवादी विचारकों के अनुसार 'विचारधारा' एक वर्ग विशेष की राजनीति का पर्याय है। व्यक्ति की सम्पूर्ण चेतना का वर्गीय स्वरूप 'विचारधारा' है। वह वर्ग-दृष्टिकोण से अलग नहीं है। व्यक्ति अपनी वर्गीय भूमिका के आधार पर ही अपनी दृष्टि और अपना चिन्तन बनाता है। वह अपनी वर्गीय स्थिति से बँधा रहता है। किसी व्यक्ति के विचार उसकी सामाजिक स्थिति से बँधे होते हैं। अर्थात् कोई भी विचारक समाज में स्थित अपनी विशेष जगह से ही विचार करता है। वह भले ही बहुत ईमानदारी से किसी सिद्धान्त की स्थापना करे लेकिन अनजाने ही वह एक वर्ग के पक्ष में अपना सिद्धान्त बनाता है और उसी वर्ग के पक्ष में उसका उपयोग भी करता है। मार्क्सवादी लेखकों के अनुसार मार्क्सवादी विचारधारा ही सही विचारधारा है।

रचना और कला के क्षेत्र में मार्क्सवादी विचारकों की उपर्युक्त दृष्टि की सीमाएँ भी प्रकट हुई हैं। महान साहित्यकारों की कालजयी कृतियाँ उस वर्ग का अतिक्रमण करती हैं जिस वर्ग के लेखक द्वारा रची गई हैं। वे अपने युग का भी अतिक्रपण करती हैं। प्रागैतिहासिक काल की या सामन्ती युग की महान कलाकृतियाँ भी अपने युग का अतिक्रमण करती दिखाई पड़ती हैं। स्वयं कार्ल-मार्क्स बॉलज़ाक के बहुत बड़े प्रशंसक थे और उनकी कृतियाँ मार्क्स के लिए एक चुनौती थीं। लेनिन के लिए इसी प्रकार की चुनौती टालस्टाय की रचनाएँ थीं। आज भी इस प्रकार की तमाम रचनाएँ आलोचकों के सामने चुनौती की तरह हैं। लेखक अपनी वर्गीय स्थिति का अतिक्रमण नहीं कर सकता, यह सोचना, कम से कम रचनाकार के संदर्भ में पूरा सच नहीं है। रचनाकार एक संवेदन-

शील, कल्पनाशील, तार्किक और परकाय प्रवेश करने वाला प्राणी है। उसे इतना बद्ध मानना उसकी रचनात्मक क्षमता को ही अस्वीकार करना होगा। कल्पना और परकाय प्रवेश की शक्तियाँ रचनाकार की ऐसी शक्तियाँ हैं जो उसे विभिन्न युगों, स्थितियों और विभिन्न स्वभावों के चित्रण की अद्‌भुत सामर्थ्य देती हैं। महान रचनाकारों की तो बात ही और है, साधारण रचनाकार भी इसके उदाहरण प्रस्तुत करते दिखाई पड़ते हैं। 'रचना और विचारधारा' संबंधी मार्क्सवादी दृष्टि को बहुत आग्रह के साथ घटित करने पर तो ऐसे रचनाकारों को ढूंढ़ना भी मुश्किल हो जाएगा जो सर्वहारावर्ग के हों। सर्वहारा की असली क्रान्तिकारी दृष्टि तो तभी उभरेगी जब सर्वहारावर्ग के लेखक सामने आयें जबकि सचाई यह है कि हमारे अधिकांश लेखक मध्यवर्ग के हैं।

रचना और विचारधारा की चर्चा के प्रसंग में यह बात बराबर ध्यान में रहनी चाहिए कि रचनाकार के लिए रचनात्मक प्रतिभा और संवेदनशीलता प्राथमिक आवश्यकताएँ हैं। इनके बिना कोई भी लिखने वाला रचनाकार हो ही नहीं सकता। यदि लेखक संवेदनशील है और उसमें सर्जनात्मक क्षमता है तो वह ऐसी श्रेष्ठ कृतियाँ दे सकता है जो एक विशाल पाठक वर्ग को प्रेरित करें, जो ज्यादा यथार्थवादी हों उनकी तुलना में जिनके पास विचारधारा तो है लेकिन लेखकीय सर्जनात्मकता और संवेदनशीलता नहीं है। प्रेमचन्द और निराला इसके उदाहरण हैं। इन दोनों लेखकों की तुलना किसी भी कट्टर सिद्धान्तवादी लेखक से, उदाहरणार्थ हंसराज रहबर या भैरवप्रसाद गुप्त जैसे लेखकों से की जा सकती है। प्रेमचन्द और निराला अपनी सहज संवेदना के बल पर जहाँ पहुँच जाते हैं वहाँ कोरी विचारधारा के द्वारा नहीं पहुँचा जा सकता। ये लेखक ज्यादा प्रगतिशील और यथार्थवादी हैं बनिस्बत 'विचारधारा', 'विचारधारा' चिल्लाने वाले लेखकों से। यहाँ लेखक की ईमानदारी काम करती है। यदि लेखक ईमानदार है, समता और सामाजिक न्याय को भीतर से स्वीकार तथा महसूस करता है, सहृदय और संवेदनशील है तो वह मार्क्सवादी विचारधारा से सम्बद्ध न होते हुए भी मूल्यवान यथार्थवादी रचनाओं की सृष्टि कर सकता है जैसे बाल्जाक और तोलस्तोय ने किए। इसके विपरीत मार्क्सवादी विचारधारा से प्रतिबद्ध होने के बावजूद यदि लेखक भीतर से अवसरवादी और भ्रष्ट है तो किसी समर्थ रचना को जन्म नहीं दे सकता। तो लेखक का संस्कार (रहस्यमय अर्थ में नहीं), उसकी रचनात्मक चेतना बहुत महत्त्वपूर्ण होती है।

यह बात बार-बार कही गई है कि 'विचारधारा' रचना नहीं होती न विचार से रचना बनती है। तो फिर वह कौन-सी शक्ति है जो विचार को रचना बनाती है। निश्चय ही वह लेखक की सृजन-शक्ति है। इस सृजन-शक्ति में ही अनुभव की क्षमता है जो तीव्र प्रभाव पैदा करती है। कुछ लोग अपनी विचार-

धारा के फार्मूले से भी रचना बना लेते हैं और ऐसी रचनाओं को उनकी विचारधारा के आलोचक सिर पर भी चढ़ा लेते हैं। इस प्रकार की पक्षधरता से रचना का बहुत नुकसान हुआ है और आलोचना में भी बेईमानी बढ़ी है। विचारधारा का अति आग्रह पार्टी-राजनीति को प्रमुखता देने लगता है। फिर होता यह है कि साहित्यिक आलोचना का सन्तुलन ही ध्वस्त हो जाता है। एक ही लेखक को एक वर्ग महान कहता है और दूसरा दो कौड़ी का। इतना ही नहीं कुछ लोगों की दृष्टि में जो लेखक महान था वही जब दल बदल देता है तो उन्हीं लोगों की दृष्टि में घटिया माना जाने लगता है। सार्त्र को ही महान और पतनोन्मुख दोनों कहा गया। हिन्दी में निर्मल वर्मा के साथ यही हुआ।

रचना और विचारधारा के सन्दर्भ में यह बात भी स्पष्ट रहनी चाहिए कि रचना में जो विचारधारा आती है वह विशिष्ट होकर आती है—एक निश्चित कलात्मक संगठन के भीतर आती है। रचना में वह निर्जीव और वक्तव्य न रहकर सजीव और बिम्बधर्मी हो जाती है। वह उपदेशवादी, घटिया और प्रभावहीन नहीं होती बल्कि बारीक सूक्ष्म और सांकेतिक होती है। इस सम्बन्ध में माओत्से तुंग कहते हैं, "वे कलाकृतियाँ जिनमें कलात्मक प्रक्रिया का अभाव होता है बिल्कुल शक्तिहीन होती हैं, चाहे वे राजनीतिक दृष्टि से कितनी ही प्रगतिशील क्यों न हों। इसलिए हम ऐसी कलाकृतियों के सृजन का जिनका राजनीतिक दृष्टिकोण गलत होता है तथा पोस्टरबाजी व नारेबाजी जैसी शैली वाली उन कलाकृतियों के सृजन का जिनका राजनीतिक दृष्टिकोण तो सही होता है, लेकिन जिनमें कलात्मकता का अभाव होता है, दोनों ही प्रवृत्तियों का विरोध करते हैं।"[1] रचना और विचारधारा के सन्दर्भ में एक और बात पर लेखक को ध्यान रखना होगा कि वह एक विशिष्ट देश की जमीन और जातीय चेतना के सन्दर्भ में विचार कर रहा है। इसको उसे भूलना नहीं होगा बल्कि इसके परिप्रेक्ष्य में अपनी विचारधारा निर्मित करनी पड़ेगी। 'विचार करने' का अर्थ अपने और मनुष्यता के संचित विवेक के प्रकाश में विचार करना है। इसी विवेक के प्रकाश में अपने चारों ओर के यथार्थ को कला का जामा पहनाना है। यह विवेक-दृष्टि वैज्ञानिक-तार्किक दृष्टि होगी। यदि 'विचार करने' का यह अर्थ नहीं लिया जायेगा तो इस भयावह यान्त्रिक युग में तानाशाही शक्तियाँ आदमी को उसकी विचारशक्ति से शून्य कर देंगी।

रचनाकार की विचारधारा, कुछ एक अपवादों को छोड़कर, हमेशा प्रगतिशील होती है। वह अपने समय के सबसे प्रगतिशील वर्ग का पक्षधर होता है। वह उच्चतर मूल्यों की हिमायत करता है, नैतिक आदर्शों की स्थापना की कोशिश करता है। समता और सामाजिक न्याय में विश्वास करता है। यह मानववादी दृष्टि हर बड़े लेखक में पाई जाती है। तोलस्तोय की दृष्टि यही थी। लेनिन

उनके बहुत बड़े प्रशंसक थे। इतिहास के भिन्न-भिन्न दौर में प्रगतिशीलता की परिभाषा और कसौटी भी भिन्न-भिन्न हुआ करती है। लेकिन इतना सही है कि हर युग में प्रगतिशील दृष्टि एक ओर तो व्यापक जन के पक्ष में होती है और दूसरी ओर न्यायोचित विवेक के पक्ष में। इसी को तुलसी ने कहा है— 'कहब लोकमत साधु मत।' रचनाकार 'लोकमत' और 'साधुमत' दोनों को स्वीकार कर अपनी दृष्टि निर्मित करता है। शेक्सपीयर और तुलसीदास भी प्रगतिशील थे, यदि उनके समय पर विचार किया जाये। हजारीप्रसाद द्विवेदी या उनके जैसे अन्य लेखक जब 'मनुष्य' शब्द का इस्तेमाल करते हैं तो उस 'मनुष्य' का मतलब 'शोषक मनुष्य' नहीं है। उसका मतलब उसी मनुष्य से है जिसका पक्ष लिया जाना चाहिए। रचना कर्म से सरोकार रखने वाला हर व्यक्ति जानता है कि रचना के विशेष क्षणों में रचनाकार अनेक पूर्वग्रहों, रूढ़ियों और संकीर्णताओं से मुक्त होता है। इन क्षणों में वह चीजों पर अत्यंत मानवीय, उदार, संवेदनशील दृष्टि से विचार करता है। उसकी हर रचना को एक पूर्वग्रह मान लेना—एक गलत विचारधारा का प्रतिफल मान लेना उपयुक्त नहीं है।

यदि दृष्टि बहुत संकीर्ण होगी तो रचना और आलोचना दोनों का अर्थ और मूल्य नष्ट हो जायेगा। ऐसी हालत में रचनाकार की दृष्टि केवल आर्थिक शोषण तक सीमित हो जायेगी और उसकी रचनात्मक संवेदना एवं बँधे हुए रूप में व्यक्त होगी। वह अन्याय और उत्पीड़न के विविध रूपों से अपनी आँख मूंद लेगा। जीवन के वैविध्यपूर्ण, अनेकायामी रूप से उसका रिश्ता टूट जायेगा। यही स्थिति आलोचक की होगी। वह श्रेष्ठ मानववादी साहित्य को भी खारिज करने लगेगा। उसके लिए 'लोक मंगल' पर्याप्त नहीं होगा और वह तुलसी जैसे महान रचनाकार को भी दो कौड़ी का मानने लगेगा। साहित्य को जाँचने का उसका पैमाना इतना छोटा हो जायेगा कि वह रचना की ऊँचाइयों तक पहुँच ही नहीं पायेगा। वह हर रचना को अपनी बँधी हुई विचारधारा की आँख से देखेगा। कला केवल कथा भर नहीं होती। उसका मूल्य केवल उसकी विचारधारा तक सीमित कर देना उसे एकायामी, सपाट और क्षणभंगुर बना देना है। कला के क्षेत्र में विचारधारा या आईडियोलोजी का क्या और कितना महत्व होना चाहिए, इस पर आलोचक को पुनर्विचार करने की जरूरत है। मार्क्सवादी आलोचक डॉ० रामविलास शर्मा ने अपने कई निबन्धों में बार-बार कहा है कि रचना केवल विचारधारा नहीं होती। उसमें ऐन्द्रियबोध और भावबोध भी होता है। विचारधारा के प्रति एक विवेकशील दृष्टि बहुत जरूरी है। उसे जड़मतवाद के रूप में नहीं बल्कि गतिशील जीवन-दर्शन के रूप में ग्रहण किया जाना चाहिए ताकि चिन्तन और सर्जना को नये आयाम मिल सकें। इस संदभ

में अमृतराय दो अत्यन्त महत्त्वपूर्ण वैचारिक संघर्षों का उद्धरण देते हैं—एक अर्न्स्ट ब्लोश का जार्ज लूकाच से और दूसरा महान नाटककार ब्रेस्ट का लूकाच से। यह सारा प्रसंग[2] बहुत ही महत्त्वपूर्ण और विचारणीय है जिसे विस्तार भय के कारण यहाँ पूरा उद्धृत नहीं किया जा रहा है। संक्षेप में, अर्न्स्ट ब्लोश अपने समकालीन साहित्यिक आन्दोलन अभिव्यंजनावाद (एक्सप्रेशनिज्म) का समर्थन करता है जबकि लूकाच उसके विरुद्ध आक्रामक रवैया अख्तियार करता है। रॉनल्ड टेलर के अनुसार' "लूकाच की सामान्य रीति यह थी कि वह अपनी दृष्टि से आलोच्य कृतियों के वैचारिक आधार का एक ढाँचा या ठप्पा बना लेता था और फिर अपनी राजनीतिक-वैचारिक मान्यताओं के आलोक में, उन सब कृतियों पर सामूहिक रूप से विचार करता था।" इसी दृष्टि के कारण वह काफ्का और ज्वायेस और बेकेट जैसे बीसवीं सदी के महान साहित्यकारों, शगाल और कान्दिन्स्की और क्ली जैसे चित्रकारों तथा शोएनबर्ग जैसे संगीतकार के साथ भी न्याय नहीं कर पाता। लूकाच सब यथार्थवादी लेखकों को बाल्जाक और तालस्ताय की कसौटी पर कसना चाहता है। जो उनका अनुकरण नहीं करता वह उसकी दृष्टि में भटका हुआ है। इसीलिए लूकाच का लेखक टॉमस मान है जो बाल्जाक और टॉलस्टॉय के रंग में लिखता है, काफ्का या ज्वायेस नहीं जो बिलकुल अलग पड़ते हैं। पर उसी ज्वायेस के बारे में जिसे कुछ मार्क्सवादियों द्वारा रूपवादी कहकर अस्वीकार किया गया, ब्रेष्ट बहुत अच्छी धारणा रखता है। इस प्रसंग में ब्रेष्ट 'रूपवाद' और 'यथार्थवाद' के सम्बन्ध में अपनी अत्यन्त संतुलित, उदार और स्पष्ट दृष्टि व्यक्त करता है। इस सारे प्रसंग को विस्तार से उद्धृत करने के बाद अपनी टिप्पणी देते हुए अमृतराय लिखते हैं, "इन सब बातों से वही एक मोटी बात रेखांकित होती है जिसकी हम अभी चर्चा कर आये हैं, कि यथार्थवादी लेखन को किसी शैली विशेष से बाँधना उचित नहीं। यह मानना ही होगा कि लेखक अपनी बात को अधिक से अधिक सजीव, अधिक से अधिक चित्रमय, अधिक से अधिक प्रभावी रूप से कहने के लिए कोई भी शैली, कुछ भी शिल्प अपनाने के लिए मुक्त है। लेखक की इस स्वाधीनता को स्वीकार किये बिना, मैं समझता हूँ, कोई मौलिक सृजन सम्भव ही नहीं क्योंकि मेरे देखने में सृजन क्रिया की यह एक बड़ी मोटी सी बात है, जिसे आलोचक अगर वह स्वयं भी सर्जनात्मक साहित्य शिल्पी नहीं है तो अकसर अनदेखा कर जाता है, कि लेखक जब अपने मन की निगूढ़तम बात को ठीक-ठीक वाणी देने के लिए, रूप देने के लिए अपने भीतर के महासमुद्र में डुबकी लगाता है तब उसे वहाँ पर जाने कब किस पुराकाल से जमा होता हुआ एक निरन्तर वर्द्धमान रत्नकोष मिलता है। जो-जो कुछ उसने पढ़ा है, या कभी किसी घटना विशेष के प्रसंग में गहराई से सोचा है, या देखा है, या

सुना है, अनुभव किया है, उस सब में जितना जो मूल्यवान है वह सभी कुछ अपने सार मर्म में वहाँ उस रत्नकोष में संचित होता रहता है। वही लेखक का रचनाकोष है जिसके भीतर से छनकर उसकी रचना को वाणी मिलती है, रूप मिलता है। श्लोश और ब्रेष्ट दोनों लेखक-कलाकार की इसी अभिव्यक्ति की स्वतन्त्रता को मुखरित करते हैं।"[3]

इधर पत्र-पत्रिकाओं में 'जनवादी लेखन' और 'जनवादी मोरचा' को लेकर काफी लिखा जा रहा है। जनवादी लेखन की समस्याओं पर बार-बार बहसें आयोजित हो रही हैं। 'प्रगतिशील लेखक संघ' और 'जनवादी लेखक संघ' नाम से अलग-अलग लेखकों के संगठन भी बन रहे हैं। यह 'जनवादी लेखन या जनवादी साहित्य क्या है,' इस सम्बन्ध में अभी तक लेखकों में आपस में भी कोई सर्वमान्य धारणा नहीं निश्चित हो पाई है। क्या 'जनवादी साहित्य' प्रगतिशील साहित्य से कुछ अलग है? क्या जनवादी साहित्य जनवादी लेखक संगठन के साथ अचानक लिखा जाना शुरू हो गया है या इसका कोई पूर्व इतिहास भी है। 'जन' से इसका क्या संबंध है? क्या यह जनतन्त्र और लोकतन्त्र के मूल्यों से सम्बन्ध रखता है? इन सब प्रश्नों पर जनवादी लेखकों की अलग-अलग राय है। लेकिन अधिकांश जनवादी लेखक इस विचार से सहमत हैं कि जनवादी साहित्य को किसी विशेष राजनीतिक दल तक सीमित रखना उपयुक्त नहीं है। इसका सम्बन्ध व्यापक जनजीवन से है—जन की विविध समस्याओं से। अतः इन समस्याओं के बारे में जनहित की प्रगतिशील दृष्टि रखने वाले, जनसाधारण का पक्ष लेने वाले सभी लेखक चाहे वे अलग-अलग विचारों के क्यों न हों, जनवादी लेखक माने जायेंगे। इस प्रकार जनवाद के भीतर मार्क्सवादी और गैरमार्क्सवादी दोनों प्रकार के लेखक हैं। ये जन को दबाने वाली, उसका शोषण और उत्पीड़न करने वाली राज्यसत्ता और अधिनायकवादी ताकतों का विरोध करना चाहते हैं। ऐसे लेखकों का कहना है कि मार्क्सवाद में विश्वास न करते हुए भी कुछ लेखक ज्यादा ईमानदार हो सकते हैं और उनकी रचनाएँ जनता के ज्यादा काम की हो सकती हैं। ऐसा मानते हुए ये लेखक भारतेन्दु, प्रेमचन्द, निराला आदि के जनवादी मूल्यों को और जनवादी लेखन के इतिहास में उनकी विशिष्ट भूमिकाओं को स्वीकार करते हैं। ये उस साहित्य को भी जनवादी साहित्य मानते हैं जो भले सर्वहारा क्रान्ति के समर्थन में न लिखा गया हो लेकिन जो जनतान्त्रिक और लोकतान्त्रिक मूल्यों का पक्षधर हो। ये जनवादी साहित्य को संकीर्णतावाद से मुक्त कर उसकी सीमा रेखा को उदार बनाना चाहते हैं। जनवादी लेखकों में कुछ ऐसे भी हैं जो मानते हैं कि जनवादी क्रान्ति के लिए जनवादी लेखक को मार्क्सवादी विचारधारा से लैस होना जरूरी है। लेकिन जनवाद की यह परिभाषा मानने वाले लेखक फिलहाल कम हैं। अधिकांश

जनवादी लेखक इसी राय के हैं कि मार्क्सवादी और गैरमार्क्सवादी दोनों प्रकार के लेखकों का संयुक्त मोर्चा कायम करना चाहिए।

जहाँ तक लेखकों के संगठन की बात है यदि लेखक संगठित होकर अपनी भूमिका को अधिक कारगर बनाना चाहते हैं या जनता पर पड़ने वाले दबावों का प्रतिरोध करना चाहते हैं तो इसमें आपत्तिजनक कुछ नहीं है। हाँ, यह बात स्पष्ट रहनी चाहिए कि साहित्य की दुनिया में संख्या के आधार पर निर्णय नहीं हो सकता। साथ ही यह कि किसी संगठन को अपने लेखकों के लिए एक ही तरह की चीज लिखने का निर्देश नहीं जारी करना चाहिए अन्यथा लेखक वस्तुओं के उत्पादन का एक यान्त्रिक कारखाना बनकर रह जायेगा और उसका असर नहीं पड़ेगा। लेखक संघ बनाते समय इस बात पर भी ध्यान रखना आवश्यक है कि किन लेखकों को लेकर संगठन बनाया जा रहा है। दुनिया में बहुत महान उद्देश्य से बनाये गये सैकड़ों संगठन व्यक्तियों के कारण नष्ट हो गये। संगठन में व्यक्ति का महत्त्व भुलाया नहीं जा सकता। क्या अवसरवादी, व्यक्तिवादी और भ्रष्ट तत्वों को जुटा लेने से किसी संगठन का उद्देश्य पूरा होगा? जो लेखन कर्म को एक पवित्र कर्म नहीं मानता, जो मूल्यों में विश्वास नहीं करता, जिसके पास भाषा की शक्ति और जिसके भीतर लेखक की बुनियादी सहृदयता-संवेदनशीलता नहीं है उसके किसी लेखक संगठन में रहने का क्या अर्थ होगा? कुछ लोग व्यक्तिगत ईर्ष्याद्वेष वश किसी संगठन में शामिल हो जाते हैं या एक संगठन से दूसरे में चले जाते हैं। ऐसे लेखकों से संगठन का उद्देश्य पूरा नहीं हो सकता।

[1984]

सन्दर्भ

1. माओ की चुनी हुई कृतियाँ, भाग 3
2. विचारधारा और साहित्य : अमृतराय, पृ० 110 से 131
3. वही, पृ० 129

एक भारतीय दृष्टि की खोज

अपनी भागती शताब्दी के इस कोलाहल में 'भारतीयता' का उच्चारण करना अनेक सहयात्रियों को व्यर्थ लगेगा। कुछ इसे 'अतीत मोह' भी कह सकते हैं। कुछ को शायद यह संकीर्ण राष्ट्रीय, साम्प्रदायिक, पुनरुत्थानवादी या प्रतिक्रियावादी भी लगे। लेकिन ऐसे आरोपों के खतरे उठाये बिना अब 'भारतीयता' की चर्चा की भी नहीं जा सकती। एक तो भारतीय आदमी की स्मृति वैसे ही कमजोर होती है। दूसरे प्रभु देशों और पैसे वाले देशों के प्रचार तन्त्र ने उसे इतना हीनताग्रस्त या बेखबर या सम्मोहित कर दिया है कि अपनी सांस्कृतिक उपलब्धियों को पहचानना तो दूर, वह अपनी ही शिनाख्त कर पाने में असमर्थ है। क्या विडम्बना है कि भारतीय चिन्तन में सबसे अधिक जोर दिया गया है—आत्मरूप की पहचान पर ही। भारतीय परम्परा में ज्ञान का अर्थ ही माना गया है 'आत्मज्ञान'—'अन्तदीपो भव' (अपना प्रकाश स्वयं बनो) या अत्तानं किन्न गवेसेय्याथ' (अपने को क्यों नहीं ढूंढ़ते ?)।

भारतीयता की खोज का अर्थ भारत के गौरव का बखान नहीं है न भारत को दुनिया के अन्य देशों से श्रेष्ठ साबित करने का दुराग्रह है। बल्कि भारतीयता की खोज का अर्थ एक गहरा आत्मालोचन है—एक आत्मरूप की खोज। जाहिर है यह खोज न तो राष्ट्रीय दम्भ रखने वाला ऐसा संकीर्ण भारतीय कर सकता है जिसे भारतीयता में सब कुछ अच्छा दिखाई पड़ता है, न ऐसा तथाकथित आधुनिक बुद्धिजीवी जो भारतीयता को जाति और शोषण की बूर्जुआ विचारधारा का इतिहासमात्र मानता है।

एक भारतीय दृष्टि की खोज जैसे विषय पर विचार करते हुए स्वाभाविक रूप से यह प्रश्न भी उठता है कि क्या किसी देश और जाति के साहित्य की अपनी अलग विशिष्टता होती है ? क्या भौगोलिक परिवेश और सामाजिक परिस्थितियों से किसी अलग राष्ट्रीय और जातीय साहित्य का निर्माण होता है ? यह स्वीकार करने में संकोच नहीं होना चाहिए कि ऐसा होता है। रचना क्योंकि एक सांस्कृतिक कर्म है अतः एक संस्कृति के साथ उसका घनिष्ठ रिश्ता भी होता है। आज के युग में वैज्ञानिक आविष्कारों और संचार सुविधाओं के कारण दुनिया का एक देश दूसरे के बहुत करीब आ गया है। अनुवादों के माध्यम

से दुनिया भर की भाषाएँ एक दूसरे के निकट आ रही हैं। हम एक ऐसी विश्व संस्कृति की ओर बढ़ रहे हैं जहाँ किसी एक देश की संस्कृति की अलग से बात करना बहुत लोगों को अटपटा लग सकता है। लेकिन जैसे हर आदमी सामान्य और विशिष्ट दोनों होता है अर्थात् उसकी बुनियादी चिन्ताएँ एक होते हुए भी अलग-अलग होती हैं उसी प्रकार सारी दुनिया की संस्कृति एक होने की ओर बढ़ते हुए भी अपनी-अपनी अलग हैं।

इकबाल की प्रसिद्ध कविता 'सारे जहाँ से अच्छा हिन्दोस्तां हमारा' में एक पंक्ति आती है—'कुछ बात है कि हस्ती मिटती नहीं हमारी।' तो वह कौन सी बात है जिसके कारण हमारी हस्ती मिटती नहीं है, मिटी नहीं है। उस बात पर परत दर परत मिट्टी पाटने का काम अनेक शासक जातियों और संस्कृतियों के द्वारा हजार वर्षों से किया जाता रहा है। वह बात नई सभ्यता के अपार कोलाहल से अब दबती जा रही है। उस बात को मुखरित और रेखांकित करना आज के बुद्धिजीवी-लेखक का एक दायित्व हो सकता है।

भारतीय संस्कृति के धनात्मक और ऋणात्मक दोनों पक्ष हैं। प्रगतिशील और रूढ़िवादी दोनों धाराएँ हैं। रूढ़ियों को ही परम्परा मानकर या ऋणात्मक पक्ष को ही प्रतिनिधि पक्ष मानकर भारतीयता की निन्दा करने वालों की कमी नहीं है। लेकिन ऐसे लोगों को आधुनिक विज्ञान और राजनीति के युग के लिए भी एक मूल्यवान दृष्टि भारतीय परम्परा में मिल सकती है। उदाहरण के लिए भारतीय जीवन पर सबसे ज्यादा प्रभाव डालने वाली मान्यता पुनर्जन्म और कर्मफल की मान्यता है। अर्थात् यह कि मनुष्य को अपने कर्मों का फल भोगना पड़ता है। मुक्ति के पहले उसे अनेक जन्मों से गुजरना पड़ता है। उसका अन्तिम लक्ष्य इस जन्म-मरण के बन्धन से छुटकारा पाना है। इस मान्यता के फलस्वरूप भारतीय चिन्तन उस ज्ञान के प्रति उदासीन बनाता है जो मनुष्य को जन्म-मरण के चक्र से छुटकारा दिलाने में सहायक न हो। कर्मफल के सिद्धान्त को अनिवार्य मानने के कारण भारतीय मनुष्य भाग्यवादी हुआ है और उसकी विद्रोही चेतना कुण्ठित हुई है। वह अपनी खराब स्थिति का दोषी स्वयं को मानकर सन्तोष कर लेता है और लोक से ज्यादा महत्त्व परलोक को देने लगता है। लेकिन भारतीय वैदिक धर्म ऐसा नहीं है। उसमें गृहस्थ जीवन की प्रधानता है। वैदिक ऋषि अपने इसी जीवन को स्वस्थ-समृद्ध करने की प्रार्थना करता है। वाल्मीकि रामायण और महाभारत में भी लोक को पर्याप्त महत्त्व मिला है। चार पुरुषार्थों की कल्पना भी भारतीय चिन्तनधारा की एक विशेषता है। इसी प्रकार 'ऋत्' के साथ 'तप' को भी विशेष महत्त्व दिया गया है। साधना के बल पर मनुष्य देवता और नर नारायण भी हो सकता है। यह वैदिक कर्मयोग है जो कर्मठ नैतिक जीवन की प्रेरणा देता है।

कर्मयोग की यह परम्परा भारतीय परम्परा की सबसे मूल्यवान सम्पदा है।

भारतीय संस्कृति संकीर्णता की नहीं उदारता की संस्कृति रही है—एक समन्वयात्मक सामासिक संस्कृति रही है। अनेक जातियाँ आईं यहाँ, अनेक धर्म आये लेकिन सबको भारतीय संस्कृति ने अपने भीतर आत्मसात करने की कोशिश की। त्याग और ग्रहण की प्रक्रिया निरन्तर चलती रही। पं० हजारीप्रसादजी के शब्दों में, 'बाहरी विद्वानों के ज्ञान को अपना बनाकर प्रकट करने की कला में कोई भी भारतीयों का मुकाबला नहीं कर सकता। सीरियनों की राशिगणना, ग्रीकों का होराशास्त्र, अरबों का ताजकशास्त्र, यक्षों की कवि प्रसिद्धियाँ, आर्येतर जातियों की आध्यात्मिक चिन्ताएँ और देव कल्पनाएँ इस प्रकार आर्य मनीषियों की चिन्ता राशि में मिल गई हैं और ऐसी प्राणशक्ति पाकर जीवन्त हो उठी हैं कि उनको अलग कर सकना आज साहस का कार्य हो गया है।"[1] विचार और चिन्तन की ऊँचाइयों में ही यह शक्ति होती है कि वह आक्रामक और बर्बर को भी बदल दे। यह कार्य भारत ने किया। यह सहअस्तित्व भारतीयता की एक विशेषता है।

भारतीय दृष्टि मूलत: आत्मवादी दृष्टि है। यह दृष्टि सृष्टि के कण-कण में व्याप्त चेतना का साक्षात्कार करती है। सर्वभूतो में, समस्त सत्ताओं में एक ही जीवनधारा, एक ही चैतन्य को प्रवाहित देखना भारतीय दृष्टि की सर्वोत्तम उपलब्धि है। अद्वैत का दर्शन भारतीय चिन्तन के चरम विकास का उदाहरण है। यह सम्पूर्ण जीव और पदार्थ जगत को एक और अभिन्न मानने वाला दर्शन है। 'आत्मवत् सर्वभूतेषु' का मंत्र और अहिंसा, करुणा, प्रेम, त्याग आदि गुण इसी आत्मवादी-अद्वैतवादी चिन्तन के परिणाम हैं।

भारतीय दृष्टि 'सनातन' में, 'काल की निरन्तरता' में विश्वास रखती है। पश्चिमी दृष्टि में काल की गति रेखात्मक है। भारतीय दृष्टि में वह वृत्तात्मक है। उसमें कोई अन्तिम बिन्दु नहीं है—नैरन्तर्य है, सातत्य है। इसीलिए मृत्यु जिसने अपनी अनिवार्य भयानकता के कारण विश्व के अनेक चिन्तकों पर त्रासद प्रभाव डाला है और अनेक दर्शनों को जन्म दिया है भारतीय दृष्टि में एक सहज प्रक्रिया है। हमारे यहाँ मृत्यु को जीवन का अन्त नहीं माना गया है बल्कि उसे जीव की महायात्रा कहा गया है। भारत का एक पूर्णायु प्राप्त वृद्ध जब मरता है तो खुशियाँ मनाई जाती हैं और उसकी अन्तिम यात्रा एक मंगलयात्रा की तरह सम्पन्न की जाती है। गीता में कहा गया है कि जैसे मनुष्य पुराने वस्त्र बदलता है वैसे ही आत्मा पुराना शरीर। आत्मा की अमरता का यह दर्शन हमें आतंकित, कुण्ठित या निराश नहीं करता। भारतीय प्राचीन कृतियों में हत्या, आत्महत्या या पागलपन के चित्र नहीं मिलेंगे। उनमें एक आशावादी आस्थावादी पर्यवसान मिलेगा। काल के नैरन्तर्य की अवधारणा के कारण ही भारतीय

दृष्टि आसक्ति और भोग की दृष्टि नहीं है। सब कुछ शीघ्र और इसी जीवन में भोग लेने की इच्छा जो भागदौड़, प्रतिस्पर्धा और तनाव पैदा करती है वह भारतीय संस्कार में नहीं है। भोगवादी संस्कृति की नकारात्मक परिणतियाँ क्षणवादी चिन्तन की उपज हैं। ये सुखवाद के शार्टकट्स की ओर ले जाती हैं। भारतीय अवधारणा यह नहीं है। यहाँ के प्राय: सभी दर्शन अनासक्ति का उपदेश देते हैं। गीता का दर्शन तो अनासक्त कर्मयोग का अनूठा दर्शन है—भारतीय परम्परा का एक मूल्यवान चिन्तन। यह कर्मयोग धर्म साधना का ही दूसरा नाम है जिसके व्यक्तिगत और सामाजिक दोनों आयाम हैं—व्यक्ति का नैतिक जीवन और समाज की आदर्श व्यवस्था दोनों ही धर्म साधना के अंग हैं।

एक देश और एक भाषा का साहित्य दूसरे देश और दूसरी भाषा के साहित्य से कुछ ग्रहण करे, यह अच्छी बात है। लेकिन अपनी सांस्कृतिक जड़ों से रिश्ता टूटना नहीं चाहिए। अपनी जमीन और जड़ों से ही किसी साहित्य को दीर्घजीवनी शक्ति मिल सकती है। किसी भी देश की जातीय स्मृति उसके मिथकों में सुरक्षित होती है। उन्हीं से उसे सर्जनात्मक शक्ति प्राप्त होती है। रामायण और महाभारत जैसी कृतियाँ तथा शिव, राम, कृष्ण आदि मिथक प्रेरणा के गहरे स्रोत बनने में सक्षम हैं। यह प्रेरणा पूजा की ही नहीं, विद्रोह की प्रेरणा भी हो सकती है। हम प्राचीन आदर्शों को आज के भारतीय यथार्थ के साथ रखकर पुर्नविचार कर सकते हैं। लेकिन अन्धानुकरण और अन्धमोह त्यागना होगा। अज्ञेय ने कहीं सही लिखा है कि जब वीयतनामी लेखक अपनी अस्मिता की बात करता है या जब अफ्रीकी लेखक अपने नेग्रीट्यूड को रेखांकित करता है तो हम उसकी तारीफ करते हैं लेकिन जब भारतीय लेखक 'भारतीयता' की बात करता है तो हमारे आलोचक उसे संकीर्ण कहने लगते हैं। इस सम्बन्ध में माओत्से तुंग कहते हैं—"संसार के सभी राष्ट्रों की कला जहाँ तक मूलभूत सिद्धान्तों का प्रश्न है एक है···लेकिन हर देश की कला का एक विशेष राष्ट्रीय रूप और राष्ट्रीय शैली होती है। कुछ लोग इस बात को नहीं समझते। वे अपनी कला के राष्ट्रीय गुणों को अस्वीकार करते हैं और पश्चिम की अंधभक्ति यह सोचकर करते हैं कि पश्चिम हर माने में बेहतर है।···विदेशी चीजों को अंधा होकर अस्वीकार करना, अंधों की तरह उसकी पूजा करने जैसा ही है, दोनों ही गलत और नुकसानदेह है।"[2] हिन्दी आलोचक आचार्य शुक्ल ने 1939 में अखिल भारतीय हिन्दी साहित्य सम्मेलन के अठाइसवें अधिवेशन में दिए गए स्वागत भाषण में लेखकों को सचेत करते हुए कहा था—"हमारी आप महानुभावों से यही प्रार्थना है कि आप हममें साहित्य सम्बन्धिनी स्वतन्त्रता का ऐसा भाव जगा दें कि हम योरप में हर एक उठी हुई बात की ओर लपकना छोड़

दें; समझबूझकर उन्हीं बातों को ग्रहण करें जिनका कुछ स्थायी मूल्य हो, जो हमारी परिस्थिति के अनुकूल हों। योरप की दशा तो आजकल यह हो रही है कि वहाँ जीवन के हर एक विधान से उसे धारण करने वाला शाश्वत तत्त्व निकलता जा रहा है। क्या राजनीति, क्या समाज, क्या साहित्य सब डगमगा रहे हैं। रूस के बोल्शेविकों की बात सुनिए तो वे बड़ी उपेक्षा से अब तक के सारे साहित्य को ऊँचे वर्ग के लोगों का साहित्य बताकर बढ़ैयों, लोहारों और मजदूरों के साहित्य का आसरा देखने को कहेंगे। जर्मनी की ओर दृष्टि दौड़ाइए तो वहाँ केवल नात्सी सिद्धान्तों का समर्थक साहित्य ही सिर उठा सकता है। फ्रायड साहब अभी मरे हैं जिनकी समझ में स्वप्न भी हमारी अतृप्त वासनाओं के तृप्ति विधान के छायामय रूप हैं और काव्यादि कलाएँ भी हमारी अतृप्त काम-वासनाओं की तृप्ति के विधान हैं। अब हमारे लिए समझने की बात यह है कि क्या हमें इन सब बातों को ज्यों का त्यों लेते हुए अपने साहित्य का निर्माण करते चलना चाहिए अथवा संसार के भिन्न-भिन्न देशों की भिन्न-भिन्न प्रवृत्तियों की समीक्षा करते हुए अपनी वाह्य और आभ्यन्तर परिस्थिति के अनुसार उसके लिए स्वतन्त्र मार्ग निकालते रहना चाहिए।"[3] कहना न होगा कि स्वयं आचार्य शुक्ल ने यह स्वतन्त्र मार्ग निकाला। प्रेमचन्द ने अपने उपन्यासों में भारतीय अस्मिता को खोजने की कोशिश की। हजारीप्रसाद द्विवेदी ने परम्परा के प्रगतिशील तत्त्वों को रेखांकित किया।

19वीं शताब्दी के उत्तरार्द्ध और 20वीं शताब्दी के शुरू में, जो भारत का पुनर्जागरण काल है, भारत की खोज की महत्त्वपूर्ण कोशिशें हुईं। सम्पूर्ण भारतीय भाषाओं के साहित्य में ऐसी कृतियाँ मिलेंगी जो भारत की प्राचीन गरिमा को पहचानने और रेखांकित करने की कोशिश करती हैं। नेहरू ने तो 'भारत की खोज' नाम से पुस्तक ही लिखी। नाम बहुत हैं लेकिन इस सन्दर्भ में तिलक, विवेकानन्द और गांधी के नामों की चर्चा किए बिना भारतीयता की आधुनिक अवधारणा अधूरी होगी। विवेकानन्द ने पहली बार दुनिया को और स्वयं भारतवासियों को भारतीय अस्मिता की पहचान कराई। इस पहचान के बिना भारतवासी आजादी की लड़ाई नहीं लड़ सकते थे। आत्मरूप की इसी पहचान ने उन्हें खड़े होने और लड़ने-मरने की शक्ति दी। तिलक ने गीता की नई व्याख्या करके भारतीय मन को कर्म की प्रेरणा और शक्ति दी। जो लोग 'भारतीयता' शब्द के उच्चारण पर मुँह बिचकाते हैं उन्हें जानना चाहिए कि विवेकानन्द और तिलक ने अपनी हजारों वर्ष पुरानी सांस्कृतिक गरिमा की पहचान न कराई होती तो हम आज भी गुलाम होते। उपनिषद और गीता ही हमारे जीवन रक्षक हथियार बन गए। यह है एक भारतीय दृष्टि की खोज। गांधी ने इस खोज का न केवल अद्भुत उदाहरण रखा बल्कि उसे आधुनिक

जीवन और व्यवहार में चरितार्थ करके प्रासंगिक बना दिया। प्राचीन भारतीय चिन्तन की प्रासंगिकता के लिए गांधी से बड़ा उदाहरण आधुनिक भारत में दूसरा नहीं है। गांधी का सारा चिन्तन, सारा कार्यक्रम भारतीय है। प्राचीन चिन्तन में जो कुछ भी सर्वोत्तम है उसे गांधी ने दूह लिया। उन्होंने कोई नया 'वाद' नहीं चलाया। भारतीय सनातन दृष्टि की ही नई पहचान की और उसी के बीच से एक समग्र दृष्टि पाने की कोशिश की जो भारतीय भी हो और आधुनिक भी। सत्य, अहिंसा, साधन और साध्य की पवित्रता, कथनी-करनी की एकता, नैतिक साहस, स्वावलम्बन, स्वदेशी, जाति-पांति-छुआछूत का विरोध, धार्मिक रूढ़ियों और आडम्बरों का विरोध, मानव सेवा, दरिद्र नारायण की कल्पना, धर्मप्रधान राजनीति की कल्पना आदि गांधी के आदर्श भी हैं और व्यावहारिक जीवन के प्रयोग भी। गांधी ने प्राचीन भारतीय चिन्तन के संकीर्ण, एकांगी, पलायनवादी, मरणोन्मुखी तत्त्वों को छोड़ा। उन्होंने असली भारत को—भारत की प्राणधारा को—आधुनिक भारत को—अपनी आँखों से देखा और भारतीय अध्यात्म तथा धर्म के स्वस्थ, जीवनदायी तत्त्वों को उसके अनुकूल बनाया। यह भारतीयता की आधुनिक अवधारणा है। इस अवधारणा को हमारे बाद के राजनेताओं ने कुर्सी और सत्ता के जोड़-तोड़ में नष्ट कर दिया। एक अलग किस्म की संस्कृति विकसित हुई जिसमें क्षेत्रीयता, प्रांतीयता, भाषावाद, आतंकवाद, जातिवाद, कुर्सीवाद, अवसरवाद आदि प्रमुख हो गए।

बिना किसी अतिरिक्त गौरव का अनुभव किए, बिना किसी संकोच के, इस सचाई को स्वीकार किया जा सकता है कि भारतीय सांस्कृतिक परम्परा बहुत समृद्ध रही है। भारत में ज्ञान की सभी दिशाओं—दर्शन, धर्म, साहित्य, गणित, ज्योतिष, तर्क, विधि, औषधि आदि में बहुत कुछ सोचा गया है। सृष्टि के रहस्य और परमतत्त्व के बारे में जो जिज्ञासाएँ और समाधान हमारे प्राचीन साहित्य में हैं उन्हें किसी भी अत्यन्त समृद्ध सभ्यता का सूक्ष्मतम चिन्तन कहा जा सकता है। इस चिन्तन ने यूरोप की अनेक महान प्रतिभाओं को प्रभावित किया। इसकी स्वीकृतियां उन्हीं के शब्दों में व्यक्त हुई हैं। मैक्समूलर लिखते हैं, "यदि हमें इस समस्त जगती तल में किसी ऐसे देश की खोज करनी हो जहाँ प्रकृति ने धन, शक्ति और सौन्दर्य का दान मुक्तहस्ता होकर किया हो या दूसरे शब्दों में जिसे प्रकृति ने बनाया ही इसलिए हो कि उसे देखकर स्वर्ग की कल्पना साकार की जा सके, तो मैं बिना किसी प्रकार के संशय या हिचकिचाहट के भारत का नाम लूंगा। यदि मुझसे पूछा जाय कि किस देश के मानव मस्तिष्क ने अपने कुछ सर्वोत्तम गुणों को सर्वाधिक विकसित स्वरूप प्रदान करने में सफलता प्राप्त की है, जहाँ के विचारकों ने जीवन के सर्वाधिक महत्त्वपूर्ण

प्रश्नों एवं समस्याओं का सर्वाधिक सुन्दर समाधान खोज निकाला है तथा इसी कारण वह इस योग्य हो गया है कि मान्ट और प्लेटो के अध्ययन में पूर्णता को पहुँचे हुए व्यक्ति को भी आकर्षित करने की शक्ति रखता है, तो मैं बिना किसी विशेष सोच-विचार के भारत की ओर उँगली उठा दूँगा।...''[4] यह सिक्के का एक पहलू है। दूसरा पहलू इतना ही कुरूप है। और दोनों सच हैं। जिस विवेकानन्द ने भारत को 'पुण्यभूमि' कहा और यह कहा कि प्रत्येक आत्मा को मुक्ति के लिए इस भूमि पर एक बार जन्म लेना पड़ेगा उसी विवेकानन्द ने यह भी महसूस किया कि जो जाति सभी प्राचीन जातियों में सर्वश्रेष्ठ थी, वही आज पृथ्वी की समस्त जातियों में तुच्छ और घृणा की वस्तु हो गई है। जो अपनी महानता को जानता है वही अपनी तुच्छता को भी महसूस कर सकता है। इस तुच्छता को महसूस करने के आज पर्याप्त कारण हैं। ज्ञान, कर्म और धर्म सभी क्षेत्रों में इतनी गिरावट आई है कि प्राचीन भारतीय अवधारणाएँ आज पहचानी भी नहीं जा सकतीं।

भारतवर्ष हजार वर्षों तक गुलामी की जंजीरों में जकड़ा रहा है। सभी आक्रामकों ने कमोबेश भारतीय चिन्तन को नष्ट किया। अंग्रेजों ने यहाँ के धन का ही नहीं इतिहास, संस्कृति, और मेधा का भी शोषण किया। भारतीय संस्कृति के पश्चिमी व्याख्याकारों ने प्रायः उसका अवमूल्यन किया। अंग्रेजी शिक्षा और विदेशी शिक्षा पद्धति ने हमें अपने अतीत से काटकर अलग कर दिया और हमारे वर्तमान और भविष्य के मूल्यांकन में कोई योग नहीं दिया। किसी भी जाति की मौलिक चिन्तन शक्ति तथा उसका मानसिक विकास उसकी अपनी भाषा में ही सम्भव है। अंग्रेजी ने हमें मानसिक दृष्टि से गुलाम और हीनताबोध से जकड़ दिया है। दुनिया के तमाम देशों में अपने प्राचीन इतिहास के संरक्षण के प्रति एक मोह दिखाई पड़ेगा लेकिन एक भारतीय अपने प्राचीन गौरव और अपनी प्राचीन उपलब्धियों के प्रति नितान्त लापरवाह दिखाई पड़ेगा। भारत का शायद ही कोई पढ़ा-लिखा व्यक्ति मिले जिसके घर में विश्व के प्राचीनतम ग्रन्थ वेद की प्रति मिले। हम वेद या उपनिषद या अपने प्राचीन इतिहास की नितान्त अनभिज्ञता से शर्मिन्दा नहीं होते लेकिन अंग्रेजी भाषा न जानने के कारण अपने को हीन समझते हैं। हमारा प्रत्येक क्रिया-कलाप हमारे हीनताग्रस्त मन का आभास देता है। हीनताग्रस्त मन में न मौलिक विचार उपजते हैं, न उदात्त भावनाएँ पलती हैं। न आत्मगौरव का भाव पैदा होता है न संकल्प। अंग्रेजीदाँ लोगों का एक नया वर्ग—एक नई वर्णव्यवस्था—कायम हो गई है जो अपनी समृद्ध संस्कृति को हीन दृष्टि से देखती है और जीवन के हर क्षेत्र में केवल अनुकरण करती है। परिणामतः भारत की प्राचीन मूल्यवादी दृष्टि धूल चाट रही है। सारे मानदण्ड उलट-पुलट

गए हैं। मूल्यों के केन्द्र में जहाँ एक नैतिक मानवीय दृष्टि थी वहाँ सत्ता और भौतिक समृद्धि की लालसा प्रतिष्ठित हो गई है। फल यह हुआ है कि देश का मामूली आदमी, किसान, मजूर, बुद्धिजीवी, कलाकार, हासिए पर चला गया है और केन्द्र में स्थापित हो गया है नेता, अफसर और पूँजीपति। जिसके हाथ में सत्ता है, पूँजी है तथा जो आतंक जमा सकता है वही उच्चतर मूल्यों का भी प्रतिमान बन गया है।

हर देश की अपनी जरूरतें होती हैं। अपनी जमीन और अपने परिवेश के भीतर से ही कारगर विचार आने चाहिए। भारत एक कृषिप्रधान देश है। इस देश का आर्थिक ढाँचा गाँवों पर खड़ा है। गाँव आज भी अशिक्षा, गरीबी और अन्धविश्वास के अन्धकार में डूबे हुए हैं। महात्मा गांधी ने गाँव की जिस आत्मनिर्भरता का सपना देखा था वह आज भी सच नहीं हुआ। उल्टे अनेक प्रकार की दिमागी संकीर्णताओं से भारतीय समाज निरन्तर छिन्न-भिन्न होता जा रहा है। मूल्यों के इस विघटन के युग में, विनाशक वैज्ञानिक आविष्कारों के युग में, सत्ता और धन की भयानक होड़ाहोड़ी के युग में, भोगवादी संस्कृति के अमानवीय युग में जबकि मनुष्य की सारी धरोहर दाँव पर लगी है, एक भारतीय दृष्टि शायद हमारी कुछ रक्षा कर सके। वह भारतीय दृष्टि जो मूल्यों की, लोककल्याण की, सहअस्तित्व की, मानवीय दृष्टि है। क्या आज पुनः इस दृष्टि की खोज और इसकी पुनः प्रतिष्ठा की जरूरत नहीं है?

[1984]

सन्दर्भ

1. विचारप्रवाह, पृ० 38
2. 24 अगस्त, 1956 में संगीतकारों के बीच दिए गए भाषण से : देखिए, दिनमान, 26 सितम्बर-2 अक्टूबर, 1976
3. चिन्तामणि, भाग 3, पृ० 276
4. दे०, इण्डिया व्हाट कैन इट टीच अस

शब्द और कर्म : एक विचार संसद की जरूरत

शब्द का अवमूल्यन गुजरे जमाने में भी हुआ होगा लेकिन जितना हुआ है इतिहास के इस दौर में उतना शायद ही कभी हुआ हो। 'समाजवाद', 'जनवाद', 'लोकतन्त्र', 'न्याय', 'व्यवस्था', 'स्वतन्त्रता', 'समानता', 'धर्म निरपेक्षता' जैसे पवित्र शब्दों का कोई अर्थ नहीं रह गया है। शब्द सब व्यर्थ भले न हुए हों पर भारीभरकम शब्दों का सचमुच नहीं रह गया है कोई अर्थ। जो गहराई से महसूस करने वाले लोग हैं उनके सामने समस्या हो सकती है कि सच क्या है जिसे वे लिखें और गुनगुनाएँ!

कारण कई हो सकते हैं इस अवमूलयन के लेकिन सबसे बड़ा कारण वह फासला है जिसे हम शब्द और कर्म का फासला कह सकते हैं। शब्द और कर्म के बीच की खाई एक आतंकित करने वाली दुर्घटना की तरह गहरी और चौड़ी हुई है हमारे जमाने में। कैसे-कैसे लोग हैं और कितना दुहरा आचरण है उनका! ऊपर-ऊपर मार्क्सवाद और नीचे-नीचे अवसरवाद। ऊपर-ऊपर जनवाद और नीचे-नीचे व्यक्तिवाद। ऊपर-ऊपर गांधीवाद और नीचे-नीचे परिवारवाद। जो अपने को सेक्यूलर कहता है वह विंध्याचल में दाढ़ी मुड़वाता है, कीर्तन कराता है, तांत्रिकों-ज्योतिषियों से घिरा रहता है और मस्जिद में नमाज भी अदा करता है। जो नेता जातिवाद का विरोध करता है वह उसी चुनाव क्षेत्र की तलाश करता है जिसमें उसकी जाति के लोग अधिक संख्या में हों। जो लोकतन्त्र का प्रहरी कहता है अपने को वह अपनी कुर्सी बचाने के लिए तानाशाही की शरण लेता है। और समाज की आँख कहे जाने वाले हमारे अखबारों-बुद्धिजीवियों की क्या भूमिका है? वे अपने छोटे से स्वार्थ के कारण किसी भी साधारण आदमी के लिए (जो मनुष्यता की सारी गर्हित कमजोरियों से भरा पड़ा है) 'महामानव', 'महान विचारक', 'जननायक' आदि विशेषणों का प्रयोग करते देखे जा सकते हैं। हत्या व्यवसायी दस्युओं के लिए कोश के पवित्रतम शब्दों से भरे हुए अखबारों के विशेषांक भी देखे हैं हमने और साथ ही देखा है एक कलाकार, एक वैज्ञानिक और एक आचरणवान व्यक्ति को अनाम मरते हुए भी। यह जमाना सबसे अधिक क्रूर उनके लिए है जो सचमुच किन्हीं मूल्यों में और शब्द की पवित्रता में विश्वास रखते हैं। लोग भारीभरकम शब्दों को

फेंककर तोप देना चाहते हैं उनको जो शब्द और विचार की पवित्रता को जिम्मेदारी के साथ अपने निजी कर्म में बदलने की कोशिश कर रहे हैं। हर नारा लगाने वाला अपने ही शब्दों के प्रति अपनी जिम्मेदारी से अपने को मुक्त कर लेता है। गौर से देखें उसे तो उसकी कथनी और करनी में गजब का अन्तर मिलेगा और आप हैरत में पड़ जाएँगे उस आदमी के शब्द और कर्म के विरोधाभास पर। आखिर शब्द की सार्थकता क्या है ? उच्चरित होने या छपने में या कि कर्म का अंग बनने में ? रचनाकार महोदय, आप अपनी जिस रचना से दुनिया को बदल देना चाहते हैं, वही रचना करते हुए आप खुद क्यों नहीं बदल जाते ? क्या जो रचना खुद अपने रचनाकार को नहीं बदल पाती वह दुनिया को बदल पाने में समर्थ हो सकेगी ? क्या आपने सोचा है, आपके समय में ही आपकी रचना क्यों अप्रासंगिक होती जा रही है ? बुद्धिजीवी महोदय, आपके शब्द और कर्म के फासले को दुनिया अपनी हजार-हजार आँखों से देख रही है। कर्म की नैतिकता ही विचार को नैतिक और विश्वसनीय बनाती है। क्या आप जानते हैं, आपके विचार और सिद्धान्त क्यों बेअसर हो रहे हैं ? क्यों व्यर्थ होते जा रहे हैं छपे हुए शब्द ? शब्द जो सृष्टि की कुंजी हैं, शब्द जो हमारे होने के प्रमाण हैं। शब्द अपने आपमें अन्तिम और पूर्ण नहीं होता। प्रकृति की वस्तुगत वास्तविकताओं और मनुष्य के सक्रिय जीवनगत कर्मों में उसके अर्थ का चक्र पूरा होता है। वही कसौटी है शब्दों के परीक्षण की भी। शब्द में ताकत कहाँ से और कैसे आती है यह है तो गहन विश्लेषण का विषय लेकिन इतना सच है कि शब्द का जो प्रभाव पड़ता है उसका एक कारण प्रयोक्ता का व्यक्तित्व भी होता है। कौन-सा शब्द किससे होकर आता है यह श्रोता या पाठक के लिए बहुत महत्त्व रखता है। अपने समय में क्योंकि प्रयोक्ता समक्ष होता है इसलिए केवल विचार नहीं उसके कर्म भी प्रभावित करते हैं। बोले हुए या छपे हुए शब्द को वे ही उसकी मर्यादा देते हैं। मरे हुए शब्दों में कोई अर्थ नहीं होता क्योंकि वे शब्द के हत्यारों द्वारा सिद्धान्तों के कफन में लपेटकर पेश किए गए होते हैं।

मैं अपनी इस टिप्पणी में जो बातें कर रहा हूँ वे बहुत पुरानी हैं—शताब्दियों, शताब्दियों पुरानी। जिसे कम से कम भारत में इतनी बार कहा गया है कि मेरी यह टिप्पणी किसी को उपदेश भी लग सकती है लेकिन मैं इसका खतरा उठाकर भी ये बातें लिख रहा हूँ तो सिर्फ इसलिए कि दुनिया के सारे धर्मों, सारे सिद्धान्तों-दर्शनों और सभी साहित्यिक रचनाओं की तान इसी बात पर आकर टूटती है कि वे मनुष्य को बदलना चाहती हैं—एक बेहतर दुनिया रचना चाहती हैं। अपने को 'प्रगतिशील', 'मानववादी' या 'मार्क्सवादी' कहने वाला लेखक तो स्पष्ट रूप से साहित्य को सोद्देश्य मानता है। घोषणा पत्र

लिखता है, संगठन बनाता है, यथास्थिति को, पूँजीवादी अर्थतन्त्र को तोड़ने के लिए चुनौतियाँ देता है। फिर वह अपने लिए यह छूट किस नैतिक अधिकार से प्राप्त कर लेता है कि खुद पद के लिए, सत्ता और सुविधाओं के लिए, विदेश यात्राओं और सरकारी कमेटियों की मेम्बरी के लिए, पीठों की अध्यक्षी के लिए, उसी तन्त्र के साथ समझौते करे।

कुछ लोग अपने अवसरवादी आचरण को डिफेन्ड करते हुए बड़े गर्व से कहते हैं कि उनकी 'स्ट्रेटेजी' है। यानी कि यह उनके दल का नैतिक हक है। लेकिन वही आचरण अगर उनका विरोधी करे तो वे उसे 'प्रतिक्रियावादी' कहेंगे। यह बड़ी मजेदार और चालाकी भरी बात है। दरअसल मनुष्यता की, मूल्यों की बात करना आसान है क्योंकि वह एक अमूर्त सी चीज है लेकिन उसे अपने व्यवहार में उतारना जरा मशक्कत का काम है। जिस लेखक के लेखन और उसके व्यक्तिगत जीवन में बड़ा अन्तर्विरोध दिखाई देता है उसके बारे में मेरी निश्चित धारणा है कि उसकी मूल चिन्ता दुनिया को और समाज को बदलना नहीं हो सकती है। वह निश्चय ही पैसे के लिए या यश के लिए या पद के लिए लिखता है लेकिन यह सब लिखते हुए मैं एक खतरनाक क्षेत्र में प्रवेश कर रहा हूँ अर्थात् 'रचना और रचनाकार की ईमानदारी' जैसे खतरनाक क्षेत्र में। रचना और रचनाकार की ईमानदारी पर बहुत बार विचार हुआ है और मैंने स्वयं इसी पुस्तक में इस पर विस्तार से लिखा है। मैं वाकिफ हूँ इस शीर्षक की व्याप्ति और इसकी सीमाओं से। फिर भी इस शीर्षक को लेकर कुछ प्रश्न बार-बार मन में दस्तक देते हैं। हमारे सामने ऐसे लेखकों के उदाहरण हैं जिन्होंने रचना में तो अपराजेय पात्र दिए हैं लेकिन स्वयं आत्महत्याएँ की हैं। जिन्होंने रचना में तो उद्दाम जिजीविषा, अदम्य साहस और किसी से न डरने की सलाह दी है लेकिन जीवन में समझौते किए हैं। जिन्होंने लेखन में तो स्वतंत्रता को चरम मूल्य माना है पर खुद तानाशाही का समर्थन किया है। जिन्होंने रचना को तो शोषणविरोधी मानवमुक्ति का मसीहाई अन्दाज दिया है लेकिन खुद के लिए सोने की जंजीरों का वरण किया है। मान लेता हूँ कि रचनाकार का 'रचना दायित्व' और उसका 'सामाजिक दायित्व' दोनों अलग-अलग क्षेत्र हैं। लेकिन तब फिर रचनाकार में दुनिया को बदलने का आग्रह क्यों ? सर्जन अगर एक नैतिक कर्म है तो उसे एक नैतिक जीवन की उपज भी होना चाहिए। यह कैसे सम्भव होता है कि एक अमानवीय व्यक्ति करुणा का काव्य लिख देता है। क्या जो हमारे भीतर नहीं है उसे हम रच सकते हैं भाषा में ? क्या उस आलोचक (नाम स्मरण नहीं हो रहा है) का यह कथन सही है कि "ईश्वर ने हमें भाषा इसलिए दी है कि हम अपने को व्यक्त न कर सकें ?" यदि भाषा का यह छद्म रचनाकार क्रीएट करता है तो आलोचक के पास क्या

औजार है इस अन्तर्विरोध को बेनकाब करने के लिए ? क्या यह प्रश्न आलोचक के अधिकार क्षेत्र के बाहर का है ? कहीं यह रचनाकारों की साजिश तो नहीं है अपने को नैतिकदायित्व से मुक्त रखने की ? यदि सचमुच विचार किया जाए तो यह प्रश्न हमारी सम्पूर्ण आलोचना की मशीनरी को झनझना देने वाला है।

हमारे यहाँ तोकतन्त्र बुरी तरह जर्जर होकर नष्ट होने की प्रतीक्षा में है। यह पवित्र व्यवस्था नेता, अफसर और गुण्डों के चंगुल में छटपटा रही है। तीनों का एक अजीब समझौता दिखाई पड़ रहा है। राजनीति के लोग इस कदर भ्रष्टाचार में लिप्त हैं कि जो कुर्सी पाने के पहले चार आने के आदमी थे, कुर्सी पाने के बाद चार लाख और चार करोड़ तक के आदमी हो गए हैं। यही हाल अफसरों का है। और इस तन्त्र का सबसे दुखद प्रसंग है माफिया गिरोहों का आगे आना। न केवल सभी दलों की राजनीति में इनका प्रवेश हो चुका है बल्कि ये सत्ता में भी महत्त्वपूर्ण पदों पर पहुँच चुके हैं। राजनीतिक नेताओं ने अपनी कुर्सी बचाने के लिए अपराधी गिरोहों के साथ खुल्लम-खुल्ला गठजोड़ कर लिया है। आज कोई ऐसा दल नहीं है जिसमें कुख्यात अपराधी न हों। संसद और देश की विधानसभाओं में सैकड़ों ऐसे सदस्य हैं जिन पर बाकायदा हत्या, लूट और बलात्कार जैसे जघन्य अपराधों के मुकदमें न्यायालयों में विचाराधीन हैं। इसका दूसरा पक्ष यह है कि हर दल में ऐसे कार्यकर्ता जो मूल्यों में विश्वास करते हैं, नैतिक हैं, उपेक्षित हो गए हैं। पार्टियाँ उन्हें चुनाव लड़ने के लिए टिकट तक नहीं देती। वे जानती हैं कि कोई ईमानदार नैतिक आदमी इस खर्चीली चुनाव व्यवस्था में न उतना पैसा खर्च कर सकता है न जीत सकता है। क्या व्यवस्था में व्यक्ति की कोई भूमिका नहीं होती ? आज संगठन बहुत बन रहे हैं—राजनीतिकों के ही नहीं लेखकों के भी। लेकिन संगठन में 'लोग' कौन हैं, कैसे हैं, यह देखना क्या जरूरी नहीं है ? किसी भी निर्माण में, सृजन में, व्यक्तियों की भूमिका बहुत निर्णायक हुआ करती है और परिस्थितियाँ मनुष्य को बनाती हैं तो मनुष्य भी परिस्थितियों को बनाता-बदलता है। व्यक्तिवाद की निन्दा करने वालों को स्वीकार करना चाहिए कि कभी-कभी ऐसा भी व्यक्ति आ जाता है जो इतिहास की धारा को उलट-पुलट कर रख देता है। और कुछ लोग तो मनुष्यता को जाँचने वाले किसी भी पैमाने से 'मनुष्य' की सीमा में ही नहीं आते। वे चाहे जिस राजनीतिक साहित्यिक संगठन में रहें, करेंगे शब्द का अवमूल्यन ही। वही वे कर सकते हैं।

आज की चुनाव व्यवस्था कितनी खर्चीली हो गई है, इसका अन्दाज इसी से लगाया जा सकता है कि एक नेता ने अपने लोकसभा चुनाव में लगभग 80

लाख रुपया खर्च किया है। विद्यालयों और विश्वविद्यालयों के चुनावों में छात्र नेता पचास-पचास हजार रुपये खर्च कर डालते हैं तो विधानसभाओं और संसद के चुनावों की तो बात ही और है। यह खर्चीली चुनाव-व्यवस्था इस लोकतन्त्र को भ्रष्ट करने का सबसे बड़ा कारण है। इस भ्रष्ट लोकतन्त्र में नेता पार्टी के प्रति वफादार होता है, जनता के प्रति नहीं। तभी उसे टिकट मिलता है, तभी उसे कुर्सी मिलती है। और पार्टी अपनी कुर्सी बचाने की चिन्ता में होती है, अपने सिद्धान्तों और नीतियों की चिन्ता उसे नहीं होती। एक अजीब मूल्यहीनता की स्थिति पैदा हो गई है। जैसे सबने स्वीकार कर लिया हो कि कर्म और दायित्व भावना के द्वारा नहीं बल्कि चापलूसी और समर्पण के द्वारा ही अपना अभिप्रेत सिद्ध किया जा सकता है। इस सिद्धान्तहीनता के चलते दल बदल होते हैं और एक-एक विधायक-सांसद लाखों में खरीदे जाते हैं, बिकते हैं। यही लोभ नेताओं को राजनीति की ओर आकृष्ट करता है। क्या विडम्बना है कि इस देश में तृतीय श्रेणी के गएगुजरे लोग जिन्हें अन्य किसी क्षेत्र में सफलता नहीं मिल सकती, ही राजनीति में जाते हैं और देश के विधायक कर्णधार बन जाते हैं। एक जमाना था जब अत्यन्त प्रतिभाशाली व्यक्तित्व किन्हीं आदर्शों से प्रेरित होकर बड़े-बड़े पदों को छोड़कर राजनीति में जाते थे। लेकिन अब जबकि आदर्श ही नहीं रहे, राजनीति दिशाहीनों और माफिया गिरोहों की शरणस्थली होकर रह गई है। इसका सबसे ट्रैजिक पक्ष यह है कि जनता अपनी व्यवस्था से बिल्कुल उदासीन हो गई है। लोकतन्त्र में वह अपनी कोई हिस्सेदारी महसूस ही नहीं करती। बेमन से 5 वर्ष में एक बार वोट दे देती है एक रस्मअदायगी की तरह बिना किसी दिलचस्पी के। जनता के पास सत्ता का विरोध करने या उस पर निगरानी रखने का न कोई मंच है न तरीका। जयप्रकाश नारायण ने यह कामना की थी कि जनता को अपने प्रतिनिधियों को वापस बुलाने का अधिकार होना चाहिए लेकिन उनकी यह कल्पना भी अव्यावहारिक साबित हुई।

कई बार राजनीतिक दृष्टि से जागरूक कुछ मित्रों से मेरी बातें होती हैं। वे भारतीय मतदाता को बेपेंदी का लोटा बताते हुए कहते हैं कि यहां का मतदाता भावना या लहर से प्रभावित होकर मतदान करता है। एक बार (1971, 75) उसने इन्दिरा गांधी को मतदान किया। फिर (1977) जनता पार्टी या जयप्रकाश नारायण को और पुनः (80) इन्दिरा गांधी को। यह मतदान भी सामान्य नहीं रहा। हर बार बेमिशाल बहुमत। मेरे उन मित्रों का कहना है कि जनता को घोषणा पत्र के आधार पर, विचारों के आधार पर मतदान करना चाहिए। बात तो ठीक है लेकिन यहाँ किस दल का घोषणापत्र आकर्षक नहीं है ? किसमें आकाश के तारे तोड़ लाने के प्रलोभन नहीं दिए गए हैं ?

सब तो उन्हीं-उन्हीं शब्दों का इस्तेमाल करते हैं जिनका कोई अर्थ नहीं रह गया है। दूसरी बात यह कि मान लीजिए जनता विचार के आधार पर किसी दल को मत देती है लेकिन यदि उस दल के लोग विपरीत आचरण शुरू करते हैं या दल बदल करते हैं तो जनता उनके विचार देखे या उनके कर्म ? प्रमाण क्या होगा—विचार या कर्म ? आप जनता की बात जाने दें पहले अपने को स्पष्ट कर लें। प्रमाण क्या है आपके लिए—जनता या दल या सिद्धान्त या देश ? अगर आप यह मानते हैं कि अमेरिका जनविरोधी है और चीन जन के पक्ष में तो यदि दोनों देश एक हो जाते हैं (जैसा कि हो गए हैं) तो आप किसके साथ होंगे ? उसी जनता के न ! अगर पार्टी निर्णय लेन लगती है जनता के विरुद्ध या सिद्धान्त छोटे पड़ने लगते हैं जनता से तो भी क्या आप पार्टी या सिद्धान्तों के पक्षधर होंगे ?

यह दुहराने की आवश्यकता नहीं कि लोकतन्त्र में दो चीजें बहुत महत्त्वपूर्ण होती हैं—विपक्ष और प्रेस। ये दोनों लोकतन्त्र की आत्मा भी हैं और उसकी आँख भी। लेकिन दुर्भाग्य से भारतीय लोकतन्त्र में ये दोनों नदारद हैं। विपक्ष का पतन इस देश में कई बार देख चुके हैं हम, उसका नंगा नाच भी। क्लाइमेक्स यह है कि एक ही व्यक्ति या एक ही परिवार कभी पक्ष में और कभी विपक्ष की पंक्ति में दिखाई देता है। कभी-कभी तो अपनी ही आँखों पर भ्रम हो जाता है कि हम जो देख रहे हैं 'वह' सच है या 'वे' जो दीख रहे हैं। यही हाल प्रेस का है। भारत में प्रेस की आजादी की माँग तो सभी अखबार करते हैं लेकिन उन्होंने अपने दायित्व का कितना निर्वाह किया है, इसका सबूत और कोई नहीं दे सकता सिवा उनकी पुरानी फाइलों के। रेडियो और टेलीविजन जैसे माध्यम तो सरकारी हैं ही, अखबारों के पन्ने भी नेताओं के गलत बयानों, झूठे आश्वासनों, फिजूल दौरे के कार्यक्रमों से भरे होते हैं। अब तो स्थिति यह है कि वे भी पूरी तरह माफिया गिरोहों के कब्जे में हैं जिनके चेहरे आप चाहें तो रोज देखें। अखबारों में भी एक अलिखित समझौता चलता है। यदि एक अखबार के खिलाफ आप दूसरे अखबार में लिखना चाहें तो आपकी बात नहीं छपेगी। क्या विडम्बना है कि जो अखबार खुद के लिए अभिव्यक्ति की स्वतंत्रता की माँग करते हैं वे अपने विरुद्ध कुछ भी छापने को तैयार नहीं ? स्वतंत्रता 'प्रेस' की होती है या 'जन' की ?

राजनीति और सत्ता के लोग प्रायः उपदेश की मुद्रा में कहते हैं (जैसे श्री मोरारजी देसाई) कि जनता अपने कर्तव्य का निर्वाह नहीं करती। यानी कि अगर सड़कों पर अपराध बढ़ रहे हैं तो जनता का कर्तव्य है कि वह रात को अपने घरों के बाहर न निकले। यदि चीजों के भाव बढ़ रहे हैं तो जनता को चाहिए कि उन चीजों को न खरीदे। कितना हास्यास्पद है यह तर्क। आज जब

कि सरकारों का प्रभाव बहुत ज्यादा बढ़ गया है और व्यक्ति उनका मुह जोहते रहने के लिए बाध्य है, क्या कर सकता है इस व्यवस्था में अकेला ? उसके पास इतनी ताकत नहीं कि वह भ्रष्टाचार से, गुण्डा गिरोहों से लड़ सके। जिस आदमी का पुत्र अस्पताल में दम तोड़ रहा हो और डाक्टर जिसे देखने के लिए घूस माँग रहा हो उस आदमी से क्या आशा की जाय कि वह नैतिकता के नाते अपने पुत्र को मर जाने दे और घूस न दे ? मेरे ख्याल में आज के सारे भ्रष्टाचार की जड़ सत्ता और राजनीति है। जीवन के हर क्षेत्र में जो आश्चर्यजनक अवमूल्यन हो रहा है उसका श्रेय भ्रष्ट सत्ता और सत्तावादी राजनीति को है। कारण स्पष्ट है। जो शक्तियाँ आज समाज को नियन्त्रित-संचालित कर रही हैं, राजनीति उनमें प्रमुख है। वही आदर्श है साधारण मनुष्य के लिए। उसके आचरण का सीधा प्रभाव सामान्य जन पर पड़ता है। क्या विडम्बना है कि वे शक्तियाँ आज मनुष्य के लिए आदर्श बनी हुई हैं जिनका कोई नैतिक सरोकार नहीं है। अन्ततः इस स्थिति को तोड़ने का काम करेगा तो लोक ही क्योंकि वही अन्तिम शक्ति है। वही आखिरी निर्णायक है। लेकिन वह कभी-कभी जगता है। कभी-कभी पहचानता है अपनी शक्ति। शक्ति जो उसी ने दी है और वही छिन्न-भिन्न कर सकता है उसे।

दुनिया के सामने इस समय एक बड़ा खतरा उसके अस्तित्व का है। सारी दुनिया में परमाणु अस्त्रों की होड़ चल रही है। महाशक्तियों के पास इस समय जितने हथियार तैयार हैं उनसे कुछ घण्टों में सारी सृष्टि खाक हो सकती है— सम्पूर्ण संस्कृति जिसे मनुष्य ने इस बिन्दु तक पहुँचाया है। सारा इतिहास, सारी मानवीय धरोहर जिस पर हमारे साहित्यकार, कलाकार, इतिहासकार गर्व करते हैं और जिसे रचने के लिए अपने होने को सार्थक समझते हैं। द्वितीय महायुद्ध की तुलना में सैकड़ों गुना अधिक विनाशक क्षमता वाले हथियार इस समय एक-दूसरे पर हमला करके लिए सन्नद्ध हैं। केवल एक, दो या तीन शक्तिशाली आदमियों के आदेश की प्रतीक्षा है। और ताजा खबर यह है कि शस्त्रों की होड़ वाह्य अन्तरिक्ष में भी शुरू होने जा रही है। यदि ऐसा हुआ तो मानवीय शान्ति एक कल्पनामात्र रह जायेगी। क्या आज के आदमी के सामने सम्पूर्ण मानवीय अस्तित्व के नष्ट होने की चिन्ता गहरी नहीं होती जा रही है ?

मास्को के साप्ताहिक 'न्यू टाइम्स' के एक विशेष संस्करण (1982) के अनुसार गत 35 वर्षों में हुए लगभग 150 युद्धों में विश्व को एक करोड़ व्यक्तियों और 750 खरब डालर की क्षति उठानी पड़ी है। यह क्षति द्वितीय महायुद्ध में हुई क्षति के अतिरिक्त है जिसमें 5 करोड़ लोग मारे गये और चार सौ खरब डालर की राशि खर्च हुई। इस महायुद्ध में 9 करोड़ लोग विकलांग

हुए थे। प्रथम महायुद्ध में लगभग एक करोड़ लोग मारे गये, दो करोड़ आहत हुई और लगभग 36 अरब डालर की राशि व्यय हुई। यहाँ यह उल्लेखनीय है कि एक एफ-14 लड़ाकू विमान की कीमत से नौ शिक्षण संस्थाएँ खोली जा सकती हैं। एक विमानवाही के मूल्य से एक जल विद्युत परियोजना, लियोपार्ड-दो टैंक की कीमत से 36 कमरों का फ्लैट, एक ट्रिडेंट पनडुब्बी की कीमत से एक करोड़ 60 लाख बच्चों की एक वर्ष की शिक्षा व्यवस्था तथा एक उपमहाद्वीपीय प्रक्षेपास्त्र की कीमत से पाँच अस्पतालों का निर्माण हो सकता है।

सर्वग्रासी सरकारों के आचरण तो जाहिर हैं लेकिन हमारे वैज्ञानिक भी उसी में शामिल हैं। वे जो आविष्कार कर रहे हैं उसी की बदौलत सरकारें अपनी सत्ता की जकड़ मजबूत करती जाती हैं। विज्ञान के विनाशक वैज्ञानिक हथियारों, का एटामिक इंजीनियरिंग का कमाल हमने पिछले चालीस-पचास वर्षों में देखा। आगे हम जेनेटिक इंजीनियरिंग का कमाल देखेंगे। मनुष्य के जीन्स को बदलकर मनमाने मनुष्य पैदा किए जायेंगे। उनकी याददाश्त को खत्म करके उनकी अस्मिता को नष्ट कर दिया जायेगा। यानी कि मनुष्य जाति को ही नष्ट करने की साजिश है यह। कौन तय करेगा यह कि आप मनुष्य पर क्या प्रयोग करें और उसे कैसा बनावें? कौन तय करेगा? कुछ थोड़े से राजनेता और वैज्ञानिक ही मिलकर न? एक के पास सत्ता है दूसरे के पास ज्ञान। सारी सत्ता और सारा ज्ञान इन्हीं दोनों की मुट्ठियों में कैद है। सामान्य आदमी को, सर्वहारा को मिला क्या है? 'स्वतन्त्रता' के नाम पर 'सर्वग्रासी सत्ता' और 'ज्ञान' के नाम पर 'रहस्य'। जैसे पहले का आदिम समाज कबीले के सरदारों और कुछ तान्त्रिकों, सोखाओं-ओझाओं की मुट्ठियों में कैद रहता था जिनके पास लाठी और रहस्य विधाएँ होती थीं उसी प्रकार आगे का समाज कुछ सरकारों-वैज्ञानिकों की मुट्ठियों में छटपटायेगा जिनके हाथ में सत्ता होगी और होगा ज्ञान का रहस्य।

अभी हाल की घटना है। 1971 के बंगला देश के मुक्ति संग्राम की याद हम सबके मन में ताजा होगी। 30 लाख लोग मारे गये, एक करोड़ घर छोड़ने को मजबूर किये गये। कितनों ने आत्महत्याएँ कीं। बुद्धिजीवियों को यातनाएँ दी गईं। स्त्रियों के साथ बलात्कार किये गये। बच्चे, बूढ़े और अपाहिज भी पाकिस्तानी सेना की गोलियों के शिकार हुए। 1973 में पश्चिम एशिया का आकाश युद्ध की लपटों में जल रहा था। लगभग सभी अरब देश इजरायल के विरुद्ध उठ खड़े हुए थे। सिनाई में भयानक युद्ध हुआ। कहा नहीं जा सकता कितनी जानें गईं। पिछले कुछ वर्षों में जितने युद्ध हुए हैं और उनमें जितने लोग मारे गये हैं—बंगलादेश, पाकिस्तान, ईरान, पश्चिमी एशिया, वीएतनाम, अफगानिस्तान, कम्पूचिया आदि में इसकी जिम्मेदारी किस पर है? आये दिन

दुनिया को युद्धों की ज्वाला में और शस्त्रों की प्रतिस्पर्धा में कौन झोंक रहा है ? क्या अमेरिका और रूस दोनों चौधरी इसके लिए जिम्मेदार नहीं हैं ? क्या दोनों ही खेमे अपनी चौधराहट बनाये रखने के लिए, दुनिया भर के देशों को अपने खौफनाक पंजों में दबोचे रखने के लिए ही 'मार्क्सवाद' और 'मानवाधिकार' जैसे पवित्र शब्दों का अवमूल्यन नहीं कर रहे हैं ? क्या विडम्बना है कि अमेरिका चीन के साथ साठ-गाँठ कर रहा है और रूस चेकोस्लावाकिया तथा पोलैंड में अपनी सेनाएँ उतार रहा है ? सी० आई० ए० का पैसा चीन में वामपंथी साहित्य बाँटने में खर्च हो रहा है और चीन जैसे साम्यवादी देश का पैसा पाकिस्तान जैसे धर्मान्ध राष्ट्र (जिसने अपने को इस्लामिक राष्ट्र घोषित कर दिया है) को मजबूत करने में खर्च हो रहा है। इतना ही नहीं, जिस पाकिस्तान में इस वक्त मानवाधिकारों का गला घोंटा जा रहा है उसके हाथ को फौलादी बना रही है दुनिया में मानवाधिकार का ढोंग पीटने वाली सरकार---अमेरिका। कहाँ है सिद्धान्त ? कहाँ है 'वामपंथ' और 'दक्षिणपंथ' ? दोनों अपनी-अपनी नेतागिरी बनाये रखने के लिए दुनिया भर के देशों को मूर्ख बना रहे हैं। संसार में कहीं भी कोई हलचल होती है तो ये अपने लिए खतरा बताकर उस पर चढ़ बैठते हैं। दुनिया के तमाम गरीब देश जो अपनी समस्याओं से जूझ रहे हैं, इनकी साम्राज्यवादी प्रवृत्तियों के शिकार होते हैं। ये दोनों उनकी खनिज सम्पदा का, कच्चे माल का शोषण करते हैं। अफ्रीका और एशिया के देशों पर इनकी गिद्ध दृष्टि लगी रहती है। इनका सी० आई० ए० और के० जी० बी० बराबर सक्रिय रहता है। ये अपना व्यापार फैलाते हैं, अपने सैनिक, विशेषज्ञ, हथियार भेजते हैं, धन लूटते हैं और फिर वहाँ की राजनीतिक सत्ता में दखल देकर शासन चलाने लगते हैं। अमेरिका और सोवियत संघ में एक दूसरे के प्रति जो सजगता, जो चौकसी है वह न तो शोषित के लिए है न मानवता के लिए। अगर इनका लक्ष्य तीसरी दुनिया के देशों को खुशहाल बनाना होता तो वे देश कब के खुशहाल हो गये होते। लेकिन तब इन्हें पूछता कौन ?

हकीकत तो यह है कि आज दुनिया भर की सरकारें अपने नागरिकों के साथ निर्मम, निरंकुश और अमानवीय सलूक कर रही हैं। तानाशाही मुल्कों में यह क्रूरता इस हद तक है कि आदमी की आदमीयत को ही नष्ट किया जाता हैं। वहशी ईदी अमीन ने युगाण्डा की जनता पर जो बर्बर अत्याचार किए हैं उन्हें इस शताब्दी का इतिहास भूल नहीं सकता। पाकिस्तान, ईरान और अन्य इस्लामी मुल्कों में धर्म के नाम पर तानाशाही सरकारें जितना उत्पीड़न कर रही हैं उसकी कोई सीमा नहीं है। स्वयंभू पैगम्बर जियाउल हक ने प्रसिद्ध गायक मेहदीहसन को इसलिए कोड़े लगवाए कि वह शराब पीता है। सऊदी अरब में शाही परिवार की एक लड़की की गर्दन इसलिए उड़ा दी गई कि उसने

साधारण परिवार के एक लड़के से प्यार किया था। इस तरह की घटनाएँ अन्य व्यवस्थाओं में न घट रही हों, ऐसी बात नहीं है। भारत जैसी लोकतन्त्री व्यवस्था में भी आपात्काल की घोषणा (1975) हुई थी। अभी (1983) असम के चुनाव में 'संविधान' और 'लोकतन्त्र' के नाम पर कम रक्तपात नहीं हुआ है। ये घटनाएँ लोकतन्त्र के क्रूर और कुरूप चेहरे को सामने लाती हैं। 'एमनेस्टी इण्टरनेशनल' ने अपनी 1980 की रपट में साक्ष्य सहित जो विवरण और निष्कर्ष प्रस्तुत किया है वह एक ताजा और भयानक खबर है। उसमें यह कहा गया है कि सरकारें विरोध प्रकट करने वालों को गायब कर दे रही हैं। पहले उन पर मुकदमें चलाए जाते थे लेकिन अब उससे आसान तरीका शायद यही है कि उनकी शिनाख्त ही मिटा दो। सीरिया, ईरान, इराक, अर्हेंतीना, अफगानिस्तान, ब्राजील, चीले, मेक्सिको आदि देशों में हजारों लोगों के जेलों में गुम हो जाने की सूचनाएँ मिली हैं। दुनिया के लगभग सभी शासक गिरोह अपने विचारों में भले अलग-अलग हों पर इस मुद्दे पर सबका रवैया एक है। अपने विरोधियों के साथ सबका सलूक एक जैसा हैं। चाहे वे लोकतन्त्रवादी सरकारें हों या साम्यवादी, अहिंसावादी हों या क्रान्तिवादी, रूढ़िवादी हों या प्रगतिवादी, ईश्वर-वादी हों या अनीश्वरवादी—अपने विरोधियों के साथ सबका आचरण एक-सा है—बर्बरतापूर्ण (दिनमान, 14-20 दिसम्बर 1980)। दोनों ही व्यवस्थाओं में सामान्य आदमी अपने को अकेला पा रहा है। दोनों ही व्यवस्थाओं में संघर्ष करना पड़ रहा है उसे। विकट प्रश्न है उसके सामने कि वह अपनी ही बनाई हुई सरकारों (जिन्हें किसी जमाने में उसने अपनी रक्षा के लिए बनाया था) के बीच अपनी स्वतन्त्रता, समानता और सामाजिक न्याय को कैसे प्राप्त करे। सरकारें जन से ही शक्ति लेकर सर्वग्रासी हो गई हैं भस्मासुर की तरह। जन निहत्था है, मूक है, बाध्य है सरकारों का नाटक देखते रहने के लिए। सैनिक तानाशाही तो एक कलंक है जिसका समर्थन कोई असंतुलित दिमाग ही कर सकता है। साम्यवादी व्यवस्था भी बात तो 'राज्यविहीन समाज' और 'मानव मुक्ति' की करती है पर व्यक्ति को उसकी आजादी नहीं दे सकती। लोकतन्त्र की सीमा यह है कि वह अपने नागरिक को एक विकट संघर्ष में झोंक देती है जहाँ गरीब और अमीर की खाई निरन्तर बढ़ती जाती है। सचाई यह है कि साम्यवादी व्यवस्थाएँ 'स्वतन्त्रता' नहीं दे पातीं और लोकतन्त्र 'समानता'। जब मैं ऐसा महसूस कर रहा हूँ तो इसका यह अर्थ नहीं कि किसी प्रकार के अराजकतावाद का समर्थन कर रहा हूँ। आदर्श कल्पना तो यह है कि सारी दुनिया की एक सरकार होती। अलग-अलग राष्ट्रों की सीमाएँ होती ही नहीं। नहीं होतीं धर्म, जाति, सम्प्रदाय की रेखाएँ। लेकिन अभी यह शायद एक यूटोपिया लगे। फिर भी जो राज्य व्यवस्थाएँ इस समय हैं उनमें लोकतन्त्र ही सर्वश्रेष्ठ राज्य

व्यवस्था है अपनी सारी कमजोरियों के बावजूद । कम से कम इस व्यवस्था में इतनी आजादी तो है कि एक नागरिक सरकार के सबसे मजबूत व्यक्ति के विरोध में भी आवाज उठा सके और इतना ही नहीं उसे हटा भी सके । भारत में श्रीमती इंदिरा गांधी के विरुद्ध एक आदमी मुकदमा कर सकता है, न्यायालय उनके विरुद्ध फैसला दे सकता है और इतने मजबूत प्रधानमन्त्री को जनता मजबूर कर सकती है अपनी कुर्सी छोड़ने के लिए। अमेरिका में निक्सन को ह्वाइट हाउस छोड़कर सड़क पर आना पड़ सकता है। लेकिन फिर यह प्रश्न अपनी जगह है कि लोकतन्त्र में 'तन्त्र' की जगह 'लोक' की सत्ता कैसे स्थापित हो? कैसे यह सम्भव हो कि लोकतन्त्र जीवित भी बचा रहे और अपनी भ्रष्ट सीमाओं से मुक्त भी हो।

मैं कोई उपदेशात्मक टिप्पणी लिखने नहीं बैठा हूँ न कोई अन्तिम निष्कर्ष प्रस्तुत करने । केवल अपने मन के कुछ प्रश्नों पर आपसे सम्वाद कायम करना चाहता हूँ। जिस दुनिया में हम जी रहे हैं वह एक भयावह मूल्यहीनता की दुनिया है। अपराध, हिंसा, शोषण और क्रूरता की इस दुनिया में उन मूल्यों को बचाए रखने की समस्या है जिन्हें हम उच्चतर मानवीय मूल्य कहते हैं। जिनसे एक मनुष्य के रूप में हमारी पहचान शेष प्राणिसंसार से अलग होती है। मुख्यत: अपनी इस चिन्ता के बारे में आपकी राय चाहता हूँ कि वह आदमी जो शब्द की पवित्रता में विश्वास रखता है, जिसके सामने कुछ उच्चतर मूल्य हैं, वह कैसे अकेला न पड़ जाए अपने चारों ओर के हुहुआते-दहाड़ते समुद्र में । अपनी इस चिन्ता के बारे में अपने कुछ मित्रों से समय-समय पर चर्चा करता रहा हूँ और उनमें से कुछ का कहना है कि यह सब ऐसे ही चलता रहेगा । हम इसके लिए कुछ नहीं कर सकते । यह हमारी क्षमता के बाहर है । यह भी एक तरीका होता है विरोध का कि आप अपने को भ्रष्टसत्ता से विमुख कर लीजिए। उसे इतना इग्नोर कीजिए कीजिए कि जैसे आपके लिए उसका वजूद ही न हो। जैसा सलूक हमारे भक्त कवियों ने किया अपने समय की सत्ता के साथ । लेकिन यह तरीका कुछ ज्यादा व्यक्तिगत है । महसूस तो प्राय: मैं भी करता हूँ कि कुछ ज्यादा कर पाना कठिन है लेकिन जब आदमी यह जानते हुए भी कि एक दिन निश्चित मर जाएगा, खाता-पीता और जीता रहता है तो क्यों नहीं 'कुछ' कर सकता है वह, यह जानते हुए भी कि सफलता उसे शायद न मिले । मैं सोचता हूँ कि शब्द और कर्म की पवित्रता में विश्वास रखने वाला आदमी क्या मूल्यों की राजनीति नहीं कर सकता ? क्या ऐसे लोगों की एक सामानान्तर संसद नहीं बन सकती देश में ? 'राजनीति' (जो एक बहुत पवित्र शब्द है) केवल राजनीतिक दलों की बपौती है, यह सोचना ही अपने आपको दलों का पुरजा बना लेना है अर्थात् अपने को अनुकूलित और पंगु और (अन्तत: उन

दलों के वर्तमान चरित्र के अनुरूप) शब्द का हत्यारा। लेखक की राजनीति एक नैतिक क्रिया है। एक नैतिक पक्ष का समर्थन। यदि आपकी दिलचस्पी हो इस दिशा में तो सोचिए अन्यथा अपने को अकेला महसूस करने का अधिकार तो आपको है ही।

शब्द की शत्ता जहाँ खत्म होती है वहीं से शुरू होता है हिंसा का साम्राज्य। एक डरावना, घिनौना साम्राज्य जिसमें हमारे समय का आदमी रहने के लिए अभिशप्त है। वह काँपता हुआ जी रहा है, दुबका हुआ, डरा हुआ, सहमा-सहमा। एक अजीब चुप्पी है चारों ओर। मुक्तिबोध ने अपनी कविता में इस दहशत भरे माहौल का बड़ा जीवन्त चित्रण किया है। सब चुप हैं/साहित्यिक, कवि, चिन्तक, शिल्पकार/सब खामोश हैं/मनसबदार, शाइर और सूफी, सब सरदार। जुलूस में सब शामिल दिखाई पड़ते हैं—प्रकाण्ड आलोचक, विचारक, जगमगाते कविगण, मन्त्री, उद्योगपति, विद्वान और यहाँ तक कि शहर का हत्यारा कुख्यात। मुक्तिबोध तथाकथित सफलता पाने के लिए बेचैन उन बुद्धिजीवियों को ललकारते हैं जो सामाजिक महत्त्व की गिलौरियाँ खाते हुए, असत्य की कुर्सी पर आराम से बैठे हुए, मनुष्य की त्वचा का ओवरकोट पहने बन्दरों व रीछों के सामने नई-नई अदाओं में नाचते हैं—राजनीति, साहित्य और कला के प्रतिष्ठित महासूर्य/बड़े-बड़े मसीहा/ सरकस के जोकर से रिझाते हैं निरन्तर/ नाचते हैं, कूदते हैं/शोषण में सिद्धहस्त स्वामियों के सामने/'''चुपचाप आदर्शों को बाजू रख या भूलकर अवसरवादी बुद्धिमत्ता ग्रहण कर/औ' जिन्दगी को भूल कर/बिल्कुल बिक जाते हैं। ऐसी स्थिति में ही मुक्तिबोध अभिव्यक्ति के सारे खतरे उठाने की, मठ और गढ़ सब तोड़ने की, परम अभिव्यक्ति की खोज की जरूरत महसूस करते हैं।

आज हिंसा एक बड़ी शक्ति के रूप में उभर रही है। आतंकवादी शक्तियाँ इस कदर हावी हैं कि बड़े से बड़ा नैतिक व्यक्ति भी उनका विरोध करने की हिम्मत नहीं कर सकता। अर्थ की, आतंक की, तानाशाही सत्ता की, ग्लैमर और यान्त्रिकता की सारी शक्तियाँ लोकसत्ता की, शब्द सत्ता की, नैतिक मूल्यों की सत्ता की विरोधी हैं। इस लोक, शब्द और मूल्यों की सत्ता को फिर से प्रतिष्ठित करने के लिए बुद्धिजीवियों को ही आगे आना होगा। यह काम राजनेता नहीं करेंगे। वे कुर्सी की लड़ाई में मशगूल हैं। बल्कि वे ही इस भयानक स्थिति के कारण हैं। आजादी के पहले के राजनेता विचारक और लेखक भी थे। उनके सामने मूल्य था। उनका एक व्यक्तित्व था। आजादी के बाद के नेता वैचारिक दृष्टि से दरिद्र हो गये। सत्ता की लोलुपता ने उन्हें पिछलग्गू बना दिया। उनकी नैतिक शक्ति लुप्त हो गई। स्वतन्त्रता के पहले राष्ट्रीय कांग्रेस या समाजवादी आन्दोलन के नेता देश के/ संस्कृतिकर्मियों, साहित्यकारों, कला-

कारों को विशेष महत्त्व देते थे। उनसे मिलते और उनकी सलाह लिया करते थे। अब राजनीतिक नेता और संस्कृतिकर्मी के बीच इस तरह का संवाद टूट चुका है। इस संवाद को पुनः कायम करने के लिए बुद्धिजीवियों को ही प्रयत्न करना होगा। अखबारों में इस प्रकार के बयान भी छपते हैं कि साहित्यकारों, शिक्षकों को राजनीति से पृथक रहना चाहिए। यह बड़ी षड्यन्त्रकारी स्थिति है। इसका मतलब है कि राजनेता अपने ऊपर कोई नैतिक अंकुश नहीं चाहता। इसका लाभ भी उसे मिल रहा है। आज विज्ञान, साहित्य, कला, संस्कृति, दर्शन किसी भी विषय पर कोई गोष्ठी या समारोह हो तो उसके उद्घाटन के लिए पहले कोई न कोई मन्त्री ही तलाशा जाता है। बुद्धिजीवी इस देश का सबसे उपेक्षित प्राणी हो गया है। इसका सबसे बड़ा कारण है उसका सुविधा-वाद और पलायनवाद। एक विचित्र प्रकार की हीनताग्रन्थि के चलते राजनीति और समाज की समस्याओं पर अपने विचार प्रकट करना उसे हल्का या छोटा काम लगता है। वह भूलता जा रहा है कि देश के विचारक और संस्कृतिकर्मी ही जनता और राजनेताओं को भी दृष्टि देते रहे हैं। संघर्ष की शक्ति भी उन्हीं से मिलती है। इतिहास साक्षी है कि संसार में जितनी भी क्रान्तियाँ हुई हैं उनका संचालन इसी वर्ग ने किया है। भारतीय आजादी के आन्दोलन को भी इन्हीं से शक्ति मिली है। इन्होंने ही पहली बार भारतीय अतीत गौरव और उसकी अस्मिता की पहचान की। अरस्तू, सुकरात, रूसो, मार्क्स, सार्त्र, बर्ट्रेण्ड रसेल आदि के साथ विवेकानन्द, बंकिमचन्द्र, भारतेन्दु आदि के नाम रखकर हम इनकी विशिष्ट भूमिका को पहचान सकते हैं। आज के समस्याप्रधान भारतीय लोकतन्त्र में तो बुद्धिजीवियों के संगठित और क्रियाशील होने की जरूरत और भी बढ़ गई है। आज सबसे बड़ी जरूरत है एक समानान्तर 'विचार संसद' की जो देश की चुनी हुई संसद पर नैतिक और वैचारिक अंकुश रखे। यह लोकमत के साथ साधुमत का मेल होगा। किसी भी स्वस्थ व्यक्ति, समाज या देश के निर्माण में ये दोनों जरूरी हैं। यदि ऐसा नहीं हुआ तो शब्द की सत्ता में, नैतिक मूल्यों में विश्वास करने वालों की प्रजाति दुर्लभ जीवों की तरह धीरे-धीरे समाप्त हो जायेगी।

[1983]